成本管理会计

CHENGBEN GUANLI KUAIJI

主编　麻晓艳　巫　卫　邱海辉

上海交通大學出版社
SHANGHAI JIAO TONG UNIVERSITY PRESS

内容提要

本书在编写过程中力求实现知识传授、能力培养和价值塑造的高度统一。一方面，本书结合课程特点，选择适当的案例和素材，在导入专业知识点的同时，针对社会主义核心价值观进行引导和渗透；另一方面，本书充分诠释了成本管理会计作为“企业工具箱”的属性，突出成本管理会计方法和技术的针对性和应用性，为提升企业价值服务。本书的主要内容包括成本管理会计概述、成本的概念和分类、产品成本计算原理、产品成本计算的基本方法、作业成本法与作业成本管理、变动成本法、企业盈利能力与安全性分析、标准成本系统、短期经营决策、长期投资决策、预算管理、业绩评价。另外，本书大量吸收当前大数据环境下，由于数据获取、处理、存储等方式产生变化而出现的成本管理控制的新手段、新方法，使学习者实现知识深度与广度的延展。本书既可作为应用型财经类相关专业课程教材，或管理、财务、会计、金融等专业的基础课程教材，也可作为企业管理人员培训教材。

图书在版编目(CIP)数据

成本管理会计/麻晓艳，巫卫，邱海辉主编．—上海：上海交通大学出版社，2024.1

ISBN 978-7-313-29845-4

Ⅰ．①成…　Ⅱ．①麻…②巫…③邱…　Ⅲ．①成本会计　Ⅳ．①F234.2

中国版本图书馆 CIP 数据核字(2023)第 255454 号

成本管理会计

CHENGBEN GUANLI KUAIJI

主　　编：麻晓艳　巫　卫　邱海辉

出版发行：上海交通大学出版社

邮政编码：200030

印　　制：北京荣玉印刷有限公司

开　　本：889 mm×1194 mm　1/16

字　　数：509 千字

版　　次：2024 年 1 月第 1 版

书　　号：ISBN 978-7-313-29845-4

定　　价：59.80 元

地　　址：上海市番禺路 951 号

电　　话：021-6407 1208

经　　销：全国新华书店

印　　张：18.5

印　　次：2024 年 1 月第 1 次印刷

电子书号：ISBN 978-7-89424-439-0

编委会名单

主　编

麻晓艳　巫　卫　邱海辉

副主编

周凌燕　郑　曈　魏佳思　黄鸿燕

在线课程学习指南

本书是省级一流本科课程“成本管理会计”的配套教材，读者可通过超星平台和学习通 App 进行在线学习。

一、加入课程

进入超星官网（www.chaoxing.com/），登录账号（新用户请先注册），进入个人空间，单击“输入邀请码”，输入“96285201”，加入该课程。

二、在线学习

单击添加的课程，进入学习页面，选择对应栏目即可开始学习。

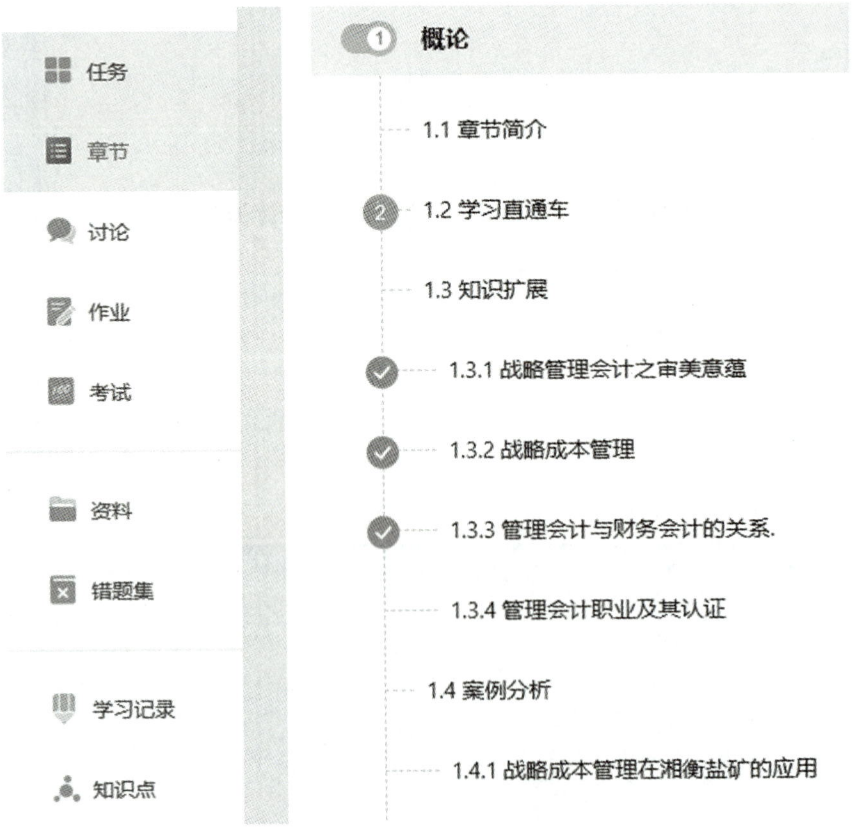

前 言

党的二十大提出的中国式现代化是过去百年党的理论的总结和升华。在大学教育中，按照中国式现代化的要求，就是要落实立德树人根本任务，在大学专业课的课堂教学中除了向学生传授专业知识，培养能力，也要进行思政教育，实现知识传授、能力培养和价值塑造的有机统一。因此，本书编写过程中力求突出以下三个特点。

（1）价值引领与专业知识体系、能力培养和价值塑造深度融合。按照教育部《高等学校课程思政建设指导纲要》的要求，经管法类专业课程要"坚持以马克思主义为指导"，"帮助学生了解相关专业和行业领域的国家战略、法律法规和相关政策，引导学生深入社会实践、关注现实问题，培育学生经世济民、诚信服务、德法兼修的职业素养"。本书结合课程特点，选择适当的案例和素材，主要从职业道德、文化自信、民族自信、创新驱动发展、工匠精神、辩证思维等角度，有机融入课程思政，在导入专业知识点的同时，对社会主义核心价值观进行引导和渗透。

（2）完整的方法体系和系统的知识结构。成本管理会计作为由成本核算的基本原理结合现代管理会计而形成的学科，旨在运用现代会计的理论和工具进行量化管理，为提升企业价值服务。本书充分诠释成本管理会计作为"企业工具箱"的属性，结合 2017 年财政部发布的《管理会计应用指引》内容，对相关章节进行充实，努力体现国内外成本与管理会计理论和实践的最新发展，所阐述的成本管理会计方法和技术均突出了针对性和应用性，其中既包括运用成熟的成本核算方法、本量利分析、静态预算、标准成本等经典方法，也包括作业成本法、平衡计分卡、EVA、线性规划等前沿技术手段。此外还大量吸收当前大数据环境下，由于数据获取、处理、存储等方式产生变化而出现的成本管理控制的新手段、新方法方面的应用案例，使学习者实现知识深度与广度的延展。

（3）立体设计章节结构体系，配套课程资源彰显党的二十大"推进教育数字化，建设全民终身学习的学习型社会、学习型大国"的要求。每章内容结构清晰，由学习目标、案例导入、关键名词、章节内容、知识链接、本章小结、思考题、自测自评、延伸阅读组成。本书充分体现互联网时代的学习特点。学习者通过各模块相应的二维码，一是获取关键专业知识点讲解视频，满足自主学习的需要；二是对于每章配套的单选题、多选题、判断题、计算分析题，可获取答案，实现自测自评；三是获取章后精选拓展资源，丰富知识储备。

本书既可作为应用型财经类相关专业课程教材，或管理、财务、会计、金融等专业的基础课程教材，也可作为企业管理人员培训教材。

本书共十二章，由麻晓艳、巫卫、周凌燕等 7 位老师共同编写，其中，麻晓艳制订全书体例和大纲，并负责统稿。具体编写分工为麻晓艳编写第一章、第五章、第六章、第七章、第八章；巫卫编写第三章、第四章；邱海辉编写第十章；周凌燕编写第十一章；郑瞳编写第十二章；魏佳思编写第九章；黄鸿燕编写第二章。本书在编写过程中参考和借鉴了相关教材和文献资料，在此一并致谢。由于水平有限，加之时间仓促，教材存在的疏漏之处，欢迎读者批评指正。此外，本书编者还为广大一线教师提供了服务于本书的教学资源库，有需要者可致电 13810412048 或发邮件至 2393867076@qq.com。

编　者

2023 年 8 月

目 录

复利终值系数表　复利现值系数表　年金终值系数表　年金现值系数表

第一章　成本管理会计概述

学习目标

本章主要阐述成本管理会计的基本概念、目标和职能，成本管理会计的发展历程，成本管理会计的战略规划，管理会计师职业道德等，以帮助大家了解成本管理会计基本框架和内容。通过本章的学习，大家应能达成以下目标。

- 学习目标
  - 知识目标
    - 了解管理会计的发展历程，以及企业管理的实践对成本管理会计方法的推动作用
    - 掌握成本管理会计相关概念、职能、目标及与财务会计、财务管理之间的区别与联系
    - 掌握战略管理基本工具的应用原理
  - 能力目标
    - 能够应用战略管理基本工具进行内外部环境分析，帮助企业决策者制定科学战略
    - 能够树立以市场为导向，合理配置企业资源的理念
  - 素质目标
    - 结合成本管理会计的职业特点，合理进行职业规划，树立成本管理会计职业理想
    - 严格遵守成本管理会计职业道德标准——诚实、公正、客观
    - 通过对成本管理会计学科发展历史的了解，树立民族文化自信心

案例导入

格兰仕的低成本战略

格兰仕集团是一家国际化综合性健康家电和智能家居解决方案提供商，是我国家电业具有广泛国际影响力的企业之一。格兰仕自1978年9月28日创业以来，一直专注在制造业创新发展，以综合领先的全产业链造福全球市场，与时俱进擦亮"中国制造"金字招牌。

早在1992年，格兰仕集团就开始转产微波炉，经过短短的十年时间，成长为我国乃至全球21世纪初期最大的微波炉生产企业。格兰仕的成功是科学实施成本领先战略的结果，而其成本领先战略则主要是通过规模经营来实现的。格兰仕领导层认为，要在自己所从事的行业或领域取得竞争优势，就必须迅速扩张规模，然后再把规模上的绝对优势转化为成本上的比较优势，从而击败竞争对手。基于这种认识，格兰仕在生产规模上实现了跳跃式的超常规发展：从1993年试生产微波炉1万台，到2001年的1500万台，仅历经短短的8年时间。通过实行规模经营，格兰仕增强了对资源供应商的议价能力，有效降低了单位产品的直接生产成本、分销成本、推广成本、技术成本和原材料采购成本等，成为本行业的成本控制领先者。例如，2000年格兰仕投入新产品研究开发费用尽管高达2亿元人民币，但分摊到1200万台产品上，每台增加的成本费用只有10多元，其成本远远低于具有同样技术含量但生产规模较小的企业的成本。

格兰仕的低成本战略的成功实施，正是全球制造业产业链不断向更低的成本要素市场转移，试图通过预算管理、作业成本管理、标准成本制度等现代成本管理工具进一步优化公司资源配置效率，以更低的成本向社会提供更高质量的产品，使企业生产的产品具备持续竞争优势，突破资源的稀缺性给企业进一步发展带来制约的缩影。但随着市场竞争在全球范围内的加剧，人们逐渐发现仅关注企业内部是不够的。战略成本管理理论认为，企业的核心竞争优势源于企业及其外部环境各个层面相关因素的共同作用。马斯洛需求层次理论也表明，不同层次的人群具有不同的需求特征。单纯的低成本战略并不能满足所有顾客的需求。成本管理会计主要试图为上述问题提供信息支撑，是企业战略经营决策和管理控制的信息支持系统。

——根据汉哲管理研究院及格兰仕官网资料整理

关键名词

成本管理会计　信息系统　成本管理　成本控制　战略成本　竞争优势　职业规范

第一节 成本管理会计的基本理论

一、成本管理会计概述

成本管理会计本质上包括成本会计与管理会计两个部分。

成本会计是现代管理会计的前身。企业所有的支出(无论是已经发生还是将要或可能发生的)最终都需要表现为现实的支出才能影响价值变化。因此，成本计算分为财务成本计算和管理成本计算。成本会计主要完成财务成本计算。成本会计在核算过程中，哪些资源耗费应当计入产品成本，哪些资源耗费应当计入期间费用，需要遵循企业会计准则，尤其受到《企业会计准则第1号——存货》的约束。成本会计主要关注已经发生的资源耗费，并将其与成本对象相联系，属于事后控制。随着经济的发展，不同的决策目标需要不同的

初识成本管理会计

成本，传统成本会计的范畴也在不断拓展，关注的焦点逐渐拓展到变动成本、标准成本、质量成本、战略成本、作业成本、责任成本等。由于这些成本概念与事前决策目标相关联，面向过去的成本会计逐渐被面向未来的管理会计所替代。

管理会计作为现代会计的分支，以满足企业内部经营管理为目标，向企业管理层提供能够满足他们战略经营决策和管理控制的信息支持，最终目的是提升企业价值。管理会计通过收集和加工财务信息与非财务信息，实现对企业经济活动的事前、事中控制。成本性态与本量利分析、作业管理、预算管理、平衡计分卡、产品定价决策等都属于管理会计的内容。

成本管理会计是成本核算的基本原理结合现代管理会计而形成的领域，旨在解决成本及基于成本的各类决策和管理问题。虽然发展中的管理会计拓宽了原有成本会计的预测、决策等职能范畴，具有更加广阔的研究领域，但它研究的基础没有改变，必须利用成本会计所提供的信息进行分析、决策和规划。理论界对成本会计和管理会计的界限是模糊的。因此，本书对成本会计和管理会计不作明确区分，统称为成本管理会计，既涵盖以计算产品成本为主的成本会计内容，又涵盖以预测、决策、控制为核心的管理会计内容。

二、成本管理会计的目标

（一）为管理层优化管理和决策提供成本信息支持

成本管理会计之所以能够为企业创造价值，是因为成本管理会计能够在管理层决策之前提供相关信息，即以前馈信息形式帮助决策者提高决策的科学性。一方面，成本管理会计需要以产品或服务为对象计算产品成本或者服务的成本，以此作为确认资产负债表中的存货账面价值和利润表中的营业成本、期间费用的依据。另一方面，也可以按照管理者优化管理和决策的要求，计算出产品和服务以外的某个具体对象或环节的成本，如某次营销活动的成本、某个新产品开发项目的成本、某个责任中心的责任成本等。

（二）参与管理层持续改善企业生产经营的决策活动

正确的决策只有被有效落实才能真正产生价值。随着企业规模的扩张，传统的走动管理已经完全不适合现代企业管理的需求，基于“数字”的管理成为现代企业的必然选择。企业管理层可以借助预算管理、标准成本管理、作业成本管理等对企业的日常经营活动实施控制。这些信息系统所提供的反馈报告有助于判断企业员工、部门、流程方面的效率，进而帮助管理层持续改善企业的生产经营活动。因此，成本管理会计是一个以决策和规划为目标，通过不断计算分析、找出偏差，帮助落实奖惩和修正目标的过程。

三、成本管理会计的职能

成本管理会计的职能是指在生产经营过程中所发挥的功能及作用。主要包括以下几个方面。

（一）预测

预测是指根据各种经营数据与经济变量之间的依存关系，运用科学的方法和合理的程序或模型，对企业经济活动未来的变化趋势和变化程度进行科学推测的过程。通过预测，有助于减少企业生产经营活动的盲目性。

（二）决策与规划

决策与规划是在预测职能的基础上，依照企业战略目标的指引，综合考虑收益和风险，从两个或两个以上的备选方案中选择最优方案，同时为这些中选方案的实施进行合理的规划，制订各种具体详细的计划和预算。成本管理会计决策主要涉及两个方面：一是项目投资可行性研究中的成本决策，这类决策以投入大量的资金为前提来研究项目的成本，与财务管理的关系更加紧密；二是日常经营活动中的成本决策，这类决策围绕挖掘现有资源的潜力，以合理且最低的成本支出为标准，属于日常经营管理中的决策范畴，包括零部件自制或外购的决策、产品最优组合的决策、生产批量的决策等。

（三）控制

控制是指企业在实施经营活动过程中，将实际执行结果与事先制订的控制标准及时地进行比较，计算差异，分析差异产生的原因，及时纠正偏差，以保证企业的经营活动在管理层的控制范围之内。成本管理会计控制的核心是选取适当的成本控制方法进行成本控制。得益于“数字化”时代计算技术的高速发展，现代成本控制方法突破了传统单一经济手段的限制，可以方便地使用包括信息技术和组织手段在内的所有可能的控制手段。在多样化的经济环境中，传统的和现代的成本控制方法的运用是交织在一起的。比如，传统的标准成本控制可以与先进的作业成本控制结合运用、成本企划法中的目标成本控制可以与责任会计制度结合运用等等。

（四）核算

核算是按照一定的方法和标准，将企业生产经营活动信息转化成供管理层使用的信息的过程。核算一方面是对企业预测、决策和计划职能成果的反馈，另一方面是为控制职能的发挥奠定基础。成本管理会计的核算职能主要是指成本的计算，成本的计算分为财务成本计算和管理成本计算两个部分。财务成本是根据对外财务报告目的而计算的，计算原则固定，计算的成本是已经发生的支出（历史成本）。管理成本是根据企业经营管理的需要而计算的，没有固定的计算原则，计算的成本可以是历史成本，也可以是现在或者未来将要或可能发生的支出。财务成本的基本计算方法包括品种法、分批法和分步法，企业主要根据其生产特点和管理要求来确定。管理成本的计算则主要依据企业管理的要求，可以直接利用财务成本计算管理成本，也可以选取诸如变动成本法来单独计算管理成本，或者对现有财务成本计算法进行改进（如采用作业成本法）等。

（五）考核与评价

考核与评价是指企业将核算的实际结果，定期与预算标准、行业标准、历史标准等进行比较，确定差异，分析产生差异的原因，并对责任部门或个人的业绩进行评价。同时，把评价的结果作为企业建立激励机制的依据，对公司员工、部门进行奖惩。

四、成本管理会计与财务会计、财务管理的关系

（一）成本管理会计与财务会计的关系

成本管理会计和财务会计是现代会计信息系统的两大分支。财务会计与成本管理会计的区分在于其服务对象的不同。财务会计重在回顾过去，履行反映和报告企业经营成果和财务状况的职能，以满足企业外部利益集团的需要。这里的“外部利益集团的需要”主要包括两个方面：一是外部利益集团为维护其投资的安全性与收益性做出投资决策的需要；二是评价考核企业管理者履行其受托经营责任情况的需要。而成本管理会计则重在面向未来，履行预测、决策、规划、控制和考核的职能。它们之间既存在天然的内在联系，又有显著的区别。

1. 联系

（1）研究对象相同。成本管理会计和财务会计都是以企业资金的运动为研究对象，只是存在时间和空间上的区别和限制。虽然说企业的生产经营活动是管理学各门课程共同的研究对象，但各门课程之所以能够相互区分，是因为它们基于不同目的、从不同角度、采用不同方法、在不同层面上

研究问题。如财务会计主要是从外部报表使用者的角度出发，通过凭证、账簿、报表、记账、算账、报账等会计循环工作，对已经发生或已经完成的生产经营活动进行核算，以提供管理所需的会计信息。而成本管理会计则是从内部使用者的角度出发，通过筹资、投资、营运和分配等工作，对现在和未来生产经营活动产生的现金流进行规划和控制，以提高资金的使用效果。

（2）服务对象交叉。虽然成本管理会计和财务会计服务的对象分别以内部和外部为主，但并不是严格区分的。财务会计提供的信息同样服务于内部管理者。同时，成本管理会计也对外披露相关信息，例如，将企业原属于内部的“研发费用”信息对外披露，有助于帮助外部信息使用者评判企业未来发展动力。

（3）信息共源。生成财务会计信息的原始凭证，往往也是成本管理会计信息生成的依据。例如，采购设备过程中产生的合同、发票、验收单据，从财务会计角度，这些原始单证是确认固定资产入账价值的基础；而从成本管理会计角度，这些原始单证是评判供应商产品质量好坏、供货速度快慢、采购成本高低、售后服务是否合理等的有效依据。成本管理会计主要的作用是帮助企业决策、优化资源的配置。所以成本管理会计信息要求有一定的质量的同时还要有一定的数量，只有具备足够数量的信息才能提高成本管理会计信息的质量和可靠性。近年来，集团公司广泛采用财务共享服务中心模式，使“信息共源”特征更加显著。财务共享服务中心将分散在各个区域运营单元中易于标准化和规范化的财务业务进行流程再造与标准化，并集中到相对独立的财务共享服务中心进行处理。在数据基础方面，企业实现大数据共享，统一数据标准、形成数据仓库，为成本管理会计深入分析、挖掘数据提供实时智能决策分析报告的同时，还有效促进了成本管理会计与财务会计信息的融合。成本管理会计信息和财务会计信息相互融合，一方面，二者信息资源实现共享，使提供决策支持的信息更加完整，具备更好的透明度，而信息来源的多渠道性在一定程度上也可为信息的真实可靠提供保障；另一方面，两者的融合必定会带来信息数量的增加。成本管理会计信息和财务会计信息相互融合可以减少不必要的重复过程，有效降低成本管理会计信息的处理成本，为大幅度增加成本管理会计信息的获取数量扫清障碍。

2. 区别

财务会计和成本管理会计之间又存在显著区别，根本原因是它们提供信息的服务对象存在差异。财务会计主要服务于外部利益相关者的信息需求，而成本管理会计主要服务于内部管理的需要。基于这种信息需求目标的差异，财务会计与成本管理会计主要存在以下区别。

（1）约束条件不同。财务会计为了保证会计信息的可靠性和横向可比性，必须严格遵循财务会计准则的相关规定，在确认、计量、记录和报告上有严格的标准，否则就会被视为财务造假，受到惩罚。企业负责人对会计信息的真实性需要承担法律责任。而成本管理会计只是根据不同层级管理者的具体需求，向他们提供包括财务和非财务方面的前瞻性信息或者过去的信息，无须对外承担法律责任。

（2）信息内容和特征不同。财务会计信息主要反映已经发生的交易或者事项，对于尚未发生的交易或者事项不做预判和估计，提供的是符合技术规范的财务信息，是历史信息。而成本管理会计提供的信息更加多元化，包括财务信息和非财务信息，从时间节点上看，这些信息既包括反映已经发生的交易或者事项的信息，又包括对未来事项做出估计的信息。因此，成本管理会计信息在信息来源、呈现方式、精确程度上均与财务会计信息存在显著差异。

（3）报告的计量单位不同。财务会计以货币作为唯一的计量单位，因为财务会计反映企业整体财务状况、经营成果和现金流状况，而货币是这些数据唯一的标志。成本管理会计既可以以采用货币为计量单位，也可以采用非财务信息，如产品的残次品率、生产车间设备的维修工时、产品生产过程耗用的时间等。

(4) 核算对象不同。财务会计以企业整个生产经营活动为核算对象，而成本管理会计的核算空间和范围完全取决于管理层的要求。例如，管理层如果需要了解某个车间的生产效率，那么成本管理会计就应以该车间为核算对象，提供该车间相关产品在一定产量下耗用的材料、工时、人工成本、制造费用等成本信息。因此，成本管理会计的核算对象可以是企业整体，也可以是班组、车间、部门、作业中心，甚至个人。

(5) 报告的时间、频次不同。财务会计报告必须按照《企业会计准则》的要求，定期编制月报、季报、半年报和年报。而成本管理会计报告不受此限制，除了按年、半年、季度、月份提供报告外，还可以按天甚至小时进行报告。如每天产品的产量、销量、销售收入、现金流量、工时数量等。报告的时间、频次主要取决于管理层对信息需求的精细程度。

（二）成本管理会计与财务管理的区别

成本管理会计与财务管理都是以企业价值运动或资金运动为研究对象，即能够用货币表现的经济活动。但二者的具体研究对象和工作侧重点存在明显差异。

1. 成本管理会计与财务管理的具体对象不同

成本管理会计是从量的角度对其进行规范，一方面表现为对产品成本历史的反映，另一方面表现为对未来的筹划。而财务管理则是从质的角度对其进行规范，即资金实体的运动及其所体现的货币关系，它是对货币运动的直接管理行为，具体表现为资金的筹集、运用、分配及规划等。

2. 成本管理会计和财务管理的工作侧重点有着显著的区别

现代化企业的经营包括生产经营和资本经营两项内容，这两项内容均属管理的范畴。作为企业管理组成部分的成本管理会计与财务管理，其工作侧重点应有明显区别。成本管理会计为内部管理者提供如何加强内部经营管理的会计信息，应侧重于生产经营，其工作范畴着眼于企业的日常经营管理活动；而财务管理为企业提供如何保持良好财务状况的手段和措施，侧重于资本经营，其工作范畴应着眼于资金活动本身的管理。

基于此，可将成本管理会计的对象界定为成本及未来动态的价值运动或资金运动，涉及的具体会计要素是成本及未来的收入、费用和利润；可将财务管理的具体对象界定为过去及未来静态的价值运动或资金运动，涉及的具体会计要素为资产（不包括存货）、负债和所有者权益。财务管理是从分析、评价等角度涉及过去的资产、负债及所有者权益，从而与财务会计工作范畴相区别的。另外，之所以从资产中扣除存货，是因为存货属于日常生产经营的范畴，它与成本管理会计的联系更为紧密。

第二节 成本管理会计的发展与演进

虽然成本管理会计实践可以追溯到第一次工业革命甚至更早的时期，但作为一个学科，其形成和发展受社会实践和经济理论的双重影响：一方面，社会经济的发展要求加强企业成本管理，另一方面，经济理论的形成使加强企业成本管理的要求得以实现。

一、成本管理会计发展阶段

从世界范围看，成本管理会计发展历程大致分为三个阶段。

（一）强化成本控制职能的成本管理阶段（20 世纪 50 年代以前）

19 世纪的英国工业革命促使企业生产规模迅速扩大。这一时期的经济理论认为：企业的盈利增长点在于增加产量，产量足够大就能使产品的成本低于市场价格，获得盈利。此时成本管理仅限于对生产过程中的生产消耗进行系统的汇集和计算，用于确定产品成本和销售成本，成本控制的目的仅在于利用会计方法计算企业盈亏和评估资产价值。但随着生产规模日益扩大、竞争愈演愈烈，所有者和经营者都意识到，企业的生存和发展并不仅取决于产量的增长，更取决于成本的高低。只有进一步提高生产效率，降低产品成本，才能够在市场竞争中获得优势，于是产生了泰勒的科学管理思想。泰勒科学管理思想的核心是通过提高标准化来提高生产效率和工作效率。泰勒科学管理思想的出现，促使现代会计分化为财务会计与成本管理会计。而成本管理会计的重点是通过预算和成本会计来确定成本并实施财务控制，其代表性的工具和方法是标准成本法和预算管理。

（二）强调决策支持功能的管理会计阶段（20 世纪 50—80 年代）

第二次世界大战之后，社会生产力得到了迅速发展，企业获利能力普遍下降。企业简单地依靠提高生产效率、工作效率，以及标准化管理已显得力不从心，管理重心开始转到提高经济效益上。理论发展中广泛运用数学方法，创造了一大批决策方法和模型。经济理论的发展使得成本管理会计的内容更加丰富，在强化成本控制职能的同时开始行使预测、决策职能，这一时期成本管理会计的显著特征是突破单一成本管控限制，强调成本管理会计的决策支持功能，重点由原来的成本控制转向为计划和控制等管理活动提供有用信息，逐步形成了预测、决策、预算、控制、考核和评价的成本管理会计体系。这一阶段的代表性管理会计工具和方法是长期投资决策法。

（三）重视竞争优势的战略管理会计阶段（20 世纪 80 年代以后）

这一时期，科学技术发展日新月异，市场竞争日趋激烈。企业必须以外部环境的变化为基础，以获得竞争优势为目的，密切关注竞争对手。战略管理理论获得了长足的发展。战略管理理论对成本管理会计的影响不仅仅是一些新的技术手段和分析方法的采用，更为重要的是表现在思想观念上的创新。成本管理会计作为一个管理信息系统，一方面，需要通过关注内部流程分析和使用成本管理技术，来降低内部业务流程中的资源浪费，代表性的成本管理会计工具和方法是作业成本法；另一方面，应当服务于企业战略，以企业目标为中心，致力于解决如何有效调动员工积极性和如何利用各种资源提高企业价值，实现企业目标问题。在这个阶段，成本管理会计视角从财务信息向非财务信息方向拓展，成本管理会计理论发展从单纯的数学分析转变到重视经营环境的复杂性，通过有效地利用资源，追溯、探寻并关注客户价值、股东价值以及组织创新的驱动因素来为组织创造价值，代表性的成本管理会计工具和方法是平衡计分卡。

二、我国成本管理会计的创新与发展

我国改革开放后开始引进现代管理会计理论和方法，孔垂珉等（2019）结合我国学术界的研究情况及管理会计实践的各个关键时点，将我国成本管理会计的发展划分为四个阶段。

（一）1978—1992 年，成本管理会计引入阶段

这一阶段主要是将国外管理会计理论和方法引入中国。该时期会计学界主要讨论管理会计理论的基础、对象、职能、原则，以及管理会计学科属性等问题，许多关键问题尚未形成一致观点，所发表的一些具有中国特色的研究文献更倾向于介绍西方的管理会计，针对本土化的研究较少。而在

成本管理会计的运用上由于受中国经济体制改革的影响，无显著的市场特征，更倾向于企业内部的研究。在管理会计的各个领域，成本会计问题如目标成本管理、变动成本管理受到了较多关注，这与改革开放初期成本计划仍是企业管理的重要手段有一定的关系。

（二）1993—2006 年，成本管理会计初步本土化研究阶段

1992 年，余绪缨提出“广义管理会计”概念，他认为管理会计可以划分为三大研究领域：微观管理会计、宏观管理会计及国际管理会计，中国管理会计也由引进与普及阶段步入了提升阶段，有关作业成本法、平衡计分卡、全面预算管理、经济增加值等管理会计方法与中国企业实际情况相结合的研究增多，管理会计研究逐步显现中国自身特色（杜荣瑞，2009）。例如，王斌（1999）从经济学角度提出企业需要根据生命周期进行预算管理，认为预算目标的制订需要综合考虑企业经营者、股东、董事会的利益，该过程需要使利益相关者达到一种平衡。又如，于增彪等（2004）将卡普兰的预算管理模式和中国国情相结合，构建了针对中国国情的预算管理架构，将卡普兰的预算管理模式成功运用到了中国的实际环境中。同时，阎达五和李勇（2003）提出了“价值链会计”概念，形成了我国战略管理会计领域的一项重要内容。随着知识经济时代的到来，中国的社会文化观日益凸显，很大程度上影响了中国管理会计的发展。该阶段的管理会计不仅受技术方面的影响，还受社会文化观的影响（余绪缨，1998）。因此，在运用管理会计工具时需要考虑中国的文化背景，结合社会文化观进行工具的整合运用（余绪缨，2003）。

知识链接

中国现代管理会计学科奠基人——余绪缨

1945 年余绪缨毕业并受聘于母校厦门大学，从此开始了一生从事的教学与科研相结合的漫长学术生涯。余绪缨先生的研究领域相当宽广，主要涉及会计基础理论、成本、管理会计、企业理财、管理学等领域。半个多世纪以来，余先生始终坚持站在教学科研第一线，在刻苦钻研基础上博采众长、独立思考，逐步形成了独树一帜的学术思想并取得一系列具有独创性的学术成果。例如，他在 1983 年立足中国国情，结合自己的科研成果和西方管理会计的最新发展编著了具有开拓性的《管理会计》，这本书在当时是中国第一本管理会计教材，其结构体系奠定了中国管理会计教材的结构体系。随后，余先生以马克思主义为指导，在现代管理会计领域中发表了一系列在国内外有较大影响的专题论文，并在中国创立了一个比较完整的管理会计理论与方法体系，从而在中国完成了管理会计的引进工作，中国管理会计进入了一个完善和提高的阶段。余先生因此成为中国管理会计的开拓者和奠基人。余先生的学术成就不仅在国内有较为广泛的影响，在国外学术界也享有盛誉。

余先生不仅学术方面成就卓越，在教书育人方面也取得了引人瞩目的成果，是我国著名的会计教育家。他经常强调做人与做学问的统一，强调要做好学问，首先必须做好一个“大写”的人！余先生一贯要求中青年同志认真学习并实践著名历史学家范文澜教授提倡的“板凳要坐十年冷，文章不写一句空”治学精神，绝不投机取巧。如今，在余先生的言传身教、潜移默化下，他所培养的博士和硕士由于具有刻苦好学的精神，扎实、严谨的学风，广博的学识和较强的分析问题、解决问题的能力而深受社会各界的好评。

（三）2007—2013 年，发展提升阶段

在此期间，管理会计在企业管理中的激励功能与约束功能同样受到重视，业绩导向的薪酬体系和绩效评价研究占到了管理会计文献数量的 1/2。业绩导向型薪酬体系主要涉及高管薪酬等问题，由于中国大部分企业实行薪酬管制，高管薪酬受到各种因素影响，如政策环境、企业所有权性质、企业股权构成及企业风险等，学者们研究了高管薪酬决定因素、高管薪酬如何作用于业绩，以及国有企业、非国有企业高管薪酬差距等问题。该阶段出现的对管理控制系统本身的研究主要分为以下几类。

（1）分析中国企业，如海尔的管理控制系统的运用情况（汤谷良等，2010）。

（2）探讨企业为何运用管理控制系统，并对其机理进行分析（吉利等，2011）。

（3）分析企业如何将各种管理会计工具进行整合，使其形成一个框架（汤谷良，2009）。

（4）研究管理控制系统如何作用于企业的经营绩效（杜荣瑞等，2008）。

（四）2014 年至今，初步形成具有中国特色的成本管理会计体系

这一阶段管理会计研究呈现新的态势，一方面更加关注不同工具方法间的整体性联系；另一方面更倾向于在整体高度上对管理会计工具体系、管理会计报告及管理会计信息化等一般问题展开研究。同时，随着中国经济的增长和转型升级，我国企业经营环境出现一些新的特征，例如，电子商务的高速发展、环境治理、供给侧改革和市场竞争加剧等，越来越需要构建具有中国特色的管理会计体系，从根本上适应企业环境的变化以支持价值创造。2016 年 6 月，财政部发布了《管理会计基本指引》，该指引明确了管理会计体系的地位，规定了管理会计的目标、要素和原则，全面地介绍了管理会计的一般问题（如组织环境、管理会计报告、管理会计信息、管理会计应用等）以及不同应用领域的管理会计工具方法，初步形成了我国的管理会计体系，是新阶段管理会计理论研究的重要成果，在我国管理会计发展史上具有里程碑的意义。《管理会计基本指引》在“总则”中提出企事业单位在应用管理会计时要考虑战略导向原则、融合性原则、适应性原则和成本效益原则；同时在“信息与报告”中对信息质量提出了要求，即在强调相关性的基础上，同时强调可靠性、及时性和可理解性，主要的目的是加强对企事业单位实务的指导。虽然管理会计理论引入我国较晚，但企事业单位并不乏对管理会计有益且实践成功的探索。针对企业面临市场竞争加剧、人力资源和环境成本双重挤压的经营环境，财政部分批发布系列管理会计应用指引，并随着实践发展而不断丰富完善。财政部 2017 年 9 月 29 日发布《管理会计应用指引第 100 号——战略管理》(财会〔2017〕24 号）等首批 22 项管理会计应用指引；2018 年 8 月 17 日，发布《管理会计应用指引第 202 号——零基预算》（财会〔2018〕22 号）等 7 项管理会计应用指引；2018 年 12 月 27 日，发布《管理会计应用指引第 204 号——作业预算》（财会〔2018〕38 号）等第三批 5 项管理会计应用指引。财政部共制定印发了 34 项管理会计应用指引，包括 7 项概括性指引和 27 项工具方法指引。概括性指引主要介绍本领域内相关管理会计工具方法的共性内容，工具方法指引主要介绍相关工具方法的应用环境、应用程序和应用评价等。至此，我国形成了涵盖战略管理、预算管理、成本管理、营运管理、投融资管理、绩效管理、风险管理、企业管理会计报告、管理会计信息系统、行政事业单位等十大领域的 34 项管理会计应用指引体系，具体框架如图 1-1 所示。这套立足于管理会计实践的指导性体系，通过分领域、分工具方法构建，具备良好的指导性、开放性和操作性，旨在系统地提炼总结我国管理会计理论和实践的宝贵经验，拓展管理会计研究领域，为企事业单位如何正确、有效地选

择和应用管理会计工具方法提供借鉴或参考，进而提升我国企业管理会计应用水平，增强综合实力和竞争优势。

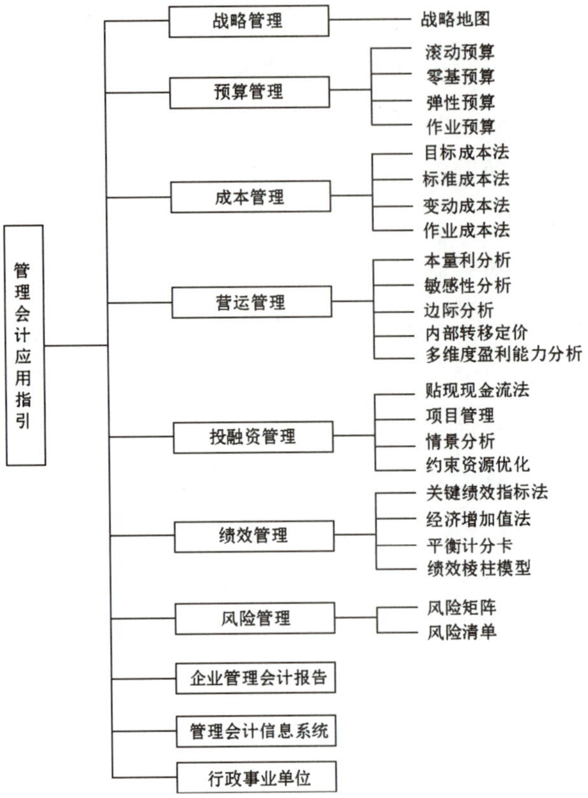

图 1-1　财政部《管理会计应用指引》框架

三、现代成本管理会计发展的特点

在战略管理的思想下，成本管理会计不仅要树立企业整体优势的观念，关注企业的生产经营过程，而且还要重视企业价值链的其他组成部分，为制定企业的长期发展战略与战略规划提供信息支撑，从而使企业保持持续的竞争优势。同时，信息技术的飞速发展对成本管理会计工作也产生了深远影响。习近平总书记指出：“数字技术正以新理念、新业态、新模式全面融入人类经济、政治、文化、社会、生态文明建设各领域和全过程，给人类生产生活带来广泛而深刻的影响。”数字化逐渐成为支撑社会经济运转的重要方式。当今世界，新一轮产业革命、技术革命方兴未艾，以 5G、人工智能、大数据、物联网、生物工程、新能源为代表的新技术、新产业迅速崛起，对传统的成本管理会计组织方式、职能手段等产生了重大而深远的影响，那些用于辅助 20 世纪 80—90 年代的传统企业的信息已经难以支撑现代企业多元化决策的需求，企业需要重新设计成本管理会计系统以提供更精确、更及时的关于作业活动、生产和服务成本的信息。因此，成本管理会计发展显现出以下几个方面的趋势。

（一）成本管理会计与企业业务深度融合

业财融合是企业治理发展到一定阶段的产物。职能分工是企业发展的必然产物，企业规模越大、管理越完善，内部职能分工也会越精细。职能分工能够提高职能部门的专业化水平和内部作业的响应速度，有效支撑企业快速健康发展。但职能分工的消极作用也不容忽视，特别是达到一定程度后，很容易形成管理壁垒，增大企业的运作成本，造成管理的错位和脱节。在企业内部业财关系上，这种矛盾表现得愈加突出，很难形成管理合力。所谓业财融合，即将财务、业务工作融合，有利于企业加强内部控制，实现精益管理。现代信息技术的发展为财务部门主动嵌入业务前端、服务业务创造了条件。例如，ERP 系统的使用使支撑企业所有功能领域的信息都得以整合，包括顾客关系管理、公司资产管理、公司资源利用、供应链管理和供货商管理等。又如，可扩展商业报告语言（extensible business reporting language，XBRL）通过使公司之间的信息对比简单化，促进了财务信息的电子交流，从而对内部报告和外部报告产生极大影响。再如，区块链通过一个链式数据结构存储的分布式账本（数据库），可以在弱信任环境下帮助用户建立一套信任机制，保障用户业务数据公开透明、可溯源、难以被非法篡改。因此，现代信息技术发展可以有效促进成本管理会计与业务深度融合，推动财务由核算型向管理型转变，形成管理合力，实现企业持续健康发展。

（二）信息分析报告形式多维化

信息技术的快速发展，在极大提高运算能力、降低信息处理成本的同时，也使传统的收集、存储、操作和报告信息的方法发生改变。例如，云计算是一种通过网络统一组织和灵活调用各种信息、通信、技术资源，实现大规模计算的信息处理方式。其灵活的调动、强大的计算能力和低廉的价格使云计算得以广泛应用。公司无需配备 IT 专业人员和准备硬件数据库，通过互联网即可方便地获得云计算的管理软件并进行使用。软件可以根据公司的业务变化而改变，多账套设置的云计算成本管理会计平台使各种数据只需一次录入就可以实现在任意地点、任意时间直接从数据库中获得信息，并生成多维度的成本管理分析报告，满足管理人员需要的决策数据和报告。

（三）以市场为导向培植企业持续核心竞争能力

早期成本管理会计系统的关注焦点主要集中在企业内部，试图借助于泰勒的科学管理等管理学思想，努力降低产品成本，以此维持企业的竞争能力。随着市场竞争在全球范围内的加剧，人们逐渐发现仅关注企业内部是不够的。马斯洛需求层次理论也表明，不同层次的人群具有不同的需求特征。单纯的低成本战略并不能够满足所有顾客的需求。有些顾客可能追求低质量、低成本的产品，而有些顾客可能追求高质量、高成本的产品。所以，现代成本管理会计系统的焦点不应当仅是降低产品成本，而应该以市场为导向培植企业持续核心竞争能力。围绕这一目标，首先，成本管理会计的视野由企业内部向外部转移，内部与外部并重；由短期分析向长期分析转移，长期分析与短期分析相结合；由战术层面向战略层面转移，并以战略层面为重心。在战略管理的思想下，成本管理会计不仅要树立企业整体优势的观念，关注企业的生产经营过程，还要重视企业价值链的其他组成部分，以提供企业战略决策所需要的信息。其次，战略成本管理理论认为，企业的核心竞争优势来源于企业及其外部环境各个层面相关因素的共同作用，故对影响企业业绩的相关因素进行更为深入的动因分析将有助于发现存在的问题，为改善经营决策提供信息。例如，作为现代成本管理会计重要组成部分的作业成本分析及平衡计分卡，它们分别从全局和局部，对影响企业竞争能力的动因进行分析和评价。最后，成本管理会计由对企业的生产经营过程进行静态分析转变为强调对企业的生产经营过程和内外部环境进行动态分析。战略管理强调企业适应外部多变的环境，根据出现的问题迅速及时地调整企业的经营战略和政策，这就必然要求作为决策支持系统的成本管理会计能够及时提供动态的信息，满足战略决策的需要。

（四）成本管理会计职业向更高层次发展

由于战略成本管理会计已经深入企业内部环境和生产经营过程的每一个环节和方面，所有的员工都在履行传统成本管理会计人员的职能，这就意味着成本管理会计职业应向更高层次发展。成本管理会计人员应将决策支持职能和决策职能融于一身，从参与决策向决策人员方向转变。在中国会计学会管理会计专业委员会 2016 年学术年会上，时任中航工业集团副总经理、总会计师的顾惠忠认为，财务要当好业务的运营伙伴，核心的职责是与企业 CEO 之间建立能够提供正确财务数据，进行有效的财务控制，并且具有战略眼光的运营伙伴关系。显然，这对成本管理会计人员的素质能力提出了更高的要求。除了需要精通财务知识，能熟练运用现代信息技术，提供相关决策需要的数据支撑等基本技能之外，还应该具备以下素质。

1. 对数据背后的蕴意保持高度的洞察力

大数据时代不缺乏数据，但如何在强大的信息技术背景支撑下，打通数据的“信息孤岛”，及时捕捉灵活变幻的数据之间的关联性，进而为企业挖掘或创造商业机会提供有效信息，才是成本管理会计人员需要不懈努力的“内功”。

2. 灵活运用成本管理会计工具并具有创新能力

能够将所收集的各种财务与非财务信息，借助成本管理会计合适的工具进行进一步加工，以满足决策的需要，同时，在成本管理实践探索中，不断总结新的思路与方法。

3. 由财务思维向业务经营思维转变

大数据时代，智能财务的推行让业财融合成为大势所趋。一直以来，企业的财务和业务都是独立分开的，但是随着信息技术在企业经营管理中的不断应用，财务的职能由事后核算向事中、事前控制推进。对于成本管理会计人员来说，必须跟上时代的步伐，改变自己的思维方式，由财务思维向业务经营思维转变。例如，在对某种产品实施成本管理控制之前，需要与设计、生产、业务人员对产品结构、工艺流程、所用材料及其质量要求、市场推广模式等进行详细沟通和了解，这样才能使所提出的成本管理控制建议符合实际，具备可操作性。

第三节 战略及战略成本规划

进入 21 世纪以来，随着全球经济一体化和高科技的迅猛发展，企业的制造环境已由过去的劳动密集型向资本密集型和技术密集型转化，成本管理会计中的技术因素也发生了深刻的变化：一是生产结构发生了变化，其中机器折旧与研发费用明显增加；二是会计控制方法有所改变，如各责任中心变为作业组，标准成本差异控制成本的效果减弱，从而使传统的业绩评价标准失效等；三是管理会计的核算方法具有了变革的动力（如传统人工小时分配已失去相关性，作业成本会计、资源消耗会计等得到应用）；四是人工智能推动了成本管理会计的创新（如产品设计的优化等）。战略经营系统促进了成本管理会计的功能扩展，管理会计师的职能已不再仅限于对企业过去经营业绩的记录，他们开始成为企业管理队伍中实现价值增值的重要成员，并为提高企业经营效率提供着重要的信息，与管理者一起规划并执行企业的新战略。因此，战略导向是现代管理会计不同于传统管理会计的重要标志之一，战略经营系统就是使经营战略得以成功实施的系统。

一、战略与战略层次

（一）战略

战略是指企业从全局考虑做出的长远性的谋划。企业实施战略管理，就是对企业全局的、长远的发展方向、目标、任务和政策，以及资源配置做出决策和管理的过程。换句话说，就是一个企业事先对所处的环境和局势进行理性判断，选择合理的方式将自己所拥有的资源和市场机会进行匹配来为其客户和投资者创造价值，最终实现自身既定目标的过程。因此，战略是一种事前的“合理”选择。孙子兵法中的“知彼知己，胜乃不殆；知天知地，胜乃不穷”，是我国古代关于内外部环境分析思想的高度概括。但这种事前“合理”选择是否能够成为“正确”的选择，要到事后才能评判。

（二） 战略层次

战略是一个较为宽泛的概念，具有全局性，而全局的范围是有大有小的，任何一个全局都可以被看成一个系统，系统是有层次的。战略层次是企业根据对未来经营环境的判断，在选择的目标层面上确定的战略意图和战略行动。组织一般需要制定三个层次的战略。

1. 公司层战略

如果公司拥有一种以上的业务就需要一种公司层战略。其关心的问题是：公司的事业（业务）是什么？公司应拥有什么样的事业（业务）组合？其战略行为一般涉及拓展新的业务，如事业单元、产品系列的增加（或剥离），以及在新的领域与其他企业组建合资企业等。公司层战略应当决定每一种事业（业务）在组织中的地位。

2. 事业层战略

当一个组织从事多种不同事业时，建立战略事业单元更便于计划和控制。战略事业单元代表一种单一的事业或相关的业务组合，每一个事业单元应当有自己独特的使命和竞争对手。这使得每一个战略事业单元应该有自己独立于公司其他事业单元的战略。因此，公司的经营可以看作是一种事业组合，每一个事业单元都有其明确定义的产品和细分市场，并具有明确定义的战略。事业组合中的每一个事业单元按照自身能力和竞争的需要开发自己的战略，同时还必须与整体的组织能力和竞争需要保持一致。事业层战略关心的问题是：在我们的事业领域里如何进行竞争；事业层战略规定该事业单元提供什么产品或服务，以及向哪些顾客提供产品或服务。其战略行为包括广告宣传、研究与开发（研究是指通过发明新技术来创造一种新产品或新工艺，或改进现有产品；开发则是将已有发明推广于生产过程或其他产品）、设备条件的改善，以及产品系列拓展、收缩的方向和程度。全部事业单元必须符合作为一个整体的公司的利益，在可接受和控制的风险水平下，使销售、收益和资产结构获得均衡发展。

3. 职能层战略

职能层战略解决这样的问题：我们如何支持事业层战略。职能部门如研发、制造、市场营销、人力资源和财务部门，应当与事业层战略保持一致。

战略的层次是相对同一系统而言的，层次是同一战略的层次。一个战略也可以划分为许多部分，每个部分表现为不同的形态的战略。虽然彼此间在层次上有高低之分，但是在级别上都是一样的，影响的都是同一个系统，而不是另外一个或者它的某一部分。在战略的层次结构体系中，有如下一些特征：上面的层次对下面的层次有指导作用，下面层次对上面层次有支持作用。就是说，目标的确定要符合系统的使命，方针的确定要有助于达成目标，政策的制定要在方针的指导下进行等。

二、战略成本规划

战略成本规划通常是在对与组织有关的行业、竞争对手和环境关系进行全面分析的基础上进行，一般包括外部环境和内部能力分析、战略制定三个核心部分。年度商业计划将在本书全面预算管理章节讲解。

（一）外部环境分析

影响战略制定的关键外部因素包括法律和法规，市场力量、行业趋势和竞争，技术变革，利益相关者群体和它们对社会问题的关注，全球化趋势、新兴市场和非政府组织等。常用的分析工具或方法有波特五力模型、波士顿矩阵、SWOT 分析模型等。

1. 波特五力模型

波特五力模型又称波特竞争力模型。波特五力模型是哈佛商学院的迈克尔·波特于 1979 年创立的，是用于竞争战略分析的理论模型。该模型在产业组织经济学基础上推导出决定行业竞争强度和市场吸引力的五种力量。可以有效地分析客户的竞争环境。五力分别是行业内现有竞争者竞争力、供应商议价能力、购买者议价能力、替代品威胁、新进入者威胁，如图 1-2 所示。一种可行战略的提出首先应该确认并评价这五种力量，不同力量的特性和重要性因行业和公司的不同而变化。企业可以采取尽可能地将自身的经营与竞争力量隔绝开来、努力从自身利益需要出发影响行业竞争规则、先占领有利的市场地位再发起进攻性竞争行动等手段来应对这五种竞争力量，以增强自己的市场地位与竞争实力。

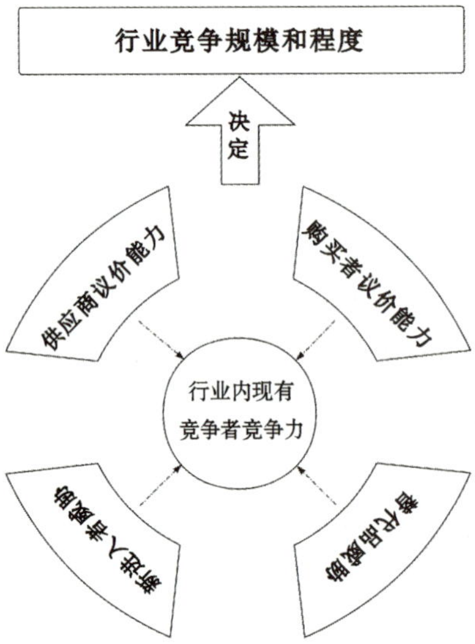

图 1-2　波特五力模型

2. 波士顿矩阵

波士顿矩阵又称市场增长率－相对市场份额矩阵，由美国著名的管理学家、波士顿咨询公司创始人布鲁斯·亨德森于 1970 年首创，主要用于分析组织的业务单元或产品线，以便恰当地分配资源。波士顿矩阵的基本原理是将企业所有产品从销售增长率和市场占有率角度进行再组合。在坐标图上（见图 1-3），横轴代表市场占有率，纵轴代表市场增长率，二者分别从低到高将业务或产品划分为四种不同组合，其目的在于通过产品所处不同情形的划分，使企业采取不同的战略决策，以保证其不断地淘汰无发展前景的产品，实现产品及资源分配结构的良性循环。

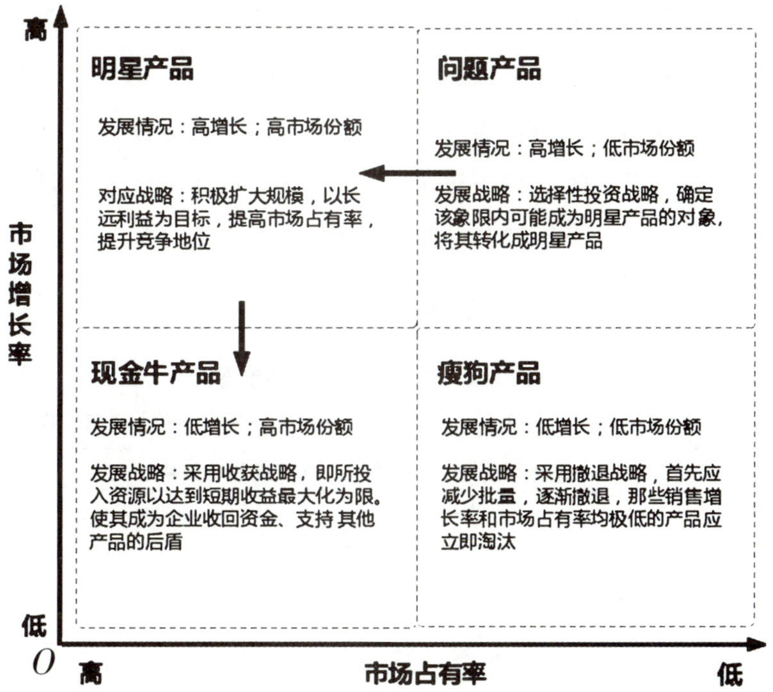

图 1-3　波士顿矩阵

（1）明星产品。这是指处于高增长率、高市场占有率象限内的产品或业务群，极有可能成为企业的现金牛产品，需要加大投资以支持其迅速发展。采用的发展战略是积极扩大经济规模和市场机会，以长远利益为目标，提高市场占有率，加强竞争地位。

（2）现金牛产品，又称厚利产品。它是指处于低增长率、高市场占有率象限内的产品或业务群，已进入成熟期。其财务特点是销售量大、产品利润率高、负债比率低，可以为企业提供资金，而且由于增长率低，也无需增大投资，因而成为企业回收资金，支持其他产品，尤其明星产品投资的后盾。

（3）瘦狗产品，也称衰退类产品。它是处在低增长率、低市场占有率的产品或业务群。其财务特点是利润率低，处于保本或亏损状态，负债比率高，无法为企业带来收益。对这类产品应采用撤退战略：首先应减少批量，逐渐撤退，对那些市场增长率和市场占有率均极低的产品应立即淘汰；其次是将剩余资源向其他产品转移；最后是整顿产品系列，最好将瘦狗产品与其他事业部合并，统一管理。

（4）问题产品。它是处于高增长率、低市场占有率的产品或业务群。高增长率说明市场机会大，前景好，而低市场占有率则说明组织在市场营销上存在问题。其财务特点是利润率较低，所需资金不足，负债比率高。在产品生命周期中处于引进期，因种种原因未能开拓市场局面的新产品即属此类问题的产品。对问题产品应采取选择性投资战略。如果认为有潜力，公司应给它们提供资金以支持其扩张；如果认为无潜力，公司就应放弃。

3. SWOT 分析模型

SWOT 是用来确定企业自身的内部的竞争优势（strength）和竞争劣势（weakness）、外部的机会（opportunity）和威胁（threat），从而将公司的战略与公司内部资源、外部环境有机地结合起来的一种科学的分析方法，也称现状分析、态势分析。SWOT 分析是 20 世纪 80 年代初由美国旧金山大学的管理学教授韦里克提出的，它提供了一种识别内外部信息并综合分析相关数据的方法，经常被用于企业战略制定、竞争对手分析等。整体上，SWOT 分为两部分：第一部分为 SW，主要用来分析内部条件，着眼于企业自身的实力及其与竞争对手的比较；第二部分为 OT，主要用来分析外部条件，重点关注外部环境的变化及对企业的可能影响。利用这种方法可以从中找出对自己有利的、值得发扬的因素，以及对自己不利的、要避开的变量，明确以后的发展方向。企业高层管理人员应在明确内外部各种变量的基础上，采用不同的经营战略模式（见图 1-4）。

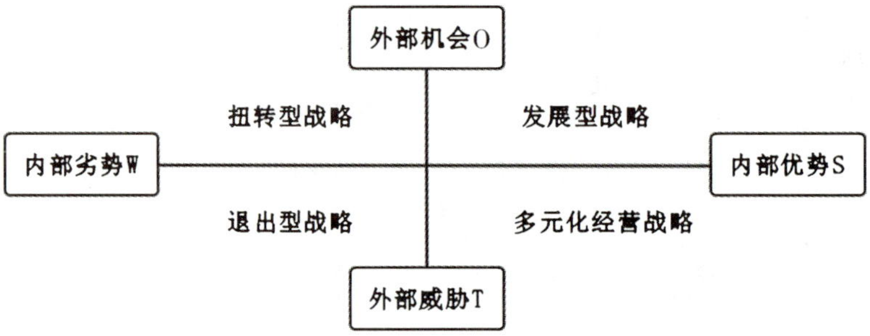

图 1-4　SWOT 分析模型

（1）发展型战略（优势＋机会）。当内部优势与外部机会相互一致和适应时，企业可以用自身内部优势撬起外部机会，加大投入，使机会与优势充分结合发挥出来。然而，机会往往是稍纵即逝的，因此企业必须敏锐地捕捉机会，把握时机，以寻求更大的发展。

（2）扭转型战略（劣势＋机会）。当环境提供的机会与企业内部资源优势不相适应，企业就需要提供和追加某些资源，以促进内部资源劣势向优势方面转化，从而迎合或适应外部机会。

（3）多元化经营战略（优势＋威胁）。当环境状况对公司优势构成威胁时，优势得不到充分发挥，会出现优势不优的脆弱局面。在这种情形下，企业可采用多元化经营，以避免外部威胁，发挥内部优势。

（4）退出型战略（劣势＋威胁）。当企业内部劣势与企业外部威胁相遇时，企业就面临着严峻挑战，如果处理不当，可能直接关乎到企业的生死存亡。这种情形下，企业应收缩市场，或改变市场竞争战略。

（二）内部能力分析

影响战略制定的关键内部能力包括资源、技能、流程等。价值链分析、关键成功因素分析等是常用的分析工具。

1. 价值链分析

企业拥有许多资源、能力和竞争优势，但如果把企业作为一个整体来考虑，可能无法识别这些竞争优势。美国哈佛商学院教授迈克尔·波特 1985 年提出的价值链分析法，是将企业经营活动分解为若干个与战略相关的价值活动，通过考察这些单个的价值活动本身及其相互之间的关系来确定企业竞争优势的一种分析工具。

（1）纵向价值链。企业与供应商、客户之间的价值联系可以通过采购活动和销售活动等多个接触点实现，由此将企业、供应商和顾客视为一个相互联系和相互作用的整体。这种联系和作用可以向上延伸至原材料的最初生产者（或供应商），向下延伸到使用产成品的最终用户，从而形成一条从原材料投入将产成品提供给最终用户的由所有价值转移和增值环节构成的纵向价值链。纵向价值链将最终产品看作一系列价值活动的集合体，企业只是整条价值链中的一个环节或几个环节。纵向价值链分析的目的在于确定企业在哪一个或哪几个价值链节中参与竞争。对纵向价值链的研究有助于企业准确进行市场定位，并且考虑到更广泛地有关整合和利用市场的战略问题（如收购、兼并、多元化等）。

（2）横向价值链。某一产品的生产可以通过多种途径和组合方式来完成，在整个社会空间上必然存在一系列互相平行的纵向价值链，所有在一组互相平行的纵向价值链上的企业之间就产生了一种相互影响、相互作用的内在联系，这种联系形成了横向价值链。例如，在白色家电制造业中，格力、美的、海信、海尔等生产商之间的相互竞争、相互合作的关系，构成了横向价值链。横向价值链分析就是对一个产业内部的各个企业之间相互作用的分析，旨在确定企业与竞争对手之间的差异，从而制定能够使企业取得相对竞争优势的战略。

（3）内部价值链。内部价值链是价值增值活动在企业内部的展开，是企业在经济和技术上有明确界限的各项活动及其关联关系，是创造对顾客有价值的产品的基础。企业内部价值链分为三类：一是企业履行基本管理职能的各种基本职能活动，如企业的总体管理、计划与控制管理、财务与会计管理、风险与法律管理等；二是支撑整个企业内部价值链的人力资源管理活动；三是生产经营活动，可进一步分解为供应、生产、销售三大价值活动。

纵向价值链分析的结果在于确定企业应该生产什么，横向价值链分析则指出企业生产该种产品的竞争优势和限制条件。上述分析的结果要通过企业内部价值链的优化去落实。

2. 关键成功因素分析

关键成功因素分析法是以关键因素为依据来确定系统信息需求的一种管理信息系统总体规划的方法，其理论依据是在现行系统中，总存在着多个变量影响管理信息系统目标的实现，其中若干个因素是关键的和主要的（即成功变量）。以客户需求为导向的企业价值链改进与完善一般认为应围绕以下四个关键因素进行。

（1）成本。成本是判断企业内部资源使用效率的综合性指标，也是获取企业竞争能力的关键要素。客户会不断要求公司降低成本并提高服务效率，从而以更低的市场价格获取更高质量的产品。公司则面临着如何以更低的产品价格满足客户需求，进而在市场中获取竞争优势的压力。

（2）质量。质量是客户对产品的核心要求。不断提高产品质量是企业树立企业形象，擦亮品牌，获取持续竞争优势的关键手段。管理人员应在充分考虑成本与效益原则的前提下，引入全面质量管理作为提高产品质量的一种工具和手段，在整个价值链上改善经营以提供超过客户预期的产品和服务。

（3）时间。随着市场竞争的加剧，对客户需求的响应时间已构成企业竞争优势的关键要素。例如，每年的“双十一”购物狂欢节，京东、天猫等电子商务平台，无不以不断降低对客户需求的响应时间为竞争的先决条件。这就意味着需要企业在价值链特别是供应链上不断优化，消除不增值作业，优化低效率作业，改善企业与上下游之间的关系，以达到客户所要求的时间标准。

（4）创新。持续的创新是企业持续竞争优势的关键来源。除了技术创新和产品创新，企业创新还包括商业模式、管理与服务领域的全新突破。技术创新和产品创新有密切关系，又有所区别。技术的创新可能带来但未必带来产品的创新，产品的创新可能需要但未必需要技术的创新。产品创新可能包含技术创新的成分，还可能包含商业创新和设计创新的成分。技术创新可能并不带来产品的改变，而仅仅带来成本的降低、效率的提高，如改善生产工艺、优化作业过程从而减少资源消费、能源消耗、人工耗费或者提高作业速度。新技术的诞生，往往可以带来全新的产品，技术研发往往对应于产品或者着眼于产品创新，而新的产品构想，往往需要新的技术才能实现。

（三）战略制定

战略制定包括愿景、使命、企业核心价值观等要素。愿景是一个简明的陈述，表达了企业的中长期（3～10 年）目标。通常用“憧憬”的言语传达企业想要展现给世界的形象。使命是指企业存在的理由，通常用简洁清晰、激动人心的文字表达。使命表达了企业将如何持续地向愿景迈进，并清晰地展示企业试图为其客户和利益相关者传递的价值。企业核心价值观则体现了组织的态度、行为和特质，是企业持久和最根本的信仰，是企业及其每一个成员共同的价值追求、价值评价标准和所崇尚的精神。有了使命、愿景、价值观这些简单背景知识后，就可以制定战略了。迈克尔·波特认为，战略就是选择一套行动方案使企业能够善于在市场上创造持续性差异化。持续性差异化能够向客户传递的价值超过竞争者，或者在相同价值下提供更低的成本。管理者制定的基本战略通常有两种：成本领先战略和产品差异化战略。

1. 成本领先战略

成本领先战略即通过提高生产率和效率、消除浪费和严格控制成本来实现比竞争对手更低的成本。比如，沃尔玛提供与竞争对手相似而非差异化的产品，但是价格更低，从而形成竞争优势。

2. 产品差异化战略

产品差异化战略即让客户感觉到公司的产品和服务要比竞争对手的产品和服务更优质、更独特。通过创新产品研发、品牌推广和产品快速投放市场，公司实现了差异化战略。这种差异化提升了品牌忠诚度以及客户的支付意愿。

知识链接

美的集团以“科技领先”为核心的战略主轴

成立于 1968 年的美的，从最初何享健带领 23 位顺德人，筹资 5000 元创业，发展至今，已经成为一家覆盖智能家居、楼宇科技、工业技术、机器人与自动化和数字化创新业务五大业务板块为一体的全球化科技集团，形成美的、小天鹅、华凌、COLMO、库卡、威灵、合康、高创、万东和菱王等多个品牌组合，每年为全球超过 4 亿用户，各领域的重要客户与战略合作伙伴提供满意的产品和服务。迄今，美的在全球拥有约 200 家子公司、35 个研发中心和 35 个主要生产基地，业务覆盖 200 多个国家和地区。2022 年营业总收入 3457 亿元，全球员工数量超过 16 万，《财富》世界 500 强排名 278 位。美的集团的愿景、使命及价值观如下。

（1）我们的愿景——科技尽善、生活尽美。

（2）我们的使命——联动人与万物，启迪美的世界。

（3）我们的价值观——敢知未来（志存高远、客户至上、变革创新、包容共协、务实奋进）

随着近年人工智能、仿真技术等领域技术的突破性进展，2020 年底，美的集团将战略主轴升级为“科技领先、用户直达、数智驱动、全球突破”，其中“科技领先”为核心主轴。

（1）科技领先——构建研发规模优势，加大对核心、前沿技术的布局和投入。

（2）数智驱动——通过全面数字化全面智能化，内部提升效率外部紧抓用户。

（3）用户直达——与用户直接联系互动，重塑产品服务及业务模式。

（4）全球突破——重点区域寻求市场、渠道和商业模式等维度突破，服务全球用户。

——根据美的集团官网资料整理

第四节　管理会计师职业发展与职业道德

一、管理会计师专业机构

成本管理会计的发展及其在管理中的作用，极大促进了管理会计职业化的发展。一些西方国家专门设立专业机构指导管理会计的研究与实务，专门负责管理会计师业务培训、管理、执业认定等，使管理会计师职业化队伍不断扩大。其中具有较大影响的是美国管理会计师协会（IMA）和英国特许管理会计师公会（CIMA）。

（一）美国管理会计师协会

美国管理会计师协会是一家在全球具有重要影响的国际性管理会计师组织，成立于 1919 年，目前拥有遍布全球的 265 个分会的超过 8 万名会员。成为注册管理会计师（CMA），首先必须通过注册管理会计师资格证书认证考试，而且还要符合 IMA 订立的学历和道德操行标准。CMA 资格认证的目的在于培育管理会计人员和财务管理人员的知识广度，使其能预测商业的需求及参与决策制定。认证考试涉及商业分析、管理会计与报告、战略管理和商业应用等四大方面内容，所包含的知识范围集中反映管理会计人员和财务管理人员在现今商业环境中所需要的能力。因此，取得 CMA 资格不仅代表其具备完整的会计及财务相关领域知识，也表明了其具备高度专业标准与能力，能够通过分析企业内部财务报表，协助管理者掌握经营状况，参与拟定未来经营策略并执行。

（二）英国特许管理会计师公会

英国特许管理会计师公会成立于 1919 年，是世界上最大的管理会计师认证、管理和监督机构，属于非营利组织，拥有超过 20 万会员和学员，遍布 176 个国家和地区。

CIMA 会员身居管理要职，以扎实的财务知识、卓越的管理能力和出色的战略思维在工商界、政府部门及各类非营利机构中发挥着举足轻重的作用。在我国，CIMA 发展迅速，已经成为聚集国际金融高管及财界领袖的最大平台。CIMA 以“财务支持战略决策，战略融于财务管理”为理念，其资格考试并不局限于会计内容，而是涵盖了管理、战略、市场、人力资源、信息系统等多方面的商业知识和技能。通过 CIMA 三级认证考试并达到工作经验要求者可获得 CIMA 会员资格，成为特许管理会计师；而拥有三年决策管理高层工作经验的特许管理会计师可申请成为特许管理会计师公会资深会员。

二、管理会计师职业道德

管理会计师职业道德是保证管理会计工作有效运行的基础。管理会计师应遵守诚实、公正、客观以及负责任的基本原则，同时鼓励和倡导企业中的其他人共同遵守。美国管理会计师协会制定的《管理会计师道德行为标准》将管理会计师职业道德分为行为规范和职业道德冲突解决方案两部分。

（一）行为规范

1. 职业胜任能力

管理会计师要提供高质量的专业服务，必须具备较强的业务能力，具体包括：

（1）终身学习，不断更新专业知识，提高业务技能，始终保持与其职业能力相适应的专业知识和技能水平；

（2）严格依据相关法律、法规和专业标准履行专业职责；

（3）计算和分析相关数据，在为企业管理层提供全面、准确、清晰、简明、及时的决策支持信息和建议的同时，能够识别并帮助管理风险。

2. 保密责任

管理会计师的工作性质决定了他们能够掌握大量的企业内部信息，这些机密一旦泄露，将会给企业带来巨大的经济损失，因此管理会计师必须做到：

（1）除授权及法定情况外，应为工作中获得的信息保密；

（2）告知所有相关方恰当使用保密信息，并监督确保他们遵守该原则；

（3）禁止利用企业机密信息谋求不道德或非法利益。

3. 正直的品行

管理会计师为企业的经营管理活动提供决策信息，信息的质量不仅取决于管理会计师的技术水平，还取决于他们的品行。因此，管理会计师应当做到：

（1）避免利益冲突，定期与业务合作伙伴进行沟通以避免明显的利益冲突，告知各方任何潜在的利益冲突；

（2）避免从事任何损害道德履行职责的行为；

（3）禁止从事或支持任何有损职业声誉的活动；

（4）为积极的道德文化做出贡献，并将职业操守置于个人利益之上；识别和揭示影响专业判断及管理决策的各种局限，如同时披露有利和不利信息，揭示所有的专业判断及形成的各种观点。

4. 提供真实客观的信息

管理会计师对有关事项的调查、判断及意见的表述，应当基于客观的立场，以客观事实为依据，不受他人左右，不掺杂个人主观意见，提供真实客观的信息。

（二）职业道德冲突解决方案

在实际工作中，当管理会计师遇到不符合职业道德要求的行为和问题时，应积极寻找解决问题的办法。管理会计师首先必须严格遵守职业道德标准的基本原则，如果基本原则的条款不能解决问题，可采用以下行动步骤。

（1）立即向上级报告。遇到需要裁决的问题时可直接向上级报告（除非直接上司也牵扯到其中），仍不能解决时再向更高一级领导报告。如果上级是道德裁决执行人员，则内部审计、监事会、董事会或股东大会都可以作为道德裁决的再审议机构。

（2）深入讨论，辨明是非。通过和管理会计师协会的道德咨询部门或其他外部顾问交流相关道德问题以获得更好的解决方案。

（3）向律师咨询有关道德冲突的法律责任、权利和风险。

（4）离开企业，提交备忘录。如果上述解决问题的方案不成功，管理会计师最好的选择是考虑辞职，离开企业，并向企业的法定代表人提交详细的备忘录，说明存在的问题。

本章小结

（1）成本管理会计是成本核算的基本原理结合现代管理会计而形成的领域。成本管理会计是围绕培育企业整体优势的目标，向企业管理层提供能够满足他们成本管理控制和战略经营决策的信息支持系统，旨在解决成本及基于成本的各类决策和管理问题。其目标为管理层优化决策提供成本信息支持和参与管理层持续改善企业生产经营的决策活动。成本管理会计的职能主要包括预测、决策与规划、控制、核算、考核评价。

（2）成本管理会计的形成和发展受社会实践和经济理论的双重影响。从世界范围看，成本管理会计发展历程大致分为三个阶段：强化成本控制职能的成本管理阶段、强调决策支持功能的管理会计阶段、重视竞争优势的战略管理会计阶段。我国管理会计虽然起步较晚，但经过多年的理论研究的实践与应用，已经逐步形成了我国的管理会计体系。财政部陆续发布的涵盖战略管理、预算管理、成本管理、营运管理、投融资管理、绩效管理、风险管理、企业管理会计报告、管理会计信息系统、行政事业单位等八大领域34项管理会计应用指引体系，该体系具备良好的指导性、开放性和操作性，是我国管理会计应用的规范体系。

（3）成本管理会计和财务会计同属现代会计信息系统的两大分支，财务会计重在回顾过去，履行反映和报告企业经营成果和财务状况的职能；而成本管理会计则重在面向未来，履行预测、决策、规划、控制和考核的职能。它们之间既存在天然的内在联系，又有显著的区别。成本管理会计与财务管理都是以企业价值运动或资金运动为研究对象，即能够用货币表现的经济活动，但二者的具体研究对象和工作侧重点存在明显差异。

（4）企业实施战略管理就是对企业全局的、长远的发展目标，以及资源配置做出决策和管理的过程。在战略管理的思想下，成本管理会计不仅要树立企业整体优势的观念，为制定企业的长期发展战略与战略规划提供信息支撑。战略管理的基本工具主要有用于分析外部环境的波特五力模型、波士顿矩阵、SWOT分析模型，以及用于内部能力分析的价值链分析、关键成功因素分析等。

（5）管理会计师职业道德是保证管理会计工作有效运行的基础。管理会计师应遵守诚实、公正、客观以及负责任的基本原则，同时鼓励和倡导企业中的其他人共同遵守。美国管理会计师协会制定的《管理会计师道德行为标准》将管理会计师职业道德分为行为规范和职业道德冲突解决方案两部分。

思考题

1. 成本管理会计与财务会计、财务管理的主要区别分别有哪些？
2. 成本管理会计发展与企业的经营环境有什么联系？表现在哪些方面？
3. 战略管理的基本工具有哪些？如何应用？
4. 管理会计师的职业道德包括哪些内容？

自测自评

一、单项选择题

1. 财务会计主要关注（　　）。

A. 如何为企业战略制定提供信息　　B. 外部利益相关者的信息需求
C. 如何为有效降低成本提供信息　　D. 利用各种资源提高企业价值的信息

2. 财务会计从历史视角提供数据，而成本管理会计重点关注（　　）。

A. 过去　　B. 当前
C. 未来　　D. 过去和当前

3. 成本管理会计与财务会计的共同点是（　　）。

A. 都关注原始资料　　B. 都需要遵循会计准则
C. 都需要对外披露信息　　D. 服务对象相同

4. 20世纪80年代以后，成本管理会计发展的重点是（　　）。

A. 确定成本并实施财务控制　　B. 为计划和控制等提供有用信息
C. 降低业务流程中的资源浪费　　D. 为组织创造价值

5. 下列（　　）是管理会计师面对道德问题时应最先采取的行动。

A. 查询公司解决类似问题的规则　　B. 与直接上司讨论该问题

C. 咨询相关律师　　D. 私下与管理会计师协会道德顾问交流

6. 以强调决策支持功能为基本特征的管理会计阶段的管理重点在于提高（　　）。

A. 生产效率　　B. 工作效率　　C. 经济效益　　D. 竞争优势

7. 价值链分析是将一个企业的经营活动分解为若干与（　　）相关的价值活动，通过考察这些单个的价值活动本身及其相互之间的关系来确定企业竞争优势的一种分析工具。

A. 战略　　B. 管理　　C. 经营方向　　D. 经营特点

8. 在 SWOT 分析法中，处于“劣势＋机会”区域的企业应（　　）。

A. 采取发展战略

B. 有效利用市场机会，努力减少内部劣势

C. 利用优势在其他产品上建立长期优势

D. 减少产品或收缩市场，改变产品或市场战略

9. 下列可以同时作为财务会计和成本管理会计报告的指标的是（　　）。

A. 产品的原材料成本　B. 产品的残次品率　　C. 设备维修工时　　D. 产品生产耗用的工时

10. 成本管理会计的服务侧重于（　　）。

A. 股东　　B. 外部集团　　C. 债权人　　D. 企业内部的经营管理

二、多项选择题

1. 成本管理会计的职能除了预测、决策与规划，还包括（　　）。

A. 控制　　B. 监督　　C. 核算　　D. 考核与评价

2. 成本管理会计的形成和发展受到（　　）影响。

A. 社会实践　　B. 经济理论　　C. 企业类型　　D. 业务特点

3. 企业内部价值链可以进一步分为（　　）三大价值活动。

A. 基本职能活动　　B. 人力资源管理活动

C. 生产经营活动　　D. 销售管理活动

4. 成本管理会计是适应企业加强内部经营管理，提高企业竞争力的需要产生和发展起来的，其目标是实现（　　）。

A. 正确计算成本，为管理和决策提供成本信息

B. 正确计算成本，满足对外报告的需求

C. 正确计算成本，满足存货计量和利润计算的需要

D. 助力管理层持续改善企业的生产经营活动

5. 下列项目中，可以作为成本管理会计主体的有（　　）。

A. 企业整体　　B. 个人　　C. 车间　　D. 班组

6. 美国管理会计师协会制定的《管理会计师道德行为标准》中，行为规范包括（　　）。

A. 职业胜任能力　　B. 保密责任

C. 正直的品行　　D. 提供真实客观的信息

7. 以客户需求为导向的企业价值链改进与完善一般认为应围绕以下（　　）等关键因素进行。

A. 成本　　B. 质量　　C. 时间　　D. 创新

三、判断题

1. SWOT 分析的理论基础是：有效的战略能最大限度地利用业务优势和环境机会，同时使劣势和环境威胁降到最低。（　　）

2. 相较于成本管理会计，财务会计提供的信息更加多元化，这些信息里包括财务信息和非财务信息。（　　）

3. 成本管理会计与财务管理都以企业价值运动或资金运动为研究对象，但二者之间的具体研究对象和工作侧重点不同。（　　）

4. 所谓业财融合，即将财务、业务工作融合，这样有利于企业加强内部控制，实现精益管理。（　　）

5. CIMA 的资格考试并不局限于会计内容，而是涵盖了管理、战略、市场、人力资源、信息系统等多方面的商业知识和技能。（　　）

——扫扫看，你有多优秀——

延伸阅读

[1]　[2]　[3]　[4]　[5]

[6]　[7]　[8]

[1] 关于印发《管理会计基本指引》的通知。

[2]《管理会计应用指引第 100 号——战略管理》。

[3]《管理会计应用指引第 101 号——战略地图》。

[4]《管理会计应用指引第 801 号——企业管理会计报告》。

[5]《管理会计应用指引第 802 号——管理会计信息系统》。

[6] 许敏，岳元宁，陈瑶. 管理会计：百年回溯及探索思考 [J]. 会计之友，2022 (18)：9-14.

[7] 冯巧根. 对管理会计基本指引、应用指引的解读 [J]. 财会月刊，2019 (01)：7-14.

[8] 罗莎. 把握数字经济发展机遇，培育国际财会专业人才：“2022 年数字经济与数字化管理会计发展论坛”在京举办 [N]. 中国会计报，2022-08-05 (15).

第二章　成本的概念和分类

学习目标

了解成本的相关概念和分类是成本管理、控制与决策的基石。对成本经济内涵的理论学习有助于透过成本相关问题的现象对其背后的经济实质有更好的认知与把握，形成清晰、系统的理论框架。通过本章的学习，大家应能达成以下目标。

- 学习目标
  - 知识目标
    - 理解成本的概念，了解成本按经济用途的分类
    - 掌握成本性态分析及混合成本的分解
    - 掌握成本按管理需要的分类及其与决策之间的关系
  - 能力目标
    - 能够识别特定项目的成本，清晰成本投入与成本控制在经济目标实现中的重要作用
    - 能够通过对成本的分类，进行企业成本优化分析
  - 素质目标
    - 通过对成本理论的学习，有构建相对系统的分析框架的意识
    - 了解我国企业在国际市场中的竞争策略，加强对民族品牌的认同感和自豪感

案例导入

有一种骄傲，叫“中国高铁”！

中国高铁的起步比部分发达国家要晚，以前高铁全部都是德标或日标，但我国自主研发的动车组列车“复兴号”大量采用了中国国家标准和中国铁路总公司企业标准等技术标准，在动车组的254项重要标准中，中国标准占了84%，是真正的“中国造”动车。如今，“复兴号”采用的多项技术已领跑世界，日益成为推动世界铁路发展的重要力量。截至2021年，中国高铁总里程直逼4万千米，大家在乘坐高铁的过程中，看到往来飞驰而过的各种型号的高铁动车，会不约而同为国家的强大感到自豪。

齿轮箱是驱动“复兴号”动车组高速行驶的核心部件，具备30年2400万千米的超长使用寿命，这样的距离相当于绕地球行驶600圈。齿轮表面要求达到微米级精度，而这样的精度相当于头发丝的五十分之一。零件的材质、密封性、抗老化性都是需要经受考验的难关。国外的一些技术人员曾称，用二三十年能把这个攻克就已经很厉害了。让外国专家没有想到的是，中国仅用了短短10年就攻克了这项技术难关。并在“复兴号”上大面积使用，目前已占据了国内80%的市场份额，中国高铁血统里最后一股“洋流”将被替代。在铁路人看来，中国高铁的问世绝不是忽如一夜春风来，而是凝结着几代人不懈努力。

同时，与欧洲、日本同行企业相比，中国高铁及相关设备制造业的优势还体现为成本低和建设效率高。根据中国高铁行业现状研究分析及发展趋势预测报告（2022年）的数据显示，中国高铁建设造价只有海外同行的1/3到1/2。高铁作为交通基础设施，投资金额巨大，使得低成本成为中国高铁在海外市场上竞争的一大优势。

——中国高铁仅用10年攻克世界难题 终极核心部件曝光. 浙江日报. 2018-03-08

关键名词

成本　成本性态　固定成本　变动成本　混合成本　高低点法　回归直线法　账户分析法　机会成本　沉没成本　相关成本　无关成本

第一节　成本的概念及特征

一、成本的概念

明确成本的概念是提供有效成本信息的基础，对提高企业经营管理效率具有重要意义。经济学和管理学对于成本的理解存在不同的观点。经济学讲求效率，强调成本与收益的权衡。马克思强调成本是耗费和补偿的统一体，因此应以资本耗费的价值部分作为成本计量研究的理论依据，同时应以成本价值的补偿尺度作为成本计量研究的实际出发点。西方新古典经济学派基于资源稀缺性理论，认为成本就是为了生产该产品而放弃（或牺牲）另一种最佳替代物的生产，即机会成本。换言之，经济学中的成本应包括两部分：

成本的基本概念与分类

（1）计入会计账户的费用，又称显性成本，包括企业购入的原材料成本、支付的工资薪金等；

（2）为生产提供资源所必须支付的费用，又称隐性成本，包括企业为生产购入机器设备所计提的折旧费用等，其实质是企业将机器设备用于生产所要求的必要、正常的回报。

管理学注重组织目标，强调成本发生的过程和动因，即在不同的生产水平、不同的生产工艺下，生产不同质量、不同类别产品所需要消耗的资源价值之和。与经济学强调经济本质不同，管理学更强调成本对企业各方面的工作起到的作用，并通过进一步的成本分析达到控制成本、降低成本的效果。因此，管理学认为，成本是企业生产某种产品的过程中所消耗资源的货币总和，是一种包含企业生产、技术、经营活动的综合指标。

基于成本管理会计的视角，遵循管理学中的成本实质，本书认为成本是实现特定经济目的（不包括偿还债务、退还投资）而发生或将要发生的合理、必要支出（张敦力，2004）。其中，支出既可能是现在，也可能是未来，既可能是资产形式，也可能是负债形式。然而，值得说明的是，成本需要有相应的承担客体，必须是为实现一定的目的而发生的，否则只能作为当期损失。在熟悉成本概念的基础上，我们要进一步正确认识支出、成本、资产与费用之间的关系。支出不仅涵盖成本，还包括当期损失，如为实现某一特定目的但最终未能实现该目的的流出、无明确承担客体的流出等。成本确认、归集后若可以进一步向其他成本对象转移，则作为资产入账（即成本的资产化），反之，则作为费用（即成本的费用化）。

二、数字经济时代的成本特征

随着社会经济的发展，以及企业管理水平的提高，成本的内涵也在不断外延。在数字经济时代，新兴技术促使各类信息以数字方式呈现，形成海量级信息，并为企业决策提供更有力的支持，进而驱动企业内生增长。数字经济时代的成本呈现以下特点。

（一）成本信息更加精准

在传统会计中，由于企业生产工艺复杂，成本核算存在较强主观性，主要表现在：成本信息收集不齐全；归集后的成本难以精确分配，分配标准存在较强主观性。而在数字经济时代，借助数字化系统整合企业资源，完成产品生产全过程的数据覆盖，这可以较大程度上确保成本信息的全面性。同时，数字化系统的自动匹配与智能分析还能够保障基础数据的可信度。因此，通过缓解传统成本会计核算中存在的两大痛点，数字经济提高了企业成本信息的精确度。

（二）成本信息更加及时

及时的成本信息有助于内部管理层更快做出有效决策，提高企业抵御外部风险的能力。在传统会计中，成本信息流动较慢的原因在于成本发生于企业的多个部门，而部门之间的信息交流存在障碍。在数字经济时代，企业信息通过不同功能的模块联通起来，部门之间的信息交流问题迎刃而解，进而可以为企业决策提供更及时的成本信息。

此外，值得注意的是，通过融合数字技术与业务流程能够实现成本控制，减少生产环节中不必要的支出，进而提高经营效率。这也日益成为数字经济时代企业获取竞争优势的重要来源。

知识链接

借数字经济之东风实现降本增效：安踏

安踏前身为福建晋江的制鞋作坊，成立于 1991 年。经过多年发展，2007 年 7 月，安踏登陆中国香港联交所。上市 16 年的安踏实现了市值的跨越式增长，成为国内服饰品牌最大市值的公司，旗下包括 FILA、迪桑特等多个国际品牌。值得一提的是，安踏的成功离不开 2020 年开始布局的数字化战略，通过赋能线下渠道带动消费。

下面以安踏集团的设计数字化为例。2020 年安踏上市了一款特别的产品，该鞋款在前端设计、选品阶段，充分利用了安踏最新使用的设计数字化技术，实现了鞋款的 3D 设计、线上选品、虚拟订货等大规模生产前的一系列环节。在这之前，安踏集团试水数字化 3D 设计就带来了实实在在的效果。该技术推动安踏在两周内完成 FILA 新一季货品中超 900 个配色和所有样品的制作，整体进度节省约 75%，大大降低了时间成本、人力成本和材料成本。安踏运动生活品类事业部总监提道：

"一双鞋有三四十个部件，做一个样品鞋，需要从供应商处调很多种原材料，中间耗费的时间、人力、精力都非常大，而安踏每年都是在几百上千款鞋中挑出百款可以上市的鞋款。数字化设计颠覆了以往的思路，以往要100多个人的团队、二三十个供应商，花好几个月共同推动，现在不用一个月，设计师配合IT，几个人就完成所有事。"对于安踏而言，以年设计1000款鞋为例，假设有4000个配色，全部制成实体样品鞋需耗费约1000万元。在传统的模式里，这4000个样品只有20%～30%会被选中投入生产，未被选中的实体样品鞋作废，则有700万～800万元浪费在了评审"看一眼"的环节上，这期间还有大量的物流、人工费用。在数字化设计平台上，企业可以直接用数字化设计的3D虚拟样品设计图进行选品，从4000个虚拟样品配色方案中挑选300～400个虚拟样品后，再制成实体，从而削减了一半以上数量的实体样品，极大降低了打样成本，总成本综合下来约为原来的1/5。

——降低成本、节约时间、提高效率，安踏的全链条数字化升级之道. 中国日报. 2020-10-14

第二节　基于经济用途的成本分类

根据定义，成本是为特定目的而发生的合理支出。为此，按照经济用途对成本进行分类是最基本的一种分类方法，也是当前成本会计在核算成本时使用的方法，用于向外部投资者反馈企业在特定期间所发生的成本。所谓经济用途是指资源消耗的使用方向，即支出的承担客体。成本按照经济用途的不同可以分为生产成本和非生产成本。

一、生产成本

生产成本，又称制造成本，是指企业在生产产品过程中所发生的各项目合理支出。生产成本的承担客体为企业所生产的产品，具体包括直接材料、直接人工和制造费用。

（一）直接材料

直接材料是指企业在生产过程中所耗费的材料成本，具体包括原材料、外购半成品等，以材料的形式进入生产流程。由于直接材料构成最终产品的价值，直接材料一般可以清晰地归属到某一特定产品或某一特定批次产品，形成直接的生产成本。例如，服装生产企业的直接材料既包括所使用的布料，也包括外购或自制的扣子等零件，且该类成本可以直接归属到某一批次的服装上。

（二）直接人工

直接人工是企业在生产过程中所发生的生产工人工资支出。与直接材料类似，生产工人负责某个产品或某个批次产品的生产，故其所发生的人工成本可以直接归属到特定产品，形成直接的生产成本。

（三）制造费用

制造费用核算的是除直接材料、直接人工以外的，为生产产品而发生的其他合理支出。与直接材料、直接人工不同，制造费用不能直接归属到特定产品，受益于企业的多个产品或全部产品，属于间接生产成本。例如，生产车间所计提的折旧、生产车间管理人员工资等，其受益对象是整个车间所生产的产品。因此，制造费用在归集完成后，需要按照分配标准分别结转到特定产品上，进而进入利润表或资产负债表。

二、非生产成本

非生产成本，又称期间费用，是指无法归属于某种产品的支出。非生产成本的受益对象一般为整个企业，在期末直接一次性计入当期损益。从核算内容上看，非生产成本主要包括销售费用、管理费用、财务费用和研发费用。

（一）销售费用

销售费用是指企业为支持商品销售而发生的支出，具体包括销售人员的工资、广告费用、销售机构的折旧费用等。产生销售费用的动因是为了获取更多、更持续的收入。一般而言，销售费用与收入同向变化。

（二）管理费用

管理费用是指企业为组织生产经营所发生的各项费用，包括聘请中介机构费用、诉讼费等。维持企业正常生产经营的费用均可计入管理费用，为此，管理费用的核算内容往往较多，金额较大，外部投资者可以借助财务报表附注中的管理费用明细了解企业管理费用的支出情况。

（三）财务费用

财务费用是指企业在筹集生产经营所需资金时发生的费用，其本质是使用资金所产生的成本，具体包括银行利息支出、外汇汇兑损益等。

（四）研发费用

企业为开展研发活动而发生的支出在不满足资本化条件时计入研发费用。研发费用原来属于管理费用下的二级科目，为鼓励企业加大研发投入，2018 年财政部对财务报表格式进行了修订，将研发费用科目单独填列。

第三节 基于依存关系的成本分类

基于经济用途的成本分类主要用于成本核算，在成本管理会计中，更为常用的是按照依存关系而做出的成本分类。所谓依存关系是指所发生的成本金额与业务量之间的关系，表现为成本性态上的差异，具体包括变动成本、固定成本和混合成本三类。这种分类方法是本量利分析、短期经营决策等的基础，采用这种方法有助于企业在分析过去成本的基础上做出有效决策。

固定成本、变动成本与混合成本

一、变动成本

（一）变动成本总额与单位变动成本

变动成本是指在一定期间和一定业务量范围内，成本总额随业务量的变化同比例变化的成本。例如，直接材料、直接人工、计件工资等。变动成本总额受业务量变动的影响，但是单位变动成本不受业务量变动的影响。

例 2-1 小王购买了一张电话卡，基本月租为 0 元。收费标准如下：在 400 分钟内，国内通话费用为每分钟 0.1 元，超过 400 分钟的部分，国内通话费用为每分钟 0.2 元。当小王通话时长分别为 100 分钟、200 分钟、300 分钟和 400 分钟时，变动成本总额与单位变动成本如表 2-1 所示。

表 2-1　变动成本与产量的依存关系

时长/分钟	变动成本总额/元	单位变动成本/元
100	10	0.1
200	20	0.1
300	30	0.1
400	40	0.1

根据表 2-1 可知，在 400 分钟范围以内，小王的单位变动成本保持在 0.1 元/分钟，而变动成本总额随着通话时长的增加而同比例增长。若以 S 表示总变动成本，b 表示单位变动成本，x 表示通话时长，则上述依存关系可以表示为 $S=bx$ 的正比例关系。

进一步，将表 2-1 中的数据变化通过趋势线来反映，如图 2-1 所示。

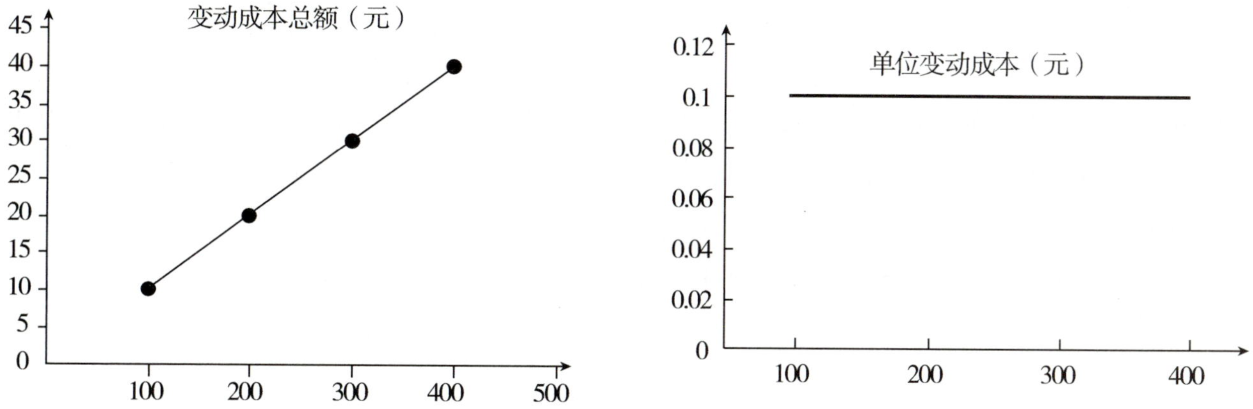

图 2-1 变动成本的性态特征

值得注意的是，在上述案例中，变动成本总额、单位变动成本与业务量之间的依存关系只存在于特定的范围内。当超过该业务量范围，则这一等式不成立。正如案例 2-1，当通话时长超过 400 分钟后，单位变动成本变化为 0.2 元/分钟，此时，单位变动成本发生变化，变动成本总额与业务量之间的关系也不是简单的正比例关系。对企业而言亦如此，当产量在小规模范围时，直接材料、直接人工的单位变动成本可能保持不变，但随着产量的上升，材料的使用可能更加充分，单位变动成本反而可能会有所下降。因此，在提到变动成本的正比例变动关系时要限定在一定业务量范围这一前提下。

（二）变动成本的分类

变动成本又可进一步依据管理层是否能够通过决策改变其支出分为酌量性变动成本和约束性变动成本。酌量性变动成本是指管理层可以通过决策影响支出金额的变动成本，如计件工资的标准、销售佣金等。管理层可以依据外部市场环境和企业内部经营情况，确定酌量性变动成本大小。约束性变动成本是管理层无法通过决策改变的成本支出，如直接材料成本。这部分成本受外部环境影响较大，管理层的自由裁量权较小，无法通过其决策改变。

二、固定成本

（一）固定成本总额与单位固定成本

固定成本是指在一定期间和一定业务量范围内，成本总额不随业务量的变化而变化，保持固定不变的成本。例如，折旧费用、管理人员工资等。固定成本总额不受业务量变动的影响，但是单位固定成本会受业务量影响，随着业务量的增加，单位业务量所承担的固定成本会下降。

例 2-2 A 企业购买了某先进设备用于生产产品，最高载荷年产量为 8000 件，每年计提折旧 10000 元。当 A 企业的产量分别为 2000 件、4000 件、6000 件和 8000 件时，固定成本总额与单位固定成本如表 2-2 所示。

表 2-2 固定成本与产量的依存关系

产量/件	固定成本总额/元	单位固定成本/元
2000	10000	5.00
4000	10000	2.50
6000	10000	1.67
8000	10000	1.25

根据表 2-2 可知，在 8000 件范围以内，A 企业的固定成本始终保持在 10000 元，而单位固定成本总额随着业务产量的增加而降低。若以 Y 表示单位固定成本，a 表示固定成本总额，x 表示业务量，则上述依存关系可以表示为 $Y=a/x$ 的正比例关系。

进一步，将表 2-2 中的数据变化通过趋势线来反映，如图 2-2 所示。

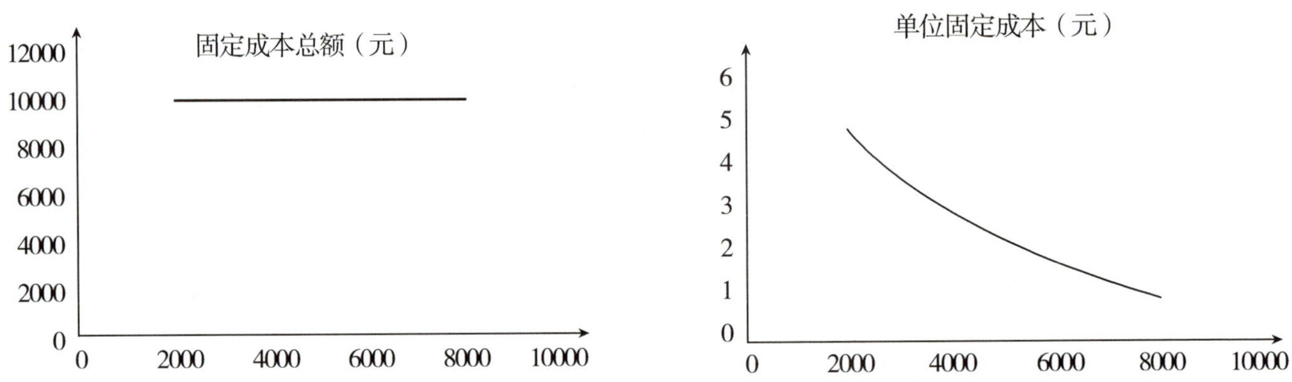

图 2-2 固定成本的性态特征

同样需要注意的是，固定成本总额保持不变的特性也具有相对性，需在“一定时期和一定业务量范围内”。当超过该业务量范围或超过特定时期，则这种关系可能不成立。正如案例 2-2，当 A 企业的业务量超过 8000 件后，该台设备就无法满足生产，可能就需要企业再购入新设备，此时固定成本总额发生变化，且单位固定成本也没有下降。因此，与变动成本一样的，在提到固定成本保持不变时要限定在一定时期和一定业务量范围这一前提下。

（二）固定成本的分类

固定成本也可进一步根据管理层决策是否能够影响其支出金额分为酌量性固定成本和约束性固定成本。酌量性固定成本，也称随意性固定成本，受到管理层决策的影响，是管理层根据企业当前经营情况做出的资源分配计划，如研发费用、广告费用等。管理层的合理决策对企业未来竞争能力的形成具有较大影响。与之相反，约束性固定成本不容易受管理层决策的影响，如折旧费用等。

三、混合成本

（一）混合成本的分类

在现实生活中，很多成本不会简单地呈现出变动成本或固定成本这样的简单比例关系，实际情况会更加复杂，表现为变动性态的成本与固定性态的成本混合在一起。因此，这种成本往往被称为混合成本，混合成本总额与业务量之间并不存在严格的比例关系。理论上，混合成本可分为半变动成本、半固定成本与延伸变动成本。

（1）半变动成本。半变动成本存在一个基础成本，总成本在基础成本之上随着业务量的增加而成比例增加。相较于变动成本，半变动成本建立在一个初始固定成本的基础上。在现实生活中，半变动成本是最为常见的混合成本。例如，A 企业每月需要支付的基础电费为 2000 元，每多生产一件产品就会多消耗 5 元电费。那么，当产量为 200 件时，企业所需要支付的电费为 2000＋5×200＝3000 元。以 y 表示总成本，x 表示为业务量，b 表示每单位业务量的新增成本，a 表示初始固定成本，则半变动成本可以通过数学算式来表示：$y=a+bx$。进一步，如图 2-3 所示，将半变动成本与业务量之间的依存关系通过坐标进行表示。

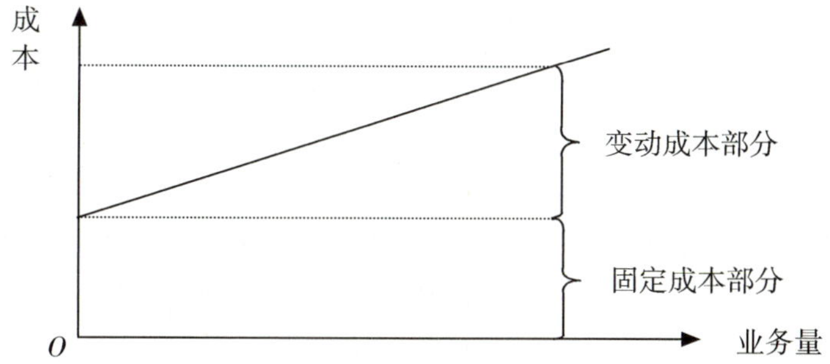

图 2-3　半变动成本与业务量之间的依存关系

（2）半固定成本。半固定成本，又称为阶梯式成本，是指总成本在一定业务量范围内保持不变，但随着业务量的增加，总成本又会跃升到新的水平，如此反复。半固定成本在特定的业务量范围内满足固定成本的性态，但随着业务量的增加，这种固定不变的关系被打破，总成本开始变动。为此，这种混合成本被称为半固定成本。现实生活中，质检员的工资、化验员的工资是最典型的半固定成本。以质检员的工资为例，1 个质检员的工资为 2000 元，每天最多检测 500 件产品，那么如果待检产品的数量在 500 件以内，则只需聘请 1 名质检员并支付 2000 元，但当待检产品超过 500 件，未超过 1000 件时，企业就需要再聘请 1 名质检员并支付 2 名质检员的工资 4000 元。根据以上分析，可以得到半固定成本与业务量之间的依存关系，如图 2-4 所示。

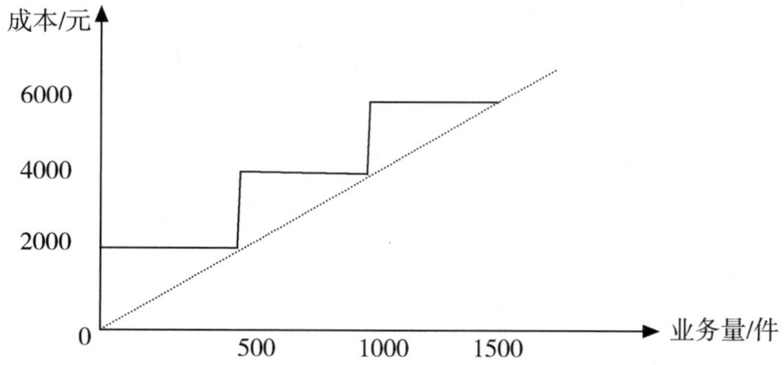

图 2-4　半固定成本与业务量之间的依存关系

（3）延伸变动成本。延伸变动成本是指在较低业务量水平下，成本总额保持固定不变，当业务量水平超过某一标准后，成本总额随着业务量的增加而增加。相较于半变动成本，延伸变动成本的成本增加发生于业务量达到特定标准之后。在现实生活中，打车费用就属于延伸变动成本，在基本里程（如 3 千米）之内仅收取起步费用，但超过基本里程后就要按里程收取费用。根据以上分析，可以得到延伸变动成本与业务量之间的依存关系，如图 2-5 所示。

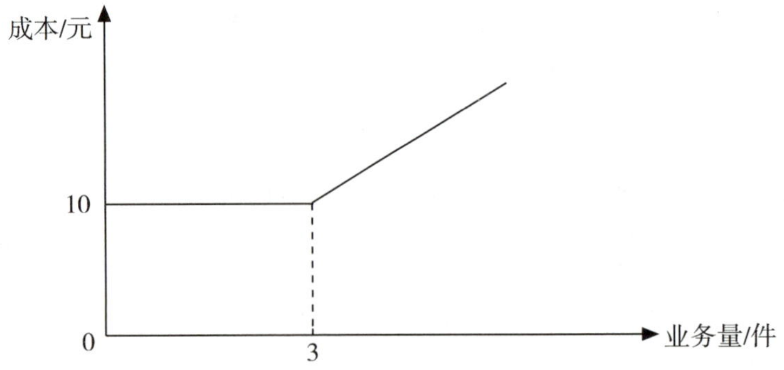

图 2-5　延伸变动成本与业务量之间的依存关系

（二）混合成本的分解

将成本分解为固定成本与变动成本能够让管理层了解生产成本与业务量之间的依存关系，有助于为企业成本控制与决策采取更具针对性的措施。然而，现实中存在的成本却多为混合成本，固定成本与变动成本往往混合在一起。为此，管理会计需要采取特定的方法尽可能将总成本中的固定成本与变动成本区分开。当前，混合成本的分解方法较多，本文主要介绍高低点法、回归直线法与账户分析法等三种方法。

混合成本分解

（1）高低点法。高低点法关注的是业务量最高点的成本（高点）与业务量最低点的成本（低点），通过高点与低点确定混合成本中的固定成本与变动成本。具体而言，在高点与低点确定的直线 $y=a+bx$ 上，截距 a 为固定成本，斜率 b 为单位变动成本。单位变动成本的计算公式可以简化为：

$$单位变动成本\ b=\frac{高低点混合成本之差}{高低点业务量之差}$$

在此基础上，将斜率 b 代入高点或低点，可以得到固定成本 a。在使用该方法时，需要注意的是，高低点对应的是业务量的最高点与最低点。

例 2-3　假设 A 企业某个模块 2022 年 1—6 月的生产成本数据如表 2-3 所示。

表 2-3　A 企业某模块 2022 年 1—6 月生产成本

项目	月份					
	1 月	2 月	3 月	4 月	5 月	6 月
时间业务量/件	1000	1200	900	800	1100	950
生产成本/元	20000	25000	21000	18000	23000	19000

根据表 2-3 所示的数据，A 企业某个模块的成本为混合成本。下面采用高低点法对该混合成本进行分解。

第一步，选定高低点。找到业务量最高 1200 件、业务量最低 800 件的两点，两点坐标分别为（1200，25000）、（800，18000）。

第二步，计算单位变动成本。单位变动成本的计算公式为

$$单位变动成本\ b=\frac{25000-18000}{1200-800}=17.5（元/件）$$

第三步，计算固定成本。将第二步计算的单位变动成本作为斜率代入最高点或最低点，可得到固定成本＝25000－17.5×1200（或18000－17.5×800）＝4000元。

基于以上分析，可以将生产成本分解为 $y=4000+17.5x$

此外，值得说明的是，如果混合成本中的单位变动成本保持相对稳定，则使用高低法的效率是最高的。但这种方法只使用到了最高点与最低点，未使用其他点的成本信息，带有较强的偶然性，特别是当各期成本结构波动比较大时，高低点法所衡量出来的成本会与实际产生较大偏差。

（2）回归直线法。为克服高低点法仅使用两点而损失其他成本信息的不足，回归直线法则依据最小二乘法对所有成本信息数据进行拟合，求得所有残差之和最小的拟合直线，保证所有点到拟合直线的距离（残差平方）之和最小，故又称最小平方法。

回归直线法的基本原理仍以直线方程式为基础。首先假设反映混合成本的直线方程式为

$$y=a+bx$$

根据上述混合成本的基本方程式，以及实际所采用的一组 n 个观测值，即可建立回归直线的联立方程式，通过对 a、b 求偏导，可得以下计算 a 和 b 的两个公式：

$$a=\frac{\sum x^2\sum y-\sum x\sum xy}{n\sum x^2-(\sum x)^2}$$

$$b=\frac{n\sum(xy)-\sum x\sum y}{n\sum x^2-(\sum x)^2}$$

以上为使用最小二乘法原理推导出的拟合直线，也可以借助 Excel 等软件工具进行线性拟合。此处仍以表 2-3 中的成本数据为依据，代入以上公式或通过 Excel 拟合可得 $a=4485.70$，$b=16.65$，即混合成本可以分解为 $y=4485.70+16.65x$。

相较于高低点法，回归直线法使用到的信息更多，估计结果更为精确。此外，其他教材会介绍到散点图法，这种方法类似于回归直线法，只是在拟合时是通过散点图目测，客观性不如回归直线法，故本书未再单独介绍。

（3）账户分析法。前两种方法主要是采用数理统计方法对混合成本进行分解，而账户分析法则是依据成本账户与业务量之间的变动关系确定成本性态。具体而言，账户分析法是先对成本账户内容进行判断，而后看其是贴合固定成本属性（成本总额不随业务量变动而变动），还是变动成本属性（成本总额随业务量变动而变动）。例如，直接材料一般与产量成正比例关系，可划分为变动成本；制造费用中车间管理人员工资、车间折旧费等一般与产量关系不大，可划分为固定成本。

例 2-4 A企业某车间7月的成本数据如表 2-4 所示。

表 2-4 A企业某车间7月的成本数据

项目	总成本/元
生产成本——直接材料	20000
——直接人工	15000
制造费用——车间管理人员工资	9000
——车间折旧费	5000
——车间办公费	3000
——燃料费	2000
合计	54000

假设该车间只生产一种产品，产量为3700件，那么总成本54000元可以进一步按照账户特征分解为该产品的变动成本与固定成本。其中，生产成本中的直接材料、直接人工，制造费用中的燃料费一般随产量增加而增加，更像变动成本，而制造费用下的车间管理人员工资、车间折旧费、车间办公费一般较稳定，更像固定成本。通过分析，固定成本总额为17000元，变动成本总额为37000元，单位变动成本为10元/件。因此，以 y 为总成本，x 为业务量，该车间的成本可以分解为 $y=17000+10x$。

账户分析法也较为简单，但在确认成本项目为固定成本或变动成本时很大程度上取决于分析人员的主观判断，其本身的客观性不够强，具有一定的局限性。

第四节　基于管理需求的成本分类

一、可控成本与不可控成本

可控成本是指责任中心可以通过一定的方法或手段对成本加以干预并达到预期的成本，反之则为不可控成本。具体而言，可控需要满足以下三个条件：

（1）责任中心能够了解即将要发生的成本；

（2）责任中心能够对即将要发生的成本进行可靠计量；

（3）责任中心能够通过采取措施对成本加以控制。

若不能同时满足以上三个条件，则不能认为成本对责任中心是可控的，应划归为不可控成本。

成本可控与不可控存在相对性，不同层级的责任中心、相同责任中心的不同权限范围都会使可控成本与不可控成本的划分存在差异。为此，划分可控成本与不可控成本的重要作用在于考查成本责任主体的责任。

二、决策相关成本与决策无关成本

根据管理层决策时是否需要加以考虑，可进一步将成本划分为决策相关成本与决策无关成本。

（一）决策相关成本

顾名思义，决策相关成本是管理层在决策时需要加以考虑的部分，应重点关注。在管理会计中，决策相关成本包括机会成本、差量成本、边际成本、付现成本、专属成本等。

1. 机会成本

资源有多个用途，但在实际使用资源时只能选择其中一个方案，而放弃其他方案。所谓机会成本是指企业因将资源用于某个方案而放弃的其他方案所产生的最高潜在收益。例如，假设企业所购买的生产线可用于生产A产品或B产品，若企业选择生产A产品，则失去了生产B产品的潜在收益，即为生产A产品的机会成本。显然，当生产A产品的收益高于机会成本时企业才会选择该方案。机会成本是经济学中的一个重要概念，在项目投资、产品开发等决策中考虑机会成本有助于提高经营效率。

2. 差量成本

差量成本是指两个备选方案之间的成本差额。例如，企业在零部件自制或外购决策中，自制方案可能面临较高的固定成本与较低的单位变动成本，在特定产量上企业选择自制还是外购可通过计算差量成本做出决策。若生产 1000 件零部件的自制成本为 8000 元，外购 1000 件零部件的成本为 5000 元，则外购与自制的差量成本为 5000－8000＝－3000 元，即外购总成本比自制总成本低 3000 元。因此，在其他条件一样的情况下，企业应选择外购。

3. 边际成本

边际成本指的是每多生产一单位产品需要承担的成本。根据边际成本递增原则，每个业务量下的边际成本并不总是相等。理论上，当边际收益等于边际成本时，生产达到均衡，对应产量为最优业务量。因此，边际成本也是决策相关成本。

4. 付现成本

付现成本是未来需要支付的成本，是相对于过去已经发生的成本而言的。付现成本是影响管理层决策的重要成本。例如，企业拟将某原材料继续加工后出售，那么继续加工所产生的成本即为付现成本。

5. 专属成本

专属成本是指可以明确归属于某个产品或某个部门的成本。若企业不生产该产品或未设置该部门，则这类成本不会发生。例如，企业为自制某零部件而专门购入的机器设备。

（二）决策无关成本

与决策相关成本对应的是决策无关成本，一般在管理层决策时不需要加以考虑，决策无关成本主要包括沉没成本、联合成本。

1. 沉没成本

沉没成本是指过去已经发生、不受现在及未来决策影响的成本，是相对于付现成本而言的。例如，企业前期购入的设备，该支出过去已经发生，在当期及未来期间需要计提折旧，但管理层决策并不能影响到这些成本的发生。为此，沉没成本为决策无关成本。

2. 联合成本

所谓联合成本是指生产多种产品或多个部门发生的成本，由这些产品或部门共同承担。例如，企业的综合管理部门服务于整个公司，并不会因为管理层的方案决策而影响综合管理部门的成本。为此，管理层在决策时不需要考虑联合成本。

本章小结

（1）成本是实现特定经济目的（不包括偿还债务、退还投资）而发生或将要发生的合理、必要支出。

（2）成本按照经济用途可以分为生产成本和非生产成本。

（3）成本按照依存关系可以分为变动成本、固定成本和混合成本。

（4）成本按照管理需要可以分为可控成本与不可控成本、决策相关成本与决策无关成本。

思考题

1. 什么是成本？

2. 成本按照经济用途可以分为哪几类？

3. 成本按照与业务量的依存关系可以分为哪几类？

4. 如何理解成本性态分析中的相关范围？

5. 混合成本一般可以分为哪几类？

6. 混合成本的主要分解方法有哪些？各方法有何优缺点？

7. 什么是机会成本？为什么在决策时需要考虑机会成本？

8. 什么是沉没成本？为什么在决策时不需要考虑沉没成本？

自测自评

一、单选题

1. 下列不构成产品成本的是（　　）。

A. 直接人工　　B. 管理费用　　C. 制造费用　　D. 直接材料

2. 下列应计入管理费用的是（　　）。

A. 车间管理人员办公费用　　B. 高层管理人员工资

C. 销售人员工资　　D. 企业的职工教育经费

3. 在企业产品是否进行深加工的决策中，深加工之前的半成品成本属于（　　）。

A. 相关成本　　B. 机会成本　　C. 沉没成本　　D. 边际成本

4. 马克思的成本定义解释了成本的（　　）。

A. 经济内涵　　B. 计量属性　　C. 经济外延　　D. 决策价值

5. 下列费用中属于酌量性固定成本的是（　　）。

A. 机器设备折旧费　　B. 技术开发费

C. 不动产税　　D. 行政管理人员的薪资

6. 下列各种混合成本可以用公式 $y=a+bx$ 表示的是（　　）。

A. 半固定成本　　B. 延伸变动成本

C. 半变动成本　　D. 阶梯式变动成本

7. 成本管理会计将成本区分为固定成本、变动成本和混合成本三大类，这种分类的标志是（　　）。

A. 成本的可辨认性　　B. 成本的可盘存性

C. 成本的性态　　D. 成本的时态

8. 某企业根据过去一段时间内的业务量和混合成本材料，应用最小二乘法原理，寻求最能代表二者关系的函数表达式，据以对混合成本进行分解，则该企业所采用的混合成本分解方法是（　　）。

A. 高低点法　　B. 账户分析法

C. 回归分析法　　D. 加权平均法

9. 两个可供选择的方案之间预期成本的差异即（　　）。

A. 边际成本　　B. 机会成本　　C. 差量成本　　D. 沉没成本

10. 某人有现金 10000 元，他若购买企业债券，年息 10%；若购买金融债券，则年息 12%，那么，他购买企业债券的机会成本是（　　）元。

A. 1000　　B. 1200　　C. 200　　D. 800

二、多选题

1. 西方新古典经济学派把成本分为（　　）。

A. 显性成本　　B. 隐性成本　　C. 相关成本　　D. 交易成本

2. 下列成本属于无关成本的是（　　）。

A. 专属成本　　B. 联合成本　　C. 机会成本　　D. 沉没成本

3. 混合成本根据发生的具体情况，通常可以分为（　　）。

A. 半变动成本　　B. 半固定成本　　C. 延伸变动成本　　D. 延伸固定成本

4. 下列成本中一般可以归属于相关成本的有（　　）。

A. 沉没成本　　B. 机会成本　　C. 付现成本　　D. 专属成本

5. 采用高低点法分解混合成本时，应当选择（　　）作为低点和高点。

A. （50，100）　　B. （60，125）　　C. （50，120）　　D. （70，130）

三、判断题

1. 企业的工资总额并非全部计入产品成本。（　　）
2. 变动成本是指在一定期间和一定业务量范围内，其总额不随业务量变动而变动的成本。（　　）
3. 固定成本是指其总额不受业务量影响而始终保持固定不变的成本。（　　）
4. 成本按照是否能够随管理行为改变而改变，是否与管理层决策相关，可以分为相关成本和无关成本两部分。（　　）
5. 酌量性成本不依据经营管理者决策而发生变动，因此是无关成本，决策时不予考虑。（　　）
6. 付现成本与沉没成本的区别在于成本发生的时间不同。（　　）
7. 沉没成本是企业决策时应考虑的相关成本。（　　）
8. 对企业而言，几乎所有成本都是可控的。（　　）
9. 账户分析法是依据成本账户与业务量之间的变动关系确定成本性态。（　　）
10. 联合成本属于决策无关成本。（　　）

四、计算分析题

某企业 2022 年上半年的生产成本相关资料如表 2-5 所示。

表 2-5　生产成本相关资料

月份	产品产量/台	制造费用总额/元
1	420	110000
2	450	115000
3	400	106000
4	500	123000
5	600	138000
6	550	130000
合计	2920	722000

该企业采用多步骤分析法分配制造费用。会计部门用账户分析法对企业 3 月份的制造费用进行了分解：固定成本总额为 38000 元，变动成本总额为 52000 元，混合成本为 16000 元。

要求：（1）将各月的制造费用分解为固定成本总额、变动成本总额和混合成本总额三个部分。

（2）用高低点法对上半年的混合成本进行分解。

（3）列出高低点法下制造费用总额的成本模型，并预计 8 月产量为 600 台时的制造费用总额。

（4）用回归直线法对上半年的混合成本进行分解。

（5）列出回归直线法下制造费用总额的成本模型，并预计 8 月产量为 600 台时的制造费用总额。

（6）比较（3）与（5）的结果，阐述高低点法与回归直线法的优缺点。

——扫扫看，你有多优秀——

延伸阅读

[1] [2] [3] [4]

[1] 张敦力. 论成本概念框架的构建 [J]. 会计研究，2004（03）：64-67.

[2] 冯圆. 实体经济企业降成本的路径选择与行为优化研究 [J]. 会计研究，2018（01）：9-15.

[3] 夏萍. 成本会计学概念误区之理论困扰 [J]. 财会月刊，2016（01）：8-9.

[4] 胡迟. 中国制造业发展 70 年：历史成就、现实差距与路径选择 [J]. 经济研究参考，2019（17）：5-21.

第三章 产品成本计算原理

学习目标

对产品成本进行有效管控的前提是充分掌握产品成本信息和成本结构信息，因此，本章内容回归到“财务成本”视角，探讨产品成本核算的基础工作、基本原则、基本要求、基本程序、账户设置和产品成本核算的具体流程。通过本章的学习，大家应能达成以下目标。

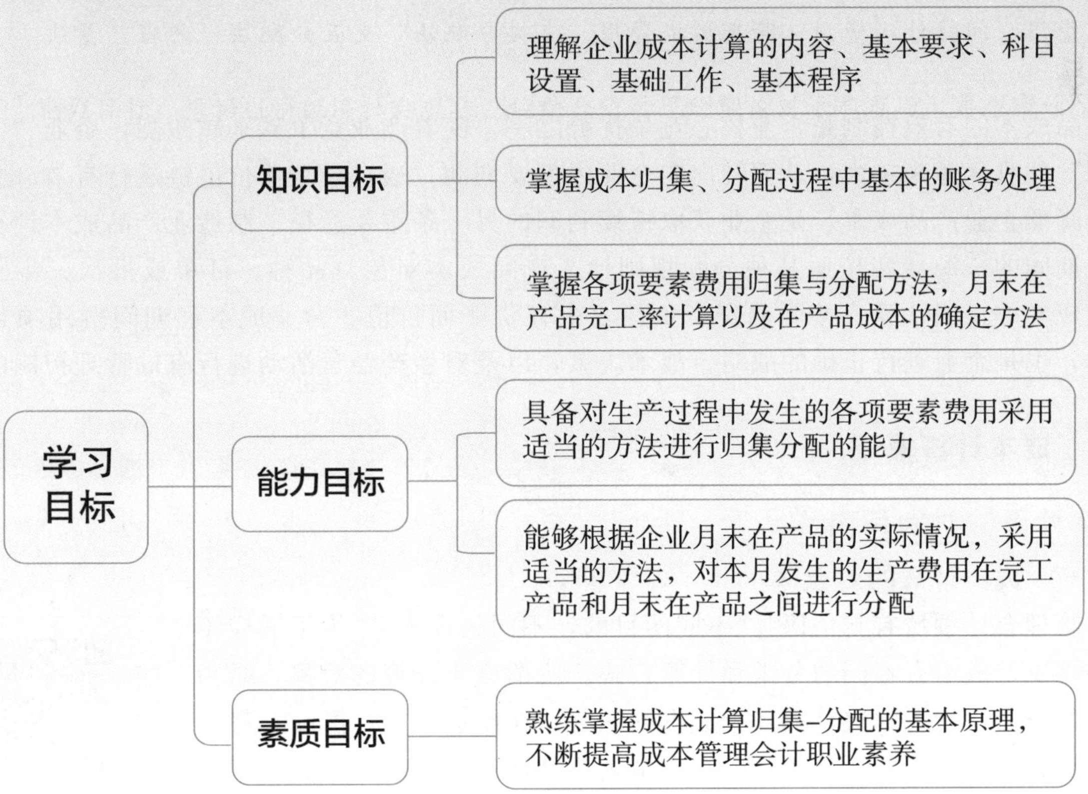

案例导入

一瓶矿泉水的成本

以一瓶550毫升、在社区零售店售价为1.5元的矿泉水为例，分析了其价格构成。水成本为0.01元，瓶子+盖+喷码+胶带约为0.17元，营运和广告费约为0.22元。经销商平均以0.6元每瓶的出厂价拿货，再以平均一元每瓶的价格批发给社区零售店，零售店再以1.5元每瓶的价格出售。

根据以上数据，矿泉水厂每瓶矿泉水的出厂成本约为0.4元（0.01+0.17+0.22）。以上分析重点在于说明一瓶矿泉水从水源地出发，最终到消费者手上时，其价格的基本构成。数据也只是一个平均的测算，对于不同品牌的厂家，由于水源地、经营策略、营销渠道的不同，具体数据会有所差异。那么，作为厂家应如何合理计算一瓶矿泉水的成本？产品成本包含的内容有哪些？厂房、设备、人力等成本如何分摊？对这些问题的解答正是本章的主题。

——根据网易财经《成本控》第3期内容分析整理

关键名词

成本计算对象　生产成本　期间费用　成本核算基本程序　基本生产成本　辅助生产成本　直接计入费用　间接计入费用　跨期摊提费用　直接分配法　交互分配法　约当产量法　完工率　定额比例法

对产品成本的有效控制是企业核心竞争优势之一。随着产业竞争越来越激烈，企业“向产品市场要利润”的难度越来越大，从而转向向企业内部要利润。通过对企业价值链进行有效分析、管控和优化，降低企业产品成本，是企业获取持续利润的另一条重要途径。制造业产品成本计算是将企业在一定期间的资源耗费按照某种分配规则计入产品成本对象（品种、订单或批次、步骤）的过程。产品成本的正确计算直接影响资产负债表中存货账面价值、营业成本和期间费用项目的准确性，同时，也是企业进行正确的战略、战术决策，以及对生产经营活动进行有效管理控制的基础。

第一节　成本计算概述

一、成本计算的对象和内容

（一）成本计算的对象

成本管理会计领域有句俗语：“不同的目的，不同的成本。”为了适应不同目的和需要，成本有不同的分类和计算方式。所谓成本计算的对象，是指成本归集的方向，旨在解决计算什么成本的问题。在制造业中，产品是最典型的成本计算对象。这里所称的产品，是指企业日常经营活动中持有的以备出售的产成品、商品、提供的劳务或服务。本章节的成本计算是以制造业为例，在对企业生产经营过程中所耗费的、用货币表现的生产资料价值和劳动者为自己所创造的价值进行归集的基础上，采用一定的方法并按确定的成本计算对象进行分配，最终形成成本计算对象的单位成本和总成本的一项工作。

成本计算概述

成本计算对象的确定取决于生产特点和管理要求。企业产品生产的过程分为单步骤生产和多步骤生产。在单步骤生产状态下，产品生产只能一次完成，不能间断，因此只能按产品的品种计算成本（如酿酒企业）。而在多步骤生产状态下，产品生产往往经过若干个环节才能完成，甚至这些环节可以由不同的企业去实施，在这种情况下，为了加强各个生产步骤的成本管理，要求既按生产步骤又按产品的品种计算成本（如纺织企业）。

管理要求不同，成本计算对象就会不同。在大批量、单步骤重复生产的情况下，管理只要求

（而且只能）按产品的品种计算成本；在小批量、多批次生产的情况下，管理则可能要求按产品的批别计算成本；而在实行责任成本管理的企业，则应以责任中心（如投资中心、利润中心、成本中心）为成本计算对象计算成本。

（二）成本计算的内容

成本计算的内容是指成本计算的范围。从理论上讲，成本是企业在生产经营过程中为获得未来经济利益所耗费的、用货币表现的生产资料的价值和劳动者为自己所创造的价值。在制造成本法下，成本计算的内容包括生产成本和期间费用。

1. 生产成本

在制造成本法下，生产成本也叫制造成本，是指为生产一定种类和一定数量的产品所发生的各种生产费用之和。一般而言，制造成本包括直接材料成本、直接人工成本和制造费用三项。其中直接材料成本是指能够直接追溯到每个产品，并构成产品实体的原材料、辅助材料等的成本；直接人工成本是指能够直接追溯到每个产品上的人工成本，包括直接从事产品生产的工人的工资和其他职工薪酬等；制造费用是指企业各生产单位为组织和管理生产而发生的各项间接费用，包括间接材料成本、间接人工成本和其他制造费用。

2. 期间费用

期间费用也叫非制造成本，指企业管理部门在组织和管理企业过程中所发生的、不能直接归属于某一成本计算对象的费用，包括管理费用、销售费用、财务费用和研发费用。期间费用与产品生产没有直接联系，不构成产品的制造成本，而是按发生的期间进行归集并从当期收益中扣除。

管理费用是指企业管理部门为组织和管理企业的生产经营活动、保证产品生产和销售的顺利进行而发生的各种费用，如管理人员的薪酬、办公费、差旅费、董事会费、技术转让费、排污费等。

销售费用是指在产品销售过程中发生的各项费用，以及为销售本企业产品而专设的销售机构的各项经费，如专设销售机构发生的职工薪酬、固定资产折旧和其他业务经费、按照销售额一定比例提取的销售佣金等。

财务费用是指企业为筹集和使用资金所发生的各种费用，如借款利息、证券发行费用、手续费等。

研发费用是指企业在研究和开发新产品、新技术过程中所发生的各种费用，如研究和开发中的专用设备购置费、研究用耗材、专利费、人员补贴等。

综上所述，生产成本是某个成本对象（在产品、产成品）所消耗的支出，是对象化的费用；期间费用则是某个期间发生的支出。

二、成本计算的基本要求

成本计算正确与否，不仅直接影响企业的损益，而且对企业经营决策有重大影响。成本计算是对企业生产经营过程中发生的各种生产耗费如实反映的过程，也是为满足企业管理的要求进行成本信息反馈的过程，还是对企业成本计划的实施进行检查和控制的过程。企业必须严格遵守国家规定的成本开支范围和费用开支标准，这样才能保证产品成本信息的真实性，使同类企业及企业本身不同时期之间的产品成本内容保持一致并具有可比性，从而正确计算企业的利润并进行分配。对企业成本计算的基本要求如下。

（一）加强对成本费用的审核和控制

产品成本计算是对已发生的费用进行的事后计算，以便确定产品实际制造成本和归集期间费用，及时反映成本目标和成本计划的完成情况。为了保证完成成本目标，降低产品成本，应把损失和浪费杜绝在发生之前，使成本费用的发生控制在预定的范围之内。为此，企业必须加强对生产经营费用的事先、事中的审核和控制，以国家颁布的法规制度，以及企业制定的目标、计划、定额、标准等作为审核和控制的依据，对弄虚作假、虚列或多列费用开支的行为应坚决杜绝；对不符合规定的发票不予报销；对不合法、不合理的费用开支坚决抵制；对不应有的超支和浪费加以制止；对脱离计划、定额而发生的差异查明原因后加以修订。

（二）正确划分各种费用界限

为了正确进行成本核算，正确区分产品成本和期间费用，企业应根据国家有关成本开支范围的规定，正确划分以下五个方面的费用界限。

1. 正确划分应否计入产品成本和期间费用的界限

一方面，只有生产经营活动的耗费才能计入产品成本或期间费用，非生产经营活动的耗费不能计入产品成本或期间费用。例如：筹资活动和投资活动不属于生产经营活动，它们的耗费支出均不能计入产品成本或期间费用，而属于筹资成本和投资成本。我国现行会计制度规定，下列与生产经营活动无关的耗费不能计入产品成本：对内长期资产投资的支出，如购建固定资产、有价证券的支出、对外投资的支出；各种筹资费用，如应计利息、贴现费用等。此外，日常生产经营活动发生的耗费分成正常的费用和非正常的耗费（支出），只有正常的生产经营活动的耗费才能计入产品成本或期间费用，非正常的生产经营活动的耗费（支出）应计入营业外支出，如灾害损失、盗窃损失、滞纳金、违约金、罚款、短期投资跌价损失、坏账损失等。总之，凡不属于企业日常生产经营的正常耗费，均不得计入产品成本或期间费用，否则会造成成本不实，不利于企业成本的管理。

2. 正确划分产品生产费用和期间费用的界限

企业日常生产经营所发生的各种耗费，其用途和计入损益的时间是有所不同的。为生产产品发生的生产费用形成产品成本，并在产品销售后作为产品的销售成本计入企业当期损益；本月发生的销售费用、管理费用、财务费用和研发费用，则作为期间费用，直接计入当期损益。正确划分产品生产费用和各项期间费用的界限，才能正确计算企业各个月份的损益，避免因混淆两者的界限造成各月产品成本和损益计算出现错误。

3. 正确划分各会计期间的费用界限

要保证成本核算正确，必须正确划分各会计期间的费用界限，即应由本月产品负担的费用，应全部计入本月的产品成本；不应由本月负担的费用，不应计入本月的产品成本。会计核算要遵守权责发生制原则，对本月已经支付，但本月及以后各月受益的费用，应作为待摊费用处理，在各月间合理分摊计入成本（受益期超过一年的费用，应记作长期待摊费用按受益期分摊）；对本月尚未支付但本月已经受益应由本月负担的费用，应作为预提费用处理。当然，为了简化核算工作，对于数额较小的应跨期摊销和预提的费用，也可以将其全部计入支付月份的成本，而不作为待摊费用或预提费用处理。

4. 正确划分应计入各种产品的费用界限

对于应计入本月产品成本的生产费用，还应在各种产品之间进行划分。凡是属于某种产品单独发生，能分清应由某种产品负担的费用，应直接计入该产品的成本；凡是属于几种产品共同发生，不易分清应由哪种产品负担的费用，则应采用合理的方法分配计入这几种产品的成本，并保持分配方法的一贯性。正确划分应计入各种产品的费用界限，才能正确计算各种产品的成本，正确分析和考核各种产品成本计划或定额成本的执行情况。

5. 正确划分完工产品和在产品的费用界限

月末计算产品成本时，如果某产品已经全部完工，则计入该产品的全部生产费用之和就是该产品的完工产品成本；如果某种产品尚未完工，则计入该产品的生产费用之和就是该产品的月末在产品成本；如果某种产品月末既有完工产品又有在产品，则应采用适当的分配方法，将计入该产品全部生产费用之和在完工产品和月末在产品之间分配，分别计算完工产品成本和月末在产品成本。应避免任意提高或降低月末在产品成本、人为调节完工产品成本的错误做法，保证成本计算的正确性。

（三）做好成本计算的各项基础工作

为了加强成本审核控制，正确及时计算成本，做好各项基础工作是非常重要的。要做好成本计算的各项基础工作，需要会计部门和其他各部门密切配合，共同努力。成本计算的基础工作主要有以下几个。

1. 做好各种定额的制定和修订工作

产品的各项消耗定额既是编制成本计划、分析和考核成本水平的依据，也是计算、审核和控制成本的依据。因此，要加强生产管理和成本管理，企业必须建立和健全定额管理制度，凡是能够制定定额的各种消耗，都应该制定先进合理、切实可行的消耗定额，并随着企业生产经营情况的变化进行调整和修订，以充分发挥其应有的作用。

2. 建立健全财产物资的计量、收发、领退和盘点制度

凡涉及材料物资的收发、领退，在产品、半成品的内部转移，以及产成品的入库等，均应填制相应的凭证，办理审批手续，并严格进行计量和验收。库存的各种材料物资、车间的在产品、产成品均应按规定进行盘点。只有这样才能保证账实相符、保证成本计算的数据准确无误。

3. 建立各种原始记录的收集、整理制度

制造企业对生产过程中的材料领用、动力和工时的耗费、费用的开支、产品质量检验及产成品的入库等，都要有真实的原始记录。成本核算人员要会同企业的计划统计、生产技术、劳动工资、产品物资供销等部门，认真制定既满足成本核算需要，又满足企业各方面管理需要的原始记录制度，做好各种原始凭证的登记传递、审核保管工作，以便正确及时地为成本核算和其他管理工作提供资料和信息。

4. 制定内部结算价格，分清内部各单位责任

在计划管理基础较好的企业中，为了分清企业内部各单位的经济责任，便于分析和考核企业内部各单位成本计划的完成情况及管理业绩，以及加速和简化核算工作，可以对原材料、半成品、厂内各车间相互提供劳务（如修理、运输等）制定厂内计划价格（这种按实际耗用量和计划价格计算的成本，被称为计划价格成本），作为企业内部结算和考核的依据。月末计算产品实际成本时，再在计划价格成本的基础上，采用适当的方法将产品的计划价格成本调整为实际成本，达到简化核算工作及分清内部各单位责任的目的。

（四）按照生产的特点和管理的要求，选择适当的成本计算方法

产品是在生产过程中形成的，产品的生产工艺过程和生产组织不同，所采用的产品成本计算方法也应该有所不同。企业必须根据自身的具体情况，选择适合本企业特点的成本计算方法。成本计算方法的选择，应同时考虑企业生产类型的特点和管理的要求两个方面。在同一个企业，可以采用一种成本计算方法，也可以采用多种成本计算方法，但成本计算方法一经选定，一般不应经常变动。采用适当的成本计算方法，才能正确及时计算产品成本，为成本管理提供有用的成本信息。

三、成本核算的基本程序和主要会计科目

（一）成本核算的基本程序

成本核算的基本程序是指对企业在生产经营过程中发生的各项费用，按照成本核算的要求，逐步进行归集和分配，最后计算各种产品成本和各项期间费用的基本过程，其基本程序如下。

（1）对企业发生的全部费用和支出进行严格的审核和控制，按照有关的规定确定哪些属于生产经营成本，哪些属于非生产经营成本（如投资费用或筹资费用）。对属于生产经营成本部分的费用和支出，还要将其区分为正常的生产经营成本和非正常的生产经营成本。

（2）对发生期和归属期不一致的跨期摊提费用，通过有关科目进行必要的调整。即将本月实际支出而应由本月及以后月份摊销的费用，作为待摊费用；将本月尚未开支但应由本月负担的费用，预提计入本月的成本。

（3）将应计入本月产品成本的各项生产费用，在各种产品之间按照成本项目进行分配和归集，计算出按成本项目反映的各种产品的成本。

（4）对月末既有完工产品又有在产品，应将该种产品的生产费用（月初在产品生产费用与本月生产费用之和）在完工产品和期末在产品之间进行分配，并计算出完工产品的总成本和单位成本。

（二）成本核算的主要会计科目

成本核算是为成本管理服务的，为了正确进行成本核算，需要按照用途归集各项成本费用，企业一般应设置“基本生产成本”“辅助生产成本”“制造费用”“管理费用”“销售费用”“财务费用”“研发费用”等科目，下面分别加以介绍。

1.“基本生产成本”科目

“基本生产成本”科目用来归集企业基本生产车间在产品生产过程中所发生的各项生产费用，包括直接材料、直接人工及分配转入的间接费用（如制造费用）。该科目的借方登记为企业进行基本生产而发生的各项费用；贷方登记转出的完工入库的产品成本；期末余额在借方，表示期末在产品成本，即基本生产在产品占用的资金。

“基本生产成本”科目应按产品品种或产品批别、生产步骤等成本计算对象设置产品成本明细账（或称基本生产明细账、产品成本计算单），账内按产品成本项目分设专栏或专行进行明细登记。

2.“辅助生产成本”科目

“辅助生产成本”科目用来归集企业辅助生产车间在为基本生产或其他部门服务而进行的辅助产品生产和劳务供应过程中所发生的各项费用。通过该科目可以计算辅助生产的产品和劳务的成本。该科目的借方登记为进行辅助生产发生的各种费用；贷方登记完工入库的辅助产品成本或按一定分配标准计算的分配转出劳务的成本，期末余额在借方，表示期末辅助生产在产品成本，即辅助生产在产品占用的资金。

“辅助生产成本”科目应按辅助生产车间和生产的产品、劳务设置明细分类账，账内按辅助生产的成本项目或费用项目分设专栏或专行进行明细登记。

3.“制造费用”科目

“制造费用”科目用来归集企业基本生产车间和辅助生产车间为生产产品和提供劳务而发生的各项间接费用。该科目的借方登记为实际发生的制造费用；贷方登记分配转出的制造费用；除季节性生产企业外，月末该科目一般无余额。“制造费用”科目应按车间、部门设置明细分类账，账内按费用项目设立专栏进行明细登记。

4.“管理费用”科目

“管理费用”科目用来归集企业行政管理部门为组织和管理生产经营活动而发生的各项管理费用。该科目的借方登记实际发生的管理费用；贷方登记期末转入“本年利润”的管理费用；期末结转后该科目应无余额。“管理费用”科目的明细分类账应按费用项目设立专栏进行明细登记。

5. “销售费用”科目

“销售费用”科目用来归集企业在产品销售过程中发生的各项费用以及为销售本企业产品而专设的销售机构的各项经费。该科目的借方登记实际发生的销售费用；贷方登记期末转入“本年利润”的销售费用；期末结转后该科目应无余额。“销售费用”科目的明细分类账应按费用项目设立专栏进行明细登记。

6. “财务费用”科目

“财务费用”科目用来归集企业为筹集生产经营活动的资金而发生的各项筹资费用。该科目的借方登记实际发生的财务费用；贷方登记期末转入“本年利润”的财务费用；期末结转后该科目应无余额。“财务费用”科目的明细分类账应按费用项目设立专栏进行明细登记。

7. “研发费用”科目

“研发费用”科目用来归集企业为在研究和开发新产品、新技术过程中所发生的各种费用。该科目的借方登记实际发生的研发费用；贷方登记期末转入“本年利润”的研发费用；期末结转后该科目应无余额。“研发费用”科目的明细分类账应按费用项目设立专栏进行明细登记。

第二节 费用在各种产品及期间费用之间的归集和分配

一、费用的归集和分配的具体内容

要素费用的归集与分配

制造企业在生产经营过程中发生的费用，可以分为计入产品成本的生产费用和直接计入当期损益的期间费用两类。对费用的归集和分配的具体内容如下。

（1）对于基本生产车间直接用于产品生产，并且专门设置成本项目的各项费用，如构成产品实体的原材料费用、产品生产工人的薪酬费用等，应计入“基本生产成本”总账，并直接计入或分配计入有关产品成本明细账的相关成本项目，即凡能够根据相关原始凭证直接认定由某种产品消耗的费用，应直接计入该种产品成本明细账的相关成本项目，凡不能够直接确认由某种产品消耗的费用，应采用适当的分配方法，在有关产品之间进行分配，根据分配的结果登记有关产品成本明细账的相关成本项目。

（2）对于基本生产车间直接用于产品生产，但没有专门设置成本项目的各项费用（如机器设备的修理费用）以及间接作用于产品的费用（如车间管理人员的薪酬费用），应先计入“制造费用”科目及所属明细账有关的费用项目，然后采用适当的分配方法，转入或分配转入“基本生产成本”总账及所属明细账的“制造费用”成本项目。

（3）对于辅助生产费用，则应视不同的情况分别处理：若辅助生产车间设有“制造费用”明细账，则其费用的处理可以比照上述基本生产车间费用的处理办法进行；若辅助生产车间未设“制造费用”明细账，则对于直接或间接用于辅助生产的各项费用，均应计入“辅助生产成本”及所属明细账的相关费用项目。辅助生产费用应按照其用途，采用一定的方法进行分配。

（4）对于上述费用中的各项间接计入费用，应选择适当的方法进行分配。一般而言，可供选择的分配标准有：直接材料成本、直接材料数量、人工工时、直接人工工资、机械台时、占用面积、订货次数等。分配费用的计算公式可以概括为

$$费用分配率=\frac{待分配费用总额}{分配标准总额}$$

$$某分配对象应分配的费用=该对象分配标准额\times费用分配率$$

（5）对企业行政管理部门的管理费用、产品销售过程中发生的销售费用、研发新产品及新技术过程中发生的研发费用、筹集生产经营所需资金所发生的财务费用等各项期间费用，不计入产品成本，而应分别计入“管理费用”“销售费用”“研发费用”“财务费用”的总账科目及所属明细账的相关费用项目，然后转入“本年利润”科目，计入当期损益。

上述各项费用的分配一般通过编制各种费用分配表进行，并根据费用分配表编制会计分录，登记各种成本、费用的总账及其所属明细账。

二、材料费用的归集和分配

一般而言，制造业的生产经营活动需要大量消耗各种材料，如各种原材料及主要材料、辅助材料及燃料，这些材料有的用于产品生产，有的用于维护生产设备和组织、管理生产，有的被非生产活动所耗用。企业生产经营过程中领用的各种材料，无论是外购还是自制，都应该根据审核后的领、退料凭证，按照材料的具体用途进行分配和归集。

直接用于产品生产的材料费用，应借记“基本生产成本”总账科目及所属明细账“直接材料”成本项目；直接用于辅助生产，又单独设置“直接材料”成本项目的材料费用，应借记“辅助生产成本”总账科目及所属明细账“直接材料”成本项目；对于间接用于基本生产车间和辅助生产车间，以及行政管理部门和销售部门等耗用的材料费用，则按其使用部门分别借记“制造费用”“辅助生产成本”“管理费用”“销售费用”等总账科目及其所属的明细账有关项目，贷记“原材料”科目。

（一）材料费用的分配方法

用于产品生产的原料及主要材料，如酿酒用的小麦、纺织用的棉纱、冶炼用的矿石等，通常是按照产品分别领用的，属于直接计入费用，应根据领料凭证直接计入各种产品成本的“直接材料”成本项目；如果一批材料是被几种产品共同耗用的，如化工生产的多种产品所耗用的原材料费用，属于间接计入费用，要采用既合理又简便的分配方法，分配计入各种产品成本的“直接材料”项目。原材料费用的分配标准很多，在消耗定额比较准确的情况下，通常可以采用材料定额消耗量比例或按材料定额费用的比例进行分配，计算公式如下

$$原材料消耗量（额）分配率=\frac{材料实际总耗用量（或实际成本）}{各种产品材料定额消耗量（或定额成本）之和}$$

$$某种产品应分配实际原材料数量（费用）=$$
$$该种产品的材料定额耗用量（或定额成本）\times原材料消耗量（额）分配率$$

例 3-1 2022 年 5 月，某企业基本生产车间生产甲、乙两种产品，共同耗用某种原材料 4212 千克，原材料每千克 20 元，材料费用合计 84240 元。生产甲产品 800 件，乙产品 600 件，甲产品材料耗用定额为 1.2 千克，乙产品材料耗用定额为 1.1 千克。

原材料费用分配计算如下：

$$原材料消耗量（额）分配率=\frac{84240}{800\times1.2+600\times1.1}=52（元/千克）$$

甲产品分配的原材料费用 $=800\times1.2\times52=49920$（元）

乙产品分配的原材料费用 $=600\times1.1\times52=34320$（元）

原料及主要材料费用除了可以用上述的方法分配外，还可以采用其他的方法分配。例如，不同规格的同类产品，如果产品的结构大小相近，可以按产量或重量的比例分配，具体的计算可以比照

上例进行。这类分配方法可以统称为比例分配法，具体方法依分配标准命名。分配标准就是上述分配率计算公式中的分母。

辅助材料费用计入产品成本的方法与原材料及主要材料基本相同。凡用于产品生产，能够直接计入产品成本的辅助材料，如专用包装材料等，都属于直接计入费用，其费用应根据领料凭证直接计入产品成本的“直接材料”成本项目。但在大多数情况下，辅助材料往往由几种产品共同耗用，属于间接计入费用，就要采用适当的分配方法，分配计入各种产品成本的“直接材料”项目。

（二）材料费用分配表的编制

在实际工作中，材料费用的分配应根据归类后的领料凭证按照材料的用途和类别，编制“材料费用分配表”。根据该表编制会计分录，据以登记有关的总账和明细分类账。其格式及内容如表3-1所示。

表3-1　材料费用分配表

2022年5月

应借科目			共同耗用原材料及其分配					直接领用的原材料/元	耗用材料费用总额/元
总账科目	明细科目	成本或费用项目	产量/件	单位耗用定额/千克	定额耗用量/千克	分配率	应分配的材料费用/元		
基本生产成本	甲产品	直接材料	800	1.2	960		49920	25080	75000
	乙产品	直接材料	600	1.1	660		34320	15680	50000
	小计				1620	52	84240	40760	125000
辅助生产成本	供电车间	直接材料						1800	1800
	锅炉车间	直接材料						1400	1400
	小计							3200	3200
制造费用	基本生产车间	机物料消耗						2800	2800
管理费用	—	其他						3000	3000
合计							84240	49760	134000

根据表3-1“材料费用分配表”，编制会计分录如下：

借：基本生产成本——甲产品　　75000
　　　　　　　　——乙产品　　50000
　　辅助生产成本——供电车间　　1800
　　　　　　　　——锅炉车间　　1400
　　制造费用——基本生产车间　　2800
　　管理费用　　3000
　贷：原材料　　134000

三、外购动力费用的归集和分配

外购动力（如电力、蒸汽）费用是指企业从外部购买的各种动力（如电力、热力等）所支付的费用。外购动力有的直接用于产品生产，有的用于照明、取暖等其他用途。直接用于产品生产的动力费用，应借记“基本生产成本”总账科目及所属明细账“直接燃料和动力”成本项目；直接用于辅助生产，又单独设置“直接燃料和动力”成本项目的动力费用，应借记“辅助生产成本”总账科目及所属明细账“直接燃料和动力”成本项目；用于基本生产车间、辅助生产车间、行政管理部门以及销售部门的照明、取暖等用途的动力费用，则按其使用部门分别借记“制造费用”“辅助生产成本”“管理费用”“销售费用”等总账科目及其所属明细账有关项目。如果基本生产成本和辅助生产成本不单独设置“直接燃料和动力”成本项目，发生的动力费用应借记“制造费用”科目及其所属明细账有关项目，贷记“应付账款”或“银行存款”科目。

（一）外购动力费用的分配方法

动力费用应分别按用途和使用部门分配，各车间、部门的动力用电和照明用电一般都分别装有电表，外购的电力费用在各车间、部门可按仪表记录的用电数分配；车间的动力用电，一般不按产品分别安装电表，因而车间的动力用电在各种产品之间的分配一般按产品的生产工时比例、机器工时比例、定额耗电量比例等进行分配。动力（以电力为例）费用分配的计算公式如下：

$$电力费用分配率=\frac{电力费用总额}{各车间、部门动力和照明用电度数之和}$$

某车间、部门照明用应分配的电力费用＝该车间、部门照明用电度数×电力费用分配率

某车间动力用应分配的电力费用＝该车间动力用电度数×电力费用分配率

$$某车间动力用电力费用分配率=\frac{该车间动力用电力费用}{各车间各种产品生产工时（或机器工时）之和}$$

某种产品应分配的动力用电力费用＝该车间某产品生产工时（或机器工时）×该车间动力用电力费用分配率

例 3-2 某企业 2022 年 5 月耗电数合计为 36125 千瓦时，金额为 28900 元，每千瓦时电 0.8 元。其中直接用于丙和丁两种产品生产的耗电数为 24750 千瓦时，金额为 19800 元，公司未分产品安装电表，规定按机器工时比例分配，丙产品机器工时为 5400 小时，丁产品机器工时为 4500 小时，该公司设有“直接燃料和动力”成本项目。

丙、丁产品的动力用电力费用分配计算如下：

$$动力用电费用分配率=\frac{19800}{5400+4500}=2\ （元/小时）$$

丙产品分配动力用电费＝5400×2＝10800（元）

丁产品分配动力用电费＝4500×2＝9000（元）

（二）外购动力费用分配表的编制

外购动力费用的分配是通过编制“外购动力费用分配表”进行的，根据该表编制会计分录，据以登记有关总账和明细分类账。其格式及内容如表 3-2 所示。

表 3-2 外购动力费用分配表

2022 年 5 月

应借科目			机器工时/小时（分配率 2）	电量/千瓦时（分配率 0.8）	金额/元
总账科目	明细科目	成本或费用项目			
基本生产成本	丙产品	直接燃料和动力	5400		10800
	丁产品	直接燃料和动力	4500		9000
	小计		9900	24750	19800
辅助生产成本	供水	直接燃料和动力		2400	1920
	机修	直接燃料和动力		2800	2240
	小计			5200	4160

续表

应借科目			机器工时/小时（分配率 2）	电量/千瓦时（分配率.8）	金额/元
总账科目	明细科目	成本或费用项目			
制造费用	基本生产车间	水电费		1600	1280
	供水车间	水电费		1200	960
	机修车间	水电费		1000	800
	小计			3800	3040
管理费用		水电费		1300	1040
销售费用		水电费		1075	860
合计				36125	28900

根据表 3-2 “外购动力费用分配表”，编制会计分录如下：

借：基本生产成本——丙产品　　10800
　　　　　　　　——丁产品　　9000
　　辅助生产成本——供水　　1920
　　　　　　　　——机修　　2240
　　制造费用——基本生产车间　　1280
　　　　　　——供水车间　　960
　　　　　　——机修车间　　800
　　管理费用　　1040
　　销售费用　　860
　贷：银行存款（或应付账款）　　28900

四、人工费用的归集和分配

人工费用是指企业在一定时期内支付给本单位职工的劳动报酬，包括职工工资和按照职工工资一定比例提取的其他职工薪酬两部分。为方便阐述，以下“职工工资”与“职工薪酬”如无特别说明，不作严格区分，视为基本含义相同，均指人工费用。

职工薪酬，包括企业为职工在职期间和离职后提供的全部货币性薪酬和非货币性薪酬。企业提供给职工配偶、子女或其他被赡养人的福利等，也属于职工薪酬。职工薪酬的分配要划清计入产品成本与期间费用和不计入产品成本与期间费用的职工薪酬的界限。凡基本生产车间生产人员的职工薪酬，应借记“基本生产成本”总账科目及所属明细账的“直接人工”成本项目；辅助生产车间生产人员的职工薪酬，应借记“辅助生产成本”总账科目及所属明细账的“直接人工”成本项目；基本生产车间和辅助生产车间管理人员、企业行政管理人员、销售人员等的职工薪酬，则应分别借记“制造费用”“辅助生产成本”“管理费用”“销售费用”等总账科目及其所属的明细账有关项目，贷记“应付职工薪酬”科目。

其他职工薪酬包括的内容较多，主要有职工福利费、各种保险费、住房公积金、工费经费、职工教育经费等。按现行的有关规定，这些职工薪酬应按照职工工资一定比例提取，并且按受益对象计入相关资产的成本或当期费用。

（一）产品生产人员工资费用的分配方法

工资制度不同，生产人员工资计入产品成本的方法也不同。在计件工资制下，生产人员的工资通常根据产量凭证计算并直接计入某种产品成本明细账的“直接人工”成本项目。在计时工资制下，如果只生产一种产品，生产人员的工资属于直接计入费用，可直接计入该种产品成本明细账的

“直接人工”成本项目；如果生产多种产品，生产人员工资属于间接计入费用，应按照产品实际生产工时或定额生产工时比例等分配标准分配后，再计入各种产品成本明细账的“直接人工”成本项目。其计算公式如下：

$$工资费用分配率=\frac{某车间生产人员计时工资总额}{各种产品实际(定额)生产工时之和}$$

某种产品应分配的工资费用＝该种产品实际（定额）生产工时×工资费用分配率

例 3-3 2022 年 5 月，某企业基本生产车间生产甲、乙产品计时工资共计 88000 元，本月生产甲产品耗用的生产工时是 11200 小时，生产乙产品耗用的生产工时是 6400 小时。工资费用按生产工时比例分配。

工资费用分配计算如下：

$$工资费用分配率=\frac{88000}{11200+6400}=5\ (元/小时)$$

甲产品分配工资费用＝11200×5＝56000（元）

乙产品分配工资费用＝6400×5＝32000（元）

按照规定，按工资总额的一定比例计提的职工福利费、社会保险、工会经费和职工教育费等其他职工薪酬，与工资费用一起分配。

（二）职工薪酬费用分配表的编制

为了按工资的用途和发生地点归集并分配工资及其他职工薪酬，月末应对各生产单位和部门，根据工资结算单和有关的生产工时记录等分别编制“工资费用分配表”和“其他职工薪酬费用分配表”，或者两者合并编制“职工薪酬费用分配表”（为简化起见，本章假定企业按应付工资总额的20%提取其他职工薪酬的总计比例，各项的具体比例不再列示）。该表的格式和内容举例如表 3-3 所示。根据该表编制会计分录，据以登记有关的总账和明细分类账。

表 3-3 职工薪酬费用分配表

2022 年 5 月

应借科目			工资总额/元				计提其他职工薪酬/元（工资总额的 20%）	职工薪酬合计/元
总账科目	明细科目	成本或费用项目	生产工时/小时	直接生产人员（分配率 5）	管理人员	工资合计/元①	②＝①20%	③＝①＋②
基本生产成本	甲产品	直接人工	11200	56000		56000	11200	67200
	乙产品	直接人工	6400	32000		32000	6400	38400
	小计		17600	88000		88000	17600	105600
辅助生产成本	供电车间	直接人工		17520		17520	3504	21024
	锅炉车间	直接人工		12000		12000	2400	14400
	小计			29520		29520	5904	35424
制造费用	基本生产车间	职工薪酬			3600	3600	720	4320
	供电车间	职工薪酬			3500	3500	700	4200
	锅炉车间	职工薪酬			3200	3200	640	3840
	小计				10300	10300	2060	12360
管理费用		职工薪酬			14000	14000	2800	16800
合计			17600	117520	24300	141820	28364	170184

根据表 3-3“职工薪酬费用分配表”，编制会计分录如下：

借：基本生产成本——甲产品	67200	
——乙产品	38400	
辅助生产成本——供电车间	21024	
——锅炉车间	14400	
制造费用——基本生产车间	4320	
——供电车间	4200	
——锅炉车间	3840	
管理费用	16800	
贷：应付职工薪酬		170184

五、跨期摊提费用的归集和分配

跨期摊提费用是指受益期不是或不限于其支付的月份，而是跨越若干个月份，需要在各受益月份之间进行摊销或预提的费用，包括待摊费用、预提费用，以及长期待摊费用等。如前所述，为了正确划分各月的费用界限，本月支付应由本月和以后各月负担的费用，应当按一定分配标准计入本月和以后各月；本月尚未支付但应由本月负担的费用，应当预提计入本月。即凡受益期和支付期不一致的费用，均应该按照权责发生制原则分别采用待摊或预提的办法处理。根据最新会计准则的规定，用于核算跨期摊提费用的“待摊费用”“长期待摊费用”和“预提费用”科目均已取消，相应的会计处理也发生了变化。下面就新准则下变更的会计处理进行简要说明。

（一）新准则下原制度规定的待摊费用（长期待摊费用）的会计处理

原制度规定的待摊费用是指企业已经支出，但应由本期和以后各期分别负担的，且分摊期限在 1 年以内（包括 1 年）的各项费用，如低值易耗品和出租出借包装物摊销、预付保险费、经营租赁的预付租金、预付报纸杂志费、季节性生产企业在停工期内的费用、一次缴纳数额较大需分摊的印花税及固定资产修理费用等。原制度规定的长期待摊费用是指本期发生（支付）的，应在一年以上的期间分期摊销的费用，如经营租赁方式租入的固定资产发生的改良支出等。

1. 新准则对预付保险费、经营租赁的预付租金、预付报纸杂志费的处理

对预付保险费、经营租赁的预付租金、预付报纸杂志费等预付费用，直接按预付的金额分别计入有关成本或损益类科目，不再按月摊销，属于企业行政管理部门为组织和管理企业生产经营活动所发生的计入管理费用；属于企业生产车间（部门）为生产产品或者提供劳务而发生的计入制造费用；属于企业销售商品、提供劳务过程中发生的计入销售费用。预付上述款项时，借记“管理费用”“制造费用”“销售费用”等科目，贷记“银行存款”等科目。

例 3-4　2022 年 5 月，某企业基本生产车间租入一项新设备，支付半年租金 7200 元。会计分录如下：

借：制造费用	7200	
贷：银行存款		7200

2. 新准则对固定资产修理费用的处理

新准则规定，与固定资产有关的后续支出，符合准则规定的固定资产确认条件的，应当计入固定资产成本；不符合固定资产确认条件的，应当在发生时计入当期损益。固定资产的日常维护支出只是确保固定资产处于正常工作状态，通常不满足固定资产的确认条件，应在发生时计入管理费用或销售费用，不得采用预提或待摊方式处理。新准则应用指南规定，企业生产车间（部门）和行政管理部门等发生的固定资产修理费用等后续支出，如不满足资本化条件，应当直接计入管理费用。

企业发生的与专设销售机构相关的固定资产修理费用等后续支出，直接计入销售费用。

例 3-5 2022年5月某企业管理部门以经营租赁方式租入一项固定资产，为使该项固定资产能够更好使用，对该项固定资产进行了局部改良，共计发生改良支出120000元，该项固定资产的租赁期为4年，改良后的耐用期为5年。该项改良支出未达到资本化条件。会计分录如下：

借：管理费用　　120000

　贷：银行存款　　120000

（二）新准则下原制度规定的预提费用的会计处理

原制度规定的预提费用是指企业按照规定从成本费用中预先提取但尚未支付的费用，如预提短期借款利息、预提的租金、保险费和固定资产修理费等。

1. 新准则对短期借款利息的处理

新准则指南规定：企业借入的各种短期借款，借记“银行存款”科目，贷记本科目；归还借款做相反的会计分录。资产负债表中，应按计算确定的短期借款利息费用，借记“财务费用”“利息支出”等科目，贷记“银行存款”“应付利息”等科目，即对短期借款利息的预提是通过“应付利息”科目进行的。

例 3-6 某企业7月1日从银行取得偿还期为6个月的借款80000元，年利率为6%，每季度结息一次。有关会计分录如下：

（1）7月末、8月末预提利息费用400元，共预提800元。

借：财务费用　　400

　贷：应付利息　　400

（2）9月份实际支付借款利息。

借：利息支出　　800

　　财务费用　　400

　贷：银行存款　　1200

2. 新准则对预提的固定资产修理费用、租金和保险费的处理

根据对待摊费用中固定资产修理费用的分析可以得知，新准则及其应用指南不再对固定资产的修理费用进行预提，而是在实际发生时根据支出能否资本化分别进行相应的处理。不能资本化的修理费用直接计入当期费用，可以资本化的计入固定资产账面价值。对于当期应付未付，应由当期负担的租金和保险费，可以有两种处理方式：通过“其他应付款”科目，每期根据本期应承担的义务借记相关成本费用科目，贷记“其他应付款”科目；不进行预提，等到实际支付租金和保险费时，按支付的金额分别计入有关成本或损益类科目。

六、辅助生产费用的归集和分配

企业的辅助生产主要是为基本生产车间、企业行政管理部门等部门服务而进行的产品生产和劳务供应。例如，冶金企业的炼铁、炼钢、轧钢属于基本生产，而供电、供气、供水则属于辅助生产。辅助生产有的只生产一种产品或提供一种劳务，如供电、供气、运输等辅助生产；有的则生产多种产品或提供多种劳务，如工具、模型、备件的制造，以及机器设备的修理等辅助生产。辅助生产提供的产品和劳务，有时也对外销售，但这不是辅助生产的主要任务。正确及时组织对辅助生产费用的核算，加强对辅助生产费用的监督，对于正确计算产品成本和各项期间费用，以及节约支出、降低成本有着重要意义。

（一）辅助生产费用的归集和分配

辅助生产费用的归集和分配是通过“辅助生产成本”科目进行的。该账户应按车间和产品品种分别设置，进行明细计算。辅助生产车间发生的直接材料、直接人工，分别根据“材料费用分配表”“职工薪酬分配表”和有关凭证，列入“辅助生产成本”科目的借方；辅助生产车间发生的间接费用，应先列入“制造费用—辅助生产车间”科目的借方，然后再直接转入或分配转入“辅助生产成本”科目及明细科目的借方。辅助生产车间完工的产品或劳务成本，经过分配后应从“辅助生产成本”科目贷方转出，期末如有借方余额表示辅助生产的在产品成本。辅助生产成本明细账的格式和内容如表 3-4 所示。

表 3-4 辅助生产成本明细账

部门：运输车间

2022 年		凭证号	摘要	直接材料/元	直接燃料和动力/元	直接人工/元	制造费用/元	合计/元	转出/元
月	日								
5	31		材料费用分配表	8200				8200	
5	31		动力费用分配表		3200			3200	
5	31		职工薪酬分配表			6500		6500	
5	31		制造费用分配表				2900	2900	
5	31		辅助生产费用分配表						20800
5	31		合计	8200	3200	6500	2900	20800	20800

（二）辅助生产费用的分配

归集在“辅助生产成本”账户的辅助生产费用，由于生产的产品和提供的劳务不同，其所发生的费用分配转出的程序或方法也不一样。制造工具、模型、备件等产品所发生的费用，应计入完工工具、模型、备件等产品的成本，完工时作为自制工具或材料入库，从“辅助生产成本”账户转入“周转材料”或“原材料”账户；领用时，按其用途和使用部门，一次或分期摊入成本。提供水、电、气和运输、修理等劳务所发生的辅助生产费用，一般按受益单位耗用的劳务数量在各单位之间进行分配。

辅助生产提供的产品和劳务，主要是为基本生产车间和管理部门服务的，但在某些辅助生产车间之间也有相互提供产品和劳务的情况。例如，供水车间为供电车间供水，供电车间为供水车间提供电力。这样，计算辅助生产成本时就存在一个辅助生产费用在各辅助生产车间交互分配的问题。辅助生产费用的分配通常采用直接分配法、交互分配法和计划成本分配法等。

1. 直接分配法

采用直接分配法，不考虑辅助生产车间内部相互提供的劳务量，直接将各辅助生产车间发生的费用分配给辅助生产车间以外的各个受益单位或产品。分配计算公式如下：

$$\text{辅助生产分配率}=\frac{\text{辅助生产费用总额}}{\text{辅助生产产品或劳务总量（不包括对其他辅助生产车间提供的产品或劳务量）}}$$

$$\text{月末各受益车间、产品或各部门应分配的费用}$$
$$=\text{该车间、产品或部门的耗用量}\times\text{辅助生产分配率}$$

例 3-7 某企业有供水和供电两个辅助生产车间，2022 年 5 月，这两个车间的辅助生产成本明细账所归集的费用分别是供电车间 95000 元，供水车间 126000 元，该月供电车间供电 198000 千瓦时（其中对供水车间供电 8000 千瓦时），供水车间供水 40000 立方米（其中对供电车间供水 4000 立方米）。两个辅助生产车间供应产品和劳务情况，以及分配过程如表 3-5 所示。

表 3-5 辅助生产费用分配表（直接分配法）

2022 年 5 月

项目		基本生产成本/元			制造费用/元（基本生产车间）	管理费用/元	合计/元
		甲产品	乙产品	小计			
供电车间	耗电量/千瓦时	113000	62000	175000	8400	6600	190000
	分配率/元·千瓦时						(95000/190000) 0.5
	金额	56500	31000	87500	4200	3300	95000
供水车间	耗水量/立方米	16500	9500	26000	5200	4800	36000
	分配率/元·立方米						(126000/36000) 3.5
	金额	57750	33250	91000	18200	16800	126000
金额合计		114250	64250	178500	22400	20100	221000

根据表 3-5“辅助生产费用分配表”，编制如下分录：

借：基本生产成本——甲产品　　114250
　　　　　　　　——乙产品　　64250
　　制造费用——基本生产车间　　22400
　　管理费用　　20100
　贷：辅助生产成本——供电车间　　95000
　　　　　　　　　——供水车间　　126000

由于各辅助生产费用只是对外分配，采用直接分配法，计算较为简便。但当辅助生产车间互相供给或劳务量差异较大时，分配的结果往往与实际的不符。因此，这种分配方法只适宜在辅助生产内部相互提供产品或劳务情况不多、不进行费用的交互分配、对辅助生产成本和产品制造成本影响不大的情况下采用。

2. 交互分配法

交互分配法是指先将辅助生产车间发生的费用在相互提供劳务的各辅助生产车间之间进行分配（对内分配），然后将各辅助生产车间交互分配后的实际费用在辅助生产车间以外的各受益单位之间进行分配（对外分配）。采用交互分配法计算分配率时，对内分配和对外分配的分配率的计算公式如下：

$$\text{对内（交互）分配率}=\frac{\text{待分配的辅助生产费用总额}}{\text{辅助生产产品或劳务总量}}$$

$$\text{对外分配率}=\frac{\text{待分配的辅助生产费用总额}+\text{交互分配转入的费用}-\text{交互分配转出的费用}}{\text{辅助生产产品或劳务总量}-\text{辅助生产车间内部劳务耗用量}}$$

例 3-8 某公司有供水和供电两个辅助生产车间，主要为企业基本生产车间和行政管理部门提供服务。供电车间本月发生的费用为 7100 元，供水车间本月发生的费用为 32361 元。该公司辅助生产车间发生的间接费用直接列入“辅助生产成本”账户，各辅助生产车间提供的劳务及其耗用情况如表 3-6 所示。要求采用交互分配法对辅助生产的生产费用进行分配。

表 3-6　辅助生产车间提供的劳务统计表

2022 年 5 月

受益单位		供电数量/千瓦时	供水数量/立方米
辅助生产车间	供电车间		1350
	供水车间	3200	
基本生产车间		16150	8594
行政管理部门		1600	652
合计		20950	10596

根据表 3-6 所列资料，采用交互分配法分配辅助生产费用，其分配的结果如表 3-7。

表 3-7　辅助生产费用分配表（交互分配法）

2022 年 5 月

项目				交互分配			对外分配		
				供电车间	供水车间	合计	供电车间	供水车间	合计
待分配费用/元				7100	32361	39461	10138.42	29322.58	39461
劳务供应量				20950 千瓦时	10596 立方米		17750 千瓦时	9246 立方米	
费用分配率（单位成本）				0.3389	3.054		0.5712	3.1714	
辅助车间耗用	辅助生产成本	供电车间	数量		1350 立方米				
			金额/元		4122.9	4122.9			
		供水车间	数量	3200 千瓦时					
			金额/元	1084.48		1084.48			
		金额小计/元				5207.38			
基本生产车间	制造费用		数量				16150 千瓦时	8594 立方米	
			金额/元				9224.88	27255.01	36479.89
行政管理部门	管理费用		数量				1600 千瓦时	652 立方米	
			金额/元				913.54	2067.57	2981.11
分配金额合计/元							10138.42	29322.58	39461

表中的有关数据计算过程如下：

①对内（交互）分配。

电费分配率＝7100÷20950＝0.3389（元/千瓦时）

供水车间分到的电费＝0.3389×3200＝1084.48（元）

水费分配率＝32361÷10596＝3.054（元/立方米）

供电车间分到的水费＝3.054×1350＝4122.9（元）

②对外分配。注意，由于费用分配率采用四舍五入方式，为保证分配结果的汇总数与待分配费用金额保持一致，行政管理部门应分配的费用采用倒挤计算得出。

$$\text{电费分配率}=\frac{7100+4122.9-1084.48}{20950-3200}=0.5712\text{（元/千瓦时）}$$

$$\text{水费分配率}=\frac{32361+1084.48-4122.9}{10596-1350}=3.1714\text{（元/立方米）}$$

基本生产车间应分配的电费＝16150×0.5712＝9224.88（元）

行政管理部门应分配的电费＝10138.42－9224.88＝913.54（元）

基本生产车间应分配的水费＝8594×3.1714＝27255.01（元）

行政管理部门应分配的水费＝29322.58－27255.01＝2067.57（元）

根据表 3-7 “辅助生产费用分配表”，编制如下分录：

（1）对内（交互）分配。

借：辅助生产成本——供电车间　　4122.9
　　　　　　　　——供水车间　　1084.48
　贷：辅助生产成本——供水车间　　4122.9
　　　　　　　　　——供电车间　　1084.48

（2）对外分配。

借：制造费用　　36479.89
　　管理费用　　2981.11
　贷：辅助生产成本——供电车间　　10138.42
　　　　　　　　　——供水车间　　29322.58

采用交互分配法，辅助生产车间内部相互提供的劳务全部得到了分配，提高了分配结果的正确性，但增加了计算工作量。另外，由于交互分配的费用分配率是根据交互分配前的待分配费用计算的，而不是该辅助生产单位的实际单位成本，分配结果并不是非常准确，因此，在各月辅助生产费用水平相差不大的情况下，为简化计算工作量，可将上月的辅助生产单位成本作为本月交互分配的单位成本。

3. 计划成本分配法

计划成本分配法是按照辅助生产车间提供劳务的计划单位成本计算分配辅助生产费用的方法。分配需要分两步进行：首先将各辅助生产车间待分配的劳务费用按计划成本进行分配，然后将各辅助生产车间的实际成本（包括交互分配转入的费用）与按计划单位成本分配转出的费用之间的差额（辅助生产成本差异）追加分配给辅助生产车间以外的单位或全部计入管理费用。

例 3-9 依例 3-8 的资料，假设每千瓦时电的计划成本为 0.55 元，每立方米水的计划成本为 3 元，辅助生产成本差异全部计入管理费用。采用计划成本分配法进行辅助生产费用的分配。

编制的辅助生产费用分配表如表 3-8 所示。

表 3-8　辅助生产费用分配表（计划分配法）

2022 年 5 月

项目			供电车间		供水车间		合计/元
			数量/千瓦时	金额/元	数量/立方米	金额/元	
待分配费用				7100		32361	39461
劳务供应量			20950		10596		
按计划成本分配	计划单位成本			0.55		3	
	辅助生产车间	供电车间			1350	4050	4050
		供水车间	3200	1760			1760
		小计		1760		4050	5810
	基本生产车间		16150	8882.5	8594	25782	34664.5
	行政管理部门		1600	880	652	1956	2836
	计划成本合计			11522.5		31788	43310.5
辅助生产成本实际额				11150		34121	45271
辅助生产成本差异				－372.5		2333	1960.5

说明：表 3-8 中供电车间生产成本实际额＝7100＋4050＝11150 元，供水车间生产成本实际额

=32361+1760=34121 元。

根据表 3-8 编制的会计分录如下：

借：辅助生产成本——供电车间　　4050
　　　　　　　　——供水车间　　1760
　　制造费用　　34664.5
　　管理费用　　2836
　贷：辅助生产成本——供电车间　　11522.5
　　　　　　　　　——供水车间　　31788

借：管理费用　　1960.5
　　辅助生产成本——供电车间　　372.5
　贷：辅助生产成本——供水车间　　2333

采用计划成本分配法，由于其是按预先确定的计划单位成本进行分配的，因此能够反映和考核辅助生产成本计划的执行情况，便于分析和考核各受益单位的成本，以及分清企业内部各单位的经济责任。但是，计划单位成本的确定必须相对准确。该方法适合在有准确计划成本的单位中使用。

通过辅助生产费用的归集与分配，应列入本月产品成本的生产费用已全部汇集在“基本生产成本”和“制造费用”等账户中。

七、制造费用的归集和分配

制造费用是指企业各生产单位为组织和管理生产而发生的各项间接费用，包括工资和福利费用、折旧费、排污费、存货盘亏（减盘盈）及其他制造费用。

企业发生的各项制造费用是按其用途和发生地点，通过“制造费用”账户进行归集和分配的。费用发生时，根据支出凭证在“制造费用”账户进行归集（但材料、工资、折旧，以及待摊和预提费用等，要在月末根据汇总编制的各种费用分配表计入）。归集在“制造费用”账户中的各项费用，月末时应全部分配转入“基本生产成本”账户，计入产品成本。

（一）制造费用分配的方法

如果车间只生产一种产品，则制造费用可直接计入该产品的成本；如果车间生产两种以上产品，就要采用既合理又简便的分配方法，将制造费用分配计入各种产品的成本。制造费用分配计入产品成本的方法，常用的有根据生产工时、定额工时、机器工时、直接人工等分配标准进行分配。

在具有产品实用工时统计资料的车间，可按生产工时的比例分配制造费用。如果企业没有实用工时统计资料，但制定了比较准确的产品定额工时，也可按产品定额工时的比例进行分配。在机械化程度较高的车间，制造费用也可按机器工时的比例分配。其计算公式如下：

$$\text{制造费用分配率}=\frac{\text{制造费用总额}}{\text{各种产品实用（定额、机器）工时之和}}$$

$$\text{某产品应负担的制造费用}=\text{该种产品实用工时数}\times\text{制造费用分配率}$$

制造费用的大部分支出属于产品生产的间接费用，因而不能按照产品定额，而只能按照车间、部门和费用账户编制制造费用计划加以控制。通过制造费用的归集和分配，反映和监督各项费用计划的执行情况，并将其正确及时地计入产品成本。

例 3-10 某基本生产车间甲产品生产工时为 24000 小时，乙产品生产工时为 12000 小时，本月发生制造费用 45000 元。要求在甲、乙产品之间分配制造费用。

$$\text{制造费用分配率}=\frac{45000}{24000+12000}=1.25\ \text{（元/小时）}$$

甲产品制造费用＝24000×1.25＝30000（元）

乙产品制造费用＝12000×1.25＝15000（元）

（二）制造费用分配表的编制

按生产工时比例法编制“制造费用分配表”，如表 3-9 所示。

表 3-9　制造费用分配表

2022 年 5 月　　金额单位：元

应借科目		生产工时/小时	分配金额（分配率 1.25）
基本生产成本	甲产品	24000	30000
	乙产品	12000	15000
合计		36000	45000

编制的会计分录如下：

借：基本生产成本——甲产品　30000

　　　　　　　——乙产品　15000

　贷：制造费用　45000

通过以上各种费用的分配和归集，应计入本月产品成本的费用都已列入“基本生产成本”账户，并已在各种产品之间划分清楚，而且按成本项目分别登记在各自的产品成本计算单（基本生产成本明细分类账）中。

八、期间费用的归集与结转

前已述及，期间费用是指企业在生产经营过程中发生的，与产品生产活动无直接联系，属于某一时期发生应直接计入当期损益的费用。期间费用包括销售费用、管理费用、财务费用和研发费用。

（一）销售费用的归集与结转

销售费用是指企业在产品销售过程中发生的各项费用以及专设销售机构的各项经费，包括应由企业负担的销售部门人员的薪酬、运输费、装卸费、包装费、保险费、广告费、差旅费、办公费、折旧费、修理费及其他经费。销售费用不计入产品成本，不参与产品成本计算，不存在费用的分配问题，而是作为期间费用直接计入当期损益。该项费用应该按年、季、月和费用项目编制费用计划并进行分析和考核。

企业应当设置“销售费用”总账账户及所属的明细账户，归集和反映企业在销售产品过程中发生的各项费用，借记“销售费用”科目，贷记有关科目；期末将其实际发生额转入“本年利润”账户，结转以后，“销售费用”总账账户及所属的明细账户应无余额。

（二）管理费用的归集与结转

管理费用是指企业行政管理部门为组织和管理生产经营活动而发生的各项费用，包括公司经费、工会经费、职工教育费、劳动保险费、待业保险费、聘请中介机构费、咨询费、诉讼费、业务招待费、存货盘亏和毁损（减盘盈）及其他管理费用。管理费用不计入产品成本，不参与产品成本计算，不存在费用的分配问题，而是作为期间费用直接计入当期损益。该项费用应该按年、季、月和费用项目编制费用计划并进行分析和考核。

企业应当设置“管理费用”总账账户及所属的明细账户，归集和反映企业因组织和管理生产经营活动而发生的各项费用，借记“管理费用”科目，贷记有关科目；期末将其实际发生额转入“本年利润”账户，结转以后，“管理费用”总账账户及所属的明细账户应无余额。

（三）财务费用的归集与结转

财务费用是指企业在筹集资金过程中发生的各项筹资费用，包括在生产经营期间发生的不应计入固定资产价值的利息支出（减利息收入）、汇兑损失（减汇兑收益）、金融机构手续费及其他财务费用。财务费用不计入产品成本，不参与产品成本计算，不存在费用的分配问题，而是作为期间费用直接计入当期损益。该项费用应该按年、季、月和费用项目编制费用计划并进行分析和考核。

要正确计算财务费用，必须合理划分资本化利息和费用化利息。划分的基本原则是购建固定资产的借款利息应当资本化，生产经营的借款利息应当费用化。在实际工作中往往会遇到比较复杂的情况，必须根据具体情况分析处理。

企业应当设置“财务费用”总账账户及所属的明细账户，归集和反映企业为筹集生产经营活动所需的资金而发生的各项筹资费用，借记“财务费用”科目，贷记有关科目，期末将其实际发生额转入“本年利润”账户，结转以后，“财务费用”总账账户及所属的明细账户应无余额。

（四）研发费用的归集与结转

研发费用是指企业进行研究与开放的过程中发生的费用化支出，包括研究支出、开发支出以及相关的费用（如专利购置费用）等。研发费用不计入产品成本，不参与产品成本计算，不存在费用的分配问题，而是作为期间费用直接计入当期损益。该项费用应该按年、季、月和费用项目编制费用计划并进行分析和考核。

企业应当设置“研发费用”总账账户及所属的明细账户，归集和反映企业在研究支出、开发支出过程中发生的各项费用，借记“研发费用”科目，贷记有关科目，期末将其实际发生额转入“本年利润”账户，结转以后，“研发费用”总账账户及所属的明细账户应无余额。

第三节　生产费用在完工产品和在产品之间的分配

通过上述各项费用的归集和分配，基本生产车间在生产过程中发生的各项费用，已经集中反映在“基本生产成本”账户及其明细账中。月末，要将本月发生的生产费用（即在“基本生产成本”账户借方归集的各项费用）加上月初在产品成本，在本月完工产品和月末在产品之间进行分配，以计算本月完工产品成本。

生产费用在完工产品和在产品之间的分配

本月发生的生产费用和月初、月末在产品成本及本月完工产品成本四项费用的关系可用下列公式表达：

月初在产品成本＋本月发生的生产费用＝本月完工产品成本＋月末在产品成本

由于月初在产品成本和本月发生的生产费用是已知数，因此在完工产品与月末在产品之间分配费用的方法有两种，一是将前两项之和按一定比例在后两项之间进行分配，计算完工产品成本与月末在产品成本；二是先确定月末在产品成本，再计算完工产品成本。无论采用哪一类方法，都必须取得在产品数量的计算资料。

一、在产品的定义

在产品是指没有完成全部生产过程，不能作为商品销售的半成品，包括正在车间加工的在产品和已经完成一个或几个生产步骤但还需继续加工的半成品两部分。对外销售的自制半成品属于产成品，验收入库后不再列入在产品。以上定义的在产品是从广义角度或者整个企业来说的。从狭义角度或者某一车间、某一生产步骤来说，在产品只包括该车间或该生产步骤正在加工的那部分在产品，该车间或该生产步骤完工的半成品（一般称为完工产品）不包括在内。

二、在产品收发结存数量的确定

在产品结存的数量同其他材料物资结存的数量一样，应同时具备账面计算资料和实际盘点资料。企业一方面要做好在产品收发结存的日常计算工作，另一方面要做好在产品的清查工作，从而可以从账面上随时掌握在产品成本的数额和变化。

车间在产品收发结存的日常计算通常是通过在产品收发结存账进行的。在实际工作中这种账簿也叫在产品台账，应分车间并且按照产品的品种和在产品名称（如零件、部件的名称）设立，以便反映车间各种在产品转入、转出和结存的数量。各车间应认真做好在产品的计量、验收和交接工作，并在此基础上根据领料凭证、在产品内部转移凭证、产成品检验凭证和产品交库凭证，及时登记在产品收发结存账。该账簿由车间计算人员登记。

为了核实在产品的数量，保证在产品的安全、完整，企业必须认真做好在产品的清查工作。在产品应定期进行清查，也可以不定期轮流清查。有的车间没有进行在产品的日常收发计算，则每月月末都必须清查一次在产品，以便取得在产品的实际盘点资料。清查后，应根据盘点结果和账面资料编制在产品盘点表，填明在产品的账面数、实存数和盘存盈亏数，以及盈亏的原因和处理意见。对于报废和毁损的在产品，还要登记残值。

三、生产费用在完工产品与在产品之间的分配方法

企业应当根据产品的生产特点，如在产品数量的多少、各月在产品数量变化的大小、各项费用比重的大小，以及企业定额管理基础扎实与否等具体条件，选择既合理又简便的分配方法将生产费用在完工产品与在产品之间进行合理分配。一般而言，将生产费用在完工产品与在产品之间进行分配可以使用以下六种方法。

（一）不计算在产品成本（即在产品成本为零）

这种方法适用于月末在产品数量很小的情况。算不算在产品成本对完工产品成本影响不大，为了简化计算工作，可以不计算在产品成本，即在产品成本是零。本月发生的生产费用就是完工产品成本。通常采掘企业等可采用此方法。

（二）在产品成本固定按年初数计算

这种方法适用于月末在产品数量很少，或者在产品数量虽大但各月之间在产品数量变动不大，月初、月末在产品成本的差额对完工产品成本影响不大的情况。为简化计算工作，各月在产品成本可以固定按年初数计算。采用这种方法，某种产品本月发生的生产费用就是本月的完工产品成本。年终时，根据实地盘点的在产品数量，重新调整计算在产品成本，以避免在产品成本与实际出入过大，影响成本计算的正确性。例如，冶炼化工企业由于高炉和化学反应装置的容积固定，其在产品成本就可采用此种方法计算。

（三）在产品成本按其所耗用的材料费用计算

这种方法是指在产品成本按其所耗用的材料费用计算，其他费用全部由完工产品成本负担。这种方法适用于材料费用在产品成本中所占比重较大，而且原材料在生产开始时一次性全部投入的情况。为了简化计算工作，月末在产品可以只计算材料费用，其他费用全部由完工产品负担。例如，纺织、造纸和酿酒等企业都可以采用此种方法计算。

（四）约当产量比例法

所谓约当产量，是指在产品按其完工程度折合成相当于完工产品的产量。按约当产量比例分配，就是将月末结存的在产品按其完工程度折合成约当产量，然后再将产品应负担的全部生产费用

按完工产品产量和在产品约当产量的比例进行分配。这种方法适用于月末在产品数量较大、月末在产品结存数量不稳定且变化较大的企业。

这种方法的计算公式如下：

在产品约当产量＝在产品数量×完工百分比（完工率）

$$某项费用分配率=\frac{月初在产品成本+本月发生的生产费用}{完工产品产量+月末在产品约当产量}$$

完工产品应负担的该项费用＝完工产品数量×费用分配率

月末在产品应负担的该项费用＝月末在产品约当产量×费用分配率

＝该项费用总额－完工产品应负担的该项费用

例 3-11 某产品本月完工 540 件，月末在产品 100 件，在产品完工率为 60%。月初在产品和本月生产费用合计为 116400 元，其中，直接材料为 48000 元，直接人工费用为 36000 元，制造费用为 32400 元。直接材料在生产开始时一次投入，分配各项加工费用计算的约当产量所依据的完工率均为 60%。要求采用约当产量比例法计算本月完工产品成本和月末在产品成本。

计算过程如下：

（1）计算月末在产品的约当产量。

月末在产品的约当产量＝100×60%＝60（件）

（2）直接材料费用分配。

$$直接材料费用分配率=\frac{48000}{540+100}=75\ （元/件）$$

完工产品应负担的直接材料费用＝540×75＝40500（元）

在产品应负担的直接材料费用＝100×75＝7500（元）

（3）直接人工费用分配。

$$直接人工费用分配率=\frac{36000}{540+60}=60\ （元/件）$$

完工产品应负担的工资费用＝540×60＝32400（元）

在产品应负担的工资费用＝60×60＝3600（元）

（4）制造费用分配。

$$制造费用分配率=\frac{32400}{540+60}=54\ （元/件）$$

完工产品应负担的制造费用＝540×54＝29160（元）

在产品应负担的制造费用＝60×54＝3240（元）

（5）计算完工产品和月末在产品成本。

完工产品成本＝40500＋32400＋29160＝102060（元）

月末在产品成本＝7500＋3600＋3240＝14340（元）

采用约当产量比例法的关键在于在产品完工程度的确定。一般是根据月末在产品的数量，用技术测定或其他方法，计算在产品的完工程度。其中，对直接材料应根据投料方式的不同来计算约当产量，分配直接材料费用。

（1）如果直接材料在生产开始时一次性投入，由于完工产品和月末在产品所耗用的直接材料费用是一样的，因此，应该按照完工产品和月末在产品的实际数量进行直接材料的分配，即在产品按投料率 100%来确定。例 3-11 中的直接材料费用分配就是如此。

（2）如果直接材料是在每道工序随加工进度陆续分次投料，则应按照各工序投入的材料费用在全部材料费用中所占的比例计算在产品的约当产量。在确定各工序的投料率时，一般以各工序的直接材料消耗定额为依据，在产品投料程度按完成本工序投料的 50%计算。

例 3-12 某种产品需经两道工序制成，直接材料耗用定额为 500 千克，其中，第一道工序的直接材料耗用定额为 240 千克，第二道工序的直接材料耗用定额为 260 千克。月末在产品数量资料如下：第一道工序为 100 件，第二道工序为 200 件，完工产品为 328 件，月初在产品和本月发生的直接材料费用共计 87500 元。直接材料是在每道工序随加工进度陆续分次投料。

直接材料费用分配计算如下：

第一道工序的约当产量＝（240×50%÷500）×100＝24（件）

第二道工序的约当产量＝［（240＋260×50%）÷500］×200＝148（件）

$$直接材料费用分配率=\frac{87500}{328+(24+148)}=175（元/件）$$

完工产品分配的直接材料费用＝328×175＝57400（元）

月末在产品分配的直接材料费用＝（24＋148）×175＝30100（元）

（3）如果直接材料随加工进度分工序投入，但直接材料是在每一道工序开始时一次性投入，在确定各工序的投料率时，应以各工序的直接材料消耗定额为依据，在产品投料程度按完成本工序投料的 100%计算。

例 3-13 采用例 3-12 中某种产品在各工序的直接材料耗用定额，但直接材料是在各工序开始时一次性投入。

直接材料费用分配计算如下：

第一道工序的约当产量＝（240÷500）×100＝48（件）

第二道工序的约当产量＝［（240＋260）÷500］×200＝200（件）

$$直接材料费用分配率=\frac{87500}{328+(48+200)}=151.91（元/件）$$

完工产品分配的直接材料费用＝328×151.91＝49826.48（元）

月末在产品分配的直接材料费用＝87500－49826.48＝37673.52（元）

采用约当产量比例法分配加工费用时，由于存在于各工序内部的在产品加工程度不同，有的正在加工之中，有的已经加工完毕，有的尚未加工，在各工序的加工量都差不多的情况下，后面各工序在产品多加工的程度可以抵补前面各工序在产品少加工的程度。为了简化完工率的测算，在计算各工序内在产品完工程度时均按平均完工 50%计算。在产品从上一道工序转入下一道工序时，因上一道工序已经完工，所以前面各道工序的工时定额应按 100%计算。

例 3-14 甲产品单位定额工时为 20 小时，经两道工序制成。各工序单位定额工时为：第一道工序 8 小时，第二道工序 12 小时。各道工序内在产品完工程度均按 50%计算。

在产品完工程度计算如下：

第一道工序＝（8×50%÷20）×100%＝20%

第二道工序＝［（8＋12×50%）÷20］×100%＝70%

（五）在产品成本按定额成本计算

这种方法是事先经过调查研究、技术测定或按定额资料，对各个加工阶段的在产品直接确定一个定额单位成本，将月末在产品数量分别乘以各项定额单位成本，即可计算出月末在产品成本。将月初在产品成本加上本月发生的生产费用，减去月末在产品成本，就可算出完工产品的总成本。这种分配方法适用于定额管理基础比较好、各项消耗定额或定额比例比较准确、稳定，而且各月在产品数量变化不大的企业。

定额成本的计算公式如下：

月末在产品成本＝月末在产品数量×在产品定额单位成本

完工产品总成本＝（月初在产品成本＋本月发生的生产费用）－月末在产品成本

（六）按定额比例分配完工产品和月末在产品成本（定额比例法）

定额比例法是产品的生产费用按照完工产品和月末在产品的定额消耗量或消耗费用的比例，分配计算完工产品和月末在产品成本的方法。其中，直接材料费用按定额消耗量或直接材料定额费用比例分配，直接人工费用、制造费用等各项加工费用按定额工时比例分配。这种分配方法适用于定额管理基础较好，各项消耗定额和费用定额比较准确、稳定，各月末在产品数量变动较大的企业。

定额比例法计算公式如下（以按定额费用比例分配为例）：

$$直接材料费用分配率=\frac{月初在产品实际直接材料费用+本月实际直接材料费用}{完工产品定额直接材料费用+月末在产品定额直接材料费用}$$

完工产品应分配的实际直接材料费用＝完工产品定额直接材料费用×材料费用分配率

月末在产品应分配的实际直接材料费用＝月末在产品定额直接材料费用×材料费用分配率

或

＝月初在产品实际直接材料费用＋本月实际直接材料费用－完工产品实际直接材料费用

$$某项加工费用分配率=\frac{月初在产品该项加工费用的实际金额+本月该项加工费用的实际金额}{完工产品定额工时+月末在产品定额工时}$$

完工产品应负担的某项加工费用的实际金额＝完工产品定额工时×该项加工费用分配率

月末在产品应负担的某项加工费用的实际金额＝月末在产品定额工时×该项加工费用分配率

或

＝月初在产品该项实际加工费用＋本月该项实际加工费用－完工产品应负担该项实际加工费用

采用定额比例法分配完工产品与月末在产品费用，分配结果比较准确，同时还便于将实际费用与定额费用进行比较、考核和分析定额的执行情况。

四、完工产品成本的结转

结合第二节及以上内容可知，企业根据各种费用分配表及有关凭证，登记“基本生产成本明细账”，将生产费用在各种产品，以及在同种产品的完工产品与月末在产品之间进行归集和分配，分别计算出各种完工产品的总成本和单位成本，据以考核和分析各种产品成本计划的执行情况。

企业的完工产品包括产成品、自制材料及自制工具、模型等低值易耗品，以及为在建工程生产的专用设备和提供的修理劳务等。本月的完工产品成本应从“基本生产成本”或“辅助生产成本”账户及所属明细账户的贷方转出，记入有关账户的借方。

（1）完工入库的产成品，借记“库存商品”账户，贷记“基本生产成本”账户。

（2）完工自制材料、工具、模型等的成本，分别借记“原材料”“周转材料”等账户，贷记“辅助生产成本”账户。

完工产品成本结转后，“基本生产成本”账户的月末余额就是基本生产车间的在产品成本，“辅助生产成本”账户的月末余额就是辅助生产车间的在产品成本。

本章小结

（1）所谓成本计算对象，是指成本归集的方向，旨在解决计算什么成本的问题。在制造业中，产品是最典型的成本计算对象。

（2）以制造业为例，成本计算是在对企业生产经营过程中所耗费的和用货币表现的生产资料价值和劳动者为自己所创造的价值进行归集的基础上，采用一定的方法并按确定的成本计算对象进行分配，最终形成成本计算对象的单位成本和总成本的一项工作。

（3）在制造成本法下，成本计算的内容包括生产成本和期间费用。其中，生产成本也称制造成本，是指为生产一定种类和一定数量的产品发生的各种生产费用之和，包括直接材料成本、直接人工成本和制造费用三项。期间费用也称非制造成本，指企业管理部门在组织和管理企业过程中所发生的、不能直接归属于某一成本计算对象的费用，包括管理费用、销售费用、财务费用和研发费用。

（4）成本计算的基本要求有：加强对成本费用的审核和控制；正确划分各种费用界限；做好成本计算的各项基础工作；按照生产的特点和管理的要求，选择适当的成本计算方法。

（5）制造企业在生产经营过程中发生的费用，可以分为计入产品成本的生产费用和直接计入当期损益的期间费用两类。对费用的归集和分配的具体内容有：材料费用的归集和分配、外购动力费用的归集和分配、人工费用的归集和分配、跨期摊提费用的归集和分配、辅助生产费用的归集和分配、制造费用的归集和分配、期间费用的归集与结转。

（6）企业的辅助生产主要是为基本生产车间、企业行政管理部门等部门服务而进行的产品生产和劳务供应。辅助生产费用的分配通常采用直接分配法、交互分配法和计划成本分配法等。

（7）生产费用在完工产品和在产品之间分配的方法主要有以下六种：不计算在产品成本（即在产品成本为零）、在产品成本固定按年初数计算、在产品成本按其所耗用的材料费用计算、约当产量比例法、在产品成本按定额成本计算、按定额比例分配完工产品和月末在产品成本（定额比例法）。

思考题

1. 成本计算的基本要求有哪些？
2. 成本核算的基本程序是怎样的？说明其实践意义。
3. 怎样选择分配费用的适当方法？对分配间接计入费用的公式是怎样概括的？
4. 对原材料的间接计入费用，可采用哪些分配方法进行分配？怎样计算？
5. 新准则对跨期摊配费用是如何处理的？
6. 各种辅助生产费用分配方法的特点、适用范围及优缺点是什么？
7. 辅助生产费用的直接分配法与交互分配法核算程序有何不同？
8. 期间费用有哪些？具有哪些特点？它与产品成本的区别表现在哪些方面？
9. 生产费用在完工产品与在产品之间分配的常用方法有哪几种？
10. 什么是约当产量比例法？该方法的适用范围是什么？
11. 采用约当产量比例法时，如何确定和计算在产品分工序的完工率？
12. 什么是定额比例法？该方法的分配标准和适用范围是什么？

自测自评

一、单项选择题

1. 直接用于产品生产的燃料费用，如果单设“直接燃料和动力”成本项目，则计入（　　）科目。

A. 制造费用　　B. 管理费用　　C. 销售费用　　D. 基本生产成本

2. 在不设“直接燃料和动力”成本项目的情况下，直接用于产品生产的动力费用在发生时，应计入的会计科目是（　　）。

A. 基本生产成本　　B. 管理费用　　C. 销售费用　　D. 制造费用

3. 基本生产车间设备耗用的润滑油等机物料费用，应计入（　　）会计科目。

A. 基本生产成本　B. 管理费用　C. 辅助生产成本　D. 制造费用

4. 产品销售过程中发生的各项费用，应计入的会计科目是（　）。

A. 制造费用　B. 管理费用　C. 销售费用　D. 财务费用

5. 计算分配工作最为简便的辅助生产费用分配方法是（　）。

A. 直接分配方法　B. 交互分配法　C. 计划分配法　D. 约当产量法

6. 下列各项中，不属于直接生产费用的是（　）。

A. 构成产品主要实体的原料及主要材料费用　B. 有助于产品形成的辅助材料费用

C. 为产品的生产设备提供动力的电费　D. 生产车间照明电费

7. 企业在生产多种产品时，几种产品共同耗用的生产工人的计时工资属于（　）。

A. 直接计入费用　B. 间接计入费用　C. 间接生产费用　D. 制造费用

8. 基本生产车间计提的固定资产折旧费，应借记（　）科目。

A. 基本生产成本　B. 管理费用　C. 制造费用　D. 销售费用

9. 企业行政管理部门计提的固定资产折旧费，应借记（　）。

A. 制造费用　B. 财务费用　C. 管理费用　D. 销售费用

10. 正确处理跨期费用的摊销工作，是为了正确划分（　）。

A. 各月份费用的界限　B. 生产费用与期间费用的界限

C. 各种产品之间的费用界限　D. 完工产品与在产品的费用界限

11. 下列各项中，应计入管理费用的是（　）。

A. 银行借款的利息支出　B. 银行存款的利息收入

C. 企业的技术转让费用　D. 车间管理人员的工资

12. 下列各项中，属于产品成本项目的是（　）。

A. 制造费用　B. 职工薪酬费用　C. 管理费用　D. 销售费用

13. 辅助生产费用的直接分配法，是将辅助生产费用（　）。

A. 直接计入生产成本的方法

B. 直接计入辅助生产成本的方法

C. 直接分配给辅助生产车间以外各受益单位的方法

D. 直接分配给所有受益单位的方法

14. 辅助生产费用的交互分配法，进行一次交互分配时是在（　）。

A. 各受益单位之间进行分配

B. 辅助生产车间之间进行分配

C. 辅助生产车间以外受益单位之间进行分配

D. 各受益的基本车间之间进行分配

15. 在交互分配法下，辅助生产费用交互分配后的实际费用，再在（　）。

A. 辅助生产车间以外的受益单位之间分配　B. 各受益单位之间进行分配

C. 各辅助生产车间之间进行分配　D. 各受益的基本车间之间进行分配

16. 基本生产车间管理人员的薪酬费用，应计入的科目是（　）。

A. 基本生产成本　B. 制造费用　C. 销售费用　D. 管理费用

17. 基本生产车间耗用的消耗性材料的费用，应计入的会计科目是（　）。

A. 制造费用　B. 基本生产成本　C. 管理费用　D 财务费用

18. 完工产品与在产品之间分配费用，采用不计算在产品成本的方法，适用的情况是（　）。

A. 各月在产品的数量很小　　B. 各月在产品的数量很大
C. 各月末在产品数量变动较大　　D. 各月末在产品数量变化很小

19. 完工产品与在产品之间分配费用，采用按年初数固定计算在产品成本法，适用情况是(　　)。
A. 各月末在产品数量很小
B. 各月末在产品数量虽大但各月之间在产品数量变动不大
C. 各月在产品数量相差不大
D. 各月末在产品数量较大

20. 按完工产品和月末在产品数量比例分配计算完工产品和月末在产品成本，必须具备的条件是（　　）。
A. 月末在产品接近完工　　B. 原材料在生产开始后分工序一次投入
C. 在产品成本中直接材料费用比重较大　　D. 各项消耗定额比较准确、稳定

21. 在产品完工率应为（　　）与完工产品工时定额的比率。
A. 所在工序工时定额
B. 所在工序工时定额的 50%
C. 所在工序累计工时定额
D. 前面各工序累计工时定额与所在工序工时定额的 50%的合计数

22. 原材料在每道工序开始时一次投料的情况下，分配直接材料费用的在产品完工率，等于直接材料的（　　）与该产品完工的原材料消耗定额的比率。
A. 所在工序消耗定额　　B. 所在工序累计消耗定额
C. 所在工序累计消耗定额的 50%　　D. 所在工序消耗定额的 50%

二、多项选择题

1. 基本生产车间领用的材料费用，按照其用途进行分配，可能计入的会计科目有（　　）。
A. 基本生产成本　　B. 制造费用　　C. 管理费用　　D. 销售费用

2. 分配材料费用的标准一般有（　　）。
A. 材料定额消耗量　　B. 材料定额费用
C. 产品产量　　D. 产品工时定额

3. 分配产品生产工人工资费用的标准一般有（　　）。
A. 产品的售价　　B. 产品的体积
C. 产品的实际生产工时　　D. 产品的定额生产工时

4. 期间费用包括（　　）。
A. 财务费用　　B. 研发费用
C. 管理费用　　D. 销售费用

5. 进行辅助生产费用分配时，可能借记的会计科目有（　　）。
A. 基本生产成本　　B. 辅助生产成本
C. 制造费用　　D. 管理费用

6. 生产经营过程中发生的职工薪酬费用，按照其用途进行分配，可能计入的会计科目有（　　）。
A. 基本生产成本　　B. 制造费用
C. 销售费用　　D. 管理费用

7. 可计入产品成本的职工薪酬费用有（　　）。
A. 生产工人的薪酬费用　　B. 车间或分厂管理人员的薪酬费用
C. 生产车间技术人员的薪酬费用　　D. 企业专设销售机构人员的薪酬费用

8. 辅助生产费用的直接分配法（ ）。
A. 适用于辅助生产车间之间不相互提供劳务
B. 适用于辅助生产车间相互提供产品或劳务不多
C. 计算工作简便
D. 计算结果比较准确
9. 选择将生产费用在完工产品与月末在产品之间进行分配的方法时，应考虑的条件是（ ）。
A. 定额管理基础的好坏
B. 各月在产品数量变化的大小
C. 在产品数量的多少
D. 原材料的投入方式
10. 下列各项中，一般属于制造费用项目的有（ ）。
A. 计提的生产设备折旧费
B. 生产车间管理人员的薪酬
C. 生产车间的办公费
D. 生产车间的照明费

三、判断题

1. 直接生产费用都是直接计入费用，间接生产费用都是间接计入费用。（ ）
2. 若辅助生产车间未设“制造费用”明细账，则辅助生产发生的各项直接或间接费用，均计入“辅助生产成本”科目。（ ）
3. 基本生产车间间接用于产品的各项费用应先计入“制造费用”科目。（ ）
4. 由几种产品生产共同耗用的、构成产品实体的原材料费用，可以直接计入各种产品成本。（ ）
5. 基本生产车间和辅助生产车间以及行政管理部门的照明用电不计入成本，应计入管理费用。（ ）
6. 各月末的在产品数量变化不大的产品，可以不计算月末在产品成本。（ ）
7. 采用按年初固定数计算在产品成本法，某种产品本月发生的生产费用就是本月完工产品的成本。（ ）
8. 约当产量比例法适用于月末在产品数量较少、各月末在产品只计算所耗的直接材料费用，不计算各项加工费用，产品其他费用全部计入完工产品成本。（ ）
9. 辅助生产成本明细账一般应该按车间以及产品或者劳务的种类设置，账内按照成本项目或费用项目设置专栏。（ ）
10. 企业各生产车间的制造费用应该加以汇总，在整个企业的各种产品间统一分配。（ ）
11. 直接分配法、约当产量比例法、定额比例法等都是完工产品与月末在产品之间分配费用的方法。（ ）
12. 只要在产品在各工序的分布均衡，就可以不分工序计算完工率，即完工率一律按50%确定。（ ）

四、计算分析题

1. 某企业基本生产车间生产甲、乙两种产品，共同耗用A材料6000千克，A材料每千克10元，合计60000元。生产甲产品1200件，甲产品原材料消耗定额为30千克；生产乙产品800件，乙产品原材料消耗定额为15千克。
要求：(1) 计算原材料费用分配率。
(2) 甲、乙两种产品应分配的材料费用。
(3) 编制会计分录。
2. 光远公司设有供水和供电两个辅助生产车间，这两个车间辅助生产明细账所归集的待分配辅助生产费用分别是供电车间11875元、供水车间32000元，两个辅助生产车间提供劳务资料如表3-10所示。

表 3-10　光远公司辅助生产车间资料表

受益单位		供电数量/千瓦时	供水数量/立方米
辅助生产车间	供电车间		580
	供水车间	3000	
基本生产车间		18150	6538
行政管理部门		6500	752
合计		27650	7870

要求：(1) 编制辅助生产费用分配表，用直接分配法分配辅助生产车间的生产费用并编制会计分录。

(2) 编制辅助生产费用分配表，用交互分配法分配辅助生产车间的生产费用并编制会计分录。

3. 某企业生产的甲产品原材料费用在产品成本中所占比重较大，月末在产品只计算原材料费用。甲产品月初在产品原材料费用为 4750 元，本月发生的原材料费用 32000 元，原材料是在生产中陆续投入的；职工薪酬等其他生产费用 30600 元。本月完工产品 300 件，月末在产品 100 件。

要求：采用适当的方法将生产费用在完工产品和在产品之间进行分配，并计算完工产品成本和在产品成本。

4. 某生产车间甲产品由两道工序加工完成，原材料随生产过程陆续投入。第一道工序的原材料消耗定额为 300 千克，工时定额为 8 小时；第二道工序原材料消耗定额为 200 千克，工时为 12 小时。本月完工产品 321 件，第一道工序在产品 50 件，第二道工序在产品 180 件。月初在产品和本月发生的原材料费用为 124800 元，直接人工为 74948 元，制造费用为 82260 元。

要求：(1) 计算甲产品月末在产品的约当产量。

(2) 计算甲产品本月完工产品和期末在产品的生产成本。

扫扫看，你有多优秀

延伸阅读

[1]　[2]　[3]

[1] 杨宁. 现代企业成本费用管理存在的问题及对策 [J]. 商场现代化，2022（13）：78-80.

[2] 赵岩，王浩，汪洋. 制造企业产品成本管理控制路径研究 [J]. 投资与创业，2022（13）：141-143.

[3] 储俊，林南祥. 大数据背景下企业存货成本管理优化研究 [J]. 财会通讯，2022（20）：165-170.

第四章 产品成本计算的基本方法

学习目标

要正确计算产品成本，除了扎实做好各项基础工作外，还必须按照产品的生产特点和企业管理要求，采用适当的成本计算方法。产品成本计算的基本方法有品种法、分批法、分步法。通过本章的学习，大家应能达成以下目标。

- 学习目标
  - 知识目标
    - 了解各种成本计算基本方法计算原理、程序、特点和适用范围
    - 掌握成本计算品种法、分批法、分步法的应用
    - 掌握综合结转分步法下成本还原的原理及计算
  - 能力目标
    - 能够根据企业生产的特点和管理的要求选择适当成本计算方法，准确计算产品成本
    - 具备对制造企业产品成本计算流程的基本处理的能力
  - 素质目标
    - 在成本核算实践探索中，精益求精，不断总结成本计算的思路与方法，培养严谨、敬业的工匠精神

案例导入

汽车制造厂如何计算产品成本

某汽车生产企业是新成立的股份制企业，主要生产低排量的小汽车，汽车的所有零部件都是由自己生产，而且每一种零部件都在一个独立的生产车间生产。所产零部件大多是企业自己使用，也有部分对外出售；各零部件生产车间生产完成后都移交进入半成品库，最后由装配部门从半成品库领取并组装成产品对外出售。不同的成本对象意味着资源耗费的归集对象存在差异，进而使得产品成本具体计算流程存在差异。

根据该企业产品的生产特点和管理要求，如何选择成本计算对象？零部件是否需要单独计算成本？如何按照产品的生产特点和企业管理要求，合理确定成本计算对象并采用适当的成本计算方法正是本章的主题。

——本书编写组编写

关键名词

品种法　分批法　分步法　综合结转分步法　平行结转分步法　成本还原　广义在产品　狭义在产品

在前面章节中阐述成本核算要求时，曾述及为了正确计算产品成本和期间费用，除了要正确划分各种费用的界限，正确确定财产物资的计价和价值结转方法并扎实做好各项基础工作外，还必须按照产品的生产特点和企业管理要求，采用适当的成本计算方法。企业在计算产品成本时，首先要明确成本计算对象（如产品的品种、批别、加工步骤等）；其次是确定生产费用归集和计入产品成本的程序；最后是在确定的成本计算期内将生产费用在完工产品和在产品之间分配，计算出完工产品的成本。本章在研究产品成本核算一般程序的基础上，结合实例，对产品成本计算的品种法、分批法、分步法的特点和具体流程进行介绍。

第一节　产品成本计算的品种法

一、品种法的适用范围及主要特点

产品成本计算的品种法，是指按照产品品种归集生产费用，计算产品成本的一种方法。它主要适用于大量、大批的单步骤生产，如发电、酿酒等生产模式。在这种类型的生产中，产品的生产过程不能划分为几个生产步骤（如企业或车间的规模较小，或者车间是封闭的，也就是从原材料投入生产到产品完工的全部生产过程都在一个车间内进行）；也适用于生产是按流水线组织的、管理上不要求按照生产步骤计算的多步骤的大量、大批生产，如小型造纸厂、纺织厂，以及辅助生产的供水、供电车间等。在这些情况下均可以按品种法计算产品成本。这种方法的主要特点如下。

品种法

（一）成本计算对象是产品品种

如果企业只生产一种产品，全部生产费用都是直接费用，可直接列入该产品成本明细账的有关成本账户中，不存在各成本计算对象之间分配费用的问题。如果是生产多种产品，产品成本的明细账就要按照产品的品种分别设置。发生的生产费用，能分清是哪种产品耗用的，可以直接计入该产品成本明细账的有关成本项目；不能分清是哪种产品耗用的，则要采用适当的方法将间接费用在各成本计算对象之间进行分配，分别计入各产品成本明细账的有关成本项目。

（二）一般定期计算产品成本

在大量、大批的单步骤生产企业中，由于生产的特点是不断地重复生产一种或几种产品，所以不能在产品制造完工时立即计算成本，因而成本计算一般定期于每月月末进行。在采用品种法计算成本的多步骤生产的企业中，成本计算一般也是于月末进行。

（三）月末要将生产费用在完工产品和在产品之间进行分配

（1）在单步骤生产企业中，月末计算成本时，一般不存在尚未完工的在产品，或者在产品数量很小，因而可以不计算在产品成本。在这种情况下，产品成本的明细账中按成本项目归集的生产费用，就是该产品的总成本。

（2）对于一些规模较小、管理上又不要求按照生产步骤计算成本的大量、大批的多步骤生产企业，月末一般都有在产品，如果数量较多，就需要采用适当的分配方法，对产品成本的明细账中归集的生产费用，在完工产品和月末在产品之间进行分配，计算出完工产品成本和月末在产品成本。

二、品种法下成本计算程序

按照产品的品种计算成本是成本管理对成本计算的一般要求，成本计算的一般程序也就是品种法的成本计算程序（见图 4-1）。理论上，各种成本计算方法除了成本计算单的开设和计算方法有所不同，计算程序基本相同。

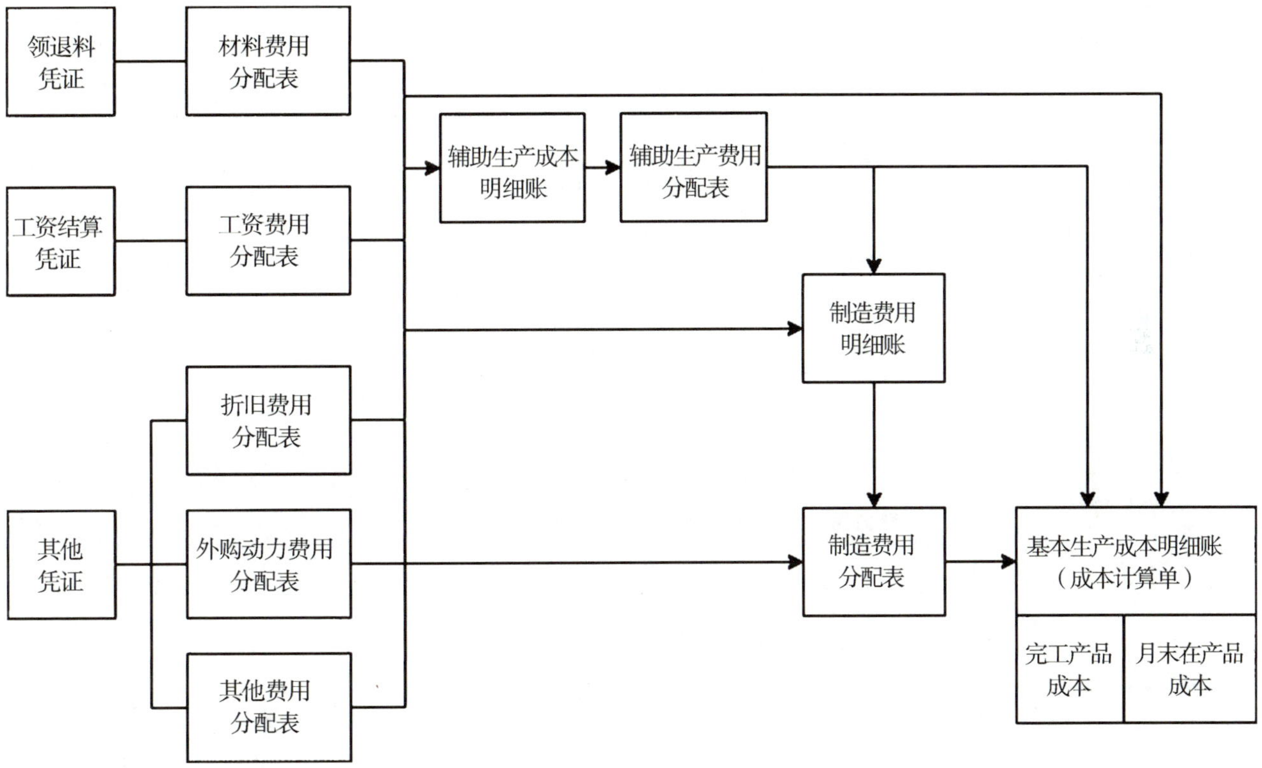

图 4-1 品种法的成本计算程序

三、品种法产品成本计算举例

例 4-1 明辉企业设有一个基本生产车间，生产甲、乙两种产品，根据生产的特点和管理要求，该企业确定产品成本的计算采用品种法。已知 2022 年 5 月，甲产品完工 450 件，月末在产品 50 件，完工程度为 50%；乙产品完工产品 400 件，月末无在产品。甲、乙产品均为开工时一次性领料，人工和制造费用的发生随加工程度增加。甲产品的生产工时为 2100 小时，乙产品的生产工时为 1850 小时。另外，该企业还设有供水和机修两个辅助生产车间，已知本月供水车间供水 7665 立方米，机修车间提供的劳务量为 307 小时，对辅助生产费用计算分配采用直接分配法。甲、乙两种产品的月初在产品资料详如表 4-1 所示（备注：为节省篇幅，本题涉及的相关会计分录从略）。

表 4-1 月初在产品资料

部门：基本生产车间　　　　金额单位：元

产品名称	直接材料	直接人工	制造费用	合计
甲产品	9850	8670	4124	22644
乙产品	5922	5780	3228	14930

下面根据该企业 2022 年 5 月各项费用资料，按照品种法成本计算的一般程序，计算出甲、乙两种产品的成本。

（一）各要素费用的发生与分配

根据原始凭证及有关资料，可以按用途和部门编制各种费用分配表（见表 4-2 至表 4-5），进行要素费用的归集和初次分配。

表 4-2 材料费用分配表（一）

2022 年 5 月　　　　金额单位：元

应借项目		原料及主要材料	辅助材料	燃料	合计
基本生产成本	甲产品	36000	800		36800
	乙产品	24000	1200		25200
小计		60000	2000		62000
辅助生产成本	供水车间	500	180	160	840
	机修车间	300	120	140	560
小计		800	300	300	1400
制造费用			600	400	1000
管理费用			350	220	570
合计		60800	3250	920	64970

表 4-3 外购电力费用分配表（二）

2022 年 5 月

应借项目		耗用量/千瓦时			单价/元	金额/元
		动力用	照明用	合计		
基本生产成本	甲产品	6600		6600	0.50	3300
	乙产品	5000		5000	0.50	2500
小计		11600		11600		5800
辅助生产成本	供水车间	2800	300	3100	0.50	1550
	机修车间	2200	300	2500	0.50	1250
小计		5000	600	5600		2800
制造费用			960	960	0.50	480
管理费用			520	520	0.50	260
合计		16600	2080	18680		9340

表 4-4　职工薪酬费用分配表（三）

2022 年 5 月　　金额单位：元

应借项目		工资总额	计提其他职工薪酬（工资总额的 20%）	合计
基本生产成本	甲产品	48720	9744	58464
	乙产品	42400	8480	50880
小计		91120	18224	109344
辅助生产成本	供水车间	7560	1512	9072
	机修车间	9240	1848	11088
小计		16800	3360	20160
制造费用		6200	1240	7440
管理费用		12800	2560	15360
合计		126920	25384	152304

表 4-5　折旧和提取的大修理费分配表（四）

2022 年 5 月　　金额单位：元

项目	基本生产车间	辅助生产车间		企业管理部门	合计
		供水车间	机修车间		
折旧费用	1920	1320	840	1400	5480
大修理费用	1460	960	480	490	3390
合计	3380	2280	1320	1890	8870

根据 5 月份银行存款付款凭证，汇总编制各项费用支出汇总表，如表 4-6 所示（假定全部用银行存款支付）。

表 4-6　各项费用支出汇总表（五）

2022 年 5 月　　金额单位：元

应借科目	部门	成本或费用项目	金额
制造费用	基本生产车间	办公费	950
		劳动保护费	624
		其他	200
	小计		1774
辅助生产成本	供水车间	办公费	1000
		劳动保护费	500
		其他	200
	小计		1700
	机修车间	办公费	800
		劳动保护费	660
		其他	100
	小计		1560
管理费用		办公费	1500
		差旅费	3600
		其他	500
	小计		5600
合计			10634

表 4-2 至表 4-6 清楚地展示了各要素费用的发生和情况（如按用途和部门进行的费用归集），从而为下一步进行的费用分配奠定了基础。

（二）归集和分配辅助生产费用

将上述费用分配表中归集的、应记入“辅助生产成本”账户的各项辅助生产费用汇总反映在辅助生产成本明细账中（见表 4-7 和表 4-8）。

表 4-7　辅助生产成本明细账

部门：供水车间　　　　金额单位：元

2022 年		凭证号	摘要	直接材料	直接人工	制造费用	结转	金额
月	日							
5	31		根据分配表（一）	680		160		
5	31		根据分配表（二）	1400		150		
5	31		根据分配表（三）		9 072			
5	31		根据分配表（四）			1320		
5	31		根据分配表（四）			960		
5	31		根据其他费用汇总表（五）			1700		
5	31		待分配费用小计	2080	9072	4290		15442
5	31		根据分配表（六）				15442	
5	31		合计	2080	9072	4290	15442	

备注　材料费用分配表（一）中的“主要材料”和“辅助材料”的金额计入表 4-7 中的“直接材料”成本项目，材料费用分配表（一）中的“燃料”的金额计入表 4-7 中的“制造费用”成本项目。

表 4-8　辅助生产成本明细账

部门：机修车间　　　　金额单位：元

2022 年		凭证号	摘要	直接材料	直接人工	制造费用	结转	金额
月	日							
5	31		根据分配表（一）	420		140		
5	31		根据分配表（二）	1100		150		
5	31		根据分配表（三）		11088			
5	31		根据分配表（四）			840		
5	31		根据分配表（四）			480		
5	31		根据其他费用汇总表（五）			1560		
5	31		待分配费用小计	1520	11088	3170		15778
5	31		根据分配表（六）				15778	
5	31		合计	1520	11088	3170	15778	

备注　材料费用分配表（一）中的“主要材料”和“辅助材料”的金额计入表 4-8 中的“直接材料”成本项目，材料费用分配表（一）中的“燃料”的金额计入表 4-8 中的“制造费用”成本项目。

对汇总反映在辅助生产成本明细账中的辅助生产费用，再按一定的方法（本例采用直接分配法）在各受益对象之间进行分配（见表 4-9），从而形成产品成本计算的依据。

表 4-9　辅助生产费用分配表（六）

2022 年 5 月　　　　金额单位：元

项目		基本生产成本			制造费用（基本生产车间）	管理费用	合计
		甲产品	乙产品	小计			
供水车间	耗水量/立方米	3670	2435	6105	890	670	7665
	分配率/（元·立方米）						（15442/7665）2.0146
	金额	7393.58	4905.55	12299.13	1792.99	1349.88	15442
机修车间	劳务量/小时	90	87	177	100	30	307
	分配率/（元·小时）						（15778/307）51.3941
	金额	4625.47	4471.29	9096.76	5139.41	1541.83	15778
合计		12019.05	9376.84	21395.89	6932.4	2891.71	31220

（三）归集和分配基本生产车间的制造费用

根据上述分配表归集属于基本生产车间的制造费用（见表 4-10）。

表 4-10　制造费用明细账

部门：基本生产车间　　　　金额单位：元

2022 年		摘要	职工薪酬	折旧费	大修理费	机物料消耗	劳保费	水电费	办公费	其他	结转
月	日										
5	1	根据分配表（一）				1000					
5	31	根据分配表（二）						480			
5	31	根据分配表（三）	7440								
5	31	根据分配表（四）		1920	1460						
5	31	根据其他费用汇总表（五）					624		950	200	
5	31	根据分配表（六）								6932.4	
5	31	费用小计	7440	1920	1460	1000	624	480	950	7132.4	
5	31	根据分配表（七）									21006.4
5	31	合计	7440	1920	1460	1000	624	480	950	7132.4	21006.4

对汇总反映在制造费用明细账中的制造费用，再按一定的标准（本例以基本生产车间生产工时为分配标准）在甲、乙两种产品之间进行分配（见表 4-11），从而形成产品成本计算的依据。

表 4-11　制造费用分配表（七）

部门：基本生产车间　　　　2022 年 5 月

项目		生产工时（小时）	分配金额（分配率 5.3181）/元
基本生产成本	甲产品	2100	11168.01
	乙产品	1850	9838.39
合计		3950	21006.4

（四）登记产品成本明细账并计算产品成本

根据上述各种费用分配表及其他有关资料，登记产品成本明细账，分别归集甲、乙两种产品的生产费用，并采用适当的分配方法，算出甲、乙两种产品完工产品的总成本和单位成本。甲、乙两种产品明细账如表 4-12 和表 4-13 所示。

表 4-12　产品成本明细账

产品名称：甲产品　　　　金额单位：元

2022 年		凭证号	摘要	成本项目			合计
月	日			直接材料	直接人工	制造费用	
5	1		月初在产品成本	9850	8670	4124	22644
5	31		根据分配表（一）	36800			36800
5	31		根据分配表（二）	3300			3300
5	31		根据分配表（三）		58464		58464
5	31		根据分配表（六）			12019.05	12019.05
5	31		根据分配表（七）			11168.01	11168.01
5	31		本月生产费用小计	40100	58464	23187.06	121751.06
5	31		生产费用合计	49950	67134	27311.06	144395.06
5	31		结转完工产品成本（完工 450 件）	44955	63600.63	25873.64	134429.27
5	31		单位成本	99.9	141.33	57.5	298.73
5	31		月末在产品成本（在产品 50 件）	4995	3533.37	1437.42	9965.79

根据已知条件，甲产品本月尚未全部完工，采用约当产量比例法将本月合计的生产费用在完工产品和月末在产品之间进行分配，计算完工产品成本和月末在产品成本。

表 4-12 中的有关数据计算如下：

（1）月末在产品约当产量＝50×50％＝25（件）

（2）直接材料费用分配。

$$完工产品直接材料费用=\frac{49950}{450+50}\times 450=44955（元）$$

$$月末在产品直接材料费用=\frac{49950}{450+50}\times 50=4995（元）$$

（3）直接人工费用分配。

$$完工产品直接人工费用=\frac{67134}{450+25}\times 450=63600.63（元）$$

月末在产品直接人工费用＝67134—63600.63＝3533.37（元）

（4）制造费用分配。

$$完工产品制造费用=\frac{27311.06}{450+25}\times 450=25873.64（元）$$

月末在产品制造费用＝27311.06—25873.64＝1437.42（元）

（5）完工产品成本和月末在产品成本。

完工产品成本＝44955＋63600.63＋25873.64＝134429.27（元）

月末在产品成本＝4995＋3533.37＋1437.42＝9965.79（元）

表 4-13　产品成本明细账

产品名称：乙产品　　　　　　　　　　　　　　　　　　　　　　　金额单位：元

2022 年		凭证号	摘要	成本项目			合计
月	日			直接材料	直接人工	制造费用	
5	1		月初在产品成本	5922	5780	3228	14930
5	31		根据分配表（一）	25200			25200
5	31		根据分配表（二）	2500			2500
5	31		根据分配表（三）		50880		50880
5	31		根据分配表（六）			9376.84	9376.84
5	31		根据分配表（七）			9838.39	9838.39
5	31		本月生产费用小计	27700	50880	19215.23	97795.23
5	31		生产费用合计	33622	56660	22443.23	112725.23
5	31		结转完工产品成本（完工 400 件）	33622	56660	22443.23	112725.23
5	31		单位成本	84.05	141.65	56.11	281.81

根据已知条件，乙产品本月全部完工，本月的生产费用合计即为本月完工产品成本（计算过程略）。

第二节　产品成本计算的分批法

一、分批法的适用范围和特点

分批法是按照产品生产批别计算产品成本的一种方法，适用于小批单件复杂生产的企业或生产车间，如重型机械、精密仪器、专用设备和船舶制造等企业，也适用于企业新产品试制、实验性生产或自制设备、工具和模具的生产等。这种方法的主要特点如下。

分批法

（一）以产品的批别（单件生产为件别）作为成本计算对象

由于产品的批别大多是根据销货订单确定的，分批法又称订单法。如果在一张订单中订购的产品不止一种，还必须按批内不同的品种划分生产费用，计算产品成本；如果在一张订单中只有一种产品，但数量较大，不便于一次投产，或者购货单位要求分批交货，也可以分为数批来组织生产并计算成本；如果是单件生产，一张订单只订购一件产品，但这件产品属于大型复杂的产品（如大型船舶制造），可以按产品的不同组成部分分批组织生产，也可以合为一批组织生产并计算成本。

为了计算各批产品的实际成本，产品投产时应根据订单或工作令号，为每批产品开设成本明细账。每月发生的生产费用，根据有关凭证直接计入各批产品成本明细账的有关项目中。制造费用等间接费用应另设明细账归集，月末再按一定标准分配计入各批产品成本。

（二）一般以产品生产周期作为成本计算期

在分批法下，各批产品成本明细账的设立和结算应与生产任务通知单的签发和结束紧密配合，协调一致，因此产品成本计算是不定期的。成本计算期与产品生产周期基本一致，而与会计核算报告期不一致。

（三）生产费用一般不需要在完工产品与在产品之间进行分配

在分批法下，由于成本计算期与产品生产周期基本一致，在计算月末产品成本时，一般不存在完工产品和在产品之间分配费用的问题。如果是单件生产，产品完工前全部是在产品成本，产品完工时全部是完工产品成本，因而不存在完工产品和在产品之间分配费用的问题；如果是小批生产，批内产品通常能同时完工，但也存在批内产品跨月陆续完工的情况，这时就要选择一定的方法在完工产品和在产品之间分配费用，以便计算完工产品成本和月末在产品成本。

二、分批法下产品成本计算举例

例 4-2 益新企业根据购买单位订单，小批生产甲、乙、丙三种产品，采用分批法计算产品成本。2022 年 7 月生产情况和生产费用支出情况的资料如下。

（1）本月生产产品的批号。

501 号甲产品 8 台，5 月投产，本月全部完工。

602 号乙产品 10 台，6 月投产，本月末完工 6 台，未完工 4 台。

703 号丙产品 8 台，本月投产，计划 8 月完工，本月提前完工 2 台。

（2）生产费用支出情况。

①各批产品的月初在产品成本如表 4-14 所示。

表 4-14　月初在产品成本表

金额单位：元

批号	直接材料	直接燃料和动力	直接人工	制造费用	合计
501	6560	7200	7280	1780	22820
602	12860	10280	11740	3890	38770

②根据各种费用分配表，汇总各批产品本月发生的生产费用，如表 4-15 所示。

表 4-15　本月发生的生产费用汇总表

金额单位：元

批号	直接材料	直接燃料和动力	直接人工	制造费用	合计
501		3150	5960	970	10080
602		3820	12240	2730	18790
703	9360	8180	11480	3010	32030

（3）在完工产品与在产品之间分配生产费用的方法。

①602 批号乙产品，本月末完工产品数量较大。原材料是在生产开始时一次投入的，其费用可以按照完工产品和在产品实际数量比例分配；其他费用采用约当产量比例法在完工产品与月末在产品之间进行分配，在产品完工程度为 50%。

②703 批号丙产品，本月末完工产品数量为 2 台。为简化核算，完工产品按计划成本转出，每台计划成本为：直接材料 1160 元，直接燃料和动力 920 元，直接人工 1200 元，制造费用 328 元，合计 3608 元。

根据上述各项资料，登记各批产品成本明细账，如表 4-16 至表 4-18 所示（备注：为节省篇幅，本题涉及的相关会计分录从略）。

表 4-16　产品成本明细账　（一）

投产日期：5 月

产品批号：501　　购货单位：华林工厂　　完工日期：7 月

产品名称：甲产品　　批量：8 台　　金额单位：元

摘要	直接材料	直接燃料和动力	直接人工	制造费用	合计
月初在产品成本	6560	7200	7280	1780	22820
本月生产费用		3150	5960	970	10080
生产费用合计	6560	10350	13240	2750	32900
完工产品成本	6560	10350	13240	2750	32900
完工产品单位成本	820	1293.75	1655	343.75	4112.5

表 4-17　产品成本明细账　（二）

投产日期：6 月

完工日期：8 月

产品批号：602　　购货单位：南盛公司　　（本月完工 6 台）

产品名称：乙产品　　批量：10 台　　金额单位：元

摘要	直接材料	直接燃料和动力	直接人工	制造费用	合计
月初在产品成本	12860	10280	1740	3890	28770
本月生产费用		3820	12240	2730	18790
生产费用合计	12860	14100	23980	6620	57560
完工 6 台产品成本	7716	10575	17985	4965	41241
完工产品单位成本	1286	1762.5	2997.5	827.5	6873.5
月末在产品成本	5144	3525	5995	1655	16319

表 4-17 中的有关数据按约当产量比例法计算如下：

（1）月末在产品约当产量＝4×50%＝2（台）

（2）直接材料费用分配。

完工产品直接材料费用$=\frac{12860}{6+4}\times 6=7716$（元）

月末在产品直接材料费用$=\frac{12860}{6+4}\times 4=5144$（元）

（3）直接燃料和动力费用分配。

完工产品直接燃料和动力费用$=\frac{14100}{6+2}\times 6=10575$（元）

月末在产品直接燃料和动力费用$=\frac{14100}{6+2}\times 2=3525$（元）

（4）直接人工费用分配。

完工产品直接人工费用$=\frac{23980}{6+2}\times 6=17985$（元）

月末在产品直接人工费用$=\frac{23980}{6+2}\times 2=5995$（元）

（5）制造费用分配。

完工产品制造费用$=\frac{6620}{6+2}\times 6=4965$（元）

$$月末在产品制造费用=\frac{6620}{6+2}\times 2=1655（元）$$

（6）本月完工产品成本和月末在产品成本。

本月完工产品成本＝7716＋10575＋17985＋4965＝41241（元）

月末在产品成本＝5144＋3525＋5995＋1655 ＝16319（元）

表 4-18　产品成本明细账（三）

投产日期：7 月

完工日期：8 月

产品批号：703　　购货单位：大明集团　　（本月完工 2 台）

产品名称：丙产品　　批量：8 台　　金额单位：元

摘要	直接材料	直接燃料和动力	直接人工	制造费用	合计
本月生产费用	9360	8180	11480	3010	32030
单台计划成本	1160	920	1200	328	3608
完工 2 台产品成本	2320	1840	2400	656	7216
月末在产品成本	7040	6340	9080	2354	24814

第三节　产品成本计算的分步法

一、分步法的适用范围及主要特点

产品成本计算的分步法，是按照产品的生产步骤归集生产费用计算产品成本的一种方法。它主要适用于大量大批的多步骤生产企业，如纺织、造纸、冶金等大量大批机械制造企业。在这类企业中，产品生产可以分为若干个步骤，为加强成本管理，往往不仅要求按照产品品种计算成本，而且要求按照生产步骤计算成本，以便为分析和考核各种产品及各生产步骤成本计划的执行情况提供资料。这种方法的主要特点如下。

分步法

（一）成本计算对象是各种产品的生产步骤

采用分步法计算产品成本时，除了按品种计算和结转产品成本，还需要计算和结转产品的各步骤成本，应按照产品的生产步骤设立产品成本明细账。如果企业只生产一种产品，成本计算对象就是该种产品及其所经过的各个生产步骤，产品成本明细账按照产品的生产步骤开设；如果生产多种产品，其成本计算对象是各种产品及其所经过的各个生产步骤，产品成本明细账按照每种产品的各个生产步骤开设。

（二）成本的计算期与会计报告期一致，与产品生产周期不一致

在大量大批的多步骤生产中，由于生产的过程较长，且往往存在跨月陆续完工的情况，成本计算一般按月或定期进行。即在分步法下，成本的计算期与会计报告期一致，与产品生产周期不一致。

（三）生产费用需要在完工产品和月末在产品之间进行分配

由于存在大量大批多步骤生产的产品存在跨月陆续完工的情况，因此，必须采用适当的分配方法，将归集在各步骤生产成本明细账中的生产费用，期末在完工产品和月末在产品之间进行分配，计算各产品、各生产步骤的完工产品成本和月末在产品成本。

二、分步法的分类

在分步法下，由于各个企业生产工艺过程的特点和成本管理对各步骤成本资料的要求（要不要

计算半成品）不同，以及对简化成本计算工作的考虑，对各步骤成本结转有逐步结转和平行结转两种方法。因此产品成本计算的分步法就相应分为逐步结转分步法和平行结转分步法。两者的主要区别：逐步结转分步法是对各步骤半成品成本按照生产步骤顺序结转，最后步骤即为产成品成本；平行结转分步法是不结转各步骤半成品成本，只计算各步骤的生产费用，最后将各步骤生产费用平行地计入产成品成本。

三、逐步结转分步法的成本计算

（一）逐步结转分步法的特点及成本计算程序

逐步结转分步法是按照产品加工的步骤逐步计算并结转半成品成本，直到最后才计算出产成品成本的一种方法，也称计算半成品成本分步法。这种方法适用于大量大批连续复杂生产的企业。在这种企业里，不仅产成品作为商品对外销售，生产步骤所产半成品也经常作为商品对外销售，例如，钢铁厂的生铁、钢锭，纺织厂的棉纱等都需要计算半成品成本。

在逐步结转分步法下，按照产品加工顺序，先计算第一个加工步骤的半成品成本，然后结转给第二个加工步骤，第一个加工步骤转来的半成品成本加上第二个加工步骤耗用的材料和加工费用，即为第二个加工步骤的半成品成本。按如此顺序逐步转移累计，直到最后一个加工步骤才能计算出产成品成本。逐步结转分步法每一步骤的成本计算都应用了品种法，因此逐步结转分步法实际上是品种法的多次连续应用。

（二）逐步综合结转分步法成本计算举例

对逐步结转分步法还可按照成本在下一步骤成本计算单中的反映方式，分为综合结转分步法和分项结转分步法。本章节仅以综合结转分步法为例加以介绍。

综合结转法是指上一步骤转入下一步骤的半成品成本，以“直接材料”或专设的“半成品”账户综合列入下一步骤的成本计算单。如果半成品通过半成品库收发，由于各月所生产半成品的单位成本不同，所耗半成品的单位成本可以如同材料核算一样，采用先进先出或加权平均等方法计算。综合结转可以按照半成品的实际成本结转，也可以按照半成品的计划成本结转。这里仅对按实际成本综合结转举例说明。

例 4-3 假定申华企业 B 产品的生产分两步在两个车间进行，第一车间为第二车间提供半成品，半成品收发通过半成品库进行。两个车间的月末在产品均按定额成本计价。

成本计算程序如下：

第一，根据各种费用分配表、半成品产量月报和第一车间在产品定额成本资料（这些费用的归集和分配与品种法相同，故过程省略，下同），登记 B 产品（半成品）第一车间成本计算单，如表 4-19 所示。

表 4-19　B 产品（半成品）成本计算单

部门：第一车间　　　　2022 年 5 月

项目	产量/件	直接材料/元	直接人工/元	制造费用/元	合计/元
月初在产品定额成本		14000	5500	6400	25900
本月生产费用		61400	24750	27400	113550
本月生产费用合计		75400	30250	33800	139450
完工半成品转出	650	57200	23750	25800	106750
月末在产品定额成本		18200	6500	8000	32700

第二，根据第一车间 B 产品（半成品）成本计算单、半成品入库单和第二车间领用半成品的领用单登记半成品明细账，如表 4-20 所示。该企业对所耗及结存半成品的单位成本采用加权平均法计算。

表 4-20　半成品明细账

月份	月初余额		本月增加		合计			本月减少	
	数量/件	实际成本/元	数量/件	实际成本/元	数量/件	实际成本/元	单位成本/元	数量/件	实际成本/元
5	150	24750	650	106750	800	131500	164.375	600	98625
6	200	32875							

第三，根据各种费用分配表、产成品产量月报和第二车间在产品定额成本资料（这些费用的归集和分配与品种法相同）登记 B 产品（产成品）第二车间成本计算单，如表 4-21 所示。

表 4-21　B 产品（产成品）成本计算单

部门：第二车间　　　　　　　　　　2022 年 5 月

项目	产量/件	直接材料/元	直接人工/元	制造费用/元	合计/元
月初在产品定额成本		32000	8000	9000	49000
本月生产费用		98625	26800	27600	153025
本月生产费用合计		130625	34800	36600	202025
产成品转出	600	113125	30300	30600	174025
单位成本		188.54	50.5	51	290.04
月末在产品定额成本		17500	4500	6000	28000

采用逐步结转分步法结转半成品成本，各步骤所耗半成品的成本是以“直接材料”账户综合反映的，这样计算出的产品成本不能提供按原始成本项目反映的成本资料。通过上面第二车间产品成本明细账的资料可以看出，逐步结转半成品成本以后，表现在产成品成本中的绝大部分费用是最后一个步骤所耗半成品的费用。直接人工和制造费用只是最后一个步骤发生的费用，在产品成本中所占比重很小，这显然不符合产品成本构成的实际情况，不能据以从整个企业角度分析和考核产品成本的构成和水平。因此，在管理上要求从整个企业的角度分析和考核产品成本的构成和水平时，还应将逐步结转计算出的产成品成本进行还原。

（三）成本还原的计算

成本还原就是把各步骤所耗半成品成本逐步进行分解，还原为“直接材料”“直接人工”“制造费用”等账户，以便提供按原始成本项目反映的产品成本资料。成本还原的计算一般采用逆序法，即从最后一个步骤开始，将各加工步骤产成品成本中所耗用上一步骤所产半成品的成本按成本还原率逐步分解，还原为“直接材料”“直接人工”“制造费用”等账户，以得到按原始成本项目反映的产品成本资料。成本还原率的计算公式如下：

$$\text{成本还原率}=\frac{\text{本月产成品所耗用上一步骤半成品综合成本}}{\text{上一步骤本月所产该种半成品成本总计}}$$

以成本还原率分别乘以上一步骤本月所产该种半成品各个成本项目的费用，即可将本月产成品所耗该种半成品的成本进行分解、还原，然后将还原前的产成品成本与产成品成本中半成品费用的还原值按照成本项目相加即可，还原后产成品单位成本等于还原后产成品总成本除以产成品产量。

例 4-4　依例 4-3 的资料，对 B 产品成本进行还原。

首先，计算成本还原率。

$$\text{成本还原率}=\frac{113125}{106750}=1.0597$$

产成品所耗半成品费用中的直接材料＝57200×1.0597＝60614.84（元）

产成品所耗半成品费用中的直接人工＝23750×1.0597＝25167.875（元）

产成品所耗半成品费用中的制造费用＝113125－60614.84－25167.875＝27342.285（元）

其次，编制成本还原计算单，如表 4-22 所示。

表 4-22　成本还原计算单

产品名称：B 产品　　　　　　　　　　　产量：600 件

项目	还原前产成品总成本/元	上步骤本月完工半成品成本/元	成本还原率	产成品中的半成品成本/元	还原后产成品总成本/元	还原后产成品单位成本/元
	①	②	③	④	⑤＝①＋④	⑥＝⑤÷总产量
半成品	113125		1.0597	－113125		
直接材料		57200		60614.84	60614.84	101.02
直接人工	30300	23750		25167.875	55467.875	92.45
制造费用	30600	25800		27342.285*	57942.285	96.57
合计	174025	106750			174025	290.04

产成品所耗半成品费用中的“制造费用”账户金额由本月产成品所耗上一步骤半成品费用，减去还原出的“直接材料”和“直接人工”计算求得，这是为了避免由于分配率保留小数位不同可能造成的还原项目之和与还原前费用总和之间形成差额。

从表 4-22 可知，将成本还原后，产成品的成本构成与表 4-21 中有很大不同，通过成本还原达到了将产成品的成本构成恢复到其实际状况的目的。

（四）逐步结转分步法的优缺点

逐步结转分步法在完工产品与在产品之间分配费用，是指各步骤完工产品与在产品之间的分配。其优点是能提供各个生产步骤的半成品成本资料；能够为各生产步骤的在产品实物管理及资金管理提供资料；能够全面地反映各生产步骤的生产耗费水平，更好地满足各生产步骤成本管理的要求。其缺点是成本结转工作量较大，各生产步骤的半成品成本如果采用逐步综合结转方法，还要进行成本还原，增加核算的工作量。

四、平行结转分步法的成本计算

（一）平行结转分步法的特点及成本计算程序

平行结转分步法也称不计算半成品成本分步法，是指在计算各步骤成本时，不计算各步骤所产半成品成本，也不计算各步骤所耗上一步骤的半成品成本，而只计算本步骤发生的各项其他费用，以及这些费用中应计入产成品成本的份额，将相同产品各步骤成本明细账中的这些份额平行结转、汇总，即可计算出该种产品的产成品成本。

采用平行结转分步法的成本计算对象是各种产成品及其经过的各生产步骤中的成本“份额”。而各步骤的产品生产费用并不随着半成品实物的转移而结转。成本结转程序如图 4-2 所示。

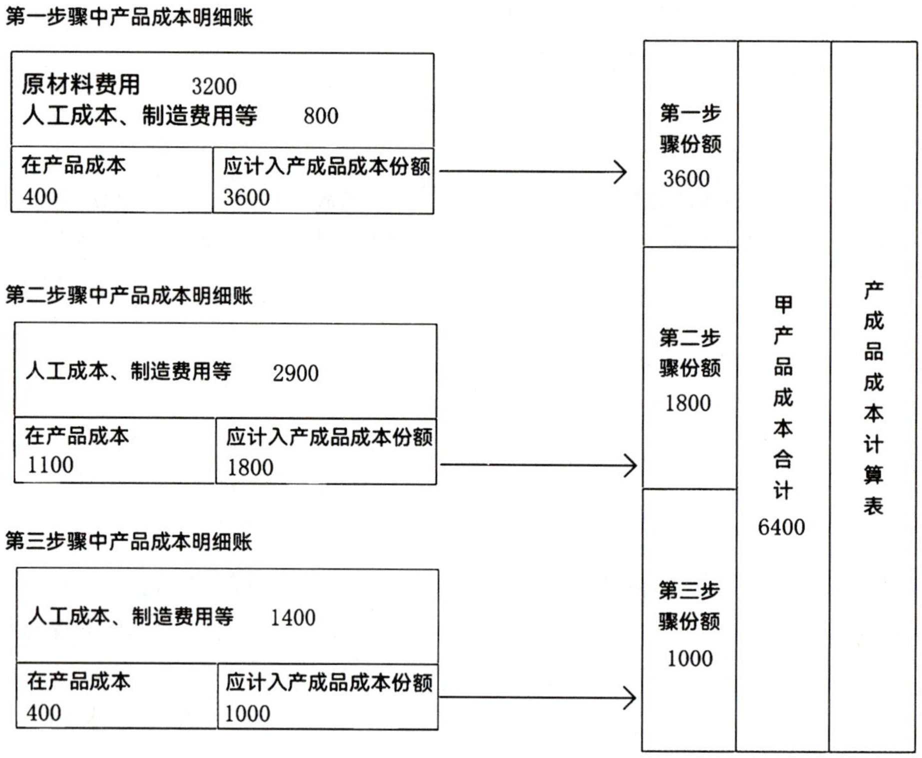

图 4-2 平行结转分步法的成本结转程序（单位：元）

从图 4-2 可以看出，各生产步骤不计算本步骤的半成品成本。尽管半成品的实物转入下一生产步骤继续加工，但其成本并不结转到下一生产步骤的成本计算单中去，只是在产品最后完工转入产成品库时，才将各步骤费用中应由完工产品负担的份额，从各步骤成本计算单中转出，平行汇总计算产成品成本。

（二）平行结转分步法成本计算举例

例 4-5 新耀企业生产 A 产品，生产分两步在两个车间进行，第一车间为第二车间提供半成品，第二车间将其加工为产成品。各种生产费用归集与分配过程省略，相关数据在各成本计算单中列示。产成品和月末在产品之间分配费用的方法采用定额比例法。有关 A 产品的定额资料如表 4-23 所示。

表 4-23 A 产品的定额资料

项目	月初在产品		本月投入		本月产成品				
	定额材料费用/元	定额工时/小时	定额材料费用/元	定额工时/小时	单件定额 材料费用/元	单件定额 工时/小时	产量/件	定额材料费用/元	定额工时/小时
第一车间份额	6400	2800	10560	4880	50	30	200	10000	6000
第二车间份额		2600		6910		40	200		8000
合计	6400	5400	10560	11790	50	70	200	10000	14000

根据 A 产品的定额资料、各种生产费用分配表和产成品交库单，登记第一、第二车间的产品成本计算单，如表 4-24 和表 4-25 所示。

表 4-24　A 产品成本计算单

部门：第一车间

项目	产成品/件	直接材料		定额工时/小时	直接人工/元	制造费用/元	成本合计/元
		定额/元	实际/元				
月初在产品		6400	7446	2800	4196	6318	17960
本月生产费用		10560	11210	4880	5020	9810	26040
合计		16960	18656	7680	9216	16128	44000
费用分配率			1.1		1.2	2.1	
产成品成本中本步骤份额	200	10000	11000	6000	7200	12600	30800
月末在产品		6960	7656	1680	2016	3528	13200

表 4-25　A 产品成本计算单

部门：第二车间

项目	产成品/件	直接材料		定额工时/小时	直接人工/元	制造费用/元	成本合计/元
		定额/元	实际/元				
月初在产品				2600	2910	4870	7780
本月生产费用				6910	7551	7493	15044
合计				9510	10461	12363	22824
费用分配率					1.1	1.3	
产成品成本中本步骤份额	200			8000	8800	10400	19200
月末在产品				1510	1661	1963	3624

表 4-24、表 4-25 的相关数据计算如下：

(1) 月末定额材料费用和定额工时，根据 A 产品定额资料计算登记。月末没有盘点在产品，月末在产品定额资料是根据月初在产品定额资料、本月投入定额资料和产成品定额资料，采用倒挤的方法计算求得的，其计算公式如下

月末在产品定额直接材料费用＝月初在产品直接材料定额费用＋本月投入产品的直接材料定额费用－本月完工产品的直接材料定额费用

月末在产品定额工时＝月初在产品定额工时＋本月投入产品定额工时－本月完工产品的定额工时

以第一车间为例：

月末在产品定额直接材料费用＝6400＋10560－10000＝6960（元）

月末在产品定额工时＝2600＋6910－8000＝1510（小时）

(2) 本月生产费用即本步骤为生产 A 产品所发生的各项生产费用，应根据各种生产费用分配表登记。由于原材料是在生产开始时一次性投入的，采用平行结转分步法在各生产步骤间不结转半成品成本，因而只有第一车间有材料费用（定额和实际），第二车间没有本月耗用的直接材料（半成品）费用。

(3) 费用分配率计算：采用定额比例法在完工产品与在产品之间分配费用，应首先计算费用分配率，其中，材料费用按定额材料费用比例分配，其他各项费用均按定额工时比例分配（计算公式参见第三章，本处略）。

以第一车间为例：

①直接材料费用分配。

直接材料费用分配率$=\frac{7446+11210}{10000+6960}=1.1$

产成品成本中第一车间直接材料费用份额＝10000×1.1＝11000（元）

月末在产品直接材料费用＝6960×1.1＝7656（元）

或

月末在产品直接材料费用＝11210＋7446－11000＝7656（元）

②直接人工费用分配。

直接人工分配率$=\frac{4196+5020}{6000+1680}=1.2$

产成品成本中第一车间直接人工费用份额＝6000×1.2＝7200（元）

月末在产品直接人工费用＝1680×1.2＝2016（元）

或

月末在产品直接人工费用＝4196＋5020－7200＝2016（元）

③制造费用分配。

制造费用分配率$=\frac{6318+9810}{6000+1680}=2.1$

产成品成本中第一车间制造费用份额＝6000×2.1＝12600（元）

月末在产品制造费用＝1680×2.1＝3528（元）

或

月末在产品制造费用＝ 6318＋9810－12600＝3528（元）

第三，将第一、第二车间产品成本计算单中应计入产成品成本的份额，平行汇总计入 A 产品成本汇总表，如表 4-26 所示。

表 4-26　A 产品成本汇总表

项目	产量/件	直接材料/元	直接人工/元	制造费用/元	合计/元
第一车间份额	200	11000	7200	12600	30800
第二车间份额	200		8800	10400	19200
合计	200	11000	16000	23000	50000
单位成本	200	55	80	115	250

在平行结转分步法下，如何将生产费用在完工产品与广义在产品之间分配是最为关键的问题。在上述例题中，生产费用在完工产品与广义在产品之间的分配采用的是定额比例法，在实际工作中也可以采用约当产量比例法，对每一生产步骤的生产费用也要在其完工产品与月末在产品之间进行分配。这里的完工产品是指企业最后完工的产成品；这里的在产品是指各步骤尚未加工完成的在产品和各步骤已完工但尚未最终加工完成的产成品。下面以约当产量比例法为例，演示将生产费用在完工产品与广义在产品之间进行分配的过程。

例 4-6 已知某企业分两个步骤生产 C 产品，第一生产步骤将原材料加工成半成品，第二生产步骤将第一生产步骤生产的半成品加工成产成品。其成本计算采用平行结转分步法。6 月份有关 C 产品的资料如下。

（1）C 产品实物量及完工程度资料如表 4-27 所示。

表 4-27　C 产品实物量及在产品完工程度资料

项目	第一步骤	第二步骤
月初在产品结存/件	200	300
本月投入或转入/件	1100	1200
本月完工并转出/件	1200	1000
月末在产品结存/件	100	500
完工程度	40%	50%

（2）第一生产步骤所需的原材料及第二生产步骤所需半成品均在每个生产步骤开始时一次投入；两个生产步骤的直接人工费用和制造费用根据加工进度发生。上述各项费用在完工产品（应计入产成品份额）和月末在产品（广义在产品）之间的分配均采用约当产量比例法（见表 4-28、表 4-29）。

表 4-28　月初在产品资料

产品名称：C 产品

项目	直接材料/元	直接人工/元	制造费用/元	合计/元
第一生产步骤	254000	148750	185250	588000
第二生产步骤		63100	82500	145600

表 4-29　本月生产费用资料

产品名称：C 产品

项目	直接材料/元	直接人工/元	制造费用/元	合计/元
第一生产步骤	514000	405650	461550	1381200
第二生产步骤		405650	417500	823150

根据以上资料，生产费用在完工产品与广义在产品之间的分配计算过程如下：

第一步骤生产费用的分配。

①直接材料费用分配。

$$直接材料费用分配率=\frac{254000+514000}{1000+（100+500）}=480$$

应计入产成品中的份额＝1000×480＝480000（元）

月末在产品成本＝600×480＝288000（元）

②直接人工费用分配。

$$直接人工费用分配率=\frac{148750+405650}{1000+（100\times40\%+500）}=360$$

应计入产成品中的份额＝1000×360＝360000（元）

月末在产品成本＝540×360＝194400（元）

③制造费用分配。

$$制造费用费用分配率=\frac{185250+461550}{1000+（100\times40\%+500）}=420$$

应计入产成品中的份额＝1000×420＝420000（元）

月末在产品成本＝540×420＝226800（元）

第二步骤生产费用的分配。

①直接人工费用分配。

$$直接人工费用分配率=\frac{63100+405650}{1000+500\times50\%}=375$$

应计入产成品中的份额＝1000×375＝375000（元）

月末在产品成本＝250×375＝93750（元）

②制造费用分配。

$$制造费用分配率=\frac{82500+417500}{1000+500\times 50\%}=400$$

应计入产成品中的份额＝1000×400＝400000（元）

月末在产品成本＝250×400＝100000（元）

根据以上资料和计算结果登记各生产步骤产品成本明细账，（见表4-30、表4-31）。

表 4-30　产品成本明细账

部门：第一生产步骤

项目	直接材料/元	直接人工/元	制造费用/元	合计/元
月初在产品成本	254000	148750	185250	588000
本月生产费用	514000	405650	461550	1381200
合计	768000	554400	646800	1969200
应计入产成品中的份额	480000	360000	420000	1260000
月末在产品成本	288000	194400	226800	709200

表 4-31　产品成本明细账

部门：第二生产步骤

项目	直接人工/元	制造费用/元	合计/元
月初在产品成本	63100	82500	145600
本月生产费用	405650	417500	823150
合计	468750	500000	968750
应计入产成品中的份额	375000	400000	775000
月末在产品成本	93750	100000	193750

根据第一生产步骤和第二生产步骤产品成本明细账汇总计算、平行登记C产品成本汇总表（见表4-32）。

表 4-32　C产品成本汇总表

项目	直接材料/元	直接人工/元	制造费用/元	合计/元
第一车间份额	480000	360000	420000	1260000
第二车间份额		375000	400000	775000
合计	480000	735000	820000	2035000
单位成本	480	735	820	2035

（三）平行结转分步法的优缺点

这种方法的优点是各步骤可以同时计算产品成本，平行汇总计入产成品成本，不必逐步结转半成品成本；能够直接提供按原始成本项目反映的产品成本资料，不必进行成本还原，因而能够简化和加速成本计算工作。

其缺点是不能提供各个步骤的半成品成本资料；在产品的费用在产品最后完工以前，不随实物转出而转出，即不按其所在的地点登记，而按其发生的地点登记，因而不能为各个生产步骤在产品的实物管理和资金管理提供资料；各生产步骤的产品成本不包括所耗半成品费用，因而不能全面地反映各该步骤产品的生产耗费水平（第一步骤除外），不能更好地满足这些步骤成本管理的要求。

本章小结

（1）产品成本计算的品种法，是指按照产品品种归集生产费用，计算产品成本的一种方法。它主要适用于大量大批的单步骤生产，如发电、酿酒等生产模式。其特点主要有成本计算对象是产品品种；一般定期（每月月末）计算产品成本；如果月末有在产品，要将生产费用在完工产品和在产品之间进行分配

（2）分批法是按照产品生产批别计算产品成本的一种方法，适用于小批单件复杂生产的企业或生产车间，如重型机械、精密仪器、专用设备和船舶制造等企业，也适用于企业新产品试制、实验性生产或自制设备、工具和模具的生产等。这种方法的主要特点有：以产品的批别（单件生产为件别）作为成本计算对象、一般以产品生产周期作为成本计算期、一般不存在完工产品和在产品之间分配费用的问题。但如果存在批内产品跨月陆续完工的情况，就要选择一定的方法在完工产品和在产品之间分配费用。

（3）产品成本计算的分步法，是按照产品的生产步骤归集生产费用，计算产品成本的一种方法。它主要适用于大量大批的多步骤生产企业，如纺织、造纸、冶金、大量大批机械制造企业。这种方法的主要特点有成本计算对象是各种产品的生产步骤；成本的计算期与会计报告期一致，与产品生产周期不一致；期末要将生产费用在完工产品和月末在产品之间进行分配。

（4）分步法分为逐步结转分步法和平行结转分步法。两者的主要区别是逐步结转分步法是对各步骤半成品成本按照生产步骤顺序结转，最后步骤即为产成品成本；平行结转分步法是不结转各步骤半成品成本，只计算各步骤的生产费用，最后将各步骤生产费用平行地计入产成品成本。

（5）成本还原就是把各步骤所耗半成品成本逐步进行分解，还原为“直接材料”“直接人工”“制造费用”等账户，以便提供按原始成本项目反映的产品成本资料。成本还原的计算一般采用逆序法，即从最后一个步骤开始，将各加工步骤产成品成本中所耗上一步骤所产半成品的成本按成本还原率逐步分解，还原为“直接材料”“直接人工”“制造费用”等账户，以得到按原始成本项目反映的产品成本资料。

（6）逐步结转分步法的优点是能提供各个生产步骤的半成品成本资料；为各生产步骤的在产品实物管理及资金管理提供资料；能够全面地反映各生产步骤的生产耗费水平，更好地满足各生产步骤成本管理的要求。其缺点是成本结转工作量较大，各生产步骤的半成品成本如果采用逐步综合结转方法，还要进行成本还原，增加核算的工作量。

（7）平行结转分步法的优点是各步骤可以同时计算产品成本，平行汇总计入产成品成本，不必逐步结转半成品成本；能够直接提供按原始成本项目反映的产品成本资料，不必进行成本还原，因而能够简化和加速成本计算工作。其缺点是不能提供各个步骤的半成品成本资料；在产品的费用在产品最后完工以前，不随实物转出而转出，即不按其所在的地点登记，而按其发生的地点登记，因而不能为各个生产步骤在产品的实物管理和资金管理提供资料；各生产步骤的产品成本不包括所耗半成品费用，因而不能全面地反映各该步骤产品的生产耗费水平（第一步骤除外），不能更好地满足这些步骤成本管理的要求。

思考题

1. 产品成本计算中一般有哪三种不同的成本计算对象？

2. 什么是产品成本计算的品种法？品种法的特点和适用范围是什么？

3. 什么是产品成本计算的分批法？分批法的特点和适用范围是什么？

4. 什么是产品成本计算的分步法？分步法的特点和适用范围是什么？

5. 什么是综合结转分步法？综合结转分步法的优点和缺点是什么？
6. 什么是平行结转分步法？平行结转分步法的优点和缺点是什么？
7. 什么是成本还原？怎样进行成本还原的计算？
8. 综合结转分步法和平行结转分步法计算产品成本的程序有何不同？
9. 平行结转分步法下的广义在产品包括哪些？

自测自评

一、单项选择题

1. 制造企业的生产组织类型和管理要求对产品成本计算的影响，主要表现在（　　）。
   A. 完工产品与在产品之间分配费用的方法
   B. 成本计算期的确定
   C. 间接费用分配方法的确定
   D. 成本计算对象的确定
2. 决定成本计算对象的因素是生产特点和（　　）。
   A. 成本计算实体　　B. 成本计算时期
   C. 成本管理要求　　D. 成本计算方法
3. 管理上不要求分步骤计算成本的多步骤生产，适合采用的成本计算方法是（　　）。
   A. 分步法　　B. 分批法
   C. 品种法　　D. 分类法
4. 产品成本计算的分步法适用于（　　）。
   A. 大量大批的多步骤生产　　B. 小批生产
   C. 单件生产　　D. 大量大批的单步骤生产
5. 成本还原的对象是（　　）。
   A. 本步骤生产费用　　B. 上一步骤转来的生产费用
   C. 产成品成本　　D. 各步骤所耗上一步骤半成品的综合成本
6. 在逐步综合分步法下，假设本月产成品所耗半成品费用为 a 元，而本月所产半成品成本为 b 元，则还原分配率为（　　）。
   A. $a/(a-b)$　　B. $(a-b)/a$　　C. a/b　　D. b/a
7. 在逐步结转分步法下，其完工产品与在产品之间的费用分配，是指在（　　）之间的费用分配。
   A. 产成品与广义在产品
   B. 完工半成品与加工中的在产品
   C. 产成品与月末在产品
   D. 前面各步骤完工半成品与加工中的在产品、最后步骤的产成品与加工中的在产品
8. 在平行结转分步法下，完工产品与在产品之间的费用分配，是指下列（　　）之间的费用分配。
   A. 完工半成品与广义在产品　　B. 广义在产品与狭义在产品
   C. 产成品与月末广义在产品　　D. 产成品与月末狭义在产品
9. 采用平行结转分步法（　　）。
   A. 不能全面地反映各个生产步骤产品的生产耗费水平
   B. 能够全面地反映最后一个生产步骤产品的生产耗费水平
   C. 能够全面地反映各个生产步骤产品的生产耗费水平
   D. 能够全面地反映第一个生产步骤产品的生产耗费水平

10. 分批法的主要特点是（　　）。

A. 以产品批别为成本计算对象　　B. 适用于多件小批的生产

C. 费用归集与分配比较简便　　D. 成本计算期长

二、多项选择题

1. 制造企业确定产品成本计算方法时，要考虑的因素有（　　）。

A. 生产组织　　B. 生产特点　　C. 工艺过程　　D. 管理要求

2. 品种法的特点有（　　）

A. 成本计算的对象是产品品种

B. 一般月末计算产品成本

C. 月末如有在产品，要将生产费用在完工产品和月末在产品之间进行分配

D. 本月发生的生产费用就是完工产品成本

3. 品种法适用于（　　）。

A. 大量生产　　B. 要求分步计算成本的多步骤生产

C. 单步骤生产　　D. 管理上不要求分步骤计算成本的多步骤生产

4. 平行结转分步法的适用情况是（　　）。

A. 半成品对外销售

B. 管理上不要求提供各步骤半成品资料

C. 半成品不对外销售

D. 半成品种类较多，逐步结转半成品成本工作量较大

5. 在分批法下，企业可以用于组织生产，计算成本的方法有（　　）。

A. 按照订单分批

B. 按照产品的组成部分分批

C. 将一张订单中规定的一种产品分为数批

D. 将同时期的几张订单中相同的产品合为一批

三、判断题

1. 在所有的成本计算方法中，品种法是最基本的方法，计算出每种产品的单位成本是企业进行成本计算的最终目的。（　　）

2. 平行结转分步法的完工产品为各步骤完工的半成品，在产品为各步骤尚未加工完成的在产品和各步骤已完工但尚未最终完成的产品。（　　）

3. 采用逐步结转分步法计算成本时，各步骤的费用由两部分组成，一部分是本步骤发生的费用，另一部分是上一步骤转入的半成品成本。（　　）

4. 分步法下，无论是逐步结转还是平行结转，最终都需要通过“自制半成品”会计科目进行成本核算。（　　）

5. 分步法计算产品成本，按步骤设置的成本明细账，可能与实际的生产步骤一致，也可能与实际的生产步骤不一致。（　　）

四、计算分析题

1. 某企业生产 C、D 两种产品，采用品种法计算产品成本。两种产品的原材料均在生产开始时一次投入，假定两种产品未单独领用原材料，也未单独耗用直接人工。C、D 两种产品共同耗用的材料按定额消耗量比例分配，直接人工和制造费用按实际工时比例分配。其他资料如下。

（1）C 产品期初无在产品；D 产品期初在产品成本：直接材料 13200 元，直接人工 8600 元，制

造费用 7200 元。

(2) C 产品完工产品 1000 件，单位产品原材料消耗定额为 2 千克，D 产品本月完工 1800 件，单位产品原材料的消耗定额为 2.5 千克，两种产品耗用原材料的实际成本为 132600 元；C 产品单位生产工时为 16 小时，D 产品单位生产工时为 18 小时；两种产品耗用的直接人工合计 121000 元，制造费用合计 96800 元。

(3) C 产品本月全部完工，无期末在产品；D 产品期末有在产品 250 件（完工程度为 60%），除直接材料之外的其他费用，按照约当产量比例法在完工产品与在产品之间进行分配。

要求：①编制各种费用的分配表；

②编制 C、D 产品的成本计算单，计算完工产品的总成本和单位成本。

2. 某企业甲产品生产分两个步骤在两个车间进行，第一车间为第二车间提供半成品，半成品收发通过半成品库进行，甲产品成本计算采用综合逐步结转分步法。已知：月初半成品为 332 件，实际成本为 164750 元，所耗半成品成本采用加权平均法计算。两个车间的期末在产品均按定额成本计价。5 月份第一车间完工半成品 1200 件，第二车间完工产成品 960 件。甲产品相关资料如表 4-33 所示。

表 4-33 甲产品相关资料

项目	车间	直接材料/元	直接人工/元	制造费用/元	合计/元
月初在产品定额成本	一车间	72000	54000	50800	176800
	二车间	37400	32000	41100	110500
本期生产费用	一车间	327000	148800	102700	578500
	二车间		115000	95000	210000
月末在产品定额成本	一车间	61000	47000	51400	159400
	二车间	48620	28300	37430	114350

要求：(1) 编制分车间的成本计算单，计算甲产品半成品及产成品成本。

(2) 设置半成品明细账，采用加权平均法计算领用 960 件半成品的实际成本。

(3) 编制成本还原计算单，进行成本还原。

3. 已知某企业分两个步骤生产 E 产品，其成本计算采用平行结转分步法。第一生产步骤将原材料加工成半成品，第二生产步骤将第一生产步骤生产的半成品加工成产成品。7 月份有关 E 产品的相关资料如表 4-34、表 4-35、表 4-36 所示。第一生产步骤所需的原材料及第二生产步骤所需半成品均在每个生产步骤开始时一次投入；两个生产步骤的直接人工费用和制造费用根据加工进度发生。上述各项费用在完工产品（应计入产成品份额）和月末在产品（广义在产品）之间的分配均采用约当产量比例法。

表 4-34 E 产品实物量及在产品完工程度资料

项目	第一步骤	第二步骤
月初在产品结存/件	150	250
本月投入或转入/件	1000	1050
本月完工并转出/件	1050	1000
月末在产品结存/件	100	300
完工程度	40%	50%

表 4-35　月初在产品资料

产品名称：E 产品　　　　金额单位：元

项目	直接材料	直接人工	制造费用	合计
第一生产步骤	204000	126750	133250	464000
第二生产步骤		58500	61500	120000

表 4-36　本月生产费用资料

产品名称：E 产品　　　　金额单位：元

项目	直接材料	直接人工	制造费用	合计
第一生产步骤	496000	382450	402750	1281200
第二生产步骤		384250	392750	777000

要求：(1) 计算每个生产步骤的生产费用在完工产品与广义在产品之间的分配额，并登记各步骤的产品成本明细账。

(2) 编制产品成本汇总表，计算 E 产品的总成本和单位成本。

——扫扫看，你有多优秀——

延伸阅读

[1]　[2]　[3]

[1] 解云霞. 浅议传统制造业成本计算方法：平行结转分步法存在的必要性 [J]. 会计师，2013 (15)：48-49.

[2] 刘宇. 基于 RPA 的财务共享中心总账流程优化探究：以 K 公司为例 [J]. 商场现代化，2022 (17)：174-176.

[3] 胡盈婷. 中小型制造业企业仓储管理和产品成本核算的思考 [J]. 产业创新研究，2021 (23)：121-123.

第五章 作业成本法与作业成本管理

学习目标

作业成本法是以作业为基础的成本计算方法，而作业成本管理是将成本管理的起点和核心由“产品”转移到“作业”层次，使成本管理直接深入企业的价值链重构，乃至企业内部组织结构重构的一种管理方法。通过本章的学习，大家应能达成以下目标。

- 学习目标
  - 知识目标
    - 了解作业成本法的产生背景以及应用环境
    - 掌握作业成本法的基本原理和计算的程序
    - 掌握如何通过作业成本法精细化管理优化企业的作业链和价值链，增加企业价值
  - 能力目标
    - 能够识别每项作业的成本驱动因素，根据作业成本法的基本原理进行成本精细化核算
    - 能够通过对作业链分析，进行企业价值链持续优化和改善，营造企业成本战略优势
  - 素质目标
    - 爱岗敬业，树立精细化管理理念
    - 适应社会发展与企业管理的要求，与时俱进，创新发展

案例导入

媒体 IT 成本核算

创意引领的媒体在信息发展中属于显著受益的行业，特别是像广播电视台这种大型媒体机构，信息技术已深入节目采集、制作、存储、播出、发布等各个环节。融合媒体的发展一方面进一步促进了总台 IT 的应用和发展，如节目生产管理、媒资管理、移动客户端、云制作等；另一方面，也促进 IT 成本占比逐年增加，信息化成本在总成本中的比重越来越大。IT 成本属于成本的一个类型，是在信息化过程中所投入或所消耗资源的货币表现。对 IT 全生命周期两个阶段的流程进行分析，可以分为建设阶段的服务器和软件采购、软件集成、项目管控与运行维护阶段的服务器和软件升级、软件运维、服务外包、服务管控、服务器运维、基础设施运维、网络运维、存储运维、ESB（企业服务中心）运维等，这些具体环节成本产生的动因并不完全相同。IT 作为服务和支撑资源，如果按照传统的成本计算方法将以上所有的 IT 成本统一一个标准进行分配，不利于有效地提供成本决策信息。

——张寿柱. 作业成本法在媒体 IT 成本核算的应用探讨 [J]. 现代电视技术，2022（06）：129-132.

因此，如何打破传统成本计算方法以产量为产品成本的唯一动因，将单一标准的分配基础改为按成本动因的多标准分配，精确成本信息，改善经营过程，为资源决策、产品定价及组合决策提供完善的成本信息，提高成本管控的有效性，正是本章的主题。

关键名词

作业成本法　资源动因　成本动因　增值作业　非增值作业　作业成本管理

第一节 作业成本概述

一、作业成本法的产生背景

计算机一体化制造系统和网络系统的形成和应用带来了高新技术的蓬勃发展，使得企业经营的客观环境发生了重大转变，主要表现在以下几个方面。

（一）新的制造环境使产品成本构成发生巨大变化

传统成本计算方法是假设构成产品生产成本三个成本项目中的直接材料、直接人工等直接成本占据产品成本的主导，而制造费用（主要是折旧费用等固定成本）作为间接成本，在产品成本中的比重较小，因此，对于制造费用的分配采用以业务量为基础的较为简化的方式，如机器工时、人工工时等。但随着高新技术革命的深入，电子数控机床、机器人，以及计算机辅助集成制造系统进一步普及，智能化、自动化生产成为现代制造业主流的生产方式，产生了高度自动化的先进制造企业，产品成本中的直接成本特别是人工成本比重下降，而包含折旧等间接成本的制造费用比重则快速上升，甚至超过了直接成本，这导致产品成本的构成发生巨大变化，并随着大数据、人工智能、移动互联、云计算在现代企业的广泛应用不断强化，改变了传统成本计算方法的理论基础。

（二）弹性制造使间接费用产生的动因呈现多维化

随着经济的发展，顾客需求呈现多元化、个性化趋势，企业改变原来以“规模效应”为基础的大量大批生产经营模式，转向为能对顾客多元化、个性化需求做出快速反应的弹性制造，从而产生了大量与产量逐渐脱离相关性的作业费用，如质检、试验、物料搬运和机器调整准备费用等。不同生产工艺的产品在生产“作业”（activity）链中流动的路径也各不相同，与间接生产成本相关的作业活动错综复杂，各种作业对制造费用水平的影响存在差异。产量成为间接费用发生的非唯一动因。如果依然采用传统的单一分配基础，忽略不同作业成本与不同产品之间的因果关系，可能歪曲产品或劳务成本的计算结果，降低甚至丧失成本信息的决策有效性。

（三）现代企业管理对成本信息的多层次需求

管理会计认为目的不同，成本不同，因此现代企业经营管理活动对成本信息呈现多层次需求，既要满足企业作为主体对外报告的需要，又要满足企业不同层级管理主体对内管理决策的需要：

（1）满足对外报告企业财务状况时期末存货成本的确认；

（2）满足企业确定各期损益时对已出售产品成本的确认；

（3）满足企业确定不同需求层次的产品订货价格、不同品种的产品订货价格，以及某些特殊用户订购产品价格的成本信息需求；

（4）合理计量生产经营活动各责任中心的实际耗费，为进一步降低产品成本提供依据。

基于生产环境和市场需求的上述变化，传统的成本计算方法无法满足企业经营多层次管理对成本信息的需求，作业成本系统应运而生。

二、作业成本法的含义

作业成本法概述

作业成本法（activity based cost，ABC）是以作业为基础的成本计算方法。作业成本计算是20世纪80年代初期在国外的一些公司中开始萌芽的，代表人物有美国的会计学者罗宾·库珀（Robin Cooper）和罗伯特·S. 卡普兰（Robert S. Kaplan），并于1988年将作业成本法简称为ABC法。在作业成本法的发展过程中，作业成本计算在许多先进的公司中得以实施，其作业精简和效能提高的作用十分突出，我国的一些领先型制造企业也在尝试开展作业成本管理。依据作业成本法的观念，企业的全部经营活动是由一系列相互关联的作业组成的，企业每进行一项作业都要耗费一定的资源；与此同时，产品（包括提供的服务）被一系列作业生产出来。产品成本是全部作业所消耗资源的总和，产品是消耗全部作业的所得成果。因此，作业成本法是以作业为核心，依据不同的成本动因，将产品成本或提供服务所消耗的资源按作业归集，计算出作业成本，再将作业成本按照“谁受益、谁承担”的原则分配到产品或服务的一种成本核算和管理方法。

需要注意的是，一方面，作业成本法扩大了直接成本的范围。作业成本法的成本核算基础是“成本驱动因素”理论，强调产品与成本之间的因果关系。作业成本法并非重新设计成本计算程序，而是对间接成本归集和分配基础的进一步优化。作业成本法扩大了直接成本的范围，凡是能够追溯到产品的材料、人工和其他成本均直接计入特定产品，只有对无法追溯到产品的间接成本，才按照成本动因追溯归集到相关作业，计算出作业成本分配至有关产品，以避免因成本分配标准的主观性导致成本信息失真。因此，直接材料、直接人工，以及部分制造费用等以产量为成本驱动因素的直接成本与传统的成本计算方法一样，依然直接计入有关产品。另一方面，作业成本法的产品成本可能包含非制造成本。作业成本法提供了广泛的成本计算及分摊框架，使企业可以将成本核算扩展到企业经营管理活动的各环节，而不仅限于制造过程。作业成本法的本质是把企业生产工序和环节视为对最终产品提供服务的作业，把企业看成为最终满足顾客需求而设计的一系列作业的集合。这个集合包括研发设计、产品生产、市场营销、配送服务、客户服务等系列职能的价值链，企业通过这些职能逐步使其产品或服务实现顾客价值。产品成本只是特定目的下分配给特定产品的成本总和。因此，作业成本法计算出的产品成本既包含制造成本，也可能包含部分非制造成本。

三、作业成本法的要素体系

作业成本法的基本要素主要涉及资源、作业、成本对象与成本动因，它们之间的关系如图 5-1 所示。

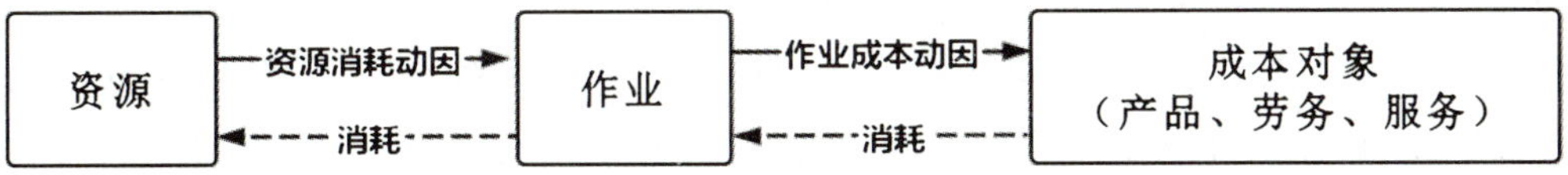

图 5-1　作业成本法基本要素之间的关系

（一）资源

资源作为一个概念，外延非常广泛，涵盖了企业所有的价值载体：资金、物料、设备、人工，以及能源动力。但作业成本法中的资源，实质上是指为了产出作业或产品而消耗的各项费用总体。

（二）作业

1. 作业的确认

作业是指企业中特定组织（成本中心、部门或产品线）重复执行的任务或活动。例如，签订材料采购合同、将材料从仓库搬运至生产车间、完工产品质量检验、设备维修等。一项作业可能是一项非常具体的活动，如车工作业；也可能泛指一类活动，如机加工车间的车、铣、刨、磨等所有作业可以统称为机加工作业；甚至可以将机加工作业、产品组装作业等统称为生产作业（相对于产品研发、设计、销售等作业而言）。由若干个相互关联的具体作业组成的作业集合，被称为作业中心。

从作业成本法的角度，作业是基于一定目的、以人为主体、消耗一定资源的特定范围内的工作。实施任何作业都会消耗一定的资源。任何一项产品的形成都要消耗一定的作业。作业是连接资源和产品的纽带，它在消耗资源的同时生产出产品，即作业消耗资源，产品消耗作业。

2. 作业的分类

作业可以采用很多标准进行分类。最基本方法是站在顾客角度，把作业分为增值作业和非增值作业。最终增加顾客价值或满意度因而给企业带来利润增长点的作业是增值作业，否则就是非增值作业。例如，制衣车间领用羊毛线 800 千克，其中 700 千克用于制成 600 件成衣对外出售，剩余的 100 千克羊毛线退回仓库。此时，800 千克羊毛线的领用就是增值作业，而剩余 100 千克的领退就是非增值作业。因此，企业要尽量避免或减少非增值作业。以客户的视角来区分作业，实际上体现了市场导向的管理思想，是作业成本管理的重点。制造业常见的非增值作业主要有材料或半成品在生产车间来回搬运作业、清理废品作业、次品返工作业、某道工序无效重复作业、订单信息失误造成再次运送的作业等。

按与产品联系的紧密程度可以将作业分为以下四类。

(1) 单位级的作业，关键词是“单位”，即能使单位产品或顾客受益的作业。这种作业的成本与产品的产量或销售量成正比。例如，构成产品实体的原材料，其成本的多少与产品的产量成正比，因此是单位级的作业。

(2) 批次级的作业，关键词是“批次”，即能使一批产品受益的作业。这种作业的成本往往与产品的批次成正比例变动。例如，每批产品检验、机器调试准备、采购原料等。

(3) 产品品种级的作业，关键词是“品种”，即能使某种产品或某一类顾客都受益的作业。这种作业的成本只使本种类产品受益。例如，产品设计开发、生产工艺流程确定、对每一种产品编制数控规划等。

(4) 生产维持级的作业，关键词是“维持”，即能使所有产品受益的作业，也称管理级作业。这种作业是为支持企业一定生产能力和为企业整体经营管理活动提供必要环境支撑而发生的作业。

前者如机器设备及厂房的租金、折旧和保养维护，后者包括环境绿化、照明、安全保卫、卫生管理、人力资源管理等。

（三） 成本对象

成本对象是企业需要计量成本的对象。成本对象既可以是生产批次，也可以是产品品种。在顾客组合管理等新的管理工具中，还把每个顾客作为计量成本的对象，目的是计算出每个顾客的成本，进而确定每个顾客能够给企业带来的实际收益，并以此作为确定目标顾客群体的衡量标准。

（四） 成本动因

成本动因是指作业成本或产品成本的驱动因素。例如，产量增加时，直接材料成本就增加，产量是直接材料成本的驱动因素，即直接材料的成本动因；检验成本随着检验次数的增加而增加，检验次数就是检验成本的驱动因素，即检验成本的成本动因。在作业成本法中，成本动因分为资源成本动因和作业成本动因两类，都是成本分配的标准。

1. 资源成本动因

作业消耗资源，资源成本动因是引起作业成本增加的驱动因素。资源成本动因是将资源耗费分配到作业成本库的分配标准。比如，产品质检工作（作业）需要配备检验人员和相应的检测设备，并耗用一定的能源（电力）等。产品质检作业作为成本归集对象（亦称成本库），耗用的各项资源构成了产品质检作业的成本。其中，人员的工资，以及检测设备的折旧等，一般可以直接归属于检验作业；而能源（电力）成本往往不能直接计入，需要根据设备额定功率（或根据历史资料统计的每小时平均耗电数量）和设备开动时间来分配。这里，设备的额定功率乘以开动时间就是能源成本的动因。设备开动导致能源成本发生，设备的功率乘以开动时间的数值（即动因数量）越大，耗用的能源越多。按设备的额定功率乘以开动时间这一动因作为能源成本的分配基础，可以将检测设备耗用的能源成本分配到检验作业当中。

2. 作业成本动因

作业成本动因是衡量一个成本对象（产品、服务或顾客）需要的作业量，是产品成本增加的驱动因素。作业成本动因计量各成本对象耗用作业的情况，并被用来作为作业成本的分配基础。例如，每批产品完工后都需进行质量检验，如果对任何产品的每一批次进行质量检验所发生的成本相同，则检验的次数就是检验作业的成本动因，它是引起产品检验成本增加的驱动因素。某一会计期间发生的检验作业总成本（包括检验人工成本、设备折旧、能源成本等）除以检验的次数，即为每次检验所发生的成本。某种产品应承担的检验作业成本，等于该种产品的批次乘以每次检验发生的成本。产品完成的批次越多，则需要进行检验的次数越多，应承担的检验作业成本越多；反之，则应承担的检验作业成本越少。

现代制造业各层级作业及其成本动因列举如表 5-1 所示。

表 5-1 现代制造业各层级作业及其成本动因

层次	作业（成本）	作业成本动因（分配标准）
单位层次作业	工人加工产品	人工工时数
	机器设备运行	机器工时数
	完工产品质量检验	产品数量
批次层次作业	每批产品质量抽检	抽检批次数
	机器设备调试准备	调试准备次数
	采购原材料	采购次数

续表

层次	作业（成本）	作业成本动因（分配标准）
产品品种层次作业	产品研发设计	产品种类
	编制产品数控规划	产品种类
	零配件管理	零配件数量
管理层次作业	厂房卫生、安保	厂房面积
	应收账款管理	客户数量
	岗位培训	受训员工人数

第二节　作业成本法的实际应用

一、作业成本法计算程序

作业成本计算程序

传统成本计算法，间接成本分配分两步进行，但中间的成本中心通常按部门设立，分配的路径是“资源→部门→产品”。作业成本法的成本计算则遵循“作业耗用资源，产品耗用作业”的原则，其本质是将作业看作连接产品与资源的纽带，除了产品作为最终的成本计算对象外，作业也成了一种“过渡”式的新的成本计算对象。第一阶段，除了把直接成本追溯到产品，还要将各项间接费用分配到各有关作业的成本库；第二阶段，按照作业消耗与产品之间不同的因果关系，将作业成本分配到产品。因此，作业成本法下间接成本的分配路径是“资源→作业→产品”，如图 5-2 所示。

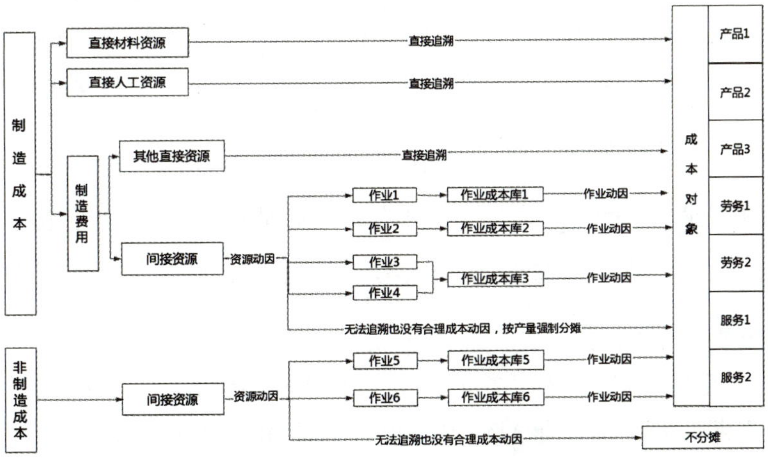

图 5-2　作业成本法计算程序

将成本分配到成本对象有三种不同的形式：追溯、动因分配和分摊。追溯，是指把成本直接分配给相关的成本对象。实务中可通过实地观察来判断一项成本能否追溯到产品。通过追溯得到的产品成本是最准确的。例如，确认一辆汽车耗用的轮胎、发动机、灯泡及其他零部件的数量，可以通过实地观察确定。动因分配，是指根据成本动因将成本分配到各成本对象的过程。动因分配不像追溯那样准确，但只要因果关系建立恰当，成本分配的结果同样可以达到较高的准确程度。分摊，是指有些成本既不能追溯，也不能合理、方便地找到成本动因，只好以产量作为分配基础，将其强制分摊给成本对象。作业成本法强调扩大以追溯或动因分配的方式计入产品成本的范围，通过避免采用分摊的方式提高成本核算的精确度。作业成本法计算的具体程序可以分为以下四个步骤。

（一） 将各项资源耗费归入资源库

企业产品生产的过程也是消耗各种资源的过程。有些资源耗费，如构成产品实体的材料费用、专门生产某种产品的人工成本，可以直接追溯到具体产品上，但对于一些无法用恰当的方式追溯到具体的产品资源的耗费，较为典型的如车间管理人员的工资、同时生产多种产品设备的折旧等，需要先设置资源库，并将生产过程中耗费的资源费用归入各资源库。

（二） 建立作业中心和成本库

企业产品生产的过程也是企业实施一系列作业的过程，因此，实施作业成本法，首先要识别产品从投入产出所要经历的各种作业，并遵循成本效益原则，只需识别关键性的作业，将一些从属性质的作业加以归类，建立作业中心，用于归集资源库分配来的间接费用，因此，每个作业中心同时也是一个成本库。建立作业中心是作业成本法实施的关键环节。

（三） 将资源库归集的资源费用分配到各作业中心

资源动因是每个作业中心消耗资源多少的计量标准，它决定着每个成本库中分摊多少资源库中归集的资源费用。例如，“设备折旧”可以选择“机器工时”作为资源动因。在确定各项资源费用的资源动因后，根据每项作业耗费的资源动因数，将各资源库归集到的资源费用分配到各作业中心，再将每个作业中心分配得到的各类费用相加便是该作业中心的成本库应该分摊的间接费用。

（四） 将作业成本库中归集的费用分配至产品

成本库中归集各成本的目的是最终分配给各产品。在分配给各产品之前，需确定作业成本动因及成本动因分配率。作业成本动因是用来分配作业成本库中归集到的资源成本至各产品或服务中的依据，也是连接作业耗费与最终产出之间的纽带。因此，准确、合理地确定各作业的成本动因并统计各产品对作业动因的消耗量是将作业成本库中的成本分配至产品的重要环节。作业成本分配率是指作业成本库归集的成本与成本动因总数的比率。在计算出各作业库的作业成本分配率后，将作业成本库中归集的费用分配至产品，再加上产品的直接材料、直接人工及其他直接费用，就可以得到该产品的总成本，将总成本除以该产品的数量便可得出每个产品的单位成本。计算公式为

$$\text{作业成本分配率}=\frac{\text{作业成本库成本}}{\text{作业成本库成本动因总量}}$$

$$\text{某种产品应分配的作业成本}=\sum\text{产品耗用的某作业动因量}\times\text{该作业成本分配率}$$

$$\text{产品的总成本}=\text{直接材料成本}+\text{直接人工成本}+\text{其他直接成本}+\text{应分配的作业成本}$$

二、作业成本法的具体应用

例 5-1 江南公司准备生产Ⅰ号、Ⅱ号、Ⅲ号三种电路板。Ⅰ号电路板是三种产品中工艺最简单的，预计年产销量 10000 块，Ⅱ号电路板技术含量比Ⅰ号电路板略高，预计年产销量 20000 块，Ⅲ号电路板工艺流程复杂、技术要求高，但市场需求量不大，预计年产销量 4000 块。最新的市场调查数据显示，三种产品目前每件市场平均售价分别为 270 元、340 元、360 元。为保证一定的目标利润，公司产品的价格按照 25%加成率进行成本加成确定。根据财务部门提供的成本和价格预测数据，管理层注意到Ⅱ号、Ⅲ号电路板的公司目标价格与目前市场价存在较大差异，Ⅱ号电路板市场售价低于公司目标价格，而 III 号电路板的市场售价则远高于公司目标价格。那具体问题出在哪里？经研究发现，是传统的成本计算法扭曲了产品的价格，相关的基础数据如表 5-2 所示。

作业成本法的实际应用

表 5-2 三种电路板基础数据

种类	Ⅰ号板	Ⅱ号板	Ⅲ号板
产量	10000 块	20000 块	4000 块
批次	1 批（每批 10000 块）	4 批（每批 5000 块）	10 批（每批 400 块）
直接材料	50 元/块	90 元/块	20 元/块
直接人工	每块 3 小时	每块 4 小时	每块 2 小时
	人工小时工资率：20 元/小时		
制造费用	3894000 元		
准备时间	每批 10 小时	每批 10 小时	每批 10 小时
机器时间	每块 1 小时	每块 1.25 小时	每块 2 小时

（一）按照传统成本法计算成本并确定价格

公司财务部门按照传统成本计算法，制造费用采用单一业务量（人工工时比例）标准分配到各种产品，计算过程如下：

直接人工工时总额＝10000×3＋20000×4＋4000×2＝118000（小时）

$$制造费用分配率=\frac{制造费用总额}{直接人工工时总额}=\frac{3894000}{118000}=33\ 元/小时$$

因此，按照传统成本法计算的产品单位成本及目标售价如表 5-3 所示。

表 5-3 传统成本法计算的产品单位成本及目标售价

项目	Ⅰ号板	Ⅱ号板	Ⅲ号板
直接材料/元	50	90	20
直接人工/元	3×20＝60	4×20＝80	2×20＝40
制造费用/元	3×33＝99	4×33＝132	2×33＝66
产品单位成本合计/元	209	302	126
传统成本法下目标售价［产品单位成本×（1＋25％）］/元	261.25	377.50	157.50
市场售价/元	270	340	360
公司目标价与市场价相差幅度	3.24％	11.03％	－56.25％

从表 5-3 可以看出，如果根据传统成本法计算的成本进行定价，Ⅰ号板公司目标价略低于市场价 3.24％，Ⅱ号板公司目标价高于市场价 11.03％，Ⅲ号板公司目标价则低于市场价 56.25％。

（二）按照作业成本法计算成本并确定价格

经研究，公司决定采用作业成本法重新计算成本。通过对制造费用（3894000 元）按作业进行进一步细分，辨认了三项作业，各成本库归集的成本费用数据如下：

（1）机器成本库：共计 1594000 元，包括与机器有关的各种制造费用，如维护、折旧、计算机支持、润滑、电力、校准等。该成本的相关成本驱动因素是生产产品的机器时间；

（2）生产准备成本库：共计 300000 元，包括为产品制造进行准备产生的调试准备人员工资、场地清理费用等。生产准备成本的相关成本驱动因素是产品生产的批次；

（3）产成品验收入库成本库：共计 2000000 元，包括检验人员工资、检测设备折旧、检验耗材等。由于三种电路板每件产成品验收入库的流程和验收方法一致，该项成本库的成本驱动因素是产品的产量。

首先，进行作业成本库成本分配。

（1）机器成本库成本的分配。

$$机器成本库分配率=\frac{机器成本预算总额}{机器小时预算总额}=\frac{1594000}{43000}=37.07（元/机器小时）$$

I 号板单位产品应分配的机器成本＝37.07×1＝37.07（元/块）

II 号板单位产品应分配的机器成本＝37.07×1.25＝46.34（元/块）

III 号板单位产品应分配的机器成本＝37.07×2＝74.14（元/块）

（2）生产准备成本库成本的分配。

$$生产准备成本库分配率=\frac{生产准备成本预算总额}{预算批次总数}=\frac{300000}{15}=20000（元/批）$$

I 号板单位产品应分配的生产准备成本＝（20000×1）÷10000＝2（元/块）

II 号板单位产品应分配的生产准备成本＝（20000×4）÷20000＝4（元/块）

III 号板单位产品应分配的生产准备成本＝（20000×10）÷4000＝50（元/块）

（3）产品验收入库成本库成本的分配。

$$产成品验收和入库成本分配率=\frac{产成品验收入库成本预算总额}{产成品数量}$$

$$=\frac{2000000}{10000+20000+4000}=58.82（元/块）$$

由于产品验收成本库成本的动因是产品的产量，所以无论是 I 号板、II 号板还是 III 号板，每块的验收入库成本是相同的。

其次，汇总计算三种电路板的单位成本并确定目标售价，如表 5-4 所示。

表 5-4　作业成本法计算的产品单位成本及目标售价

单位：元

项目	I 号板	II 号板	III 号板
直接材料①	50	90	20
直接人工②	60	80	40
制造费用③			
机器成本④	37.07	46.34	74.14
生产准备成本⑤	2	4	50
产品验收入库成本⑥	58.83	58.83	58.83
制造费用小计④＋⑤＋⑥＝⑦	97.9	109.17	182.97
产品单位成本（①＋②＋⑦）	207.9	279.17	242.97
作业成本法下目标售价［产品单位成本×（1＋25%）］	259.88	348.96	303.71
市场售价	270	340	360

表 5-4 与表 5-3 的计算结果反映了传统成本计算法与作业成本计算法的明显区别。本例中，传统成本计算法下 II 号板单位产品成本被高估，而 III 号板的产品单位成本被严重低估。其原因在于传统成本计算法采用单一分配标准进行制造费用的分配，忽视了各种产品生产的复杂程度和技术含量与分配标准之间的相关性。相比之下，作业成本法考虑了引起制造费用发生的具有代表性的各种成本动因，并以此为基础分配制造费用。因此作业成本法比较客观、合理地反映了复杂环境下各种产品的成本。根据以上计算结果，管理层相应调整了产品营销策略。对于目标价低于市场价的 I 号板和 III 号板特别是 III 号板，可以适当提高产品售价。公司下一步的工作重心将是减少 II 号板无增值的作业，降低 II 号板的制造成本，为 II 号板的降价销售创造条件；或者是在控制成本的条件下，进一步提高产品的差异性，提高 II 号板的竞争力。

三、对作业成本法的评价

（一）作业成本法的优势

总的说来，与传统制造成本法相比，作业成本法存在以下优势。

1. 计算的产品成本信息更接近于实际

作业成本法依据因果关系，强调的是成本直接追溯和成本动因追溯，而传统成本法则相对忽略间接费用产生的直接动因。作业成本法认为，将成本分配到成本对象有三种不同的形式：追溯、动因分配和分摊。

作业成本法强调尽可能扩大追溯到个别产品的成本比例，以减少因成本分配引起的信息失真。传统成本计算的直接成本，通常仅限于直接人工和直接材料，其他成本都归集于制造费用进行统一分配。作业成本法认为，有些“制造费用”的项目可以直接归属于成本对象，如特定产品的专用设备折旧费等。凡是能够追溯到个别产品、个别批次、个别品种的成本，就应追溯，而不应进行间接分配。

生产活动中耗费的各项资源，其成本不是都能追溯到成本对象的。对不能追溯的成本，作业成本法则强调使用动因（包括资源动因或作业动因）分配方式，将成本分配到有关成本对象（作业或产品）。传统成本计算，以产品数量作为间接费用唯一的成本动因，是不符合实际情况的。采用动因分配，首先必须找到引起成本变动的真正原因，即成本与成本动因之间的因果关系。例如，各种产品应承担的检验成本，以产品投产的批次数（即质量检验次数）作为作业动因进行分配，是因为检验次数与产品应承担的检验成本之间存在着因果关系。

作业成本法的成本分配主要使用追溯和动因分配，尽可能减少不准确的分摊，能够提供更加真实、准确的成本信息，为企业日常经营管理提供有效决策支持。比如，价格决策、亏损产品停产或转产决策等。在这一方面，作业成本计算法提供的信息显然优于传统的成本计算方法。

2. 促进成本计算与成本控制的融合

传统成本会计只记录成本的结果，而不记录成本产生的原因。作业成本法提供了了解产品作业过程的途径。通过成本动因的确定，使管理人员将管理重心转移到成本动因的耗用上（不仅仅是只注重产量和直接人工），便于找出产品成本增加的根源，从成本动因上改进成本控制流程和方法，包括改进产品设计和生产流程、消除非增值作业，为资源的合理配置、降低成本，以及作业、流程和作业链（价值链）的持续优化提供依据。

3. 有助于企业从战略的高度来规划成本，保持并提高企业竞争优势

作业成本法提供了广泛的成本计算及分摊框架，使企业可以将成本核算扩展到企业经营管理活动的各环节，而不是仅限于制造过程。由于产品价值是由一系列作业创造的，企业的价值链也就是其作业链。价值链分析需要识别供应作业、生产作业和分销作业，并且识别每项作业的成本驱动因素，以及各项作业之间的关系。作业成本法与价值链分析概念一致，提供了对企业价值链的整体成本进行计量的有效方法，帮助企业从战略的高度来规划成本，保持并提高企业竞争优势。例如，成本领先战略是公司竞争战略的选择之一。实现成本领先战略，除了规模经济之外，还需要有低成本完成作业的资源和技能。这种有别于竞争对手的资源和技能，来源于技术创新和持续的作业管理。作业管理包括成本动因分析、作业分析和绩效衡量等，其主要数据来源于作业成本计算。

（二）作业成本法的局限性

虽然作业成本法能够提供较为精细的成本信息满足企业经营管理决策的多维目标需求，但在实际应用中也面临一些难题。

1. 应用成本比较高

作业成本法的成本动因多于完全成本法，成本动因的数量越大，开发和维护费用越高。即使应用现代计算机和数据库技术，如果仅作为一种成本计算的方法，无法通过作业成本数据的使用改善决策和作业管理，提高企业的竞争力，作业成本法的实施对企业而言则很可能是得不偿失的一件事情。

2. 提供的成本信息可能不符合对外财务报告的需要

因为作业成本法计算出的产品成本既包含制造成本，也可能包含部分非制造成本。因此，采用作业成本法的企业，为了使对外财务报表符合会计准则的要求，需要重新调整成本数据。这种调整不仅工作量大，而且技术难度大。

3. 部分作业难于确定成本动因

间接成本并非都与特定的成本动因相关联，有时找不到与成本相关的驱动因素，或者设想的若干驱动因素与成本的相关度低，又或取得驱动因素数据的成本很高，此时，就会出现人为主观分配的情况，从而影响产品成本数据的准确性。

4. 不利于通过部门进行成本管控

完全成本法按部门建立成本中心，便于实施责任会计以及进行业绩评价。作业成本法的成本库与企业的部门组织结构可能不一致，这使产品成本信息与部门责任存在割裂，不利于责任单位对成本实施管理控制。

综合以上的优势和局限性，作业成本法并非适用于所有的企业，其主要适用于生产自动化程度高、直接人工比重小、制造费用比重大、作业流程较清晰、产品品种多样化、相关业务数据容易获取、信息化程度较高的企业。企业应根据产品的生产特点，以及经营管理的要求适时选用作业成本法。

第三节 作业成本管理

一、作业成本管理的含义

所谓的作业成本管理（activity-based costing management，ABCM）是基于作业成本法，以提高客户价值、增加企业利润为目的的新型集中化管理模式。换句话说，就是在企业内部经营管理和价值评估方面利用作业成本法提供的成本信息，面向企业的全部流程，包括市场需求分析、研究开发、产品设计、材料采购、生产、质量检验、销售、售后服务等环节的系统化、动态化和前瞻性的成本管理。本质上，作业成本管理是将成本管理的起点和核心由“产品”转移到“作业”层次，使成本管理直接深入企业的价值链重构，乃至企业内部组织结构的重构的一种管理方法，其基点是成本管理，基础是作业。例如，木林塑料公司需要雇佣两个工人专门修剪仿真塑料花压塑过程产生的边角毛刺，这项修剪作业并不影响顾客的价值，属于不增值作业。公司成本管理团队通过仔细分析，发现产生毛刺的主要原因是注塑压力和温度不足，后通过调整生产模具的注塑压力和温度，使仿真塑料花在压塑过程一次性成型，无需人工修剪，品质也更高。这项改进消除了修剪毛刺这项不增值作业，节约了人工成本。通过顾客的角度辨识增值作业和非增值作业，消除、转化或降低非增值作业，提高增值作业的效率，是作业成本管理的基本手段。

作业成本管理

二、作业成本管理的目标

将产品或服务的成本准确计算出来是成本管理的先决条件，但不是目的，成本管理的根本目的是从成本的角度，合理安排产品或劳务的销售组合，寻找改变作业和生产流程，改善和提高生产效率的机会，增强企业的竞争优势。作业成本管理的主要目标就是营造企业成本战略优势。一方面，作业成本法借助成本动因进行成本合理分配，能够获得比较接近产品实际耗费的成本数据；另一方面，最终的产品作为企业内部一系列作业的总产出，凝聚了各个作业上形成的最终转移给消费者的价值，因此作业链最终表现为价值链，作业链的推移最终也表现为价值链在企业内部的积累与转移，最终形成的转移给外部顾客的价值，即产品的最终成本。作业成本管理是通过对作业链进行分析、优化和改进作业，进行价值链持续优化和改善的过程。从价值的形成过程来看，“作业链”表现为“价值链”，但并非所有的价值链都能创造价值。作业成本纵向向前可以追溯至产品的研发设计环节，向后可以联系到产品的销售环节，横向则将供方、顾客及终端用户纳入分析范畴，是分析价值形成和增值最终来源的一种有力的战略管理工具，同时也是企业制定战略决策、改善经营管理业绩的有效途径。因此，作业成本管理的最终目标是通过减少非增值作业强化企业的战略竞争优势。

三、作业成本管理的实际应用

作业成本管理的基本思想是利用企业内部的成本信息和作业信息，不断优化和更新企业的价值链，使管理者把管理的中心集中在对产品重新定价、改变产品设计、控制成本等方面，

（一）调整产品组合和定价策略

作业成本计算系统能够提供更加接近实际耗费的成本信息。管理层借助这些信息可以对产品、劳务或者服务制定更好的价格策略。在企业的现实生产经营活动中，当产品处于非高度竞争的市场时，公司决策者通常根据对产品标准成本的补偿或市场现有类似产品的价格进行合理定价。由于传统成本法对制造费用的分配建立在产量基础上，对于不同产品产量悬殊差异较大的企业，使用传统成本法产品的单位成本会出现较大的扭曲，从而影响价格政策。随着顾客对产品的需求趋于多样化和个性化，更多企业为在市场细分领域寻求新的利润增长点，选择批量小、品类丰富的差异化产品战略。新战略的产品组合由于包含许多小批量特制产品，它们对于批层次和产品品种层次作业有较多的需求。如果企业无法通过现有的生产能力满足这些作业，则需要增加实施这些作业的成本。通过作业成本法的成本动因可以较为精确地将这些特制产品所增加的成本追溯至每一种产品，可以提高产品组合决策的有效性。当然，决策者还可以将定价和产品组合联系起来，把定价作为手段来达到最佳的产品组合。例如，通过作业成本分析计算，通常会提高那些耗费更多资源的极具特性的顾客化产品的成本，这时可以适当提高它们的价格；一旦这些低产量、高顾客化产品成本得到精确地分配，相应地就会降低那些高产量、工艺流程标准化的成熟产品成本，这时可以适当降低它们的价格，获得更多的市场竞争优势。同时，这一价格策略可能还可以带来一些附加收获，即抑制顾客购买小批量特制产品的需求，促使其购买大批量标准产品。

（二）改变产品设计

从作业成本管理的实质来看，作业成本管理一方面要以外部客户的角度，通过作业为客户提供最大限度的价值；另一方面要站在企业自身角度，尽量降低成本，在向客户提供价值的同时获取更多的收益。缺乏作业成本分析引导的产品设计，设计者往往为实现某些性能去设计产品，而忽略许多部件及产品多样性和繁杂生产工艺引发的成本。作业成本分析能够揭示设计中存在的这些复杂部件及独特生产工艺，它们耗费的成本往往与产品所提供的绩效或功能不相匹配。在设计阶段通过作业成本分析，引导设计者避繁就简，对成本的降低能够起到事半功倍的积极效果。例如，减少模具复杂的设计可以有效降低设计、材料、人工、安装制模机、机器运转及模具的清洗和维护成本，因为较为简单的设计可以大幅度缩减安装和操作制模机的时间，同时可以减少废品损失。

（三）规划成本控制路径

管理者可以利用作业成本系统来确定在什么地方以及怎样减少成本。作业成本管理以作业成本为对象，以每一作业的完成及其所耗资源为重点，以成本动因为基础，及时、有效地提供成本控制所需的相关信息，如此可极大地增强管理人员的成本意识，并以作业中心为基础设置成本控制责任中心，将作业员工的奖惩与其作业责任成本控制直接挂钩，充分发挥企业员工的积极性、创造性与合作精神，进而达到有效控制成本的目的。在企业的生产经营过程被改进以后，完成相同任务就会消耗更少的资源。这种效率上的收益将通过较低的作业成本动因比率的形式，在未来的作业成本模型中被量化，而较低的作业成本动因又会反过来导致对使用这些作业的产品分配更少的成本，这是因为作业成本分析将显示出在经营作业和过程上的改进是怎样形成了较低的产品成本的。

（四）改进预算控制和标准成本控制

传统的预算制度和标准成本制度以差异分析为基础，过分强调对耗费差异和效率准异的计量与控制，并且“费用库”过于浓缩、费用分配基础过于单一，这就使得费用分析不能提供真实有用的信息，使管理会计的业绩报告失去了可信性。从以人工为基础的弹性预算转向以作业为基础的弹性预算，从以差异分析为基础的变动预算转向以成本动因为基础的变动预算，是作业成本法在费用控制方面的重要应用。

本章小结

（1）产品成本构成变化、成本动因多维化、现代企业管理对成本信息的多层次需求促使作业成本法产生并得以广泛应用。

（2）作业成本法是把企业消耗的资源按资源动因分配到作业，并把作业收集的成本按作业动因分配到产品或顾客的间接费用分配方法，基本要素包括资源、作业、成本对象和成本动因。

（3）作业成本法的成本计算遵循“作业耗用资源，产品耗用作业”的原则。

（4）作业成本管理是将成本管理的起点和核心由“产品”转移到“作业”层次，使成本管理直接深入企业的价值链重构，乃至企业内部组织结构的重构的一种管理方法，其基点是成本管理，基础是作业，目标就是营造企业成本战略优势。

思考题

1. 作业成本法产生的背景是什么？
2. 作业成本法的基本要素包括哪些？
3. 什么是增值作业和非增值作业，如何区分？
4. 作业成本法有哪些优势和局限性？
5. 什么是作业成本管理？作业成本管理的目标是什么？

自测自评

一、单项选择题

1. 下列有关作业成本法基本理论的观点，不正确的是（　　）。

A. 企业的全部经营活动是由一系列相互关联的作业组成的

B. 企业每进行一项作业都要耗用一定的资源

C. 作业成本法下间接成本的分配路径是“资源→作业→产品”

D. 传统成本法下间接成本的分配路径是“资源→产品”

2. 下列成本分配方式中，表述不正确的是（　　）。

A. 使用追溯方式最能真实地反映产品成本

B. 使用动因分配方式最能真实地反映产品成本

C. 追溯是指将成本直接确认分配到某一成本对象的过程

D. 追溯这一过程是可以实地观察的

3. 作业成本法的一个突出特点，就是对生产活动中发生的各项费用强调（　　）。

A. 以追溯的方式计入产品成本，而尽量避免动因分配的方式

B. 以动因分配的方式计入产品成本，而尽量避免追溯的方式

C. 以追溯或动因分配的方式计入产品成本，而尽量避免分摊的方式

D. 以分摊的方式或动因分配的方式计入产品成本，而尽量避免追溯的方式

4. 按产出方式的不同，企业的作业可以分为四类。其中，随产量变动而呈正比例变动的作业是（　　）。

A. 单位级作业　　B. 批次级作业

C. 品种级作业　　D. 生产维持级作业

5. 下列作业中，属于为维持企业的生产能力而产生的作业是（　　）。

A. 单位级作业　　B. 批次级作业

C. 品种级作业　　D. 生产维持级作业

6. 下列有关作业成本动因的表述，正确的是（　　）。

A. 作业成本动因是引起作业成本增加的驱动因素

B. 作业成本动因通常被用来计量各项作业对资源的耗用

C. 依据作业成本动因可以将资源成本分配给各有关作业

D. 作业成本动因被用来计量各成本对象耗用作业的情况

7. 某车间只生产两种产品，其裁剪作业成本按预算分配率分配，本月按照预算分配率分配的裁剪成本西服是 45000 元，夹克为 25000 元，若本月车间实际发生的裁剪成本为 68600 元，以预算裁剪成本为分配差异的标准，则夹克的实际裁剪成本应为（　　）元。

A. 44100　　B. 24500　　C. 27150　　D. 23500

8. 作业成本管理需要区分增值作业和非增值作业，下列表述正确的是（　　）。

A. 最终增加企业价值的作业是增值作业，否则就是非增值作业

B. 最终增加顾客价值的作业是增值作业，否则就是非增值作业

C. 最终增加股东财富的作业是增值作业，否则就是非增值作业

D. 最终增加企业利润的作业是增值作业，否则就是非增值作业

9. 甲企业用作业成本法计算产品成本，每批产品生产前需要进行机器调试。在对调试作业进行成本分配时，最适合采用的作业成本动因是（　　）。

A. 产品品种　　B. 产品批次　　C. 产品数量　　D. 每批产品数量

10. 间接成本在产品成本中所占比重较大的情况下，产量基础成本计算制度往往会（　　）。

A. 夸大高产量产品的成本　　B. 不改变低产量产品的成本

C. 夸大低产量产品的成本　　D. 缩小高产量产品的成本

二、多项选择题

1. 甲公司是一家电子产品生产企业，从事电子产品的设计、生产和销售，按照客户订单分批组织生产，间接加工费按照作业成本法分配。下列关于作业成本库设计的说法，正确的有（　　）。

A. 产品设计作业属于品种级作业

B. 产品订单处理属于批次级作业

C. 产品组装作业属于单位级作业

D. 产品包装作业属于生产维持级作业

2. 甲公司是一家空调生产企业，采用作业成本法核算产品成本，现正进行作业库设计，下列说法正确的有（　　）。

A. 空调设计属于品种级作业　　B. 空调加工属于单位级作业

C. 空调成品抽检属于批次级作业　　D. 空调工艺流程改进属于生产维持级作业

3. 甲公司采用作业成本法，下列选项中，属于生产维持级作业的有（　　）。

A. 机器加工　　B. 工厂安保

C. 行政管理　　D. 半成品检验

4. 某企业生产经营的产品品种繁多，间接成本比重较大，成本会计人员试图推动该企业采用作业成本法计算产品成本，下列理由中适合用于说服管理层的有（　　）。

A. 通过作业管理可以提高成本控制水平　　B. 使用作业成本信息有利于价值链分析

C. 使用作业成本法可提高成本分配准确性　　D. 使用作业成本信息可提高经营决策质量

5. 下列成本中，属于品种级作业成本的有（　　）。

A. 产品的直接材料成本　　B. 产品生产前机器调试成本

C. 产品设计成本　　D. 产品工艺改造成本

6. 下列各项中，适合作为单位级作业的作业动因有（　　）。

A. 生产准备次数　　B. 零部件产量　　C. 采购次数　　D. 耗电千瓦时数

7. 下列有关批次级作业的表述，正确的有（　　）。

A. 批次级作业指同时服务于每批产品的作业

B. 批次级作业的成本取决于每批中单位产品的数量

C. 批次级作业成本需要单独进行归集、计算每一批的成本，然后分配给不同批次（如某订单）

D. 分配给不同批次的批次级作业成本不需要根据产品的数量在单个产品之间进行分配

8. 下列关于作业成本法的说法中，正确的有（　　）。

A. 作业成本法强调使用不同层面和数量众多的资源成本动因将作业成本追溯到产品

B. 作业成本法是将间接成本和辅助费用更准确地分配到产品和服务的一种成本计算方法

C. 作业成本法的基本思想是“产品消耗作业，作业消耗资源”

D. 作业成本法强调使用追溯和动因分配方式来分配成本

9. 据作业成本管理原理，某制造业下列作业中，属于非增值作业的有（　　）。

A. 废品清理作业　　B. 材料堆积作业　　C. 零件组装作业　　D. 次品返工作业

10. 下列关于作业成本法与传统的成本计算法比较的说法中，正确的有（　　）。

A. 传统成本计算法对全部生产成本进行分配，作业成本法只对变动成本进行分配

B. 传统成本计算方法按部门归集间接费用，作业成本法按作业归集间接费用

C. 作业成本法的直接成本计算范围要比传统的成本计算方法的计算范围小

D. 与传统的成本计算方法相比，作业成本法不便于实施责任会计和业绩评价

三、判断题

1. 最终增加股东价值因而给企业带来利润增长点的作业是增值作业，否则就是非增值作业。（　　）
2. 作业成本动因是引起作业成本增加的驱动因素。（　　）
3. 资源成本动因是指作业成本或产品成本的驱动因素，实际上就是指成本分配的标准。（　　）
4. 动因分配，是指根据成本动因将成本分配到各成本对象的过程。（　　）
5. 动因分配只要因果关系建立恰当，成本分配的结果同样可以像追溯那样准确。（　　）
6. 传统成本法的产品成本既包含制造成本，也可能包含部分非制造成本。（　　）
7. 作业成本管理的最终目标是通过减少非增值作业强化企业的战略竞争优势。（　　）

8. 作业成本法认为产量并非间接费用发生的唯一动因。（　　）

9. 传统成本计算法计算的产品成本符合对外财务报告的需求。（　　）

10. 作业成本管理有助于持续降低成本和不断消除浪费。（　　）

四、计算分析题

1. 赛特公司产销普通型和专业型两种级别照相机，当年产销平衡，其相关财务和成本数据如表5-5所示。

表5-5　相关财务和成本数据

项目	专业相机	普通相机
产销量/台	5000	15000
售价/元	4000	2000
单位产品直接材料/元	1300	500
单位产品人工成本/元	700	300
制造费用总额/元	20000000	
直接人工/小时	25000	75000

公司成本核算员提供了与制造费用相关作业的成本库成本及作业动因信息，如表5-6所示。

表5-6　作业成本和作业成本动因

作业	作业成本/元	作业成本动因
生产准备	3000000	生产批别
机器设备运行	16250000	机器设备工时
验收包装	750000	产量
合计	20000000	

两种产品不同作业的实际作业量如表5-7所示。

表5-7　两种产品不同作业的实际作业量

作业成本动因	专业相机	普通相机	合计
生产批别/批	200	100	300
机器设备工时/小时	55000	107500	162500
产量/台	5000	15000	20000

要求：(1) 采用传统（以产量为基础）成本计算制度，以直接人工工时为分配标准，确定两种产品的单位盈利能力。

(2) 采用作业成本计算制度，确定两种产品的单位盈利能力。

2. 欣悦电子科技公司产销无线家用打印机，该打印机成本由直接材料和四个作业中心成本构成。相关作业中心及成本数据如表5-8所示。

表5-8　相关作业中心及成本数据

作业中心	作业动因	分配率
材料管理	零部件数量	10元/个
机械制造	机器小时数	65元/小时
组装	装配小时数	80元/小时
检验	检验小时数	105元/小时

客户佳美贸易公司定制了800台打印机，每台价格900元，按照客户的对产品的特殊要求，成本核算部门测算每台打印机直接材料成本为230元，需要18个零部件、4个机器小时、2个装配小

时和 1 个检验小时。

要求：(1) 计算佳美贸易公司定制打印机的单位成本。

(2) 欣悦电子科技公司能否接受这个订单？

——————————————扫扫看，你有多优秀——————————————

延伸阅读

[1]

[2]

[3]

[4]

[5]

[1]《管理会计应用指引第 304 号——作业成本法》。

[2] 刘运国，熊罗英，郭瑞营．标准成本法与作业成本法融合应用的案例研究：以 E 外商独资制造企业为例 [J]．管理会计研究，2022 (03)：69-77.

[3] 卢相序，姜君臣．企业的战略成本动因分析：以农夫山泉为例 [J]．管理会计研究，2021，4 (05)：42-51＋88.

[4] 梁丽星，刘欢欢，温素彬．区块链＋作业成本法：解读与应用案例 [J]．会计之友，2020 (22)：148-153.

[5] 孙茂竹，李华，王艳茹．基于可持续发展的成本动因研究 [J]．科研管理，2013，34 (S1)：65-71.

第六章　变动成本法

学习目标

变动成本法是指在产品成本计算过程中，以成本性态分析为前提，产品成本只包括变动生产成本，即生产过程中所消耗的直接材料、直接人工和变动制造费用，而将固定制造费用及非生产成本作为期间成本从当期的收入中全部扣除的成本计算方法。通过本章的学习，大家应能达成以下目标。

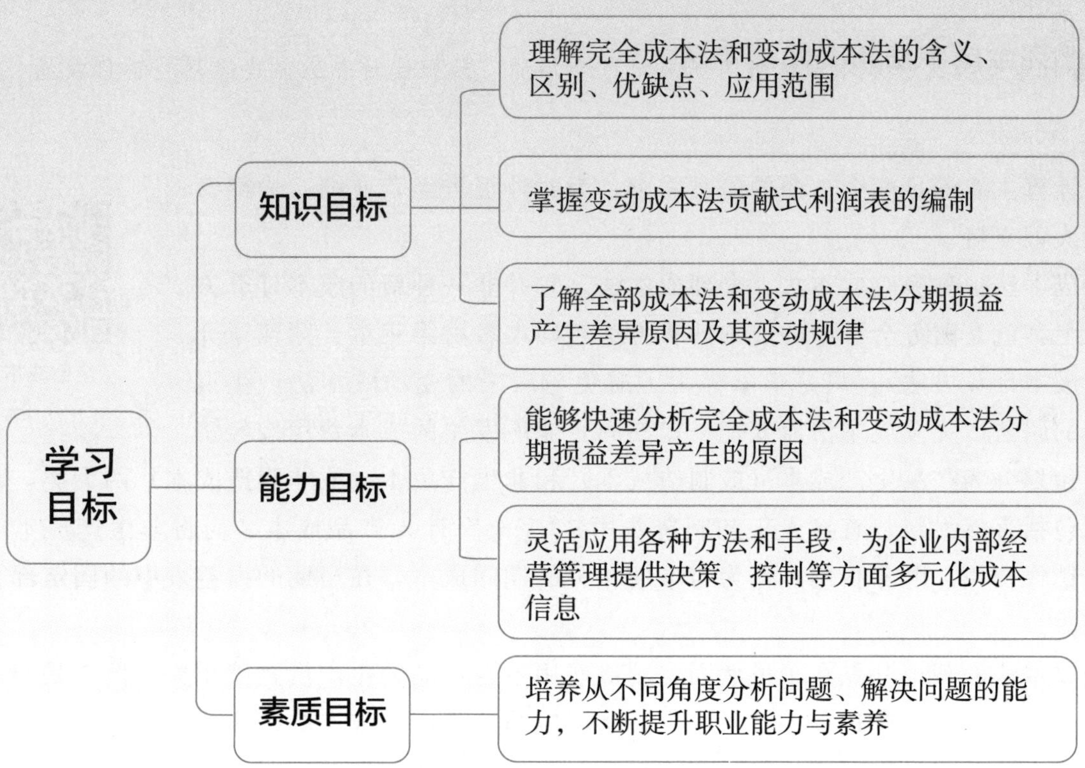

案例导入

制药厂经理的困惑：销量增加，利润却下降

2022 年 3 月 12 日，某医药工业公司经理对下属专门生产输液原料的甲制药厂上报的财务报告颇为困惑：2020 年销售受阻，产品库存大量积压，2021 年一方面适当减少产量，另一方面通过各种渠道扩大销售，在产品售价不变、期间费用基本持平的情况下，销售量比 2020 年增长 40%，消化了大量前期的产成品库存，但 2021 年的利润却比 2020 年下降了 48.83%。公司财务科长也觉得不可思议。于是他将甲制药厂有关报表和财务资料进行进一步的研究。研究发现，由于产品积压，2021 年消减了产品的生产量，使得按照传统成本计算方法计算的本年度单位产品成本大幅度上升，造成了 2021 年利润与销售量背离的现象。这种背离可能对公司的经营决策和业绩考评产生误导。如何消除产量变动对利润的影响，同时提高成本信息的决策有效性是本章的主题。

——本书编写组改编整理

关键名词

变动成本法　完全成本法　边际贡献　固定制造费用　贡献式损益计算表

第一节　完全成本法与变动成本法

一、完全成本法

成本计算主要满足两个方面的信息需求：为对外报告经营业绩；为经营管理提供决策支持。

全部成本法

完全成本法也称吸收成本法、全部成本法。它并非一种新的成本计算方法，实际上其就是财务会计中的成本计算方法（即本教材第三章、第四章介绍的传统成本计算方法），只是学术界为了避免与后来的变动成本法产生混淆而统一的叫法。完全成本法需要把一定期间企业所发生的成本费用按经济职能和用途划分为产品生产成本（或制造成本）和非生产成本（或非制造成本）两大类，将所有生产成本（包括直接材料、直接人工和制造费用）“完全”计入产品成本，而将非生产成本（包括管理费用、销售费用、财务费用）作为与本期相关的期间成本，在当期的损益表中的固定部分中一次性全额扣减。

完全成本法的理论基点在于虽然固定制造费用不与产品的生产量直接相关，但它是产品生产三个要素之一，在产品生产过程中必不可少，所以应当成为产品成本的组成部分。

完全成本法的产品生产成本包括直接材料、直接人工和制造费用三个部分，其中直接材料、直接人工与产量成正比，制造费用既包括间接材料、间接人工等与产量相关的变动制造费用，也包括设备厂房折旧等与期间相关的固定制造费用。因为固定制造费用具有固定成本的性态特征，即在相关产量范围内成本总额不变，但单位产品固定成本会随着产量的增加而降低，所以，完全成本法下，单位产品成本受产量的直接影响，产量越大，单位产品成本越低。

例 6-1　隆鑫公司 2019 年初开始投入生产新产品甲，投产当年产量 48000 件，实现销售量 40000 件，产品售价每件 48 元。有关成本费用资料如下。

直接材料：8 元/件

直接人工：5 元/件

变动制造费用：7 元/件

固定制造费用：480000 元/年

变动销售和管理费用：1 元/件

固定销售和管理费用：250000 元/年

在完全成本法下

单位产品固定制造费用＝480000÷48000＝10（元）

单位产品成本＝8＋5＋7＋10＝30（元）

产品销售成本＝40000×30＝1200000（元）

期末存货成本＝（48000－40000）×30＝240000（元）

完全成本法营业利润的计算如表 6-1 所示。

表 6-1　隆鑫公司 2019 年利润计算表（完全成本法）

项目	金额/元
销售收入（40000×48）	1920000
减：销售成本（40000×30）	1200000
销售毛利	720000
减：期间成本 变动销售和管理费用（40000×1） 固定销售和管理费用 250000	290000
营业利润	430000

2020 年，隆鑫公司生产量为 60000 件，而销售量仍保持 40000 件不变，其他条件不变。

则在完全成本法下

单位产品固定制造费用＝480000÷60000＝8（元）

单位产品成本＝8＋5＋7＋8＝28（元）

显然，由于 2020 年产量的增加，每件产品分摊的固定制造费用下降，单位产品成本下降至 28 元，而上年结存产成品存货 8000 件的单位成本是 30 元，期初库存产品成本与当年生产产品单位成本出现差异，因此，2020 年产品销售成本的计算如下（假定采用先进先出法）：

产品销售成本＝8000×30＋32000×28＝1136000（元）

期末存货成本＝（8000＋60000－40000）×28＝784000（元）

2020 年营业利润的计算如表 6-2 所示。

表 6-2　隆鑫公司 2020 年利润计算表（完全成本法）

项目	金额/元
销售收入（40000×48）	1920000
减：销售成本（8000×30＋32000×28）	1136000
销售毛利	784000
减：期间成本 变动销售和管理费用（40000×1） 固定销售和管理费用 250000	290000
营业利润	494000

以上计算结果表明，2020 年销售量不变，仅提高产量，就能够提高公司的利润 64000 元（494000－430000）。在市场经济条件下，这种税前营业利润与销售量相背离的状况不仅令人费解，还可能使公司脱离市场需求片面追求高产量，盲目生产，造成库存积压。产销不平衡下，也给公司

管理层根据产量的不同进行利润人为调节提供了空间。因此，完全成本法对管理者不恰当的潜在激励，使其成本信息在内部管理决策中的有效性受到质疑。

二、变动成本法

（一）变动成本法理论基础

变动成本法又称直接成本法，是美国会计学家哈里斯（M. J. Harris）于 1936 年首先提出来的。随着企业经营环境的改变、企业间竞争的不断加剧，变动成本法开始受到企业的普遍重视。

变动成本法

变动成本法是指在产品成本计算过程中，以成本性态分析为前提，产品成本只包括变动生产成本，即生产过程中所消耗的直接材料、直接人工和变动制造费用，而将固定制造费用及非生产成本作为期间成本从当期的收入中全部扣除的成本计算方法。

变动成本法的理论依据在于对产品成本和期间成本的界定不同。

1. 产品成本应该只包括变动成本

变动成本法认为，产品成本必然和产品产量密切相关。在生产工艺没有发生实质性变化、成本水平不变的条件下，所发生的产品成本总额应与相应的产品产量成正比例变动。也就是说，没有相应的产品实体存在，就不应当有产品成本存在。在变动成本法下，只有变动成本才构成产品成本的内容。固定性制造费用由于在相关范围内与产品产量没有直接关系，且不随产品产量的变动而变动，不应作为产品成本。

2. 固定性制造费用应作为期间成本处理

固定性制造费用在相关范围内与产品产量的多少无关，只是定期地创造了可供利用的生产能量，与期间成本的关系更为密切。在这点上，固定性制造费用和财务费用、管理费用，以及销售费用等非生产成本一样表现出一定的时效性。这些能量和条件是否在当期被利用，以及利用是否有效，丝毫不影响这种成本、费用的发生额，而其效益也会随着时间的推移逐渐消失，不能递延到下期。因此，固定性制造费用应当与非生产成本一样作为期间成本处理，直接在发生当期扣除。

（二）变动成本法与完全成本法的区别

1. 变动成本法产品成本中只包含直接材料、直接人工和变动制造费用

固定制造费用及所有的非生产成本（包括变动非生产成本和固定非生产成本）全部作为期间成本直接计入当期损益。变动成本法与完全成本法的主要区别在于对固定制造费用的处理不同。二者的产品成本与期间成本构成如图 6-1 所示。

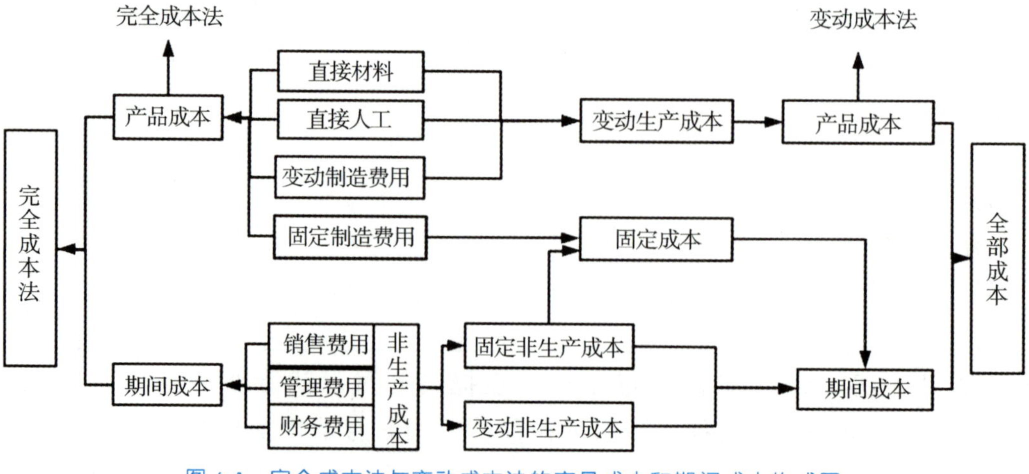

图 6-1　完全成本法与变动成本法的产品成本和期间成本构成图

在变动成本法下，因为产品成本仅按变动生产成本计算，而固定制造费用全部被作为期间成本处理，所以，无论是期末在产品、库存完工产品还是已销售产品都只包含变动生产成本，即期末存货全部按变动生产成本计价。而完全成本法下，由于产品成本包括固定制造费用，并将固定制造费用在完工产品和在产品之间分配，期末在产品、库存完工产品和已销售产品中均“吸收”了一定份额的固定制造费用，即期末存货都是按全部生产成本计价。因此，变动成本法的存货成本必然小于完全成本法的存货成本。

2. 变动成本法采用贡献式损益确定程序计算损益

与完全成本法采用职能式损益确定程序计算损益（即销售收入减销售成本等于销售毛利，销售毛利减期间费用等于营业利润，其中间指标是“销售毛利”）不同的是，变动成本法采用贡献式损益确定程序计算损益。所谓贡献式损益确定程序，即通过贡献边际（或边际贡献）中间指标确定损益。所谓边际贡献，就是指产品销售收入减去变动成本后的余额。它与销售收入和营业利润之间的关系如下：

销售收入－变动成本＝边际贡献

边际贡献－固定成本＝营业利润

边际贡献反映了产品的盈利能力及其对企业营业利润所做的贡献。因为边际贡献总额同产品销售数量直接相关，所以是企业经营决策和利润计划的重要依据，也是企业管理人员关心的重点。贡献边际再减去全部固定成本则是企业的营业利润。变动成本法编制的利润表把所有成本项目按成本性态分为变动成本和固定成本两大类，主要是为了便于取得贡献边际信息，故又称“贡献式利润表”。利用上述关系可以揭示出销售量、成本和利润之间的内在联系，这对企业生产经营活动进行规划和控制具有重要作用。

例 6-2 沿例 6-1，用变动成本法分别计算 A 公司 2019 年、2020 年营业利润。

变动生产成本＝8＋5＋7＝20（元）

变动销售及管理费用＝1（元）

变动成本＝20＋1＝21（元）

2019 年，隆鑫公司生产量为 48000 件，用变动成本法计算营业利润，如表 6-3 所示。

表 6-3　隆鑫公司 2019 年利润计算表（变动成本法）

项目	金额
销售收入（40000×48）	1920000
减：变动成本 　　变动生产成本（40000×20＝800000） 　　变动销售和管理费用（40000×1＝40000）	840000
边际贡献	1080000
减：固定成本 　　固定制造费用 480000 　　固定销售和管理费用 250000	730000
营业利润	350000

2020 年，隆鑫公司生产量为 60000 件，而销售量仍保持 40000 件不变，其他条件不变，利润计算如表 6-4 所示。

表 6-4　隆鑫公司 2020 年利润计算表（变动成本法）

项目	金额/元
销售收入（40000×48）	1920000
减：变动成本 变动生产成本（40000×20=800000） 变动销售和管理费用（40000×1=40000）	840000
边际贡献	1080000
减：固定成本 固定制造费用 480000 固定销售和管理费用 250000	730000
营业利润	350000

表 6-3 和表 6-4 显示，2019 年和 2020 年的营业利润完全相等。说明在变动成本法下，产量的变化对营业利润不产生影响，营业利润只随销售量的变化而变化。两年营业利润相同的原因是，480000 元的固定制造费用（即固定生产成本）全部作为该会计期间的费用从边际贡献中扣除，而无需分配到产品成本中去，产量的多少，对当期的损益没有影响。可见，变动成本法强调销售环节对公司利润的贡献，使利润对销量的变化更为敏感，在客观上起到促进销售的作用。

第二节　两种成本法的营业利润差异及解释

一、两种成本法利润产生差额的原因分析

由于完全成本法和变动成本法对固定制造费用的处理不同，产品成本和期间成本的构成内容不同，在产销不平衡的状态下，两种成本法的营业利润可能产生差异。但差异产生的根本原因在于两种成本法计入当期损益表的固定制造费用的水平出现差异。具体表现为：完全成本法下期末存货吸收的固定制造费用与期初存货释放的固定制造费用之间的差异。

两种成本法对分期损益的影响

按照例 6-1 和例 6-2 两种方法计算的营业利润，2019 年，完全成本法计算的利润 430000 元，变动成本法计算的营业利润 350000 元，相差 80000 元。原因是完全成本法下，固定制造费用按照产量分配于产品中，使尚未出售的期末存货分担（吸收）了部分固定制造费用，不像变动成本法那样全部从当期销售收入中直接全部扣除。年产量 48000 件，销售量只有 40000 件，期末结存 8000 件产品（2019 年期初存货量为零），每件吸收固定制造费用 10 元，共吸收 80000 元（8000 件×10 元）的固定制造费用，导致计入当期损益的成本比变动成本法少 80000 元，利润则比变动成本法多 80000 元。

按照同样思路，2020 年，完全成本法计算的利润 494000 元，变动成本法计算的营业利润 350000 元，相差 144000 元。原因是年产量 60000 件，销售量依然是 40000 件，期末结存 28000 件产品（期初存货量 8000 件+产量 60000 件−销售量 40000 件），需要注意的是，由于本年产量增

加，每件产品分担的固定制造费用减少为 8 元（480000 元÷60000 件），先进先出法下期末存货共吸收 224000 元（28000 件×8 元）的固定制造费用，期初存货 8000 件则因在当期销售而释放其所吸收的上期固定制造费用 80000 元（8000 件×10 元），成为当年销售成本的一部分，期初期末存货吸收、释放对抵相差 144000 元（224000 元－80000 元），即为两种方法的利润差额。

二、两种成本法营业利润差额简算法

前述计算思路和方法说明完全成本法与变动成本法的营业利润差异实际上等于完全成本法下期末存货吸收的固定制造费用与期初存货释放的固定制造费用之间的差异。先进先出法下，可以用以下公式简算：

$$
\begin{aligned}
\text{营业利润差额} &= \text{完全成本法营业利润} - \text{变动成本法营业利润}\\
&= \begin{matrix}\text{完全成本法期末存货}\\ \text{吸收的固定制造费用}\end{matrix} - \begin{matrix}\text{完全成本法期初存货}\\ \text{释放的固定制造费用}\end{matrix}\\
&= \begin{matrix}\text{完全成本法单位期末}\\ \text{存货的固定制造费用}\end{matrix} \times \text{期末存货量} - \begin{matrix}\text{完全成本法单位期初}\\ \text{存货的固定制造费用}\end{matrix} \times \text{期初存货量}
\end{aligned}
$$

沿例 6-1 和例 6-2 数据，2019 年和 2020 年两种方法营业利润差额计算如下：

2019 年营业利润差额＝430000－350000＝80000（元）

＝10×8000－0＝80000（元）

2020 年营业利润差额＝494000－350000＝144000（元）

＝8×28000－10×8000＝144000（元）

三、两种成本法营业利润的变动规律

根据以上简算法公式，我们可以得到两种成本计算法营业利润的变动规律。

（1）当期末存货量和期初存货量均为零，即产销量绝对平衡时，两种成本计算法确定的营业利润相等。

（2）期初存货量为零，期末存货量不为零，说明当期产量大于销售量，则两种成本计算法差额大于零，完全成本法的营业利润大于变动成本法的营业利润，差额为完全成本法单位期末存货的固定制造费用与期末存货量的乘积。相反，如果期末存货量为零，期初存货量不为零，说明当期产量小于销售量，则两种成本计算法差额小于零，完全成本法的营业利润小于变动成本法的营业利润，差额为完全成本法单位期初存货的固定制造费用与期初存货量的乘积。

（3）各年产量相同，则期初、期末单位存货固定制造费用相等，两种方法营业利润差额大小取决于当期的产销量。当期销售量大于产量，期末存货量就小于期初存货量，两种方法营业利润差额小于零，说明完全成本法的营业利润小于变动成本法的营业利润，差额为完全成本法单位期末（或期初）存货的固定制造费用与期末期初存货量之差的乘积。当期销售量小于产量，期末存货量就大于期初存货量，两种方法营业利润差额大于零，说明完全成本法的营业利润大于变动成本法的营业利润，差额也是完全成本法单位期末（或期初）存货的固定制造费用与期末期初存货量之差的乘积。

（4）当期产销平衡，两种方法的营业利润并不一定相等。因为当期产销平衡，只能说明期初、期末存货量相等，不代表期末存货吸收的固定制造费用与期初存货释放的固定制造费用一定相等。但如果当期产销平衡，同时前后期产量相等，则两种方法差额为零，营业利润相等。

（5）从长期的角度来考察，公司的产量和销售量趋于平衡时，期初、期末存货为零，因此，两种成本计算方法营业利润体现的是各年的差异，总的合计数是相等的。但由于会计分期报告的需要、管理中对会计信息的及时性的需要，以及工作成果的分期评价和考核，都要求分期确定损益。

确定两种方法营业利润差额的意义在于，便于两种成本计算方法的营业利润的互相转换，即

完全成本法营业利润＝变动成本法营业利润＋两种成本法营业利润差额

变动成本法营业利润＝完全成本法营业利润－两种成本法营业利润差额

第三节　完全成本法与变动成本法的评价与实际应用

一、变动成本法的评价

（一）变动成本法的优势

变动成本法面向未来，强调服务于企业内部规划控制，满足管理层决策信息需求，具有以下优点。

两种成本法的评价

1. 有利于促使管理层经营重点从生产转向销售

由于完全成本法中固定制造费用计入产品成本，单位产品成本随产量的增加而下降，从而使企业在不增加销售量的情况下，通过增加产量，就可以实现大幅度提高利润的目的。因此，可能导致管理层只重视生产而忽视销售，或出现通过产量变化人为调节利润的行为。而由于变动成本法中产品成本不包括固定制造费用，从根本上消除了产量对利润的影响，使利润的变动只与销售量呈现正相关。因此，能够促使管理层经营重点从生产转向销售。

2. 为管理层进行预测和短期决策提供有用的信息

变动成本法将成本划分为变动成本和固定成本，有助于通过盈亏临界点和本量利分析，揭示产量和成本变动的内在规律，找出生产、销售、成本、利润之间的关系，并用于预测前景、规划未来，以及正确地制定短期经营决策。

3. 有利于合理地评价各期经营业绩

采用完全成本法时，如果本期的生产能力没有得到充分利用，单位产品成本将随产量的下降而上升。当其中部分产品转入下期销售时，这种损失还会有部分转嫁到下期，减少下期的利润。反之，则会增加下期的利润，使盈亏不能正确反映当期的工作业绩。而采用变动成本法时，在相关范围内，其利润只受销量影响，不受产量的影响，因此，不会出现这种情况。

4. 简化产品成本计算

由于变动成本法把固定制造费用作为固定成本列入期间费用，从当期贡献边际总额中一次性扣减，大大简化了产品成本分摊固定制造费用的计算工作量，同时也避免了固定制造费用分配标准选择的主观随意性，这对生产多品种的企业优势更加明显。完全成本法中固定制造费用分配的主观随

意性可能使不同产品的获利能力变得模糊，而变动成本法则由于固定制造费用全额计入当期损益，从而避免了这种情况的发生。

（二）变动成本法的局限性

变动成本法也存在一些局限性，主要表现在以下两点。

（1）所提供的产品成本数据不完整，无法满足对外会计报告的要求。按照对外会计报告的要求，产品成本是指在生产制造环节为生产产品而发生的所有生产成本，当然也应包括固定制造费用。这种观念长期以来在世界范围内得到广泛的支持和认可，并作为企业对外报告产品成本的标准。按变动成本法确定的产品成本只包括变动生产成本，显然不能满足这一要求。

（2）所提供的产品成本信息难以满足长期决策的需求。变动成本法建立在成本性态分析的基础上，因此以相关范围假定为存在前提。但成本的性态受多种因素影响，固定成本和变动成本的水平不可能长期不变。另外，将成本按照性态特征划分为固定成本与变动成本的各种方法，多带有一定的假定性，一定程度上会影响固定成本与变动成本准确性。因此，从长期来看，变动成本法提供的成本信息只能满足短期经营决策的需求，难以适应长期决策的需要。

变动成本法固有的局限性导致变动成本法一直未被财务会计所接受，目前主要适用于企业内部管理。

二、完全成本法的评价

（一）完全成本法的优势

虽然在前面我们指出了完全成本法的缺点，但需要注意的是完全成本法目前仍然得到公认会计原则的确认并在实际工作中广泛应用，这是因为其具有以下优点。

（1）有助于管理层通过增加产量获得规模经济效益。在微观经济理论中，规模经济效益是指生产规模扩大导致的产品平均成本下降的现象。按照完全成本法，产量越大，单位固定成本越低，整个单位产品成本随之降低，超额利润就随之增大，客观上有助于刺激企业扩大生产规模的积极性。

（2）有利于企业采用“完全成本加成定价法”进行定价决策。

（3）便于企业编制对外报表。产品成本的概念和构成符合大多数信息使用者的认知，与财务会计的存货计价基础相吻合，有利于企业编制对外报表。目前对外会计报表要求企业按照完全成本法提供有关成本资料。

（二）完全成本法的局限性

完全成本法的最大不足在于所计算的分期损益受产量的影响，与销售量脱节，不利于管理层日常经营管理决策，以及业绩评价。由于期末存货吸收了一部分固定性制造费用，当期发生的固定性制造费用随存货部分结转到下期，因此，完全成本法所计算出来的利润无法真实地反映销售量、成本和利润之间的正常关系。首先，不同会计年度的销售量相同，单位产品售价、单位产品变动成本和固定成本总额均无变动，但按照完全成本法计算的各个会计年度的利润却可能变动较大；其次，销量增加，在产品的单位售价、成本不变的情况下，利润反而减少；最后，在单位售价、成本不变的情况下，产成品期末存货增加，企业利润也会增加。在市场经济环境下，这种利润与销售量脱节的状况使完全成本法确认的分期利润信息的决策有效性大打折扣。因此，完全成本法主要适用于对外报告的财务会计系统。

三、两种成本计算方法的实际应用

完全成本法和变动成本法各自都有其适用性和局限性，且两者的优缺点在一定程度上正好又是可以互相转化的。比如完全成本法适用于编制对外财务报表，而变动成本法却不适合，前者无法提供企业经营管理需要的各种有用信息，不利于企业的短期决策，而后者正好可以提供这些信息，有利于短期决策。因此，自变动成本法产生以来，对于企业会计在对内和对外两方面究竟采用完全成本法还是变动成本法来计算成本和确定损益的争论从来没有停止。如果从企业会计的职能来看，一方面要通过灵活多样的方法和手段，为企业内部的经营管理提供决策、规划、控制等诸多方面的有用信息；另一方面又要通过定期提供财务报表，为企业外部的投资人、债权人和其他有关机构服务。因此，二者服务对象不同，实际应用中应互相结合、互相补充，不能互相取代。

本章小结

（1）完全成本法是将所有生产成本（包括直接材料、直接人工和制造费用）“完全”计入产品成本，而将非生产成本（包括管理费用、销售费用、财务费用）作为与本期相关的期间成本，在当期的损益表中一次性全额扣减的一种成本计算方法。

（2）变动成本法是指在产品成本计算过程中，以成本性态分析为前提，产品成本只包括变动生产成本，即生产过程中所消耗的直接材料、直接人工和变动制造费用，而将固定制造费用及非生产成本作为期间成本从当期的收入中全部扣除的成本计算方法。

（3）变动成本法与完全成本法的主要区别在于产品生产成本和期间费用的构成不同。变动成本法与完全成本法营业利润产生差异的主要原因在于完全成本法下期末存货吸收的固定制造费用与期初存货释放的固定制造费用之间产生的差异。

（4）完全成本法和变动成本法各自都有其适用性和局限性，二者服务对象不同，实际应用中应互相结合、互相补充，不能互相取代。

思考题

1. 什么是完全成本法和变动成本法？各有哪些优缺点？
2. 变动成本法与完全成本法利润的计算程序有什么不同？
3. 两种成本法的利润差额有哪些变动规律？
4. 变动成本法的理论基础是什么？

自测自评

一、单项选择题

1. 将全部成本分为固定成本、变动成本和混合成本所采用的分类依据是（　　）。

A. 成本核算目标　　B. 成本的可辨认性　　C. 成本的经济用途　　D. 成本的性态

2. 下列各项中，能构成变动成本法产品成本内容的是（　　）。

A. 变动成本　　B. 固定成本　　C. 生产成本　　D. 变动生产成本

3. 在变动成本法下，固定制造费用应当列作（　　）。

A. 非生产成本　　B. 期间成本　　C. 产品成本　　D. 直接成本

4. 本期产量与上期保持一致，若本期完全成本法的营业利润小于变动成本法的营业利润，则（　　）。

A. 本期生产量大于本期销售量　　B. 本期生产量等于本期销售量

C. 期末存货量大于期初存货量　　D. 期末存货量小于期初存货量

5. 在相同成本原始资料条件下，变动成本法计算下的单位产品成本比完全成本法计算下的单位产品成本（　　）。

A. 相同　　B. 大　　C. 小　　D. 无法确定

6. 如果完全成本法期末存货吸收的固定制造费用大于期初存货释放的固定制造费用，则两种方法计算的营业利润的差额（　　）。

A. 一定等于零　　B. 可能等于零　　C. 一定大于零　　D. 一定小于零

7. 下列关于完全成本法的表述，正确的是（　　）。

A. 能够满足内部管理的全部需求　　B. 将固定制造费用列入存货成本

C. 将管理费用列入存货成本　　D. 将变动制造费用列为期间费用

8. 变动成本计算法下，固定制造费用（　　）。

A. 在已销售产品、库存产品之间分配　　B. 在已销售产品、库存产品和在产品之间分配

C. 结转到下期　　D. 全额直接从本期销售收入中扣减

9. 东方公司只生产一种产品，本月产量 100 件，共发生直接材料 100000 元，直接人工 50000 元，变动制造费用 40000 元，固定制造费用为 80000 元，变动管理费用和变动销售费用为 20900 元，固定管理费用和固定销售费用 15000 元。按变动成本法计算，该产品的单位成本为（　　）元。

A. 2700　　B. 1900　　C. 2109　　D. 3059

10. 比较完全成本法和变动成本法的营业利润时，期初存货量为零，期末存货数量不为零，则（　　）。

A. 本期产销平衡

B. 完全成本法的营业利润高于变动成本法的营业利润

C. 完全成本法的营业利润低于变动成本法的营业利润

D. 单位变动成本高于单位固定成本

二、多项选择题

1. 变动成本法的应用前提条件有（　　）。

A. 要求进行成本性态分析

B. 把混合成本性质的管理费用按与销售量的关系分解为变动管理费用和固定管理费用

C. 把混合成本性质的制造费用按与产量的关系分解为变动制造费用和固定制造费用

D. 把混合成本性质的销售费用按与销售量的关系分解为变动销售费用和固定销售费用

2. 变动成本法下，产品成本包括（　　）。

A. 变动管理及销售费用　　B. 变动制造费用

C. 直接人工　　D. 直接材料

3. 在变动成本法下，期间费用通常包括（　　）。

A. 变动管理费用　　B. 固定管理费用　　C. 固定制造费用　　D. 变动销售费用

E. 固定销售费用

4. 在完全成本法下，期间费用包括（　　）。

A. 变动管理费用　　B. 固定管理费用
C. 固定制造费用　　D. 变动销售费用
E. 固定销售费用

5. 完全成本法与变动成本法的区别在于（　　）。

A. 应用的前提条件不同　　B. 产品成本构成内容不同
C. 对固定制造费用的认识与处理方法不同　　D. 营业利润计算程序不同

6. 下列项目中，不会导致完全成本法和变动成本法确定的分期损益不同的是（　　）。

A. 直接材料　　B. 管理费用　　C. 销售费用　　D. 固定性制造费用

7. 下列各项中，属于完全成本法缺点的是（　　）。

A. 管理层可以通过操控生产计划来改变营业利润
B. 操控生产计划最终会导致公司长期的运营成本增加
C. 与财务会计的存货计价基础相吻合，有利于企业编制对外报表
D. 不能满足企业内部管理的决策需要

8. 很多公司将完全成本法改为变动成本法进行内部报告，可能的动机有（　　）。

A. 减少囤积存货的激励因素　　B. 合理评价各期经营业绩
C. 满足内部管理层经营决策的需求　　D. 促使管理层减少盲目生产

9. 如果一个会计期间的产量大于销量，则完全成本法的营业利润可能（　　）变动成本法的营业利润。

A. 大于　　B. 小于　　C. 等于　　D. 以上都不是

三、判断题

1. 变动成本法的单位产品成本受产量的直接影响，产量越大，单位产品成本越低。（　　）
2. 变动成本法的期间费用只包括固定制造费用。（　　）
3. 当期末存货量不为零时，按变动成本法确定的存货成本必然小于完全成本法下的存货成本。（　　）
4. 变动成本法与完全成本法两者所提供信息的用途不同。（　　）
5. 变动成本法既有利于短期决策，也有利于长期决策。（　　）
6. 变动成本法与完全成本法的主要区别在于对于固定制造费用的处理不同。（　　）
7. 变动成本法计算营业利润的中间指标是边际贡献。（　　）
8. 变动成本法下，产品成本包括企业所有的变动成本。（　　）
9. 当期末存货量和期初存货量均为零，即产销量绝对平衡时，两种成本计算法确定的营业利润相等。（　　）
10. 变动成本法的理论基点在于固定性制造费用在相关范围内与产品产量没有直接关系，不随产品产量的变动而变动，因此不应作为产品成本。（　　）

四、计算分析题

光普电子公司生产的家用食品电子秤，销售单价 15 元，单个电子秤耗用原材料 2 元。生产工人

工资 3 元. 变动制造费用 1 元，业务员销售提成 1 元/个，月固定制造费用 40 000 元，月固定销售及管理费用 15000 元。期初存货为零，当月产量为 10000 个，销售量 8500 个，期末存货 1500 个。

要求：(1) 计算两种方法下产品的单位成本。

(2) 以完全成本法列表计算当月税前营业利润，并调整计算变动成本法营业利润。

(3) 以变动成本法列表计算当月税前净利润，并调整计算完全成本法营业利润。

(4) 解释两种成本计算方法营业利润差额的原因。

——————————————扫扫看，你有多优秀——————————————

延伸阅读

[1]　[2]　[3]　[4]

[1]《管理会计应用指引第 303 号——变动成本法》。

[2] 朱佳峰. 城市轨道交通简单运营成本预测模型构建 [J]. 财会学习，2022 (17)：99-102.

[3] 罗荟闽，黄李一，汤畅，等. 考虑成本的共享单车维修点选址及应用 [J]. 科技创新与生产力，2022 (08)：99-101.

[4] 罗利平. 浅谈边际贡献在经营管理中的多维度决策运用 [J]. 产业创新研究，2022 (05)：118-120.

第七章 企业盈利能力与安全性分析

学习目标

本量利分析是在变动成本法基础上，以数量化模型与图形来揭示固定成本、单位变动成本、销售量、销售单价、销售收入、利润等变量之间的内在数量关系，是管理会计的一项基本管理工具。通过对本章的学习，大家应能达成以下目标。

- 学习目标
  - 知识目标
    - 理解本量利分析基本原理
    - 掌握盈亏临界点、安全边际的计算方法与实际应用
    - 掌握利润的敏感性分析方法，了解有关因素变动对盈亏临界点及利润的影响
  - 能力目标
    - 能够依据企业不同经营环境确定盈亏临界点
    - 能够利用本量利分析工具进行一些日常经营方案的分析与决策
  - 素质目标
    - 通过了解科技创新对企业盈利能力的影响，树立以创新促发展的理念。

案例导入

格力“双十一”让利30亿元，这步棋下对了吗？

2019年“双十一”，在家电行业中空调无疑是最引人关注的。2019年11月9日晚间，格力电器就发布消息称，“双十一”让利30亿重点打击低质伪劣产品。格力变频空调最低1599元，定频空调最低1399元，总让利高达30亿元。

此消息一出，众多厂家跟进，美的、海尔、海信、创维、国美、苏宁等品牌也开始降价促销。海尔、创维等平台更是打出"淘汰老能效"的口号，意指部分行业厂家低价清库存，一场“价格之战”由此拉开帷幕。

面对外界质疑，格力电器在“双十一”当晚再加码。格力电器发布消息称，凡在2019年1月1日至11月10日购买“俊越”“T爽”系列产品的消费者，请于2019年11月18日至30日，进入格力网“董明珠的店”，凭有效购买凭证进行申报，经总部核实后给予补贴。

而在2019年11月12日，“双十一”战报陆续出炉。格力电器数据显示，“双十一”当天，全品类全平台销售额超41亿元，销售额同比增长200%，空调品类第三方平台销售额突破36.4亿元，销售额同比增长178%。自有平台“董明珠的店”当天销售额3.63亿元，同比增长48倍。仅用15秒，空调品类全网销售额破亿元，仅用21分36秒全网销售额破10亿元。

美的集团数据显示，“双十一”当天，美的系全网总销售额突破74.4亿元。“双十一”第一个小时全网销售额突破28亿元，12小时超过去年全天全网销售额。其中，空调销售近132万台。海尔数据显示，39秒破亿元、1小时破9亿元。此外，空调业务5分钟全网销售额突破亿元。

悟空榜实时数据显示，“双十一”当天，家用空调品牌销售额排行榜上，美的夺冠，格力、奥克斯分别位列二三位。

——《格力再出手，双十一让利30亿元，这步棋下对了吗?》，搜狐网，2019年11月15日

从短期来看，商家降价让利给消费者，而销售量几何数字增长，恰恰是其长期利润最大化的保证。规模与利润之间的关系实际上反映的是企业在长期利益最大化与短期利益之间的平衡关系。但企业本质上是个营利性组织，因此，要使企业、消费者实现双赢，关键是找到“投入、规模（业务量）与利润”三者之间最佳的平衡点，而研究这些关系和平衡点正是本章的主题。

关键名词

盈亏临界点　本量利分析图　边际贡献　安全边际　利润敏感系数　经营杠杆

第一节 本量利分析概述

本量利分析是“成本—业务量—利润”依存关系分析的简称，也称CVP（cost-volume-profit analysis）。本量利分析是在变动成本法基础上，以数量化模型与图形来揭示固定成本（a）、单位变动成本（b）、销售量（x）、销售单价（p）、销售收入（px）、利润（P）等变量之间的内在数量关系，是管理会计的一项基本管理工具。该方法起源于20世纪初的美国，后经会计实践的不断完善，如今是管理会计中基本的技术工具，广泛应用于企业产品规划和成本管控等决策行为。

本量利分析的基本原理

一、本量利分析基本模型的假设

由于在实际经营过程中，产品售价、销量、成本均受到内部经营状况和外部市场波动的影响而可能存在不确定性，因此，本量利分析的原理和方法以一系列基本假设为前提。

（一）相关范围假设

本量利分析建立在变动成本法基础上，所以成本按性态分析也就构成了本量利分析的基本假设，即企业的全部成本可以比较合理地分为固定成本和变动成本两部分。但无论是固定成本还是变动成本，所呈现的性态特征均限定在相关范围内。相关范围假设包括期间范围和业务量范围两个方面，二者之间具有依存性，具体表现为一定期间内业务量变化不大，而一定业务量又从属于特定期间。

（二）线性关系假设

线性关系假设包括三个方面。

（1）假定售价稳定，销售收入与销售量成完全线性关系，用数学模型表示就是以售价为斜率的直线 $y=px$（y 为收入，p 为销售单价，x 为销售量）。

（2）在相关范围内，固定成本总额保持不变，在以业务量为横轴的坐标图中，表现为与横轴平行的直线。

（3）在相关范围内，变动成本总额随业务量变化成正比例变化。在以业务量为横轴的坐标图中，表现为一条过原点以单位变动成本为斜率的直线。

（三）产销平衡假设

假设市场经济条件下，企业经营以销定产，因此，当期生产出来的产品可以在当期全部销售，即实现产销平衡。这一假设使“产量”和“销售量”合二为一，极大简化了利用本量利分析进行决策的过程。

（四）产品品种结构稳定假设

一般假设企业在经营多品种产品时，不论产品销售总收入是增加或减少，原各种产品的销售收入占全部销售收入的比重即品种结构始终保持不变。

以上假设，一方面可以较为简便地利用本量利分析方法指导企业实际经营决策过程；另一方面也说明在实际工作中，还应从动态的角度去分析影响利润的各种因素的实际变动情况，调整分析角度和结果。

二、本量利分析的基本公式

本量利分析中成本、业务量和利润三者之间的变量关系可以用公式来表达，本量利关系的基本公式为

利润＝销售收入－变动成本－固定成本

＝销售单价×销售量－单位变动成本×销售量－固定成本

即

$$P=px-bx-a$$

式中：P —— 利润

p —— 销售单价

b —— 单位变动成本

a —— 固定成本

x —— 销售量

其中的利润是指利息和所得税尚未扣除之前的“营业利润”或“息税前利润”，如无特殊说明，本书所称利润均指“营业利润”或“息税前利润”。该公式是本量利分析的基本公式，涉及固定成本（a）、单位变动成本（b）、销售量（x）、销售单价（p）、利润（P）五个变量，后续的保本保利分析、经营安全性分析、利润敏感性分析等均可依据此公式进行推演。

三、本量利分析基本指标

（一）边际贡献

边际贡献是指产品的销售收入减去变动成本后的余额，也可称贡献毛益、贡献边际，是用来衡量产品盈利能力的一项重要指标，是企业获得利润的源泉。但它必须大于固定成本，才能为企业创造利润，否则，企业将发生亏损。

边际贡献可以用三种形式表示：边际贡献总额（Tcm）、单位边际贡献（cm）、边际贡献率（cmR）。

1. 边际贡献总额（Tcm）

边际贡献总额是指产品销售收入总额减去变动成本总额后的差额，即

$$\text{边际贡献总额 } Tcm=\text{销售收入总额}-\text{变动成本总额}=px-bx=px\cdot cmR$$

或从本量利分析基本公式推算

$$\text{边际贡献总额 } Tcm=\text{利润}+\text{固定成本总额}$$

2. 单位边际贡献（cm）

单位贡献毛益是指单位产品售价与单位变动成本的差额。计算公式为

$$\text{单位边际贡献 } cm=\text{售价}-\text{单位变动成本}=p-b=p\cdot cmR$$

该指标反映每销售一件产品所能给企业带来的创利额。

3. 边际贡献率（cmR）

为便于不同产品之间盈利能力的比较分析，边际贡献通常用相对数，即贡献边际率来表示。边际贡献率是指边际贡献总额在销售收入总额中的比重。计算公式为

$$\text{边际贡献率 } cmR=\frac{\text{边际贡献}}{\text{销售收入}}=\frac{Tcm}{px}\times 100\%=\frac{cm}{p}\times 100\%$$

（二）变动成本率（bR）

变动成本率是指变动成本在销售收入中的比重。计算公式为

$$\text{变动成本率 } bR=\frac{\text{变动成本}}{\text{销售收入}}=\frac{bx}{px}\times 100\%=\frac{b}{p}\times 100\%$$

由于变动成本与边际贡献之和为销售收入，边际贡献率和变动成本率之和是100%，二者之间是此消彼长的互补关系，用公式表示为

$$\text{边际贡献率}+\text{变动成本率}=1$$

$$bR=1-cmR \text{ 或 } cmR=1-bR$$

可见，变动成本率的高低直接影响企业产品的盈利能力。变动成本率高，边际贡献率就低，产品创造利润的水平下降；相反，变动成本率低，边际贡献率就高，产品创造利润的水平提高。

（三）利润（P）

在本量利分析中，以贡献式损益方式确定利润，即销售收入减去变动成本等于边际贡献，边际贡献减固定成本等于利润。这里的利润是指由产品提供尚未扣除利息和所得税之前的营业利润（也称为息税前利润）。

$$\begin{aligned}\text{利润 } P&=\text{销售收入}-\text{变动成本}-\text{固定成本}\\&=(px-bx)-a\\&=Tcm-a\end{aligned}$$

显然，贡献边际在补偿了固定成本后，其余额即为利润。

例 7-1　假设公司6月份出售甲产品3000件，单位产品售价60元，单位产品变动成本20元，固定成本总额70000元，以上相关指标计算如下：

单位产品边际贡献 $cm = 60-20 = 40$（元）

边际贡献总额 $Tcm = 3000 \times 40 = 120000$（元）

边际贡献率 $cmR = 40 \div 60 = 66.67\%$

变动成本率 $bR = 1-66.67\% = 33.33\%$

利润 $P = 120000-70000 = 50000$（元）

利润也可以按照贡献式损益确定程序列式计算：

销售收入（3000×60）	180000 元
减：变动成本（3000×20）	60000 元
边际贡献	120000 元
减：固定成本	70000 元
利润	50000 元

第二节 盈亏临界点分析

一、盈亏临界点

盈亏临界点（break－even point，BEP），也叫保本点或盈亏平衡点，是指使企业的销售收入和销售成本相等或者使边际贡献等于固定成本时的特定销售量，即在该销售量水平上，企业利润为零，不盈也不亏。进行盈亏临界点分析可以帮助企业正确地把握产品销售量与企业盈利之间的关系，为企业决策者制定合理的生产经营决策，保持可持续发展提供必要的信息。盈亏临界点的两种表现形式：盈亏临界点销售量和盈亏临界点销售额。

盈亏临界点的确定

二、单一产品盈亏临界点的确定

如果企业只生产销售一种产品，盈亏临界点销售量和销售额计算相对简单，可以通过本量利分析基本公式，以及盈亏临界点的定义直接推算确定。

$$
\begin{aligned}
\text{利润} &= \text{销售单价}\times\text{销售量}-\text{单位变动成本}\times\text{销售量}-\text{固定成本}\\
&= px-bx-a\\
&= (p-b)\,x-a
\end{aligned}
$$

令利润 $P=0$，即 $0=(p-b)\,x-a$，可得

$$\text{盈亏临界点销售量（保本点）}=\frac{\text{固定成本}}{\text{售价}-\text{单位变动成本}}$$

即 $x_0=\dfrac{a}{p-b}=\dfrac{a}{cm}$

$$\text{盈亏临界点销售额（保本额）}=\frac{\text{固定成本}}{\text{售价}-\text{变动成本}}\times\text{单价}=\frac{\text{固定成本}}{\text{边际贡献率}}$$

即 $y_0=\dfrac{ap}{p-b}=\dfrac{a}{cmR}$

例 7-2 公司只生产销售一种产品，单价为 10 元/件，单位变动成本为 6 元/件，全年固定成本为 30000 元，计划年度预计产销量为 18750 件。则盈亏临界点的销售量和销售额各为多少？

根据资料，该公司的盈亏临界点计算如下：

盈亏临界点销售量 $x_0=\dfrac{30000}{10-6}=7500$（件）

盈亏临界点销售量 $y_0=\frac{30000}{10-6}\times10=75000$（件）

三、多品种生产企业盈亏临界点的确定

多品种生产企业盈亏临界点确定的困难：首先，各种产品的计量单位不同，它们的实物量不能直接相加；其次，企业生产的各种产品的盈利能力不同，其边际贡献率也各不相同，即各种产品对企业利润的贡献度不同，因此，品种构成不同将影响盈亏临界点销售额。计算多品种盈亏临界点的方法中，通常采用的是加权平均边际贡献率法（或综合边际贡献率法），其基本计算程序如下。

（1）计算各种产品的贡献边际率。

（2）计算各种产品销售收入占总销售收入的比重。

（3）以销售比重为权数计算加权平均边际贡献率。

$$加权平均边际贡献率\ cmR'=\sum（某种产品的边际贡献率\times该种产品的销售比重）$$

（4）以加权平均边际贡献率计算企业盈亏临界点综合销售额。

$$盈亏临界点综合销售额=\frac{固定成本}{加权平均边际贡献率}$$

（5）以销售比重为权数分算各种产品的盈亏临界点销售额和销售量。

某产品的盈亏临界点销售额＝盈亏临界点综合销售额×该种产品销售比重

某产品的盈亏临界点销售量＝该产品的盈亏临界点销售额÷该产品的单价

显然，加权平均边际贡献率法不要求分配固定成本，而是将各种产品所创造的贡献边际视为补偿企业全部固定成本和利润的来源。

例 7-3 设新力公司 2022 年生产和销售 A、B、C 三种产品。全年固定成本总额为 300000 元，各产品当年产销平衡。有关资料参如表 7-1 所示。

表 7-1 新力公司 2022 年预算资料

项目	A 产品	B 产品	C 产品
产销量/件	100000	25000	10000
销售单价/元	10	20	50
单位变动成本/元	8.5	16	25

要求：计算新力公司的盈亏临界点综合销售额，以及各种产品的盈亏临界点销售额和销售量。

解：根据上述资料，编制加权平均贡献边际率计算表，如表 7-2 所示。

表 7-2 加权平均贡献边际率计算表

项目	A 产品	B 产品	C 产品	合计
①销售单价/元	10	20	50	—
②单位变动成本/元	8.5	16	25	—
③单位贡献边际/元①－②	1.5	4	25	—
④贡献边际率③÷①	15%	20%	50%	—
⑤销售收入/元	1000000	500000	500000	2000000
⑥销售比重	50%	25%	25%	100%
⑦加权平均贡献边际率④×⑥	7.5%	5%	12.5%	25%

盈亏临界点综合销售额＝300000÷25% ＝1200000（元）

将盈亏临界点综合销售额按照各种产品的销售比重分别计算各种产品的盈亏临界点销售额，结合各该产品的销售单价，就可以求出各种产品的盈亏临界点销售量。

A 产品盈亏临界点销售额＝1200000×50％＝600000（元）

A 产品盈亏临界点销售量＝600000÷10＝60000（件）

B 产品盈亏临界点销售额＝1200000×25％＝300000（元）

B 产品盈亏临界点销售量＝300000÷20＝15000（件）

C 产品盈亏临界点销售额＝1200000×25％＝300000（元）

C 产品盈亏临界点销售量＝300000÷50＝6000（件）

由上述计算可知，A 产品销售 60000 件、B 产品销售 15000 件、C 产品销售 6000 件，三种产品的销售收入总额为 1200000 元时，该公司处于盈亏平衡状态。但这种盈亏平衡状态是以 A、B、C 三种产品按照销售比重分别为 50％、25％和 25％为前提的，如果销售比重即品种结构发生改变，则盈亏临界点随之改变。在其他条件不变的情况下，增加边际贡献率较高产品的销售比重，将使综合贡献边际率增加，综合盈亏临界点销售额降低，盈利增加。相反，若减少边际贡献率较高产品的销售比重，将使综合贡献边际率下降，综合盈亏临界点销售额升高，盈利减少。

第三节 企业经营安全性及盈利能力

一、企业经营安全性

企业经营安全性通常采用安全边际和盈亏临界点作业率两个正反指标进行评价。

（一）安全边际

安全边际是指企业现有（或预计）的销售量（额）超过盈亏临界点销售量（额）的差额，用于衡量企业经营安全程度，如图 7-1 所示。差额越大，说明企业现有产品受市场波动影响而危及保本进而发生亏损的可能性越小，企业的经营就越安全。同时，只有超过盈亏临界点的销售量（额）即安全边际量（额）才能给企业提供利润。

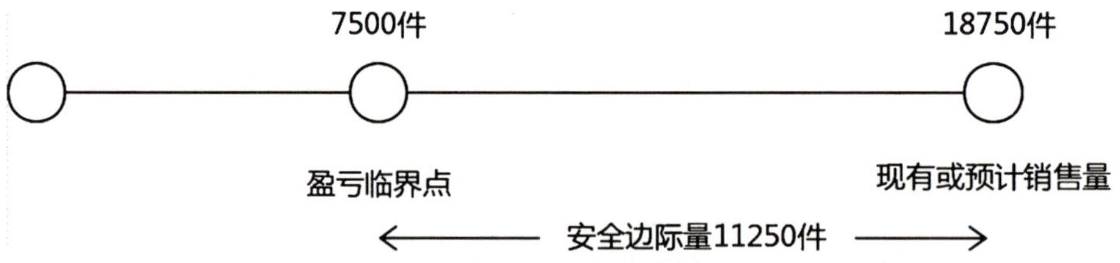

图 7-1 安全边际示意图

安全边际可以用安全边际量、安全边际额和安全边际率三个指标来表示。前两个指标是绝对值，适用于单个产品的安全性衡量。安全边际率是安全边际量（额）占现有（或预计）的销售量（额）的比重，是个相对数指标，适用于不同产品或不同企业之间经营安全性的比较。计算公式如下：

安全边际量＝现有（或预计）销售量－盈亏临界点销售量

安全边际额＝现有（或预计）销售额－盈亏临界点销售额

$$安全边际率（MSR）=\frac{安全边际量（额）}{现有（或预计）销售量（额）}\times 100\%$$

本质上，安全边际率是指企业现有（或预计）的销售量提供多大的缓冲区域，会使企业从盈利到亏损，或者说企业保持盈利前提下，销售量可以下降的最大幅度。按照国际惯例，安全边际率需达到 40％以上，企业经营才非常安全，10％以下则非常危险。具体评价经营安全程度的经验标准如图7-2所示。

安全边际率	10%以下	10%~20%	20%~30%	30%~40%	40%以上
安全程度	非常危险	不安全	较安全	安全	非常安全

图 7-2　企业经营安全性检验等级标准

例 7-4　仍以例 7-2 的资料为例。

要求：计算该公司的安全边际指标，并评价该公司计划年度的经营安全程度。

安全边际量＝18750－7500＝11250（件）

安全边际额＝（18750－7500）×10＝112500（元）

安全边际率＝11250÷18750×100%＝60%

上述计算表明，该公司的安全边际率达到 60%，因而计划年度的经营是非常安全的。

另外，因为盈亏临界点销售量所创造的边际贡献恰好补偿了全部固定成本，所以超过盈亏临界点的安全边际所提供的边际贡献额就是利润。利润与安全边际之间的关系用公式表示为

$$利润＝安全边际量×单位贡献边际$$

或

$$利润＝安全边际额×贡献边际率$$

此外，用于反映销售收入收益水平的销售利润率指标，也可以通过安全边际率和边际贡献率两个指标推算得出。

$$
\begin{aligned}
销售利润率 &= \frac{利润}{销售收入}\times 100\% \\
&= \frac{安全边际额\times 边际贡献率}{销售收入}\times 100\% \\
&= 安全边际率\times 边际贡献率
\end{aligned}
$$

例 7-5　仍以例 7-2 和 7-4 的资料为依据，计算该公司计划年度的预计营业利润和销售利润率。

单位边际贡献＝10－6＝4（元）

边际贡献率＝4÷10×100%＝40%

因此，

利润＝11250×4＝45000（元）

或

利润＝112500×40%＝45000（元）

销售利润率＝40%×60%＝24%

以上计算表明，提高销售利润率，基本途径是扩大销售量（额）以提高安全边际率，也可以降低变动成本以提高边际贡献率。

（二）盈亏临界点作业率

盈亏临界点作业率（保本点作业率）是指盈亏临界点销售量（额）占企业现有或预计销售量（额）的比重。盈亏临界点作业率也称“危险率”，是衡量企业经营安全程度的反向指标，数值越小，企业经营越安全，盈利潜力越大，反之就越不安全，企业盈利潜力越小。

$$盈亏临界点作业率（dR）＝\frac{盈亏临界点销售量（额）}{现有或预计销售量（额）}\times 100\%$$

显然，盈亏临界点作业率和安全边际率之间是此消彼长的互补关系：

$$安全边际率＋盈亏临界点作业率＝1$$

例 7-6　假定公司计划年度预计销售收入 2000 万元，盈亏临界点销售额为 1800 万元，要求：

计算盈亏临界点作业率和安全边际率，验证二者之间的关系，评价企业经营安全程度。

$$安全边际率=\frac{2000-1800}{2000}\times100\%=10\%$$

$$盈亏临界点作业率=\frac{1800}{2000}\times100\%=90\%$$

安全边际率＋盈亏临界点作业率＝10%＋90%＝1

公司目前的安全边际率是10%，按照国际惯例标准衡量，经营活动面临较大的危机。公司应采取积极有效的措施扩大销售，或降低成本，以降低盈亏临界点作业率，扩大安全边际（区域）。

二、影响企业盈亏临界点和利润的因素分析

（一）本量利关系图

盈亏临界点也可以用本量利关系图来表示。本量利关系图（也称盈亏临界图或损益平衡图）是将成本、销量、利润的关系直接反映在直角坐标系中，以清晰地显示企业损益平衡时应达到的产销量，同时能形象直观地揭示各因素变动对盈亏临界点、安全边际、盈利区域与亏损区域的影响。如果以横轴为销售量 x，纵轴为金额 y（成本额或收入额），则成本、销售量、利润之间的关系如图7-3所示。

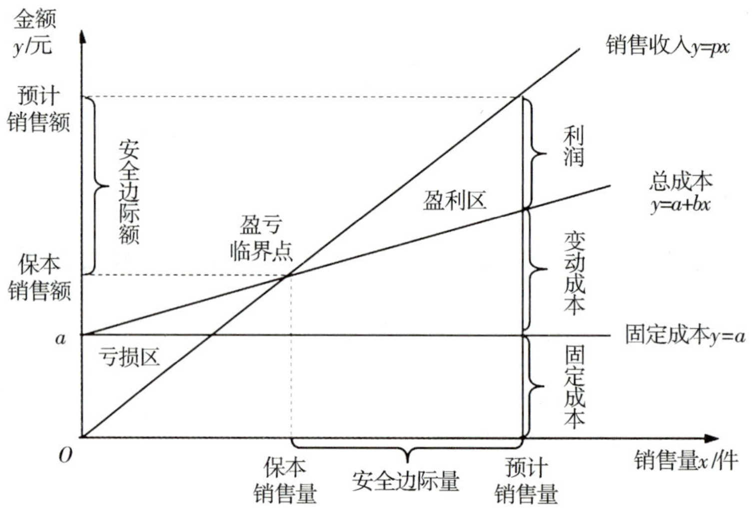

图7-3　本量利关系图

图7-3本量利关系图显示内容如下。

（1）盈亏临界点位置的高低取决于总成本线与销售收入线。固定成本线与横轴之间的距离为固定成本，它不因产量增加或减少而变动；变动成本线是以单位变动成本为斜率的一条射线，与固定成本一起构成总成本线。总成本线与横轴之间的距离为总成本；销售收入线是从原点 O 出发，以售价为斜率的一条射线，与销售量成正比。销售收入线与总成本线的交点即盈亏临界点，在这一点销售收入总额与总成本相等。盈亏临界点与横轴垂直相交点即保本销售量，与纵轴垂直相交点即保本销售额。在预计销售量不变的情况下，盈亏临界点降低，盈利区的面积就会扩大，亏损区的面积则缩小。反之，盈亏临界点升高，盈利区的面积就会缩小，亏损区的面积则扩大。

（2）盈亏临界点存在的前提条件是销售收入线的斜率大于总成本线的斜率，即售价要大于单位变动成本。换句话说，只有售价高于单位变动成本，才能够提供边际贡献用于补偿固定成本，但固定成本是否能够全部得以补偿进而获得利润，最终还取决于产品的销售数量。

（3）横轴的预计销售量与盈亏临界点的距离即安全边际量，纵轴的预计销售额与保本销售额之间的距离则为安全边际额。

本量利分析图在实际工作中能得到广泛应用，原因在于它比数字计算能更加直观地反映企业相关范围内不同业务量对利润的影响，方便企业管理人员有效整合企业资源，科学合理地安排产品的生产和销售。

（二）相关因素单独变动对盈亏临界点和利润的影响

本量利关系图表明，利润是众多因素汇集的一个最终结果，销售量的增长和盈亏临界点的下降均可成为企业快速扩大利润区域的有效方式。企业在现实生产经营活动中，内外环境的改变均可能引起售价、成本、销售量等因素产生变化，因此，有必要进一步分析有关因素变动对盈亏临界点和利润的影响，助力企业管理者寻找降低盈亏平衡点、提高企业盈利能力的途径和措施。以下根据图7-3就各相关因素单独变动对盈亏临界点和利润的影响进行分析。

1. 销售价格变动的影响

在其他因素不变的前提下，销售价格的变动会引起单位贡献边际和贡献边际率向同方向变动，促使盈亏临界点向反方向变动，利润则同方向变动。具体来说，当售价上升，在本量利图中，表现为销售收入线的斜率提高，导致盈亏临界点降低，盈利区域扩大，或亏损区域缩小；当售价下降，则表现为销售收入线的斜率减小，导致盈亏临界点上升，盈利区域缩小，或亏损区域扩大。

2. 单位变动成本变动的影响

在其他因素不变的前提下，单位变动成本的变动会引起单位贡献边际和贡献边际率向反方向变动，促使盈亏临界点向同方向变动，利润则反方向变动。具体来说，就是产品单位变动成本上升，会使总成本线的斜率同时上升，从而提高盈亏临界点的位置，盈利区域缩小，亏损区域扩大；而产品单位变动成本下降，则使总成本线的斜率下降，从而拉低盈亏临界点的位置，使盈利区域扩大，亏损区域缩小。

3. 固定成本单独变动的影响

在其他因素不变的前提下，固定成本的变动在本量利关系图中表现为总成本线的整体上下平行移动。具体来说，固定成本总额越大，总成本线位置越高，盈亏临界点位置也越高，利润区域变小，亏损区域变大；固定成本总额越小，总成本线的位置越低，盈亏临界点位置也越低，利润区域变大，亏损区域变大。

4. 销售量变动的影响

在其他因素不变的前提下，销售量发生变动，盈亏临界点保持不变，利润区域会随着销售量增加而变大，反之则盈利区域变小，但亏损区域不会因此改变。所以，单一品种下，销售量变动只对利润产生影响，不影响盈亏临界点的位置。但在多品种生产的企业，各产品销售量的变动可能会导致品种结构产生变化，从而改变企业综合盈亏临界点的位置。

5. 产品品种结构变动的影响

企业产销多种产品，各种产品的边际贡献率如果高低不同，则各产品的销售比重将直接影响加权平均边际贡献率的大小，使企业盈亏临界点综合销售额发生改变。也就是说，在其他因素不变的前提下，提高边际贡献率低的产品的销售比重，会降低加权平均边际贡献率，使盈亏临界点综合销售额增加，同等销售收入总额下，利润会减少；反之，如果提高边际贡献率较高的产品的销售比重，会提高加权平均边际贡献率，使盈亏临界点综合销售额减少，同等销售收入总额下，利润会增加。

例 7-7 青山公司 2021 年生产和销售 A、B 两种产品，边际贡献率分别为 40%和 30%，全年固定成本总额为 160 万元，年初计划销售收入总额 800 万元，销售比重 A 产品 20%，B 产品 80%，目标利润（税前）96 万元。实际执行结果，销售收入总额刚好完成 800 万元，其中 A 产品实现销售收入 280 万元，B 产品实现销售收入 520 万元。要求：计算青山公司的计划和实际的加权平均边际贡献率、盈亏临界点综合销售额，并分析目标利润（税前）实际是否完成。

计划加权平均边际贡献率＝40％×20％＋30％×80％＝32％

计划盈亏临界点综合销售额＝160÷32％ ＝500（万元）

计划目标利润＝800×32％－160 ＝ 96（万元）

实际 A 产品销售比重＝280÷800×100％＝35％

实际 B 产品销售比重＝520÷800×100％＝65％

则

实际加权平均边际贡献率＝40％×35％＋30％×65％＝33.5％

实际盈亏临界点综合销售额＝160÷33.5％ ＝477.61（万元）

实际利润额 ＝ 800×33.5％－160 ＝ 108（万元）

由于实际销售收入中边际贡献率比较高的 A 产品销售比重增加（计划比重 20％，实际比重 35％），同时也就降低了边际贡献率比较低的 B 产品销售比重（计划比重 80％，实际比重 65％），使实际加权平均边际贡献率提高到 33.5％（计划是 32％），导致盈亏临界点综合销售额下降，同等销售额下，最终实际完成利润 108 万元，超额完成计划 12 万元（108 万元－96 万元）。

综上，当品种结构发生变化时，企业即使销售收入与品种结构变化前相同，也会使盈亏临界点和利润额产生改变。因此，在其他因素不变的前提下，企业应积极采取措施，努力提高边际贡献率水平较高的产品的销售比重，从而提高企业整体的盈利水平。另外，因为安全边际与盈亏临界点是互补指标，与利润是同向指标，所以，各项因素变动对安全边际的影响同利润。

相关因素单独变动对盈亏临界点和利润的影响归纳如表 7-3 所示。

表 7-3 相关因素变动对盈亏临界点、利润、安全边际的影响

相关变动因素	变动方向	盈亏临界点	利润额
售价	上升	下降	上升
	下降	上升	下降
单位变动成本	上升	上升	下降
	下降	下降	上升
固定成本	上升	上升	下降
	下降	下降	上升
销售量	上升	没影响	上升
	下降	没影响	上升
品种结构	总收入不变，增加边际贡献率高产品比重	下降	上升
	总收入不变，减少边际贡献率高产品比重	上升	下降

以上分析建立在各因素单独变动对盈亏临界点和利润的影响的基础上。值得注意的是，在实际生产经营活动中，各因素之间是互相制约的，企业往往面临多个因素的同时变化，所采取的措施也同样取决于多重要素的共同发力。

三、自主创新与企业盈利能力

要适应瞬息万变的外部市场环境，取得持续性的竞争优势，企业就必须把重点放到制定竞争战略上来，而传统的成本管理却经常把眼光局限在单纯降低成本上。不可否认，在成本管理中，节约是不容置疑的一种手段，但事实上在企业采用不同的竞争战略的情况下，当以保证企业产品的差异化为重点时，可以适当增加投入成本，同样能达到取得竞争优势的目的。比如，华为以持续大量的研发投入进行的自主创新，为其取得长期竞争优势奠定了坚实的基础。

知识链接

华为自主创新与企业盈利能力

华为投资控股有限公司成立于1987年，总部位于广东省深圳市龙岗区。华为是信息与通信技术（ICT）解决方案供应商，专注于ICT领域，坚持稳健经营、持续创新、开放合作。华为的产品和解决方案已经应用于全球170多个国家，服务全球运营商50强中的45家及全球1/3的人口。

2019中国民营企业500强发布，华为投资控股有限公司以7212亿营收排名第一。

2020中国民营企业500强第一名。

2021年8月2日，《财富》公布世界500强榜（企业名单），华为排在第44位。

华为2020年年度报告显示，业绩增长速度虽然放缓，仍呈现增长态势，基本实现了经营预期，其中销售收入8.914亿元人民币，同比增长3.8%，净利润646亿元人民币，同比增长3.2%。

2022年3月28日华为举行2021年年度报告发布会。现场华为公布了2021年的业绩。数据显示2021年全年华为全球销售收入达到6368亿元，同比下降28.5%，但净利润1137亿元，同比增长75.9%，实现近5年内最高净利润收入。更振奋人心的则是华为核心的通信业务在面临众多挑战和困难之下，依然保持住了全球第一的地位。根据全球知名通信领域研究企业Dell'Oro Group统计数据显示，华为在2021年市场份额虽然有所下降，但依然以28%的市场份额遥遥领先于爱立信、诺基亚、思科、三星等强大的竞争对手。这对于华为而言无疑是一个重大的利好信息。同时在发布会现场华为CFO孟晚舟解读了财报亮点与公司发展战略。

华为之所以能够迅速在消费电子领域、智能汽车领域等领域快速崛起，占比几近年销售收入15%的技术研发费用功不可没。2021年，华为研发投入再创历史新高，达到1427亿元人民币，占全年收入的22.4%，历年投入各项技术的研发费用累加超过8450亿元，是全球最大的专利持有企业之一，所掌握的超过10万件专利无疑是华为盈利额持续稳定增长最大的利器。华为高层也在重要场合多次强调研发对于华为的重要性。孟晚舟在年报发布会上表示："无论利润高低，我们都坚持以收入为基线进行研发投入，这是我们真正能够持续为客户提供价值的一个保障和基石。"

——根据华为官网及网络媒体资讯整理

从国家层面，党和国家领导人多次在重要场合强调必须"坚持走中国特色自主创新道路"，这是我们建设世界科技强国的出发点和落脚点。综合国力竞争的决定性因素是科技创新能力，因此，重大科技成果是国之重器、国之利器。近年来，我国加快推进科技自立自强，全社会研发经费支出从一万亿元增加到二万八千亿元，居世界第二位，研发人员总量居世界首位。基础研究和原始创新不断加强，一些关键核心技术实现突破，战略性新兴产业发展壮大，载人航天、探月探火、深海深地探测、超级计算机、卫星导航、量子信息、核电技术、新能源技术、大飞机制造、生物医药等取得重大成果，进入创新型国家行列。从微观的角度，企业的竞争，说到底还是产品的竞争，没有科技的进步，企业的发展就缺乏坚实的基础。技术进步、科技创新关系到企业的生存和发展，关系到市场的占有率和企业的长期效益。创新主要通过以下方式影响企业的盈利能力。

（1）通过科技创新使产品升级，打造满足消费者需求的产品，引领市场，提升企业产品的市场竞争能力。

（2）变低端加工业为高端制造业，变粗放型生产为精益型生产，实现企业技术升级，提高产品的品质。

（3）通过改进工艺，优化工艺流程等，降低能耗，减少排放，降低企业的制造成本。

（4）提高技术进步、科技创新，增加产品附加值，扩大市场份额。

诚然，科技创新的研发投入短期内会对利润产生影响，但二者是企业在长期利益最大化与短期利益之间的权衡。因此，降低成本不是提高企业盈利能力的唯一手段，现代成本管理的目的应该是以尽可能少的成本支出，获得尽可能多的使用价值，一切降低成本的措施也都应以成本效益分析的结果作为决定取舍的依据，以此实现成本效益原则。

第四节 利润敏感性分析

一、保利分析

从本质上说，企业作为一个经济组织，其产生的最原始驱动力是通过生产经营活动，在为社会提供优质产品或服务的同时，获取最大利润。因此，企业盈亏平衡（保本）只是企业生存的基础，而盈利才是企业不断发展壮大的源泉。利用本量利分析基本原理对企业达到预期利润应实现的业务量进行测算是本量利分析在企业生产经营活动中的基本运用之一。所谓的保利分析就是研究在其他条件不变的前提下，测算保证实现企业事先确定的目标利润的业务量或业务额（也称保利点或保利额）的过程，主要目的是为企业日常生产经营管理决策活动提供数据支持。

（一）不考虑所得税的保利分析

保利点是指在单价、单位变动成本、固定成本既定的条件下，为保证目标利润能够实现而应当达到的销售量和销售额。从本量利基本公式出发，保利销售量实际上是利润等于目标利润时的销售量，销售额则在保利销售量基础上乘以单价即可。目标利润同固定成本一样，均由边际贡献总额来补偿。因此，如果不考虑企业所得税，实现目标利润业务量的计算公式可由本量利基本公式推算：

$$保利销售量=\frac{目标利润+固定成本}{售价-单位变动成本}=\frac{目标利润+固定成本}{单位边际贡献}$$

$$保利销售额=保利销售量\times售价=\frac{目标利润+固定成本}{边际贡献率}$$

例 7-8 新力公司 2022 年只产销一种家用小型台扇，实际销售量 50 万台。单位产品市场售价 80 元、单位变动成本 32 元，固定成本 800 万元。假定 2023 年单价、成本水平维持不变，企业根据战略目标要求，2023 年需保持 40%的利润增长率。

要求：1. 计算新力公司 2023 年的目标利润；

2. 计算新力公司 2023 年保利销售量和销售额。

单位产品边际贡献＝80－32＝48（元）

解：边际贡献率＝48÷80×100%＝60%

2022 年实现利润＝50×48－800＝1600（万元）

2023 年目标利润＝1600×（1＋40%）＝2240（万元）

$$保利销售量=\frac{2240+800}{48}\approx 63.34（万台）$$

$$保利销售额=\frac{2240+800}{60\%}\approx 5066.67（万元）$$

计算结果显示，新力公司 2023 年销售量达到 63.34 万台或者销售额达到 5066.67 万元才能实现利润增长 40%的目标。

（二）考虑所得税的保利分析

缴纳所得税是企业必须承担的社会义务，扣除所得税之后的净利润企业才能自由支配。因此，以税后利润为基础计算保利点更能满足企业管理当局的决策需求。考虑所得税后的保利点相应地称为保净利销售量和保净利销售额，计算公式需要在保利点公式基础上做一些调整，将税后目标利润换算为税前目标利润。

因为税前与税后目标利润具有以下关系：

$$税后目标利润=税前目标利润\times(1-所得税率)$$

$$税前目标利润=税后目标利润\div(1-所得税率)$$

所以，

$$保净利点销售量=\frac{固定成本+\dfrac{税后目标利润}{1-所得税税率}}{单位产品边际贡献}$$

$$保净利点销售额=\frac{固定成本+\dfrac{税后目标利润}{1-所得税税率}}{边际贡献率}$$

例 7-9 沿例 7-8 的数据，新力公司所得税税率为 25%，如果新力公司 2023 年按照战略目标要求实现税后净利润 2000 万元，其他数据不变，则

$$保净利销售量=\frac{\dfrac{2000}{1-25\%}+800}{48}\approx 72.23（万台）$$

$$保净利销售额=\frac{\dfrac{2000}{1-25\%}+800}{60\%}\approx 5777.78（万元）$$

说明新力公司 2023 年要实现 2000 万元的税后利润，销售量达到 72.23 万台或者销售额达到 5777.78 万元才能实现。

显然，考虑了所得税因素后，达到目标利润的销售量和销售额均大幅度提高，而且随着所得税税率的提高或降低，达到目标利润的销售量和销售额还会进一步扩大或缩小。因此，所得税因素是企业进行保利分析时的重要因素。但因为所得税以企业实现利润为计征基础，所以，所得税对企业的盈亏临界点不产生影响。

二、利润的相关因素变动临界值

有关因素变化的临界值是达到盈亏临界点的销售量和单价的最小允许值，以及单位变动成本和固定成本的最大允许值。其他条件不变时，单项因素超过临界值，会使企业由盈利转为亏损。这些指标有助于企业管理者面对市场环境变化及时调整经营策略。各因素单独变动的盈亏临界值均可根据本量利基本公式推导

$$P=px-bx-a$$

令 $P=0$，则有

$$单价盈亏临界值（单价下限）=固定成本\div销售量+单位变动成本$$

$$销售量盈亏临界值（销售量下限）=固定成本\div(单价-单位变动成本)$$

$$单位变动成本盈亏临界值（单位变动成本上限）=单价-固定成本\div销售量$$

$$固定成本盈亏临界值（固定成本上限）=边际贡献总额$$

例 7-10 华兴公司产销一款耳机，每件售价 80 元，单位变动成本 46 元，年固定成本 60 万元，预计年销售量可达 5 万个，按照目前的数据计算，可以实现税前利润 110 万元。各因素单独变

动的盈亏（保本）临界值计算如下：

（1）单价的盈亏临界值＝600000÷50000＋46＝58（元）

说明这款耳机每个售价最低以 58 元为限，再低则会危及保本进而导致企业产生亏损。即如果售价从目前的 80 元调整为 58 元，则企业的利润从 110 万元降为 0 元。

（2）销售量的盈亏临界值＝600000÷（80－46）＝17647（个）

说明销售量只要维持在 17647 个以上，就能盈利。销售量的盈亏临界值实际上就是保本点销售量。

（3）单位变动成本盈亏临界值＝80－600000÷50000＝68（元）

说明单位变动成本必须控制在 68 元以下才能维持不亏损。

（4）固定成本盈亏临界值＝（80－46）×50000＝1700000（元）

说明固定成本总额不能高于 1700000 元，才能保证企业有盈利。

综上，单价、销售量、单位变动成本、固定成本的变化达到一定程度时，均有可能使企业的经营状态发生质变——利润消失，产生亏损。盈亏临界值是企业能够容忍的单价、销售量下降的最低限度和单位变动成本、固定成本增加的最大限度，因此，这种方法也被称为最大最小法。

三、利润敏感性分析

利润敏感性分析

利润敏感性分析是从定量分析的角度研究有关因素发生某种变化对某一个或一组关键指标影响程度的一种广泛应用于各领域的不确定分析技术。其本质是通过逐一改变相关变量数值来解释关键指标受这些因素变动影响大小的规律性。如果某个参数小幅度变化能导致关键指标的较大变化，则称此参数为敏感性因素，反之则称其为不敏感性因素。在前述的本量利分析中，均以除待求变量外的其他参数不变为前提，而现实经济活动中，各种参数总是处于不断变化之中，企业管理者有必要预先了解这些参数的变化对销售量、盈亏临界点、利润等的影响程度，以便及时调整生产经营方案。

单价、销售量、单位变动成本、固定成本的变动都会引起利润的不同幅度的变化。所谓的利润敏感性分析就是研究各参数变化对利润变化的影响程度，以分析评定利润的敏感性因素和非敏感性因素。

各个因素的敏感程度通常用敏感系数来表示：

$$\text{利润敏感系数}=\frac{\text{利润变动百分比}}{\text{变量变动百分比}}$$

利润敏感系数是反映利润对各变量变动敏感程度的指标。影响利润变动的主要变量是单价、销售量、单位变动成本和固定成本。

利润敏感系数表达如下两层含义。

（1）反映利润与各变量的变动方向是否一致。利润敏感系数如果为正数，表明利润与该变量变动方向一致，即变量上升，利润上升，反之亦然；敏感系数如果为负数，表明利润与该变量变动方向相反，即变量下降，利润上升，反之亦然。显然，单价、销售量两个因素属于前者，单位变动成本和固定成本属于后者。

（2）反映某个变量变动后利润的变动程度。撇开计算结果的正负号，或者说敏感系数的绝对值，敏感系数实际上是个倍数，不外乎以下三种情况：大于 1，等于 1，小于 1。

①敏感系数绝对值大于 1，说明利润的变动幅度超过变量的变动幅度，该变量是强敏感因素。

②敏感系数绝对值等于 1，说明利润的变动幅度等于变量的变动幅度。

③敏感系数绝对值小于1，说明利润的变动幅度小于变量的变动幅度，该变量为非敏感因素。

以上利润敏感系数计算基于敏感系数的原理，先计算在变量变动的基础上利润的变动百分比，进而计算敏感系数，计算过程比较烦琐；也可以将各具体变量代入进行推导，得到各敏感系数的简单快速算法。这个简算法直接采用各因素尚未变动之前的数据计算，十分便捷。

为避免混淆，将各因素均未变动前的数据称为基期，所计算的利润就称为基期利润，则

单价的敏感系数＝基期销售收入÷基期利润

销售量的敏感系数＝基期边际贡献÷基期利润

单位变动成本的敏感系数＝－基期变动成本÷基期利润

固定成本的敏感系数＝－基期固定成本÷基期利润

以上公式表明各因素敏感系数可以根据变动前的数据直接计算。需要注意的是，由于单位变动成本与固定成本的变动和利润变动方向相反，其敏感系数通常用负数表达。

例 7-11 百惠公司产销一款保鲜盒，每个售价20元，单位变动成本8元，年固定成本28万元，预计年销售量可达4万个。

按照当前的数据计算：

基期利润＝（20－8）×40000－280000＝200000（元）

（1）单价的敏感系数。

设单价提高20%，则

单价变动后的利润＝［20×（1＋20%）－8］×40000－280000＝360000（元）

利润变动百分比＝（360000－200000）÷200000＝80%

单价的敏感系数＝80%÷20%＝4

或直接用简算法：

单价的敏感系数＝20×40000÷200000＝4

计算结果表明，单价提高20%，利润增长80%，利润变动率是单价变动率的4倍，说明利润对单价的变动反应强烈，单价是利润的强敏感因素。

（2）销售量的敏感系数。

设销售量提高20%，则

销售量变动后的利润＝（20－8）×40000×（1＋20%）－280000＝296000（元）

利润变动百分比＝（296000－200000）÷200000＝48%

销售量的敏感系数＝48%÷20%＝2.4

或直接用简算法：

销售量的敏感系数＝（20－8）×40000÷200000＝2.4

计算结果表明，销售量提高20%，利润增长48%，利润变动率是销售量变动率的2.4倍，说明利润对销售量的变动反应虽然没有单价那么强烈，但依然是利润的强敏感因素。

（3）单位变动成本的敏感系数。

设单位变动成本提高20%，则

单位变动成本变动后的利润＝［20－8×（1＋20%）］×40000－280000＝136000（元）

利润变动百分比＝（136000－200000）÷200000＝－32%

单位变动成本的敏感系数＝－32%÷20%＝－1.6

或直接用简算法：

单位变动成本的敏感系数＝－8×40000÷200000＝－1.6

计算结果表明，单位变动成本提高 20%，利润下降 32%，利润变动率是销售量变动率的 1.6 倍，而且是反方向变动。

（4）固定成本的敏感系数。

设固定成本提高 20%，则

固定成本变动后的利润＝（20－8）×40000－280000×（1＋20%）＝144000（元）

利润变动百分比＝（144000－200000）÷200000＝－28%

固定成本的敏感系数＝－28%÷20%＝－1.4

或直接用简算法：

固定成本的敏感系数＝－280000÷200000＝－1.4

计算结果表明，固定成本提高 20%，利润下降 48%，利润变动率是固定成本变动率的 1.4 倍，与单位变动成本一样，也是反向变动。

综上，本例中，四个因素的敏感系数绝对值均大于 1，说明都属于强敏感因素，各因素一定幅度的变动会使利润以更大幅度变动。抛开正负值，数值越大，则敏感程度越高。其中单价敏感系数最高（4），其后依次为销售量（2.4）、单位变动成本（－1.6）、固定成本（－1.4）。但这种排序是基于本例特定条件的，如果条件发生了变化，则各因素敏感系数之间的排列顺序也可能发生变化。但在盈利条件下，各敏感系数绝对值（即不考虑正负号）之间存在以下关系：

（1）单价的敏感系数最高，意味着单位售价对企业利润的影响最大；

（2）单价的敏感系数与单位变动成本敏感系数之差等于销售量的敏感系数；

（3）销售量敏感系数与固定成本敏感系数之差等于 1。

为了更直观地表达各因素不同幅度变动对利润的影响程度，可以编制利润敏感分析表，列示各因素不同幅度变动后的利润金额。如表 7-4 所示。

表 7-4　各因素变动利润敏感性分析表

变动因素	敏感系数	变动百分比				
		－20%	－10%	0	＋10%	＋20%
单价/元	4	40000	120000	200000	280000	360000
销售量/元	2.4	104000	152000	200000	248000	296000
单位变动成本/元	1.6	264000	232000	200000	168000	136000
固定成本/元	1.4	256000	228000	200000	172000	144000

表 7-4 中，在增加±20%内，分别以 10%的间隔列示了各因素变动－20%、－10%、＋10%、＋20%后的利润额，基本可以满足决策者的需要，也可以根据实际需要缩小或扩大列示范围和间隔。

四、经营杠杆分析

相对于利润的其他各影响因素，产品销售量更容易受市场供求变化影响而产生大幅度的变动，因此，经营决策者更关注销售量变动对利润的影响。进一步分析销售量变动对利润的影响时一般通过分析经营杠杆指标进行。

（一）经营杠杆的基本原理

在企业的生产经营活动中，固定成本的存在使企业的利润变化率大于产销变化率的经济现象被称为经营杠杆。其基本原理是在一定的业务量范围内，业务量的增加一般不会改变其固定成本总额，但它会使单位固定成本降低，从而提高单位产品的利润，并使利润的增长率大于业务量的增长率。

例 7-12 永华公司 3 月生产和销售甲产品 10000 件，销售单价 10 元，单位变动成本 6 元，月固定成本总额 30000 元。4 月份比 3 月份产销量增长 20%，为 12000 件，其他因素不变。用变动成本法编制的各月份收益及增长率如表 7-5 所示。（假设产销平衡）

表 7-5 各月份收益及增长率表

项目	3 月	4 月	增长额	增长率
销售收入/元	100000	120000	20000	20%
变动成本/元	60000	72000	12000	20%
边际贡献总额/元	40000	48000	8000	20%
固定成本/元	30000	30000		0
利润/元	10000	18000	8000	80%

表 7-5 表明，当 4 月份销售量增长 20%，销售收入、变动成本、边际贡献总额同比率增长 20%，但固定成本不变，最终使利润增长幅度远超销售量 20%的增长幅度，达到 80%。说明固定成本的存在使利润的增长幅度超过了销售量的增长幅度，存在杠杆效应。

（二）经营杠杆系数

经营杠杆效应的大小可以通过经营杠杆系数来衡量。经营杠杆系数（DOL）是指利润变动率与销售量变动率的比值，实际上就是销售量的敏感系数。

$$经营杠杆系数=\frac{利润变动率}{销售量变动率}$$

或用简算法：

$$经营杠杆系数=\frac{基期边际贡献总额}{基期利润}$$

$$=\frac{基期边际贡献总额}{基期边际贡献总额-固定成本}$$

从经营杠杆系数简算计算公式可以得到两个启示：

（1）盈利条件下，只要固定成本不为零，经营杠杆系数恒大于 1；

（2）固定成本的大小直接影响经营杠杆系数的大小。固定成本越小，分母越大，经营杠杆系数越小；固定成本越大，分母越小，经营杠杆系数越大。

按例 7-12 的数据，计算永华公司 3 月份的经营杠杆系数。

$$经营杠杆系数=\frac{80\%}{20\%}=4$$

或

$$经营杠杆系数=\frac{40000}{40000-30000}=4$$

说明永华公司在目前的条件下，利润的变动幅度是销售量变动的 4 倍，即销售量增加 1%，利润增长 4%；销售量减少 1%，利润下降 4%。

（三）经营杠杆的作用

1. 反映企业经营风险程度

经营风险又称营业风险，是指企业由战略选择、销售手段等经营决策所引起的未来收益不确定性。经营杠杆系数的存在扩大了市场和生产等不确定因素对利润变动的影响，而且经营杠杆系数越大，营业利润对销售变动也越敏感，变动也越剧烈，企业的经营风险也越大。在企业的固定成本不变时，企业通过扩大销售量，占有和扩大市场份额，或者提高售价、降低变动成本，均可以使经营杠杆系数变小，从而降低经营风险。

2. 预测计划期一定销售量和利润水平

例 7-13 企业 2022 年利润为 200000 元，固定成本总额为 100000 元，假定 2023 年的销售量增长 5%，要求：(1) 预测 2023 年的利润变动率和利润额。(2) 如果企业 2023 年要求目标利润达到 500000 元，销售的增长比率是多少？

边际贡献总额＝200000＋100000＝300000（元）

$$经营杠杆系数=\frac{300000}{200000}=1.5$$

(1) 利润变动率＝5%×1.5＝7.5%

利润额 ＝ 200000×（1＋7.5%）＝215000（元）

(2) 利润变动率＝（500000－200000）÷200000＝150%

销售变动率＝150%÷1.5＝100%

计算结果显示，如果 2023 年的销售量增长 5%，2023 年的利润增长 7.5%，利润额达到 215000 元；如果 2023 年要求目标利润为 500000 元，则销售量需增长 100%。

尽管本量利分析是一种简便、有效的管理工具，但因为本量利分析是建立在一系列假设基础之上的，所以其应用势必有一定的局限性。比如，随着产销量突破一定的范围，固定成本会呈阶梯状变化，而变动成本往往受经营规模和生产率的影响，呈曲线变化；在较长的时间范围内，生产要素价格也不可能一直保持不变，所以总成本与销售收入不会总是成线性变化关系；影响企业成本和收入的因素不只是产销量，还有劳动生产率、市场情况等其他因素；产品的销售价格经常处于变动之中。因此，对于本量利分析结果，实务中还应该结合变量要素的具体情形进行调整，以做出更加合理的决策。

本章小结

(1) 本量利分析是指在成本习性分析的基础上，运用数学模型或图式，对成本、利润、业务量与单价等因素之间的依存关系进行具体的分析，研究其变动的规律性，以便为企业进行经营决策和目标控制提供有效信息的一种方法。

(2) 盈亏临界点又称保本点，是指刚好使企业经营达到不盈不亏状态的销售量（额）。通过盈亏临界点分析，企业可以预测售价、成本、销售量，以及利润情况并分析这些因素之间的相互影响情况，从而明确经营管理重点。

(3) 安全边际是指现有或预计销售量（额）超过盈亏临界点销售量（额）的部分。安全边际越大，企业经营风险越小。

(4) 敏感性分析方法是一种广泛应用于各领域的分析技术。它是研究一个系统在周围环境发生变化时，该系统状态会发生怎样变化的方式。利润敏感性分析的意义是通过利润敏感程度指标，揭示利润与有关因素之间的相对关系，并利用敏感程度指标进行利润预测。

(5) 经营杠杆是在企业的生产经营活动中，固定成本的存在使企业的利润变化率大于产销变化率的经济现象。经营杠杆系数的存在扩大了市场和生产等不确定因素对利润变动的影响，而且经营杠杆系数越大，营业利润对销售变动也越敏感，变动也越剧烈，企业的经营风险也就越大。

思考题

1. 什么是本量利分析？

2. 本量利分析的基本假定有哪些？为什么？

3. 本量利分析图如何揭示本量利三者之间的规律性联系？
4. 什么是盈亏临界点？如何计算？
5. 如何计算多品种产品条件下的盈亏临界点？
6. 什么是安全边际？如何评价企业经营的安全性？
7. 产品品种结构的变动如何影响盈亏平衡点？
8. 什么是利润敏感性分析？如何计算各因素的敏感系数？
9. 什么是经营杠杆？如何计算经营杠杆系数？
10. 经营杠杆有何作用？

自测自评

一、单项选择题

1. 甲公司产销一种产品，单价 30 元，单位变动生产成本 7 元，固定制造费用总额 95 万元，固定管理费用总额 65 万元，每件产品销售佣金为售价的 10%，该产品盈亏临界点销售量是(　　)件。

A. 32500　　B. 40000　　C. 47500　　D. 80000

2. 公司只生产一种产品，目前处于盈利状态，单位变动成本 10 元，变动成本敏感系数为−4。设其他条件不变，甲公司盈亏平衡点时的单位变动成本为（　　）元。

A. 7.5　　B. 9.6　　C. 10.4　　D. 12.5

3. 甲公司只生产销售一种产品，变动成本率为 30%，盈亏临界点作业率为 40%，甲公司销售利润率是（　　）。

A. 18%　　B. 12%　　C. 42%　　D. 28

4. 甲公司的经营处于盈亏临界点，下列表述不正确的有（　　）。

A. 安全边际等于 0

B. 经营杠杆系数等于 0

C. 边际贡献等于固定成本

D. 销售额等于销售收入线与总成本线交点处的销售额

5. 在其他条件不变时，若使利润上升 50%，单位变动成本需下降 20%；若使利润上升 40%，销售量需上升 15%，那么（　　）。

A. 销售量对利润的影响比单位变动成本对利润的影响更为敏感

B. 单位变动成本对利润的影响比销售量对利润的影响更为敏感

C. 销售量的敏感系数小于 1，所以销售量为非敏感因素

D. 单位变动成本的敏感系数小于 0，所以单位变动成本为非敏感因素

6. 根据本量利分析原理，只能提高安全边际量而不会降低保本点销售量的措施是（　　）。

A. 提高单价　　B. 增加产销量

C. 降低单位变动成本　　D. 压缩固定成本

7. 在销售量水平一定的条件下，盈亏临界点的销售量越小，企业的（　　）。

A. 经营风险越小　　B. 经营风险越大　　C. 财务风险越小　　D. 财务风险越大

8. 安全边际率 20%，正常销售量为 1000 件，则盈亏临界点销售量为（　　）件。

A. 200　　B. 800　　C. 600　　D. 400

9. 甲公司只生产一种产品，每件产品的单价为 5 元，单价敏感系数为 5。假定其他条件不变，甲公司盈亏平衡时的产品单价是（　　）元。

A. 3　　B. 3.5　　C. 4　　D. 4.5

10. 设企业只生产销售一种产品，单价为 50 元，边际贡献率为 40%，年固定成本为 300 万元，预计下一年产销量为 20 万件，假设单价变动不影响单位变动成本，则利润对单价的敏感系数为（　　）。

A. 10　　B. 8　　C. 4　　D. 0.4%

二、多项选择题

1. 关于本量利分析模式，下列各项中能够提高销售利润额的有（　　）。

A. 提高边际贡献率　　B. 提高盈亏平衡点作业率

C. 提高变动成本率　　D. 提高安全边际率

2. 某企业生产甲、乙两种产品，甲产品销量为 500 件，单价为 80 元，单位变动成本为 40 元；乙产品销量为 400 件，单价为 150 元，单位变动成本为 50 元，企业固定成本总额为 12000 元，下列说法中正确的有（　　）。

A. 该企业的变动成本率为 60%　　B. 企业的安全边际率为 50%

C. 企业安全边际额中的边际贡献等于 48000 元　　D. 企业利润对销量的敏感系数为 1.25

3. 下列各项中，可以视为盈亏临界状态的有（　　）。

A. 销售收入总额与成本总额相等　　B. 销售收入线与总成本线相交的点

C. 边际贡献与固定成本相等　　D. 变动成本与固定成本相等

4. 依据边际贡献方程式，提高产品边际贡献的途径有（　　）。

A. 提高销售单价　　B. 降低单位变动生产成本

C. 降低单位变动销售费用　　D. 降低单位变动管理费用

5. 在生产多种产品的企业中，会影响企业总边际贡献率的因素有（　　）。

A. 增加变动成本率较低的产品销量　　B. 减少固定成本负担

C. 提高售价　　D. 降低变动成本

6. 下列关于本量利关系的表述中，正确的有（　　）。

A. 销售息税前利润率÷变动成本率＝盈亏临界点作业率

B. 盈亏临界点作业率×安全边际率＝1

C. 销售息税前利润率÷边际贡献率＝安全边际率

D. 边际贡献率＋变动成本率＝1

7. 下列有关安全边际的表述中，正确的有（　　）。

A. 安全边际是正常销售额超过盈亏临界点销售额的差额

B. 安全边际表明销售额下降多少企业仍不至亏损

C. 安全边际部分的销售额也就是企业的利润

D. 安全边际率大于 1，则表明企业经营安全

8. 某产品的单位变动成本因耗用的原材料涨价而提高了 1 元，企业为抵销该变动的不利影响，决定提高产品售价 1 元，假设其他因素不变，则（　　）。

A. 该产品的变动成本率降低　　B. 该产品的单位边际贡献不变

C. 该产品的安全边际不变　　D. 该产品的盈亏临界点销售额增加

9. 下列各项中，将会影响加权平均保本销售额大小的有（　　）。

A. 固定成本总额　　B. 销售量　　C. 单价　　D. 单位变动成本

10. 某企业只生产一种产品，当年的税前利润为 20000 元。运用本量利关系对影响税前利润的各因素进行敏感分析后得出，单价的敏感系数为 4，单位变动成本的敏感系数为－2.5，销售量的敏感系数为 1.5，固定成本的敏感系数为－0.5。下列说法中，正确的有（　　）。

A. 上述影响税前利润的因素中，单价是最敏感的因素，固定成本是非敏感因素

B. 当单价提高10%时，税前利润将增长8000元

C. 当单位变动成本的上升幅度超过40%时，企业将转为亏损

D. 如果计划期的税前目标利润为35000元，则销售量应增长75%

三、判断题

1. 变动成本率的高低直接影响企业产品的盈利能力。变动成本率高，边际贡献率就低，产品创造利润的水平下降；否则相反。（ ）
2. 在其他条件不变的情况下，提高边际贡献率较高产品的销售比重，将使综合贡献边际率下降，综合盈亏临界点销售额增加，盈利减少。（ ）
3. 因为盈亏临界点销售量所创造的边际贡献恰好补偿了全部固定成本，所以超过盈亏临界点的安全边际所提供的边际贡献额就是利润。（ ）
4. 只要售价大于单位变动成本，企业就一定能够盈利。（ ）
5. 销售量的增长和盈亏临界点的下降均可成为企业快速扩大利润区域的有效方式。（ ）
6. 现代成本管理的目的是以尽可能少的成本支出，获得尽可能多的使用价值，因此，企业应尽量削减科技创新的研发投入。（ ）
7. 所得税对企业的盈亏临界点不产生影响。（ ）
8. 敏感系数绝对值小于1，说明利润的变动幅度小于变量的变动幅度，该变量为非敏感因素。（ ）
9. 经营杠杆系数的存在扩大了市场和生产等不确定因素对利润变动的影响，经营杠杆系数越大，营业利润对销售变动也越敏感，企业的经营风险也就越大。（ ）
10. 固定成本盈亏临界值（固定成本上限）＝单价－固定成本/销售量。（ ）

四、计算分析题

1. 顺大玩具公司产销甲、乙两种气球，单位售价分别为5元和10元，单位变动成本分别为3元和8元，全年销售量分别为2万件和4万件，全年固定成本为5万元。

   要求：（1）公司的综合盈亏临界点销售额和两种气球各自的盈亏临界点销售量。

   （2）公司的安全边际率和预计利润。

   （3）为扩大市场占有率，公司准备投入广告费10000元，预计可使甲、乙两种气球的销售量分别增至4万件和6万件。试计算此时加权平均盈亏临界点和利润，并评价方案是否可行（计算结果保留整数）。

2. 新星公司只产销一种保温杯产品，2022年每个保温杯变动成本12元，变动成本总额为60000元，变动成本率40%，共获得税前利润18000元，若新星公司计划2023年售价及变动成本率均保持不变。

   要求：（1）计算新星公司2022年的盈亏临界点。

   （2）计算新星公司2022年利润对单价、销售量、单位变动成本及固定成本的敏感系数。

   （3）如果2023年的销售量增长8%，其他因素不变，用经营杠杆系数计算可实现多少利润？

   （4）2023年，公司准备通过降价的方式扩大市场份额，其他因素不变，公司保本的售价临界值是多少？

3. 安利公司只产销一种保健枕头，单位售价为150元，每月可售出3000个，单位变动成本70元，每月固定成本为8万元。为了增加利润，业务部门提供以下两个方案：

（1）售价降低 10 元，销售量可增长 50%；

（2）每月投入 20000 元做广告，销售量可增加 30%。

要求：确定哪个方案更好？

4. 张晗毕业后准备留在学校所在一线城市创业，但对于创业的具体方向不够明确。直到有一天在城市 CBD 附近发现有一家咖啡馆招租，便做了一番历时一个月的深入跟踪调查。结果显示，咖啡馆有 10 张桌子，每张桌子 2～4 个座位，因靠近 CBD，客源充足，上座率可达 80%，营业时间每天早上 11 点至晚上 11 点，由于营业时间比较长，翻桌率每天可达 4 次，全年营业 330 天。相关数据如表 7-6 所示。

表 7-6　咖啡馆相关数据

项目	金额
每桌每次平均收入	120 元/桌次
咖啡、甜点等材料成本	50 元/桌次
聘请 2 个员工工资及社保（不包括张晗自己的工资）	140000 元/年
租金（房屋和设备）	38000 元/月
电话、餐具耗损等费用	4000 元/月

要求：（1）计算咖啡馆每年的销售收入和保本点。

（2）张晗希望每年能够获得税后 15 万元的利润，所得税税率 25%，按照目前的这种情况，是否能够实现？

（3）如果房屋和设备需要押金 8 万元，同时还需要投入 10 万元作为流动资金，则对于以上的结论会产生怎样的影响？

——扫扫看，你有多优秀——

延伸阅读

［1］　［2］　［3］　［4］

［1］《管理会计应用指引第 401 号——本量利分析》。

［2］《管理会计应用指引第 402 号——敏感性分析》。

［3］《管理会计应用指引第 403 号——边际分析》。

［4］《管理会计应用指引第 405 号——多维度盈利能力分析》。

第八章 标准成本系统

学习目标

标准成本系统作为现代企业加强成本控制的重要手段，主要通过日常生产产品的过程中，将产品实际耗用成本与事先制定的允许耗用的标准成本进行比较确定差异，并对差异产生的原因进行溯源，落实责任，制定有效纠偏措施，从而达到事中成本控制的目的。通过本章的学习，大家应达成以下目标。

- 学习目标
  - 知识目标
    - 了解标准成本系统产生发展历程及其作用
    - 掌握标准成本的制定方法，成本差异的计算及分解方法
    - 了解成本差异产生的原因及其责任归属
  - 能力目标
    - 具备面对不同成本差异及其形成原因，厘清成本管理控制重点的能力
    - 具备较为完整撰写成本差异分析报告的能力
  - 素质目标
    - 培养追根溯源的主观能动性以及辩证思维能力

案例导入

T 公司的成本管控

T 公司主要以设备零件为主业，2010 年在上海证券交易所 A 股上市。公司现有某类船舶配件生产能力 20 万吨/年，产量和销量连续名列前茅，是国内某类船舶配件行业中最大的企业。公司产品占全国某类船舶配件出口的 70%，是我国船用配件、海洋石油行业某类船舶配件的最大的出口基地之一。T 公司注重企业管理，具有先进的战略思维。近年来，T 公司在低成本战略的思维模式下，十分重视成本管控。T 公司注重成本管控的宣传，对公司员工进行了标准成本法培训，并以绩效考核的方式，增强员工成本控制的意识，公司自上而下形成了成本管控的良好氛围。T 公司具有良好的成本管理系统。T 公司采用的是先进的 SAP 系统。SAP 系统的制造模块十分有利于制造业的成本控制，该模块包含了物料清单、物料数据、财务成本等，每个工作中心都有相应的成本中心。与此同时，SAP 系统对于当今企业会计核算来说是一个很先进的系统，有助于企业实现标准成本法的关键分析核算功能。T 公司标准成本法的应用是其拥有较好成本管控能力的体现之一。在成本管理信息化系统先进、企业员工成本管理意识较强的情况下，标准成本法的应用使得企业的每项工作都按照标准化的要求进行。该举措不仅使得企业成本降低，也使企业管理更加标准化。

随着社会的发展和科技的不断进步，企业经济管理也愈来愈兴盛。在竞争激烈的市场中，企业想要取得优势地位，就必须合理制定成本管理模式，标准成本法就是一种很好的制定工具，主要内容包括标准成本的制定，以及成本差异的计算、分析和核算处理。

——温素彬，韦海钦. 标准成本法：解读与应用案例 [J]. 会计之友，2020（24）：151-156.

关键名词

标准成本系统　标准成本　理想标准成本　正常标准成本　成本差异

第一节　标准成本系统概述

一、标准成本系统

标准成本系统是指以标准成本为核心，通过标准成本的制定、执行、核算、控制、差异分析等一系列有机结合的环节，将成本的核算、控制、考核、分析融为一体，实现成本管理目的的一种成本管理制度，也称标准成本制度或标准成本会计。标准成本系统产生于 19 世纪末 20 世纪初，为了提高劳动生产率，管理者努力将科学技术的最新成就广泛应用于生产管理，积极引入当时盛行的泰勒科学管理学说的核心思想，强调以“先算后干”代替传统成本会计制度“先干后算”，陆续引入标准人工成本、标准材料成本、标准制造费用等概念，事先制定成本控制工作标准，作为实际成本管理工作评价和考核的依据，使成本管理控制从事后延伸至事前和事中的立体式全方位控制。经过实践，标准成本系统的内容日臻丰富和成熟，成为现代企业普遍采用的成本控制方法之一。

标准成本
系统概述

二、标准成本系统的核算流程

一套完善标准成本会计核算系统，需要另外设置相关的成本差异账户。在日常成本核算中记录每一种产品各成本项目的标准成本的同时，将实际成本与标准成本之间的差异数计入相关的成本差异账户。这种方式的记录有两个目的：使管理者了解各自所负责的差异性质及其数额大小；在一定时期结束时，将已售产品的标准成本与差异数结合确定产品的实际销售成本，满足对外报告实际的成本和损益的需求。标准成本系统的会计核算流程如图 8-1 所示。

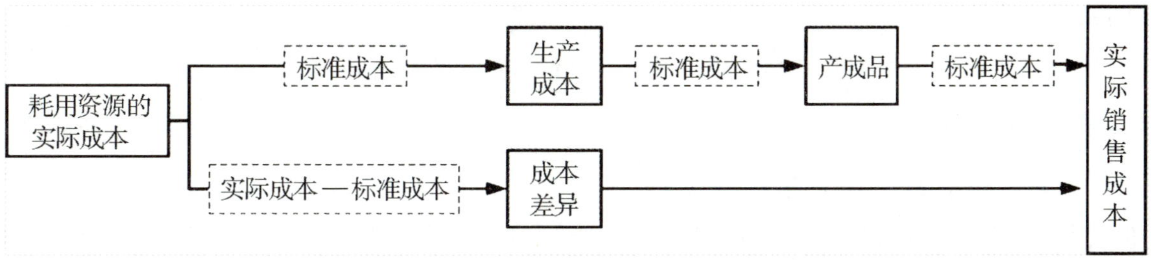

图 8-1 标准成本系统会计核算流程

因此，一套完整的标准成本核算系统的基本内容主要包括标准成本制定、差异计算和分析、账务处理三个部分。其中，标准成本的制定是采用标准成本法的前提和关键，据此可以达到成本事前控制的目的。成本差异计算和分析是标准成本系统的重点，在促成成本控制目标实现的同时，满足业绩考核评价的需求。

三、标准成本系统的应用领域

标准成本系统作为现代企业加强成本控制的重要手段，主要通过日常生产产品的过程中，将产品实际耗用成本与事先制定的允许耗用的标准成本进行比较确定差异，并对差异产生的原因进行溯源，落实责任，制定有效纠偏措施，从而达到事中成本控制的目的。

标准成本是企业在一定时期应当完成的目标成本，标准成本系统使成本计算、成本管理和成本控制有效融为一体，标准成本的制定和分析过程也是企业内部各部门管理水平的检查过程、员工积极性的激励过程和企业业绩的评价过程。因此，标准成本系统广泛应用于现代企业经营管理决策领域。

（1）作为成本控制的依据，可以在产品制造过程中，通过实际成本与标准成本的比较，及时发现差异，采取必要的纠偏措施，实现事中成本控制的目的。

（2）将标准成本与考核业绩相结合，可以有效地评价和考核责任中心的经营管理工作的绩效，调动员工的积极性。

（3）为企业的产品定价、项目投标、业务外包、生产技术的选择等短期经营决策方案提供成本信息支持。

第二节 标准成本的制定

一、标准成本的含义

标准成本是事先经过严格的调查，以及科学技术测定等方法制定的，是企业在正常生产技术条件下努力可以达到的成本水平，是目标成本的一种。

制造业企业的标准成本，一般以单位产品为基础制定。它是根据单位产品的标准耗用数量和标准单价计算出来的，准确地说应称为“成本标准”，主要用于产品制造过程的工作效率和成本控制效果的考核标准。公式表示为

$$单位产品标准成本 = \sum(单位产品某项资源标准消耗数量 \times 该项资源标准单价)$$

进行成本差异分析时，通常以实际成本总额（实际总成本）与标准成本总额（标准总成本）确定总差异。实际成本总额是产品实际产量与产品实际单位成本的乘积。标准成本总额应根据产品实

际产量和单位产品成本标准计算。这是因为成本差异分析是针对单位产品的实际成本与单位产品标准成本之间的比较，必须将因产量引起的成本差异排除在外，所以，计算标准成本总额的产量必须用实际产量，即

标准成本总额=实际产量×单位产品标准成本

二、标准成本的分类

（一）理想标准成本和正常标准成本

标准成本按其制定所依据的生产技术和经营管理水平，分为理想标准成本和正常标准成本。

1. 理想标准成本

理想标准成本是在现有的人力资源、物力资源、财力资源、信息资源、企业家才能等生产经营要素同时达到最佳状态时所确定的产品标准成本。例如，生产过程最熟练的工人精神饱满不间断工作；不存在废品损失和停工待料；设备发挥最大生产效能，不考虑产品市场需求、设备技术故障等造成的影响；原材料、劳动力等生产要素的价格处于最低水平；企业经营管理水平尽善尽美等。因此，理想标准成本一般只存在于理论上，实际中难以成为现实。理想的标准成本可作为企业持续改进战略或全面质量管理理念，主要作用在于揭示企业产品实际成本下降的潜在能力，给予员工一个努力的方向或奋斗的目标，不宜作为考核评价的依据。

2. 正常标准成本

正常标准成本是指在效率良好的条件下，根据下期一般应该发生的生产要素消耗量、预计价格和预计生产经营能力利用程度制定出来的标准成本。它既排除了各种偶然性和意外情况，又充分考虑了目前条件下不可避免的材料合理耗损、设备故障、人工闲置等因素，是正常经营管理条件下的耗费水平。从具体数量上看，它应介于理想标准成本与历史平均水平的成本（目前已经达到的成本水平）之间，小于历史平均水平的成本，但又大于理想标准成本，是经过努力可以达到的一种标准成本，因而对员工可以起到较强的激励作用。同时在工艺技术和经营管理水平没有出现较大变化时不需要经常修订，可以持续使用，具有相对稳定性，是现代企业在推广标准成本系统时广泛使用的成本控制标准。

（二）基本标准成本和现行标准成本

标准成本按其适用期，分为基本标准成本和现行标准成本。

1. 基本标准成本

基本标准成本是指一经制定，只要产品的物理结构、主要原材料和劳动力的价格、生产工艺等生产基本条件没有发生不可逆的重大改变，就不需要进行修订的一种标准成本。例如，单门冰箱改为双门冰箱就属于物理结构产生重大变化，需要重新修订标准成本；而临时增加订单提高了产品生产能力利用程度、市场供求关系变化引起的资源价格波动、工作方法改变、由于雇用临时工人造成生产工人技术操作水平波动等，不是生产的基本条件发生不可逆的改变，就不被列为重新调整修订的范畴。由于基本标准成本不在适用期内根据实际情况进行动态调整，一般不直接作为工作效率和成本控制有效性的评价标准。

2. 现行标准成本

现行标准成本是根据适用期应该发生的价格、效率和生产经营能力利用程度等实际情况预计的标准成本。在这些决定因素变化时，需要按照改变了的情况加以修订。这种标准成本可以成为评价实际成本的依据，也可以用来对存货和销货成本计价。标准成本系统普遍使用这种标准成本。

三、标准成本的制定

（一）产品标准成本的构成

标准成本的制定一般只针对产品进行，至于销售费用、管理费用、财务费用等期间费用，一般通过编制费用预算进行控制。传统成本计算法下，产品的标准成本可根据产品成本的直接材料、直接人工、制造费用三个成本项目分别制定，每个成本项目又进一步分为数量标准和价格标准。因此，产品标准成本的构成如图 8-2 所示 。

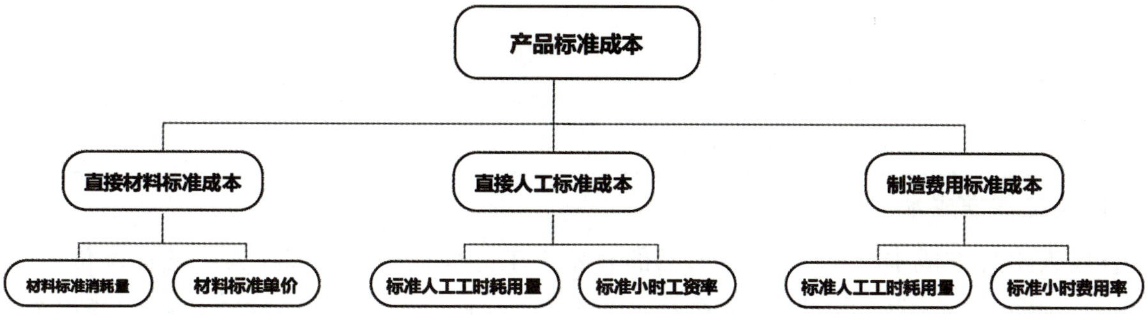

图 8-2　产品标准成本的构成

（二）标准成本的制定

图 8-2 显示，尽管产品的三个成本项目的标准成本具体内容和性质不同，但它们均由数量标准和价格标准两个因素决定。因此，单位产品某一个成本项目的标准成本，应先分别确定其用量标准和价格标准，两者相乘即可得到该成本项目的标准成本。标准成本的基本形式为

某成本项目的标准成本＝该成本项目的标准用量×该成本项目的标准价格

标准成本的制定

制定标准成本时，企业需要设立由采购、生产、技术、营销、财务、人事、信息等有关部门组成的跨部门临时性组织，采用自上而下、自下而上的模式，经由企业管理层审批后，制定出产品的标准成本（见表 8-1）。

表 8-1　企业标准成本制定责任部门和制定基本方法

项目		标准制定责任部门	标准制定方法
用量标准	原材料耗用量标准	生产车间、技术	历史数据统计分析 作业分析法 技术测定法 时间与动作研究 市场预期 标杆分析
	直接人工工时耗用量标准	生产车间、技术	
价格标准	原材料单价标准	采购、财务	
	小时工资率标准	人力资源、财务	
	小时费用率标准	生产车间、财务	

无论是标准价格还是标准用量，都可以是理想的标准成本或正常的标准成本。以下主要讲述正常标准成本的制定方法。

1. 直接材料标准成本制定

$$直接材料标准成本＝\sum（单位产品直接材料标准耗用量×直接材料的标准价格）$$

（1）直接材料的标准耗用量是指在现有技术条件下生产每件产品所需的直接材料数量，包括生产过程中无法避免的材料损耗、废品中的材料损失等。如果产品同时耗用多种材料，应分别制定。

（2）直接材料的标准价格是指材料验收入库之前所发生的成本。一般包括材料发票价格（不含税）、运杂费、运输过程正常损耗、入库前检验整理费用等。如果产品同时耗用多种材料，也应分别制定。

例 8-1 鲁班木制品厂生产木质画框，单一生产规格 60cm×80cm 的画框，其所耗用的两种主要材料木条和玻璃的相关成本数据，以及标准成本制定如表 8-2 所示。

表 8-2　60cm × 80cm 画框直接材料标准成本

木条				玻璃			
标准耗用量		标准价格		标准耗用量		标准价格	
正常耗用量/米	2.8	发票单价/元	10	正常耗用量/平方米	0.5	发票单价/元	20
允许损耗量/米	0.2	运杂费/元	2	允许损耗量/平方米	0.1	运杂费/元	1
小计/米	3	小计/元	12	小计/平方米	0.6	小计/元	21
木条标准成本/元		3×12=36		玻璃标准成本/元		0.6×21=12.6	
每个画框直接材料标准成本＝ 36＋12.6 ＝ 48.6/元							

2. 直接人工标准成本

$$直接人工标准成本 = \sum（单位产品的直接人工标准耗用量 \times 直接人工的标准价格）$$

单位产品的直接人工标准耗用量是单位产品标准工时。直接人工的标准价格也称标准工资率。如果产品涉及多个不同技术等级工人，由于不同等级工人劳动报酬不同，需要分别制定标准，因此，直接人工标准成本可以简单表述为

$$直接人工标准成本 = \sum（标准工时 \times 标准工资率）$$

（1）标准工时。标准工时是指在现有生产技术条件下，生产单位产品所需要的时间，包括直接加工操作必不可少的时间、必要的间歇和停工（如工间休息、设备调整准备时间）、不可避免的废品耗用工时等。标准工时应以作业研究和时间研究为基础，参考有关统计资料来确定。另外，确定单位产品所需的直接生产工人工时，需要按产品的加工工序分别进行，然后加以汇总。

（2）标准工资率。如果采用计件工资制，标准工资率是预定的每件产品支付的工资除以标准工时；如果采用月工资制，需要根据月工资总额和可用工时总量来计算标准工资率。

例 8-2 鲁班木制品厂生产木质画框，画框需要经过切割、打磨、油漆、组装等四道工序连续加工完成，全厂生产工人 80 名，每月平均工作日数 20.83 天，每人每天工作时间 8 小时，平均出勤率 96%，全部生产工人月预算工资总额 400000 元。生产技术人员通过时间和动作研究测定，规格为 60cm×80cm 画框在四道工序耗用的基本生产时间分别为 6 分钟、12 分钟、6 分钟、9 分钟，另外每个木框还需要承担 1.2 分钟的工间休息时间和 1.8 分钟的调整设备时间，则 60cm×80cm 画框直接人工标准人工制定如表 8-3 所示。

表 8-3　60cm × 80cm 画框直接人工标准成本

标准工时		标准工资率	
基本生产时间/小时	0.55	生产工人人数/人	80
其中：切割 0.1 小时		月平均工作日数/日	20.83
打磨 0.2 小时		每人每天工作时间/小时	8
油漆 0.1 小时		平均出勤率	96%
组装 0.15 小时		每人月平均工时/小时	160
工间休息时间/小时	0.02	月标准（能力）总工时/小时	12800
调整设备时间/小时	0.03	月预算工资总额/元	400000
标准工时/小时	0.6	标准工资率	31.25
画框直接人工标准成本＝ 0.6×31.25 ＝ 18.75（元）			

3. 制造费用标准成本

制造费用是产品在制造过程中直接材料和直接人工以外的其他生产费用，比如，生产过程中发生的辅助材料、为设备提供动力的电费、设备的折旧、生产部门管理人员和辅助人员工资等。制造费用的标准成本也根据耗用量标准和价格标准两个方面制定。同时，根据变动成本法，这些费用按照与产量之间的性态关系不同，分为变动制造费用和固定制造费用。因此，制造费用标准成本应对它们分别进行制定。

（1）制造费用的耗用量标准。制造费用的耗用量标准通常采用单位产品直接人工工时标准，与直接人工的耗用量标准相同，也可以采用机器工时或其他用量标准。固定制造费用的用量标准与变动制造费用的用量标准相同，并且两者要保持一致，便于后续进行差异分析。

（2）制造费用的价格标准。制造费用的价格标准是单位工时承担的变动制造费用或固定制造费用的标准分配率，它们通常根据年度开始前所编制的变动制造费用预算总额和固定制造费用预算总额，按照以下公式计算确定。

$$变动制造费用标准分配率=\frac{全年变动制造费用预算总额}{标准总工时}$$

$$固定制造费用标准分配率=\frac{全国固定制造费用预算总额}{标准总工时}$$

（3）制造费用的标准成本。确定用量标准和价格标准之后，两者相乘即可得出变动制造费用标准成本或固定制造费用标准成本。

$$变动制造费用标准成本=标准工时\times变动制造费用标准分配率$$

$$固定制造费用标准成本=标准工时\times固定制造费用标准分配率$$

例 8-3 鲁班木制品厂制造费用全年预算总额 1367040 元，其中辅助材料 81120 元、为设备提供动力的电费 640800 元、机器设备折旧额 303600 元、生产部门管理人员和辅助人员工资 341520 元。60cm×80cm 画框变动制造费用和固定制造费用的分配率，以及制造费用标准成本分别计算如下：

$$变动制造费用分配率=\frac{81120+640800}{12800\times12}=4.7$$

$$固定制造费用分配率=\frac{303600+341520}{12800\times12}=4.2$$

变动制造费用标准成本＝0.6×4.7＝2.82（元）

固定制造费用标准成本＝0.6×4.2＝2.52（元）

制造费用标准成本＝2.82＋2.52＝5.34（元）

4. 单位产品标准成本

在分别制定出直接材料、直接人工、变动制造费用和固定制造费用的标准成本后，就可以汇总确定单位产品的标准成本并制作产品“标准成本卡”。产品“标准成本卡”是单位产品成本控制的标准，通常在产品生产之初分发给仓库、生产、财务等相关部门的责任人员，作为材料领用、工人调配、费用支付等的依据。需要注意的是，由于变动成本法和完全成本法对于固定制造费用的处理方式不同，两种成本法单位产品标准成本的构成内容也存在差异。

变动成本法产品标准成本＝直接材料标准成本＋直接人工标准成本＋变动制造费用标准成本

完全成本法产品标准成本＝直接材料标准成本＋直接人工标准成本＋变动制造费用标准成本＋固定制造费用标准成本

例 8-4 鲁班木制品厂根据前述三个例题（例 8-1 至例 8-3）计算的各项目标准成本，编制了 60cm×80cm 画框的单位产品标准成本（标准成本卡），如表 8-4 所示。

表 8-4 60cm×80cm 画框标准成本卡

成本项目		数量标准	价格标准	标准成本	
直接材料	木条	3 米	12 元/米	36 元	48.60 元
	玻璃	0.6 平方米	21 元/平方米	12.6 元	
直接人工		0.6 小时	31.25 元/小时	18.75 元	
变动制造费用		0.6 小时	4.7 元/小时	2.82 元	
单位产品标准变动成本				70.17 元	
固定制造费用		0.6 小时	4.2 元/小时	2.52 元	
单位产品标准完全成本				72.69 元	

在制定标准成本的基础上，企业应基于可控性、责权利统一和归口管理等原则，将产品成本及其各成本项目的标准用量和标准价格层层分解，落实到具体的部门及相关责任人，形成成本控制标准。各部门或责任人应根据相关成本控制标准，监督成本的形成过程，及时揭示脱离标准的差异，分析其成因，并迅速采取措施加以改进，以达到在事前、事中控制资源消耗与成本费用开支的目的。

第三节 成本差异的量化分解与责任归属

一、成本差异

企业在产品生产之前，经过严格的计算分析程序和方法制定的单位产品标准成本，是企业预先设定的目标成本，通过产品“标准成本卡”形式分发给仓库、生产、财务等相关部门，作为日常产品成本控制的依据或参考。但实际生产经营活动中，企业所处的内外经营环境不断变化，产品的实际成本与标准成本由于各种原因可能出现偏差，这种偏差被称为成本差异。

成本差异 ＝ 实际成本－标准成本

如果成本差异大于零，说明实际成本大于标准成本，是成本超支，称不利差异，用“＋”号表示，一般忽略不写（或差异数字后面标注 U 表示）。

若干成本差异小于零，说明实际成本小于标准成本，是成本节约，称有利差异，用“－”号表示（或差异数字后面标注 F 表示）。

成本差异是反映实际成本脱离预定目标成本的程度。对于企业管理决策层来说，差异只是一种反映企业在成本管控过程中取得的成效或存在问题的信号，更重要的是要进一步寻找差异产生的原因。通常按照成本项目对成本差异进一步量化分解，找到差异产生的根本原因，落实责任，为控制乃至消除差异提供决策信息支持。

二、变动成本差异的量化分解和责任归属

（一）变动成本差异分解基本原理

直接材料、直接人工和变动制造费用都属于变动成本，由于它们实际成本的高低取决于实际用量和实际价格，标准成本的高低取决于标准用量和标准价格，所以其成本差异可以归结为价格脱离标准造成的“价格差异”与用量脱离标准造成的“数量差异”两类。变动成本差异分析的基本方法

相同，可以采用以下通用公式计算。

成本差异＝实际成本－标准成本
＝实际数量×实际价格－标准数量×标准价格
＝价格差异＋数量差异

其中

价格差异＝ 实际数量×（实际价格－标准价格）
数量差异＝（实际数量－标准数量）×标准价格

直接材料的价格差异与数量差异之和，应当等于直接材料成本总差异，并可据此验算差异分析计算的正确性。需要注意的是，以上公式中的“数量”是指单位产品对某项资源的耗用数量。由于成本差异分析是针对单位产品的实际成本与单位产品标准成本之间的比较，不包括产量因素。进行成本差异分析时，通常以实际成本总额（实际总成本）与标准成本总额（标准总成本）确定总差异。实际成本总额是产品实际产量与产品实际单位成本的乘积。标准成本总额就应根据产品实际产量和单位产品成本标准计算，也就是说计算实际总成本的标准总成本的业务量均以实际产量为基础。即

成本差异＝实际产量×（实际成本－标准成本）

其中

价格差异＝实际产量×实际数量×（实际价格－标准价格）
数量差异＝实际产量×（实际数量－标准数量）×标准价格

（二）变动成本差异的具体分解和责任归属

根据变动成本项目分解的通用公式，对照例 8-4 中鲁班木制品厂制定的 60cm×80cm 画框“标准成本卡”，就可以计算鲁班木制品厂生产的 60cm×80cm 画框的实际成本与标准成本之间的差异，并进行分解。

直接材料、直接人工成本差异与分析

1. 直接材料成本差异的分解与责任归属

直接材料成本差异是指直接材料实际产量下的实际成本与标准成本之间的差额。导致差异产生的因素有两个，一是价格脱离标准形成的差异（价格差异）；二是耗用量脱离标准形成的差异（数量差异）。

例 8-5 鲁班木制品厂本月生产 60cm×80cm 画框 20000 个，实际耗用木条 62400 米，玻璃 11720 平方米；本月木条实际价格 13 元/米，玻璃 23 元/平方米。根据例 8-4 的“标准成本卡”，木条标准耗用量每个 3 米，标准价格 12 元/米；玻璃标准耗用量 0.6 平方米，标准价格 21 元/平方米。画框耗用直接材料的成本差异计算如下：

每个画框木条实际耗用量＝62400÷20000＝3.12（米）

每个画框玻璃实际耗用量＝11720÷20000＝0.586（平方米）

（1）木条成本差异＝20000×（3.12×13－3×12）＝91200（元）　　(U)

其中

耗用量差异（数量差异）＝20000×（3.12－3）×12 ＝28800（元）　　(U)

单价差异（价格差异）＝20000×3.12×（13－12）＝62400（元）　　(U)

（2）玻璃成本差异＝20000×（0.586×23－0.6×21）＝17560（元）　　(U)

其中

耗用量差异（数量差异）＝20000×（0.586－0.6）×21＝－5880（元）　　(F)

单价差异（价格差异）＝20000×0.586×（23－21）＝23440（元）　　(U)

（3）直接材料成本差异＝91200＋17560＝108760（元） （U）

直接材料耗用量差异（数量差异）＝28800－5880＝22920（元） （U）

直接材料单价差异（价格差异）＝62400＋23440＝85840（元） （U）

以上的量化分解表明，鲁班木制品厂本月直接材料成本总体超支108760元。其中由于木条实际耗用量超过标准0.12米（3.12米－3米）使成本超支28800元，实际单价实际比标准单价增加1元（13元－12元）使成本增加62400元；玻璃实际耗用量低于标准耗用量0.014平方米（0.586平方米－0.6平方米）使成本降低5880元，实际单价比标准单价提高2元使成本增加23440元。显然，直接材料成本总体超支，并不代表生产过程所有环节成本控制失效，只是玻璃耗用量的节约抵不过其他项目的耗费的增加幅度的结果。直接材料成本差异产生的具体原因还需要从数量差异和价格差异两个维度进一步分析。

直接材料数量差异形成于产品生产过程，但造成材料耗用量超支或节约不能简单笼统归属于生产部门的责任。具体原因需具体调查分析后才能明确责任归属。正常情况下，工人操作疏忽造成废料增加、因操作技术改进而节省材料一般可归属于生产部门；人员流动频繁，使用新工人造成用料浪费和机器运行失常引起耗用料增加应分别归属于人力资源管理部门和设备管理部门；材质或者规格不符合预定要求使耗用量增加归属于采购部门等。

直接材料价格差异形成于材料采购过程，一般由材料的采购部门负责。具体原因同样需要具体调查分析后才能明确责任。影响直接材料价格的原因有很多，分为外部因素和内部因素两大类。外部因素主要有材料供应方调整售价、能源紧张使运输成本增加、材料市场供求关系出现变化等。内部因素主要有未按时订货造成的紧急采购、使用不恰当的运输方式、违反合同条款的罚款、承接临时订单的额外采购等。外部因素造成的直接材料价格差异，一般不属于采购部门的责任。

2. 直接人工成本差异的分解与责任归属

直接人工成本差异是指实际产量下直接人工实际成本与标准成本之间的差额。同样可以分为数量差异和价格差异。数量差异是指直接人工实际工时脱离标准工时形成的差异，又称直接人工效率差异；价格差异是指直接人工实际工资率脱离标准工资率形成的差异，又称直接人工工资率差异。

例 8-6 沿例8-5，鲁班木制品厂本月生产60cm×80cm画框，实际产量20000个，实际耗用工时12200小时，实际工资总额390400元。根据例8-4的“标准成本卡”，单个画框标准工时0.6小时，标准工资率31.75元/小时（标准价格）。画框耗用直接人工的成本差异计算如下：

实际耗用工时量＝12200÷20000＝0.61（小时）

实际小时工资率＝390400÷12200＝32（元/小时）

直接人工成本差异＝20000×（0.61×32－0.6×31.25）＝15400（元） （U）

其中

直接人工效率差异＝ 20000×（0.61－0.6）×31.25 ＝6250（元） （U）

直接人工工资率差异＝ 20000×0.61×（32－31.25）＝9150（元） （U）

以上的量化分解表明，鲁班木制品厂本月直接人工成本总体超支15400元。其中人工效率下降造成实际工时耗用量超过标准0.1小时（6.1小时－6小时），使成本超支6250元；直接人工工资率每个工时实际比标准增加0.75元（32元－31.25元），使成本增加3050元。直接人工成本差异产生的具体原因同样需要从“数量差异”和“价格差异”两个维度进一步分析。

直接人工效率差异并能不完全归责于生产部门。正常情况下，机器或工具选用不当、生产计划安排不合理、工人情绪波动、工人操作失误造成废品使工时增加、操作技术改进而节约工时等一般可归属于生产部门；人员流动频繁使用新工人造成工时浪费、机器故障检修引起工时增加应分别归属于人力资源管理部门和设备管理部门；材质或者规格不符合预定要求使工时数量增加归属于采购部门等。

直接人工工资率差异多数由人力资源部门负责，如工资调整、奖惩制度、用高技术等级的工人去做低技术标准的工作等。

3. 变动制造费用差异分析

变动制造费用的差异是指实际产量下的实际变动制造费用与标准变动制造费用之间的差额，同样可以分为数量差异和价格差异。数量差异是指实际工时脱离标准工时形成的差异，反映工作效率变化引起的费用节约或超支，因此又称变动制造费用效率差异；价格差异是指工时实际费用率脱离标准分配率形成的差异，又称变动制造费用耗费差异。

例 8-7 沿例 8-6，鲁班木制品厂本月生产 60cm×80cm 画框，实际产量 20000 个，实际耗用工时 12200 小时，实际变动制造费用总额 61000 元。根据例 8-4 的“标准成本卡”，单个画框标准工时 0.6 小时，标准变动制造费用率 4.7 元/小时。画框耗用变动制造费用的成本差异计算如下：

画框实际耗用工时量＝12200÷20000＝0.61（小时）

实际变动制造费用率＝61000÷12200＝5（元/小时）

变动制造费用差异＝20000×（0.61×5－0.6×4.7）＝4600（元） （U）

其中

变动制造费用效率差异＝ 20000×（0.61－0.6）×4.7＝940（元） （U）

变动制造费用耗费差异＝ 20000×0.61×（5－4.7）＝3660（元） （U）

以上的量化分解表明，鲁班木制品厂本月变动制造费用总体超支 4600 元。其中由于人工效率下降造成实际工时耗用量超过标准 0.1 小时（6.1 小时－6 小时），使成本超支 940 元；变动制造费用耗费每个工时实际比标准增加 0.3 元（5 元－4.7 元），使成本增加 3660 元。至于变动制造费用差异产生的具体原因同样需要从数量差异和价格差异两个维度进一步分析。

变动制造费用效率差异是实际工时脱离了标准工时，多用或少用工时导致的成本增加或减少，因此其形成原因和责任归属与人工效率差异相似。

变动制造费用的耗费差异是实际支出与按实际工时和标准费率计算的预算数之间的差额。变动制造费用包含众多的成本明细项目，为了进一步明确差异产生的原因进而进行责任划分，实际工作中，也可采用编制“实绩报告”进行比对的方式，即将这些明细项目的实际发生数与其弹性预算数同时列入“实绩报告”，逐项计算差异进行对比分析。

制造费用成本差异与分析

三、固定制造费用差异的分解和责任归属

固定制造费用成本差异是指固定制造费用实际成本与实际产量下的标准成本之间的差额。可以用下列公式计算。

固定制造费用差异＝固定制造费用的实际成本总额－实际产量×固定制造费用标准成本

与变动成本不同的是，固定制造费用是不随业务量的变动而变动的固定成本，因此，其差异分解与各项变动成本差异分解采用的方法存在差异，不能简单地归结于数量差异和价格差异两个因素。固定制造费用差异通常分解为耗费差异、效率差异和闲置能力差异三个维度（也称三差异法）。

耗费差异（开支差异）是指固定制造费用的实际金额与固定制造费用预算金额之间的差额；固定制造费用是在一定期间内产生的费用，与产量多少无关，因此在计算耗费差异时，直接以原来的预算数为比较基数。

效率差异是因实际工时脱离标准工时而形成的差异，反映工作效率变化引起的费用节约或超支。

闲置能力差异是因实际工时未达到设计生产能力工时而形成的差异，生产能力工时也称预算工时。比如，一条生产线，按照设计能力，可以每天两班倒 16 个小时连续运转，扣除正常休息、节假日每月平均可运行 336 个小时，这是它的生产能力。但公司局限于人员配置、管理条件、市场需求等因素，实际一个月只运转了 320 个小时，那它每个月就闲置了 16 小时，这时所产生的成本差异就是闲置能力差异。

应当注意的是，生产能力工时的“工时”可以是人工工时，也可以是机器工时，针对某一个具体公司，人工工时与机器工时可能一致，也可能不一致。本教材的“生产能力工时”即预算工时若无特别说明，均指人工工时。

固定制造费用差异分解计算公式如下：

（1）固定制造费用耗费差异＝固定制造费用实际数－固定制造费用预算数

＝固定制造费用实际数－生产能力工时×固定制造费用标准成本

（2）固定制造费用效率差异＝（实际工时－实际产量×标准工时）×固定制造费用标准分配率

（3）固定制造费用闲置能力差异＝固定制造费用预算数－实际工时×固定制造费用标准分配率

＝（生产能力工时－实际工时）×固定制造费用标准分配率

如果把固定制造费用效率差异与固定制造费用闲置能力差异合并在一起就成为“能力差异”（生产能力利用差异），则固定制造费用差异也变成两项，称作“两差异法”。能力差异是指固定制造费用预算与固定制造费用标准成本的差额，或者说是生产能力与实际业务量的标准工时的差额用标准分配率计算的金额。它反映实际产量标准工时未能达到生产能力而造成的损失或超过生产能力而形成的节约。

例 8-8 沿例 8-6，鲁班木制品厂本月生产 60cm×80cm 画框，实际产量 20000 个，实际耗用工时 12200 小时，实际固定制造费用总额 48800 元。根据例 8-4 的“标准成本卡”，单个画框标准工时 0.6 小时，标准固定制造费用率 4.2 元/小时，另外，根据例 8-3，月生产能力工时数为 12800 小时（假定以直接人工预算小时为生产能力工时）。画框本月固定制造费用的成本差异计算如下（三差异法）：

固定制造费用差异＝48800－20000×0.6×4.2＝－1600（元）

其中

固定制造费用耗费差异＝48800－12800×4.2 ＝－4960（元）

固定制造费用效率差异＝（12200－20000×0.6）×4.2＝840（元）

固定制造费用闲置能力差异＝（12800－12200）×4.2＝2520（元）

以上的量化分解表明，鲁班木制品厂本月固定制造费用总体节约 1600 元。其中固定制造费用实际数比标准数节约 4960 元；人工效率下降造成实际工时耗用量超过标准 0.1 小时（6.1 小时－6 小时），使成本超支 840 元；固定制造费用生产能力闲置 600 工时（12800 工时－12200 工时），使成本增加 2520 元。

固定制造费用包含众多的成本明细项目，为了进一步明确差异产生的原因进而进行责任划分。实际工作中，也可采用编制“实绩报告”进行比对的方式，即将这些明细项目的实际发生数与其弹性预算数同时列入“实绩报告”，逐项计算差异进行对比分析。造成固定制造费用耗费差异（开支差异）的原因一般有资源价格的变动（如工资率的变化、租入设备租金调整等）；管理层对广告费、培训费等酌量性固定成本因经营环境变化，延迟支付或削减开支等。而固定制造费用效率差异，是由于实际工时脱离了标准工时，多用工时导致的费用增加，因此其形成原因和责任归属与变动制造费用效率差异相似。至于闲置能力差异，是对计划生产能力是否充分利用的考量；在市场经济环境中，是管理层基于市场需求所做的决策，一般不能说明固定制造费用的超支或节约。由此，这些差异都应通过进一步区分具体情况进行分析和责任归属。

四、老子的“无为而治”与成本差异分析的例外管理原则

（一）老子的“无为而治”与企业管理策略

老子是我国古代思想家、哲学家、文学家和史学家，道家学派创始人和主要代表人物，曾被列为世界文化名人，世界百位历史名人之一。“无为而治”出自老子的《道德经》，意思是通过“无为”而达到天下大治，是道家的治国理念。“无为”是不妄作为，而非无所作为。“无为而治”是以制度治国，不是什么也不做，而是在制度框架内不过多地干预，充分发挥广大民众的自我能动性及创造力，是“君无为而臣有为”的治国策略。

“无为而治”引申到企业管理，一方面，要求企业管理者特别是高层管理决策者应“大事上有所为，小事上则有所不为”，将研发、技术、生产、销售等日常规范化经营事务管理工作，交由职能部门或下层管理人员负责处理，自己只保留对企业发展战略、重大人事任免等没有或者不能规范化的事项的决策和监督权；另一方面，“无为”作为一项宏观的管理原则，强调对个体行为干预的减少或松动，从而激发个体活力以及积极性。“无为而治”要求管理者在现有制度和规章的框架内，充分尊重职工个人的人格和尊严，给每一级部下与其职责对等的自主权，使每一层次的组织或个体在规定的权利范围内能够自主决策、自主经营，以激发员工潜在的能动性和创新能力。

（二）成本差异分析的例外管理原则

“无为而治”进一步扩展到成本差异控制，要求管理层将注意力聚焦于与预算或标准有偏差的重要例外事项上。在标准成本法实际实施中，日常出现的成本差异及其形成原因千头万绪，为提高日常成本控制工作的效率，管理人员不必对所有的成本差异面面俱到，而应把时间和精力放在“例外”项目上，重点关注那些非正常的、非常态化的关键性“例外”项目差异，对它们要追根溯源，查明差异产生的根本原因，落实责任，并及时反馈给有关责任部门或责任人，便于快速采取必要的纠偏手段。

成本差异“例外事项”通常按照重要性、一贯性、特殊性三个标准进行确定。

1. 重要性差异

这是从绝对数和相对数两个角度确定的界限。例如，规定成本差异额超过8500元或者成本差异率在5%（包括有利差异和不利差异）以上的项目，应列为重要差异，需要管理者采取必要的控制措施。

2. 一贯性差异

这是一项从差异持续时间确定的“例外事项”。一项差异虽然达不到“重要性差异”规定的标准，但高频率出现，就有可能是所制定的标准成本不合理，或该项成本长期处于失控状态等，企业管理层应着重关注，查明具体原因。

3. 特殊性项目

这是基于差异与企业长期利益之间关系确定的“例外事项”。比如，职工的培训费，如果片面追求节约，短期内可能形成有利差异，但可能对企业未来发展造成影响或者损失。这类项目大幅度的缩减应引起决策管理部门必要的重视。

第四节　标准成本法的账务处理

完整的标准成本系统是一个由成本核算和成本控制相结合的完整体系，包括标准成本制定、成

本差异计算与责任归属、账务处理三个部分。

一、标准成本会计账户设置

为了独立核算不同原因产生的差异，为成本控制提供有效成本信息，在标准成本系统下，生产过程中发生的实际成本分为标准成本和成本差异两个部分设置两类账户体系进行核算。一类是“生产成本”和“库存商品”两个成本核算基本账户，这些基本账户按标准成本在账户之间结转，无论是借方还是贷方，均按标准成本记录增加或减少；另一类是针对实际成本与标准成本之间的差额而专门设置的差异账户。固定制造费用差异按“三差异”法，需设九个差异账户，即“直接材料价格差异”“直接材料耗用量差异”“直接人工工资率差异”“直接人工效率差异”“变动制造费用耗费差异”“变动制造费用效率差异”“固定制造费用耗费差异”“固定制造费用能力差异”“固定制造费用效率差异”。这些差异账户在差异发生时，超支计入借方，节约计入贷方，结转差异则相反。

二、标准成本会计日常核算实例

假定鲁班木制品厂本月投入生产的 20000 个画框全部完工并以每个 150 元的价格全部售出，本月“生产成本”和“库存商品”账户期初余额均为零，不考虑增值税事项。

例 8-9 下面以例 8-5 至例 8-8 相关数据，介绍标准成本会计日常核算流程。

（1）根据例 8-5 的资料，编制生产领用原材料的会计分录。

借：生产成本　　972000（标准成本）
　　直接材料价格差异　　85840
　　直接材料耗用量差异　　22920
　贷：原材料——木条　　811200（实际成本）
　　　　　　——玻璃　　269560（实际成本）

（2）根据例 8-6 的资料，编制直接人工工资薪酬的会计分录。

借：生产成本　　375000（标准成本）
　　直接人工效率差异　　6250
　　直接人工工资率差异　　9150
　贷：应付职工薪酬　　390400（实际成本）

（3）根据例 8-7 的资料，编制结转变动制造费用的会计分录。

借：生产成本　　56400（标准成本）
　　变动制造费用效率差异　　940
　　变动制造费用耗费差异　　3660
　贷：制造费用——变动制造费用　　61000（实际成本）

（4）根据例 8-8 的资料，编制结转固定制造费用的会计分录。

借：生产成本　　50400（标准成本）
　　固定制造费用效率差异　　840
　　固定制造费用闲置能力差异　　2520
　贷：制造费用——固定制造费用　　48800（实际成本）
　　　固定制造费用耗费差异　　4960

（5）本月投产 20000 个画框全部完工并全部售出，按照标准成本 1453800 元（20000 个×72.69 元）编制产成品完工入库及结转销售成本的会计分录。

完工入库

借：库存商品	1453800（标准成本）	
贷：生产成本		1453800（标准成本）

结转已售产品销售成本

借：主营业务成本	1453800（标准成本）	
贷：库存商品		1453800（标准成本）

三、期末成本差异的账务处理

经过前述标准成本会计日常账务处理，各项成本差异已经全部计入不同的差异账户归集。随着产品的售出，期末各差异账户所归集的成本差异，根据企业管理要求选择直接处理法或递延法进行处理。

(1) 直接处理法。直接处理法是将本期发生的各种成本差异全部转入“主营业务成本”账户，由本期的售出产品承担，作为当期销售收入的扣除项，期末结存的在产品和库存产成品不承担差异。理由是，本期发生的成本差异是本期成本管理控制的结果。这时，期末资产负债表的在产品和产成品项目只反映标准成本。这种处理方式的好处主要有两个：减轻期末繁杂的成本差异分配工作量，提高核算工作效率；将本期产生的成本差异全部计入当期利润表，使当期成本管理控制的成效全部体现在当期的利润指标上，符合权责发生制的要求。但选择这种方法的前提条件是标准成本的制定要合理且根据实际情况进行必要的修订，避免期末在资产负债表体现的存货项目标准成本与实际成本相差太大，从而导致报表数据失真。

(2) 递延法。递延法是将本期的各项成本差异，按标准成本的比例分配给期末在产品、期末产成品和本期已售产品。理由是，本期发生的成本差异是期末在产品、期末产成品和本期已售产品三者共同产生的结果。这种模式，期末资产负债表的存货项目、利润表的主营业务成本反映的均是实际成本。

例 8-10 鲁班木制品厂为完整体现各期成本管理控制成效，成本差异采用直接处理法。某月成本差异结转分录如下。

借：主营业务成本	127160	
固定制造费用耗费差异	4960	
贷：直接材料价格差异		85840
直接材料耗用量差异		22920
直接人工效率差异		6250
直接人工工资率差异		9150
变动制造费用效率差异		940
变动制造费用耗费差异		3660
固定制造费用效率差异		840
固定制造费用闲置能力差异		2520

成本差异结转后，利润表的“主营业务成本”项目除了已售产品的标准成本 1453800 元外，还包括当期成本管控成效 127160 元的成本差异，合计为 1580960 元，由于本月产销平衡，是已售产品的实际成本。如果产销不平衡，所结转的成本差异包含期末存货的成本差异，则“主营业务成本”项目的数据并不完全是已售产品的实际成本。

本章小结

（1）标准成本系统作为现代企业加强成本控制的重要手段，主要通过在日常生产产品过程中，将产品实际耗用成本与事先制定的允许耗用的标准成本进行比较确定差异，并对差异产生的原因进行溯源，落实责任，制定有效纠偏措施，从而达到事中成本控制的目的。

（2）标准成本是事先经过严格的调查以及科学技术方法制定的，是企业在正常生产技术条件下努力可以达到的成本水平，是目标成本的一种。标准成本按其制定所依据的生产技术和经营管理水平，分为理想标准成本和正常标准成本。正常标准成本是现代企业在推广标准成本系统时广泛使用的成本控制标准。

（3）产品的标准成本可根据产品成本的直接材料、直接人工、制造费用三个成本项目分别制定，每个成本项目又进一步分为数量标准和价格标准。

（4）成本差异反映的是实际成本脱离预定目标成本的程度。对于企业管理决策层来说，差异只是一种反映企业在成本管控过程中取得的成效或存在问题的信号，更重要的是要进一步寻找差异产生的原因。通常按照成本项目从数量差异和价格差异两个方面对成本差异进一步量化分解，找到差异产生的根本原因，落实责任，为控制乃至消除差异提供决策信息支持。

（5）差异分析过程中，管理者应遵循例外管理原则，重点关注那些非正常的、非常态化的关键性例外项目差异。

（6）成本差异设置不同的差异账户归集。随着产品的售出，期末各差异账户所归集的成本差异，根据企业管理要求选择直接处理法或递延法进行处理。

思考题

1. 标准成本如何制定？
2. 什么是成本差异？为什么要将变动成本差异进一步分解为数量差异和价格差异？
3. 如何将变动成本差异分解为数量差异和价格差异？
4. 固定制造费用差异如何按“三差异”法进行分解？
5. 如何进行成本差异的责任归属？
6. 老子的“无为而治”思想对企业成本管理有哪些影响？

自测自评

一、单项选择题

1. 甲公司是制造业企业，生产 W 产品，生产工人每月工作 22 天，每天工作 8 小时，平均月薪 13200 元，该产品的直接加工必要时间每件 3 小时，正常工间休息和设备调整等非生产时间为每件 0.2 小时，正常的废品率为 8%，单位产品直接人工标准成本是（　　）元。

A. 244.57　　B. 240　　C. 259.2　　D. 260.87

2. 甲公司本月发生固定制造费用 15800 元，实际产量 1000 件，实际工时 1200 小时。企业生产能量为 1500 小时；每件产品标准工时 1 小时，标准分配率 10 元/小时，即每件产品固定制造费用标准成本为 10 元。固定制造费用闲置能力差异是（　　）。

A. 800 元不利差异　　B. 2000 元不利差异　　C. 3000 元不利差异　　D. 5000 元不利差异

3. 甲企业生产甲产品，固定制造费用预算 125000 元。全年产能 25000 工时，单位产品标准工时 10 小时。2019 年实际产量 2000 件，实际耗用工时 24000 小时。固定制造费用闲置能力差异是（　　）。

A. 5000 元不利差异　　B. 5000 元有利差异　　C. 20000 元不利差异　　D. 20000 元有利差异

4. 使用“三差异”法分析固定制造费用差异时，固定制造费用闲置能力差异是（　　）。

A. 实际费用与预算费用之间的差异

B. 实际工时偏离生产能力而形成的差异

C. 实际产量标准工时偏离生产能力形成的差异

D. 实际工时脱离实际产量标准工时形成的差异

5. 在标准成本管理中，成本总差异是成本控制的重要内容，其计算公式是（　）。

A. 成本总差异＝实际产量下实际成本－实际产量下标准成本

B. 成本总差异＝实际产量下标准成本－预算产量下实际成本

C. 成本总差异＝实际产量下实际成本－预算产量下标准成本

D. 成本总差异＝实际产量下标准成本－预算产量下标准成本

6. 下列各个标准成本中，体现了最优的生产条件下，利用现有的规模和设备能够达到的最低成本的是（　　）。

A. 现行标准成本　　B. 基本标准成本　　C. 正常标准成本　　D. 理想标准成本

7. 下列变动成本差异中，无法从生产过程的分析中找出形成原因的是（　　）。

A. 变动制造费用效率差异　　B. 变动制造费用耗费差异

C. 直接材料价格差异　　D. 直接人工效率差异

8. 下列各项中，属于直接人工标准工时组成内容的是由于（　）。

A. 设备意外故障产生的停工工时

B. 更换产品产生的设备调整准备工时

C. 生产作业计划安排不当产生的停工工时

D. 外部供电系统故障产生的停工工时

9. 甲公司是一家农产品加工企业，生产单一产品，按正常标准成本进行成本控制。公司预计下一年度原材料采购价格为 15 元/千克，运输费为 1 元/千克，运输过程中的正常损耗为 5%，入库前的检验成本为 0.5 元/千克，入库后的储存成本为 1 元/千克。该产品的直接材料价格标准为（　　）元。

A. 15　　B. 16.5　　C. 17.37　　D. 18.42

10. 甲公司生产销售乙产品，当月预算产量 1150 件，材料标准用量 5 千克/件，材料标准单价 2 元/千克，当月实际产量 1000 件，购买并耗用材料 5100 千克。实际采购价格比标准价格低 10%，则当月直接材料成本数量差异是（　）元。

A. －200　　B. 200　　C. －1 300　　D. －1 500

二、多项选择题

1. 下列各项中，需要修订产品基本标准成本的情况有（　　）。

A. 产品生产能量利用程度显著提升

B. 产品物理结构设计出现重大改变

C. 产品主要材料价格发生重要变化

D. 生产工人技术操作水平明显改进

2. 下列各项材料数量差异中，应由生产部门负责的有（　　）。

A. 工人操作疏忽导致废料增加

B. 工艺流程管理不善造成用料增多

C. 购入材料质量差造成使用量超标

D. 机器设备没有正常操作导致多用材料

3. 下列关于直接人工标准成本制定及其差异分析的说法正确的有（　　）。

A. 直接人工效率差异受工人经验影响

B. 直接人工标准工时包括调整设备时间

C. 直接人工工资率差异受使用临时工影响

D. 直接人工效率差异＝（实际工时－标准工时）×实际工资率

4. 下列各项中，易造成材料数量差异的情况有（　　）。

A. 材料运输保险费提高

B. 优化操作技术节约材料

C. 机器或工具不合适多耗材料

D. 工人操作疏忽导致废品增加

5. 甲公司制定产品标准成本时采用现行标准成本，下列需要修订现行标准成本的有（　　）。

A. 季节原因导致材料价格上升

B. 订单增加导致设备利用率提高

C. 采用新工艺导致生产效率提高

D. 工资调整导致人工成本上升

6. 甲公司制定产品标准成本时采用基本标准成本，下列情况中，需要修订基本标准成本的有（　　）。

A. 季节原因导致材料价格上升　　B. 订单增加导致设备利用率提高

C. 采用新工艺导致生产效率提高　　D. 工资调整导致人工成本上升

7. 制定正常标准成本时，直接材料价格标准应包括（　　）。

A. 运输费　　B. 仓储费　　C. 入库前检验费　　D. 运输途中的合理损耗

8. 下列成本差异中，通常不属于生产部门责任的有（　　）。

A. 直接材料价格差异　　B. 直接人工工资率差异

C. 直接人工效率差异　　D. 变动制造费用效率差异

9. 下列各项原因中，属于直接材料价格差异形成原因的有（　）。

A. 材料运输保险费率提高　　B. 运输过程中的损耗增加

C. 加工过程中的损耗增加　　D. 储存过程中的损耗增加

10. 某企业拟采用标准成本法建立成本控制系统，下列关于标准成本的表述正确的有（　　）。

A. 正常标准成本低于理想标准成本

B. 正常标准成本的主要用途是揭示实际成本下降的潜力

C. 基本标准成本与各期实际成本进行对比，可以反映成本变动的趋势

D. 现行标准成本可以作为评价实际成本的依据，也可以用来对存货和销货成本进行计价

三、判断题

1.“无为而治”引申到成本差异控制，要求管理层应将注意力聚焦于与预算或标准有偏差的重要例外事项上。（　　）

2. 将标准成本与考核业绩相结合，可以有效地评价和考核责任中心的经营管理工作的绩效，调动员工的积极性。（　　）

3. 变动制造费用价格差异，其形成原因与责任归属和人工小时工资率差异相似。 （ ）
4. 标准成本法是一种成本核算与成本控制相结合的方法。 （ ）
5. 一项差异虽然达不到“重要性差异”规定的标准，但频繁出现，就应该作为“例外事项”。 （ ）
6. 实际工时与预算工时之间的差异造成的固定制造费用差异叫作固定制造费用闲置能力差异。 （ ）
7. 标准成本是在正常生产经营下应该实现的，可以作为控制成本开支、评价实际成本、衡量工作效率的依据和尺度的一种目标成本。 （ ）
8. 材料成本脱离标准的差异、人工成本脱离标准的差异、制造费用脱离标准的差异，都可以分为“量差”和“价差”两部分。 （ ）
9. 将本期的各项成本差异，按标准成本的比例分配给期末在产品、期末产成品和本期已售产品，符合权责发生制的要求。 （ ）

四、计算分析题

1. 华景公司是一家专业生产足球的企业。采用标准成本法控制产品成本。儿童足球是公司主打的产品，以每月预算产量 30000 个（即生产能力）为基础，计算确定的标准成本资料如下表 8-5 所示。

表 8-5 儿童足球标准成本卡

成本项目	数量标准	价格标准	标准成本
直接材料	0.2 平方米	120 元/平方米	24 元
直接人工	0.5 小时	30 元/小时	15 元
变动制造费用	0.5 小时	4 元/小时	2 元
固定制造费用	0.5 小时	8 元/小时	4 元
单位产品标准成本			45 元

2022 年 7 月，公司的儿童足球实际产销量为 28000 个，其余的业务数据如下：

（1）直接材料实际耗用量 6440 平方米，实际单价 115 元；

（2）直接人工实际耗用工时 15400 小时，实际工资总额 431200 元；

（3）实际变动制造费用 59906 元；

（4）实际固定制造费用 110880 元。

要求：（1）计算儿童足球本月直接材料成本差异、耗用量差异和价格差异。

（2）计算儿童足球本月直接人工成本差异、效率差异和工资率差异。

（3）计算儿童足球本月变动制造费用差异、效率差异和耗费差异。

（4）计算儿童足球本月固定制造费用差异、开支差异、效率差异、闲置能力差异。

2. 华景公司 2022 年 9 月开始生产新产品专业沙滩排球，根据技术部门测定，沙滩排球必不可少的加工操作时间为 26 分钟，设备调整准备时间单个平均分摊 3 分钟，工间休息时间单个平均分摊 5.2 分钟，正常的废品率为 5%，直接人工标准分配率（小时工资率）为 40 元/小时。9 月沙滩排球实际产量为 12000 个，每个排球实际耗用工时 0.7 小时，直接人工实际小时工资率为 35 元/小时。企业按照正常标准成本进行成本控制。

要求：计算新产品沙滩排球的：

（1）单位产品的标准工时。

（2）单位产品直接人工标准成本。

（3）直接人工成本差异。

（4）直接人工效率差异。

（5）直接人工工资率差异。

扫扫看，你有多优秀

延伸阅读

[1]

[2]

[3]

[4]

[5]

[6]

[1]《管理会计应用指引第 301 号——目标成本法》。

[2]《管理会计应用指引第 302 号——标准成本法》。

[3] 罗景泉. 基于标准成本差异分析的质量成本替代模型浅析 [J]. 中国集体经济，2021（05）：76-77.

[4] 张祥艳. 巧记标准成本差异分析的 15 个公式 [J]. 会计师，2016（05）：25-26.

[5] 温素彬，韦海钦. 标准成本法：解读与应用案例 [J]. 会计之友，2020（24）：151-156.

[6] 蔡江锋. 企业标准成本制定方法探析 [J]. 财会研究，2020（11）：14-17.

第九章 短期经营决策

学习目标

短期经营决策是指企业为了提高经济效益，侧重于对企业现有经济资源进一步挖掘潜力，合理、有效利用的决策过程，通常只涉及一年或者一个营业周期以内的相关生产经营活动，不涉及新的固定资产投资，主要包括生产决策、定价决策和存货决策等方面的内容。通过本章的学习，大家应能达成以下目标。

- 学习目标
  - 知识目标
    - 了解经营决策的概念、分类、基本程序
    - 掌握短期经营决策的基本方法、使用范围、实际应用
    - 掌握价格制定的一般策略、存货管理的方法
  - 能力目标
    - 具备对新产品开发、亏损产品是否停产、零配件自制或外购等日常生产经营活动进行科学决策的能力
    - 具备根据市场变化调整产品价格，以及从成本管控角度，合理规划存货采购批量的能力
  - 素质目标
    - 理解“管理就是决策”的深刻内涵，不断提高科学决策的意识，培养利用会计信息进行科学决策的能力
    - 培养自主学习、独立思考的能力

案例导入

《囧妈》首映——全网免费的决策逻辑

2020年1月23日（农历腊月二十九），春节档电影《囧妈》宣布撤档。1月24日，字节跳动在微信公众号上宣布，用户只要在手机上打开抖音、西瓜视频、今日头条、抖音火山版和欢喜首映中任意一款App，或在智能电视上打开华数鲜时光，搜索“囧妈”，即可免费观看《囧妈》全片。这是春节档电影首次尝试在线首播。官宣中提及的欢喜首映是电影出品方欢喜传媒集团有限公司（简称欢喜传媒，1003.HK）旗下的全会员制精选电影播放平台。1月23日欢喜传媒已发出公告，公司全资子公司欢欢喜喜与字节跳动订立合作协议，字节跳动将向欢欢喜喜最少支付6.3亿元作为版权使用代价。因为电影不能按照与横店影业签订的保底协议那样在2020年大年初一首映，欢喜传媒终止了2019年11月7日订立的保底发行协议。该协议规定，欢喜传媒以总票房24亿元的价格将《囧妈》的保底发行权授权给横店影业，保底方需要最少支付保底发行代价6亿元，超出保底总票房的部分，按该电影的净收入的比例分配，欢欢喜喜为35%，保底方为65%。此外，保底方需承担预算宣传及发行费用1.5亿元。早在2019年2月26日，欢喜传媒发布公告称，旗下子公司欢喜首映与北京真乐道达成了拍摄《囧妈》的电影制作协议，电影的制作成本总计2.17亿元。

——根据欢喜传媒官方公告资料整理

关键名词

经营决策　差别分析法　生产决策　定价决策　存货决策　经济订货批量　联合成本

第一节 经营决策概述

著名管理学家、诺贝尔经济学奖获得者赫伯特·西蒙有一句名言：“管理就是决策。”在西蒙看来，管理者所做的一切工作归根结底就是在面对现实与未来、环境与员工时不断地做出各种决策，使组织的一切都可以运行下去，直到获得满意的结果，实现令人满意的目标。在现实中，虽然管理者每天都要做出大量的决策，解决各种问题，但大多数决策都是微小的，而且人们的思维自然而然地会做出决策，以致有许多管理者天天都在做决策，但对什么是决策却不甚了解。决策过程并不仅仅是做出决定，也不是单纯选择方案的简单行动，而是一个提出问题、分析问题和解决问题的复杂过程，或者说是一个系统工程。决策是决定企业管理工作成败的关键，是实施各项管理职能的保证，贯穿企业生产经营活动的整个过程。

一、经营决策的内涵

决策是指人们基于对客观规律的认识，在充分考虑各种可能的前提下，对未来某一活动的方向、目标、原则和方法做出决定的过程。

经营决策是指根据企业经营目标的总体要求，利用专门方法对各种备选方案进行比较分析，从中选出最优方案的过程，即针对企业未来运营管理活动中所面临的各种问题，管理层对其有关经营战略、方针、目标、措施和方法进行决策的过程。在市场经济条件下，企业日常运营中采取任何行动之前都会遇到决策问题，企业必须根据市场需求决定企业生产什么，生产多少，如何组织生产，如何合理安排人、财、物，以求得生存和发展，这都要求对可能采取的方案进行分析、比较，权衡利弊得失，从中选择最优方案，从而使其主观判断与外界客观情况相适应，尽量避免决策失误。因此，决策贯穿企业的整个运营过程，企业应时刻关注市场动态，根据市场需求变化正确地进行决策。

二、经营决策的类型

基于企业经营管理活动的多样性和复杂性，经营决策可以按照不同的标准进行分类。了解不同类型决策的特点，有助于管理者合理地进行决策。

（一）按照决策时间长短分类

企业经营决策按照所涉及时间的长短，可以分为短期经营决策和长期投资决策。

1. 短期经营决策

短期经营决策是指企业为了有效地组织现有的经营管理活动，合理利用经济资源，以期取得最优经济效益而进行的营运决策。短期经营决策通常只涉及一年或者一个营业周期以内的相关生产经营活动，不涉及新的固定资产投资，主要包括生产决策、定价决策和存货决策等方面的内容。短期经营决策的结果只会影响或决定企业近期（一年或者一个营业周期内）经营管理的方向、方案和策略，侧重于如何在资金、成本、利润等方面充分利用企业现有资源和经营环境。这类决策投入资金较少，涉及时间短，因此一般不考虑资金时间价值。

2. 长期投资决策

长期投资决策是指为了改变或者扩大企业生产能力或者服务能力而进行的经营决策。长期投资决策通常是涉及超过一年或者一个营业周期的企业发展方向等重大问题的决策，主要包括厂房设备的改扩建和更新、资源的开发和利用、现有产品的改进和新产品试制等内容。长期投资决策的结果会对企业未来若干年度或者营运周期的损益产生影响。这类决策一般投入资金量较多，投资见效时间长，投资风险较大，能增加企业的综合能力，因此在进行决策时通常要考虑资金时间价值和风险价值。

由于短期经营决策与长期投资决策对企业经营的影响力不同，所需考虑的因素及决策方法也存在差别，因此本章主要讨论短期经营决策，长期投资决策将在下一章讨论。

（二）按照决策风险程度分类

企业经营决策按照决策风险程度分类，可以分为确定型决策、风险型决策和不确定型决策。

1. 确定型决策

确定型决策是指与决策相关的客观条件或者自然状态是肯定的、明确的，并且可用具体的数字表示出来，决策者可直接根据完全确定的情况，从中选择最有利方案的经营决策，即每一个备选方案只有一个确定的结果。这种决策相对比较容易，决策者直接根据已知条件进行必要的分析比较即可选出最优方案。例如，某公司将 10 万元投资于期限 5 年、利率为 5.32%的国债，因为国债的发行主体是国家，所以它具有最高的信用度，被公认为是最安全的投资工具，因此，到期能够收回的本金及相应利息的数额几乎是确定的，一般认为这种决策为确定型决策。

2. 风险型决策

风险型决策是指决策者对未来情况不能完全确定，但知道将出现哪几种结果，并且出现的可能性大小即概率的具体分布是已知的。例如，某公司将 10 万元投资于甲公司的股票，已知甲公司的股票在经济繁荣时能获得 20%的报酬，在经济状况一般时能获得 10%的报酬，在经济萧条时只能获得 5%的报酬，现根据各种资料预测分析，认为明年经济繁荣的概率为 30%，经济状况一般的概率为 50%，经济萧条的概率为 20%。显然，这种方案的决策需要承担一定的风险，因此，被称为风险型决策。

3. 不确定型决策

不确定型决策是指影响决策的因素不仅不能肯定，而且出现的可能结果的概率也无法确切预计的经营决策。这种决策难度较大，需要决策者具有较高的理论知识水平和丰富的实践经验。例如，某公司把 10 万元投资于 A 煤炭开发公司的股票，如果该公司能顺利找到煤矿，则某公司可获得 100％的报酬，反之，报酬为 0，但找到煤矿与找不到煤矿的可能性各为多少，事先无法知道，也就是说，事先并不知道有多大的可能性获得 100％的报酬，有多大的可能性不能获得任何报酬，这种投资便属于不确定型决策。这类决策要求决策者具备相当的经验积累及职业判断能力。

（三）按照决策层次分类

企业经营决策按照决策层次可以分为高层经营决策、中层经营决策和基层经营决策。

1. 高层经营决策

高层经营决策又称战略性决策，是指企业最高层管理层所做出的经营决策，主要涉及的是关系到企业未来发展方向、大政方针的全局性、长远性和根本性的重大问题决策，其正确与否对企业的成败具有决定性意义。例如，企业根据国家长远规划、社会生产技术的发展趋势和市场变化情况，做出企业的生产规模、发展方向和重点、经营方针，以及提高企业素质、增强竞争力等方面的决策。

2. 中层经营决策

中层经营决策又称战术性经营决策，是指企业中级管理层所做出的经营决策，通常是对高层经营决策在更低层次、更短时间和更小范围内进行具体化，并制定最优利用资源的方案，保证最高决策得以顺利实现。这种决策是为了达到预期的战略决策目标，对日常经营活动所采用的方法与手段的局部性决策，其正确与否一般不会对企业的大局产生决定性影响。

3. 基层经营决策

基层经营决策又称执行性经营决策，是指企业基层管理人员所做出的经营决策。通常基层管理人员的基本职责是将上级决策付诸实践。这种决策的目的是在执行上级既定经营决策过程中，存利除弊，妥善解决所遇到的问题，其正确与否一般也不会对企业的大局产生决定性影响。

企业中不同层次的管理者所承担的决策任务是不同的。基层管理者主要从事基层决策，中层管理者主要从事中层决策，高层管理者主要从事高层决策。但这并不意味着基层管理者对中层决策和高层决策不闻不问。实践证明，基层管理者必须了解中层决策与高层决策，将基层决策纳入更高的目标体系，才能做出合理的基层决策。此外，很多中层与高层管理者也是由基层管理者晋升上来的，他们作为基层管理者时参与中层决策、高层决策是一笔宝贵的经验财富。中层管理者在做出中层决策时，为使决策合理，他们必须对高层决策有深入的了解；同时，他们也得指导和帮助基层管理者进行基层决策。高层管理者除制定高层决策之外，还通过高层决策来示范并引导中层决策和基层决策，从而促进高层决策的贯彻实施。

三、经营决策的程序

在掌握了按照不同标准对经营决策进行的分类之后，我们便可以按照不同决策类型的特点，有针对性地做出企业经营决策。但为了保证决策的科学性，需要按照科学的流程进行，主要包括以下步骤。

步骤一：根据企业经营情况提出问题，确定决策目标。由于企业经营环境的复杂性，企业在生产经营过程中必然会遇到各种问题，其中某些问题可能会对经济效益产生重要影响，这些问题就是需要决策的影响企业成败的关键问题。找到这些关键问题是后面步骤的基础。决策目标是企业今后生产经营活动中要实现的目标，是决策的依据，一般具有可计量性和可实现性。如果没有明确具体的目标，就无法从多个备选方案中择优。

步骤二：广泛收集与决策有关的信息。根据要解决问题的性质收集对应的资料和信息，为下一步的分析判断做好充分准备。

步骤三：分析不同的备选方案，预测未来情况。实现目标通常有多种途径，每一种方案考虑问题的出发点不同所反映的效益也不一样。基于之前收集的信息，管理会计采用专业的方法对各个备选方案进行定性和定量的综合分析，计算出各个方案的预期收入和预期成本。

步骤四：做出决策，选择最优方案。在决策过程中除了考虑可计量的因素外，还必须考虑那些不可计量的因素。经过全面的分析后，确定一个或多个择优标准，在管理会计中常用的标准有效益最大化、成本最低化等，根据选择标准即可找到最优方案。

步骤五：实施决策、业绩评价与持续学习改进。在实施所选方案时要通过组织、计划、协调和控制将决策顺利有效地传递给有关人员，并就实施过程中各种不确定性因素的变化做出相应的调整改进，准确地进行信息反馈，不断地完善决策方案。在完成后还要评价决策效果，如是否切实地解决了问题、采取的方式是否高效，以及有哪些可以改进完善的地方。

第二节 短期经营决策的基本内容和方法

一、短期经营决策的基本内容

本章需学习的短期经营决策的具体内容较多，概括地说主要包括生产决策、定价决策及存货决策。

（一）生产决策

生产决策是指短期（如一年）内，在生产领域中，围绕是否生产、生产什么、怎样生产，以及生产多少等方面问题而展开的决策。生产决策包括新产品开发的品种决策、亏损产品的决策、是否转产或增产某种产品的决策、是否接受特殊价格追加订货的决策、有关产品是否深加工的决策、零配件取得方式的决策、生产工艺技术方案的决策等。

（二）定价决策

定价决策是指短期（如一年）内，在流通领域中，围绕如何确定销售产品价格水平的问题而展开的决策。这种决策经常采用的方法包括以成本为导向的定价方法、以需求为导向的定价方法、以特殊情况为导向的定价方法等。

（三）存货决策

存货决策主要研究材料采购和生产投入的批量问题，要求计算出一个最经济的存货批量，既能满足生产需要，又不用储存很多，费用又是最节约的。

二、短期经营决策的基本方法

经营决策的基本方法可以按照不确定型决策、风险型决策、确定型决策进行选择运用。

（一）不确定型决策方法

在不确定型经营决策条件下，企业管理层无法预先选定决策事项所面临的客观环境和基本情况，甚至连即将出现或者发生的可能性大小也无法估计，只能凭借管理者的经验和心理因素做出一定的主观判断，该方法通常在高层决策时采用。

管理学上，不确定型决策方法主要有以下几种。

1. 小中取大决策法

小中取大决策法又称悲观决策法或者瓦尔德决策准则，是指决策者从最坏的客观条件出发，选择预期效果最佳的行动方案的经营决策方法。这种方法一般先从备选方案中选择最小收益值，然后再从所有的最小值中选择收益最大的方案作为最优方案。

2. 大中取小决策法

大中取小决策法又称最小的最大后悔值决策法或者萨凡奇决策准则，是指根据客观上最优方案的收益之间的差额（即后悔值）的大小，选择决策行动方案的经营决策方法。

3. 大中取大决策法

大中取大决策法又称乐观法或者最大最大原则，是指从最好的客观条件出发，选择预期收益最大的方案作为最优方案的经营决策方法，可以说是一种以乐观进取的态度选择决策行动方案的决策分析方法。

（二）风险型决策方法

在风险型决策的条件下，企业管理层无法预先肯定决策事项所面临的客观环境和基本情况，但是可以通过调查研究或者凭借实践经验，大体上估计各个有关情况出现的可能性大小来进行经营决策。

风险型决策方法通常采用决策树分析法。决策树分析法又称概率分析法，是指在决策过程中，把各种方案以及可能出现的结果用树枝状的图形表示出来，通过确定各个枝点的期望值，分析及评价方案优劣程度的一种经营决策方法。

（三）确定型决策方法

在确定型决策条件下，企业决策者完全了解决策事项所面临的客观环境和基本情况，对每一个备选方案的预期收益都能够通过直接计量而确切地掌握。在这种情况下，只要从若干个备选方案中选择一个最佳方案予以实施，必将达成预定的经营决策目标。确定型决策的方法主要有以下几种。

1. 差量（差别）分析法

差量分析法也称差别分析法，是指通过对若干可行性方案的预期收益和预期成本的计量与比较，在确定分析各方案差别收入、差别成本和差别利润的数额及其性质的基础上，评价有关方案优劣程度的一种经营决策方法。在进行互斥方案的决策时，通常以差量利润作为评价方案标准。差量分析法的计算公式为

差量收入＝方案 A 的相关收入－方案 B 的相关收入

差量成本＝方案 A 的相关成本－方案 B 的相关成本

差量利润＝差量收入－差量成本

当差量利润大于零时，说明方案 A 优于方案 B，选择方案 A 为最优方案；反之，则说明方案 B 优于方案 A，选择方案 B 为最优方案。差量分析法比较简单，能够直接揭示所选择方案比所放弃方案能够多获得的利润或者少损失的利润，通常运用于短期经营决策中的单一方案决策或者只有两个备选方案的互斥决策，但若对两个以上互斥方案做出决策就必须逐次进行筛选，相对比较麻烦。为了更加清晰地反映不同方案收入、成本数据之间的逻辑关系，差量分析法可以通过编制差量分析表进行分析，如表 9-1 所示。

表 9-1　差量分析表

项目	A 方案	B 方案	差量（A-B）
相关收入	R_A	R_B	$R_A - R_B$
相关成本	$C_A = a_1 + a_2 + a_3$	$C_B = b_1 + b_2 + b_3$	$C_A - C_B$
变动成本	a_1	b_1	
专属成本	a_2	b_2	
机会成本	a_3	b_3	
差量利润			$(R_A - R_B) - (C_A - C_B)$

差量分析法由于需要通过计算两个方案的差量来确定方案的取舍，只适合两个方案之间的比较。如果牵涉两个以上方案的决策，可以通过列表计算每个方案的相关损益指标进行分析比较（见表 9-2）。

相关损益＝相关收入－相关成本

表 9-2　相关损益分析表

项目	A 方案	B 方案
相关收入	R_A	R_B
相关成本	$C_A=a_1+a_2+a_3$	$C_B=b_1+b_2+b_3$
变动成本	a_1	b_1
专属成本	a_2	b_2
机会成本	a_3	b_3
相关损益	R_A-C_A	R_B-C_B

相关损益分析决策标准：取相关损益最大的方案。由于相关损益是每个方案本身的相关收入与相关成本之间的差额，因此，可以将多个方案同时列示于同一张分析表中进行比较。

2. 边际贡献分析法

边际贡献分析法是指通过对若干个可行性方案的预期收入和预期变动成本的计量与比较，在确定分析各个方案预期边际贡献的数额及其性质的基础上，评价有关方案优劣程度的一种经营决策方法。当备选方案成本均为变动成本或者只有变动成本是相关成本（即固定成本是无关成本）时，企业可以采用边际贡献（或者单位边际贡献）分析法进行决策，其特点是每个方案同时涉及收入和成本。

边际贡献为正指标，决策时以边际贡献最大的方案为最优方案。边际贡献分析法通常用于短期经营决策中不涉及专属成本和机会成本的单一方案或者多方案决策中的互斥方案决策，如亏损产品决策。

3. 平衡点分析法

平衡点分析法又称无差别点分析法，是指通过对若干个可行性方案的相关指标（如业务量、成本、利润）的计量与比较，在确定分析各个方案平衡点相关指标的数额及其性质的基础上，评价有关方案优劣程度的一种经营决策方法，如本量利分析中的盈亏平衡点分析法，此外还有成本平衡点分析法。

成本平衡点是指两个方案总成本（相关成本）相等时的业务量。成本平衡点分析法实质上就是通过确定销售量平衡点选择最优方案。当一个方案的固定成本高于另一个方案，但单位变动成本小于另一个方案时，成本平衡点销售量可以通过以下公式计算：

$$成本平衡点销售量（x_0）=\frac{两方案固定成本之差}{两方案单位变动成本之差}=\frac{a_1-a_2}{b_2-b_1}$$

决策标准：当销售量小于成本平衡点销售量，选择固定成本低，单位变动成本高的方案为优；当业务量大于成本平衡点销售量，选择固定成本高，单位变动成本低的方案为优；当销售量等于成本平衡点销售量时，两个方案均可。

成本平衡点分析法通常用于业务量不确定的零部件取得方式的决策和生产工艺技术方案的短期经营决策。

4. 数学模型分析法

数学模型分析法是指通过对若干个可行性方案建立相关的数学模型，借助于求解数学模型的计算，分析及评价备选方案优劣程度的一种经营决策方法。

数学模型分析法主要包括线性方程、经济批量、微分极值等数学模型。通常用于存货决策。

以下我们将根据企业的经营目标，应用确定型短期经营决策方法对企业生产、定价、存货的不同经营方案进行决策分析。

第三节 生产决策

短期经营决策中的生产决策是指在产品生产领域中的一年或者一个营业周期内，围绕如何利用现有人、财、物等资源对企业的产品是否生产、生产什么、怎样生产，以及生产多少等问题展开的决策过程。例如，生产何种新产品、亏损产品是否停产、零部件是自制还是外购、半成品（或联产品）是否需要进一步加工等。其基本目标是使企业现有资源达到最有效的配置，提高资源利用效率，增强价值力，实现经营目标，为企业创造最大的经济效益。在生产决策中，经常以成本作为判断方案优劣的标准，有时也以边际贡献作为判断标准。产品生产决策主要有单一产品的生产决策和产品组合的生产决策。

差别分析法在生产决策中的应用

一、单一产品的生产决策

（一）生产何种新产品

如果企业有剩余的生产能力可供使用，或者可以利用过时老产品腾出的生产能力，在有几种新产品可供选择时，一般采用边际贡献分析法进行决策。

边际贡献分析法是在成本性态分类的基础上，通过比较各备选方案边际贡献的大小来确定最优方案的分析方法。在这里，“贡献”是指企业的产品或劳务对企业利润目标的实现所做的贡献。传统会计认为，只有当收入大于完全成本时，才形成贡献；而成本管理会计认为，只要收入大于变动成本，就会形成贡献。因为固定成本总额在相关范围内并不随业务量（产销量）的增减变动而变动，所以收入增减变动成本后的差额（即边际贡献）越大，则减去不变的固定成本后的余额（即利润）也就越大。也就是说，边际贡献的大小反映了备选方案对企业利润目标所做贡献的大小。

在运用边际贡献分析法进行备选方案的择优决策时，应注意以下几点。

（1）如果不存在专属成本，通过比较不同备选方案的边际贡献总额，能够正确地进行择优决策（见例 9-1）。

（2）如果存在专属成本，首先应计算备选方案的剩余边际贡献总额（边际贡献总额减专属成本后的余额），然后比较不同备选方案的剩余边际贡献（或边际贡献）总额，进行择优决策（见例 9-2）。

（3）在企业的某项资源（如原材料、人工工时、机器工时等）受到限制的情况下，应通过计算、比较各备选方案的单位资源边际贡献来进行择优决策（见例 9-3）。

（4）因为边际贡献总额的大小既取决于单位边际贡献的大小，也取决于产品的销售量，所以应该选择边际贡献总额最大的。单位边际贡献大的产品，提供的边际贡献总额未必也大，因此不能只根据单位边际贡献的大小来进行择优决策。

例 9-1 某企业原来生产 A、B 两种产品，现有 C、D 两种新产品可以投入生产，但剩余生产能力有限，只能选择其中一种新产品投入生产。企业的固定成本为 2000 元，并不因新产品投产而增加。各种产品的资料如表 9-3 所示。

表 9-3 产品数据资料

项目	A 产品	B 产品	C 产品	D 产品
销售量/件	300	200	200	250
销售价格/元	10	8	6	9
单位变动成本/元	4	5	3	5

这时，只要分别计算 C、D 产品能够提供的边际贡献总额（见表 9-4），加以对比，便可做出决策。

表 9-4 C、D 产品边际贡献计算表

项目	C 产品	D 产品
预计销售量/件	200	250
销售价格/元	6	9
单位变动成本/元	3	5
单位边际贡献/元	3	4
边际贡献总额/元	600	1000

以上计算表明，D 产品的边际贡献总额比 C 的边际贡献总额多 400 元（1000 元－600 元）。可见，生产 D 优于生产 C。

决策的正确性还可以通过计算两个方案的利润总额加以证明，如表 9-5 和表 9-6 所示。

表 9-5 A、B、C 产品组合

单位：元

项目	A	B	C	合计
销售收入	3000	1600	1200	5800
变动成本	1200	1000	600	2800
边际贡献总额	1800	600	600	3000
固定成本				2000
利润				1000

表 9-6 A、B、D 产品组合

单位：元

项目	A	B	D	合计
销售收入	3000	1600	2250	6850
变动成本	1200	1000	1250	3450
边际贡献总额	1800	600	1000	3400
固定成本				2000
利润				1400

如果例 9-1 中 C 有专属固定成本（如专用设备的折旧费）180 元，D 有专属固定成本 650 元，则有关分析如表 9-7 所示。

表 9-7　专属固定成本的影响

单位：元

项目	C	D
边际贡献总额	600	1000
专属固定成本	180	650
剩余边际贡献总额	420	350

在这种情况下，D 产品的剩余边际贡献总额比 C 产品的剩余边际贡献总额少 70 元（420 元－350 元），因此生产 C 产品优于生产 D 产品。

例 9-2 华夏公司的现有生产能力是 50000 个机器工时，生产能力的利用程度为 80%，剩余机器工时为 10000 小时，企业准备用剩余生产能力开发新产品 A、B 或 C。新产品 A、B、C 的有关资料如表 9-8 所示。由于现有设备加工精度不足，生产 C 产品时需要增加专用设备 6000 元。在 A、B、C 产品市场销售不受限制的情况下，进行方案选择时可以采用边际贡献分析法。

表 9-8　A、B、C 产品的有关资料

项目	A 产品	B 产品	C 产品
单位产品定额工时/小时	2	3	4
销售价格/元	30	40	50
单位变动成本/元	20	26	30

根据已知数据编制分析表，如表 9-9 所示。

表 9-9　A、B、C 产品的边际贡献计算

项目	生产 A 产品	生产 B 产品	生产 C 产品
最大产量/件	10000/2＝5000	10000/3＝3333	10000/4＝2500
销售价格/元	30	40	50
单位变动成本/元	20	26	30
单位边际贡献/元	10	14	20
专属成本/元			6000
边际贡献总额/元	50000	46662	50000
剩余边际贡献总额/元			44000
单位产品定额工时/小时	2	3	4
单位工时边际贡献/元	5	4.67	4.4

由计算结果可知，开发新产品 A 最为有利。首先，A 产品的边际贡献总额为 50000 元，比 B 产品的边际贡献总额多 3338 元，比 C 产品的剩余边际贡献总额多 6000 元；其次，A 产品的单位工时边际贡献为 5 元，比 B 产品高 0.33 元，比 C 产品高 0.6 元。可见，无论从边际贡献总额（或剩余边际贡献总额）来判断，还是从单位工时边际贡献来判断，A 产品的生产方案最优。

边际贡献分析法适用于收入成本型（收益型）方案的择优决策，尤其适用于多个方案的择优决策。

（二）亏损产品是否停产的决策分析

在企业生产经营中，由于技术条件、管理水平或市场竞争等原因，往往会出现亏损产品。当出现亏损产品时，应考虑是否停产或转产。由于亏损产品的停产或转产一般不涉及原有生产能力的变动，即不减少固定成本，因此对这类决策问题要进行具体分析，不能简单地认为凡是亏损产品都应

停产。

1. 亏损产品是否停产的决策分析

对于亏损产品是否停产的决策问题，有两种情况要分别予以考虑。

第一种情况：亏损产品一旦停产，闲置下来的生产能力无法用于其他方面，既不能将闲置设备对外出租，也不能转产，即剩余能力无法转移。这种情况下，可运用边际贡献分析法加以判断。

此时，实际上有停产和继续生产两个方案。因为停产方案的边际贡献为零，所以只要亏损产品能够提供边际贡献（虚亏产品），弥补一部分固定成本，就不应停产。如果盲目停产，亏损产品原提供的边际贡献所弥补的固定成本，就要由其他产品来负担，这样不仅不能使企业增加利润，反而会使企业多损失相当于该亏损产品所能提供的边际贡献总额的收益。如果亏损产品的边际贡献总额为负数（实亏产品），则应停产。

例 9-3 某企业生产 A、B、C 三种产品，有关资料如表 9-10 所示。该企业将固定成本按销售收入比重分摊，A 分摊 68000 元，发生亏损 28000 元；B 分摊 170000 元，实现营业利润 80000 元；C 分摊 102000 元，实现营业利润 68000 元。假定剩余能力无法转移。

表 9-10 A、B、C 产品相关资料

单位：元

项目	A	B	C	合计
销售收入总额	200000	500000	300000	1000000
减：变动成本总额	160000	250000	130000	540000
边际贡献总额	40000	250000	170000	460000
减：固定成本总额	68000	170000	102000	340000
营业利润总额	−28000	80000	68000	120000

现在，该企业管理者必须做出甲是否停产的决策分析。从表 9-10 可以看出，A、B、C 三种产品都提供了边际贡献。A 提供的边际贡献总额为 40000 元，是虚亏产品，但因分担的固定成本为 68000 元，所以亏损 28000 元。如果 A 停产，则其边际贡献总额 40000 元将丧失，企业利润总额相应减少 40000 元，而原来由 A 分担的固定成本 68000 元仍会发生，将转嫁给 B、C 两种产品负担（假定固定成本按照产品销售收入比例分摊）停产后的分析如表 9-11 所示。

表 9-11 停产 A 后的分析

单位：元

项目	B	C	合计
销售收入总额	500000	300000	800000
减：变动成本总额	250000	130000	390000
边际贡献总额	250000	170000	420000
减：固定成本总额	212500	127500	340000
营业利润总额	37500	42500	80000

从表 9-11 的计算分析可以得出结论，在剩余能力无法转移的情况下，如果停产 A，将会增加其他产品的固定成本分摊额，从而降低企业整体利润。所以，A 不应停产。

亏损产品的决策是一个复杂的需综合考虑多因素的过程，一般应注意以下几点。

（1）如果亏损产品能够提供边际贡献，弥补一部分固定成本，除了特殊情况（如存在更加有利可图的机会），一般不应停产。但如果亏损产品不能提供边际贡献，通常应考虑停产。

（2）亏损产品能够提供边际贡献，并不意味着该亏损产品一定要继续生产。如果存在更加有利可图的机会（如转产其他产品或停止生产亏损产品并腾出固定资产出租），能够使企业获得更多的边际贡献，那么该亏损产品应停产。

第二种情况：亏损产品停产后，剩余能力可以转移。比如，将亏损产品停产后，闲置下来的生产能力用于承揽加工业务，或将空闲厂房、设备对外出租。此时，要考虑机会成本因素。具体有下列三种情况。

（1）如果亏损产品创造的边际贡献大于与生产能力转移有关的机会成本，就不应停产。在例 9-3 中，假设 A 停产后其生产设备对外出租获得的租金净收入为 35000 元，此时就不应停产。如果停产，企业将多损失 5000 元（40000 元－35000 元）的利润。

（2）如果亏损产品创造的边际贡献小于与生产能力转移有关的机会成本，则应停产。在例 9-3 中，假设 A 停产后其生产设备对外出租获得的租金净收入为 45000 元，此时就应停产，这样企业可多获得 5000 元（45000 元－40000 元）的利润。

（3）如果亏损产品创造的边际贡献等于与生产能力转移有关的机会成本，则停止或继续生产亏损产品均可。

这里所说的与生产能力转移有关的机会成本，应当具体问题具体分析。如果将闲置下来的生产设备对外出租，则机会成本就是所取得的租金净收入（即租金总收入减去租赁合同上规定的应由出租方承担的费用后的净额）；如果将闲置下来的生产能力用来承揽零星加工业务，则机会成本为承揽零星加工业务所获得的边际贡献。

需要注意的是，这里假定企业发生的固定成本是不可避免成本，亏损产品停产与否，它都要发生。实际上并非完全如此。比如，亏损产品一旦停产，与之相关的人工成本中的固定部分就可能发生变动，如专门聘请的专业技术人员的薪酬支出可能会减少，这些因素在决策分析时要予以考虑。大型企业集团或跨国公司，在进行亏损产品是否停产的决策分析时，还要注意结合与正常客户的关系、企业的社会形象，以及企业的整体价值最大化等因素予以考虑。

2. 亏损产品是否转产的决策分析

这里所说的转产是指在不改变企业经营方向的前提下，企业调整品种结构，利用现有生产条件，将亏损产品的生产能力转移到开发新产品或成型产品，以及增产企业原有其他老产品上来。这与单纯开发新产品的决策有所不同。

亏损产品的生产能力如果能够转产其他产品，就要考虑是否转产。只要转产是利用亏损产品停产后闲置的生产能力，而不是占用其他产品的生产能力，同时转产产品所提供的边际贡献总额大于原亏损产品所提供的边际贡献总额，那么这项转产方案就是可行的。这类决策分析，既可采用边际贡献分析法，也可采用差量分析法。

例 9-4 接例 9-3，假如 A 的生产能力可以生产 D，D 的销售价格为 200 元，单位变动成本为 130 元，经过预测，D 年销售量为 1500 件。现在，管理者要做出停产 A、转产 D 的方案是否可行的决策分析。具体分析如下：

D 边际贡献总额＝（200－130）×1500＝105000（元）

A 边际贡献总额＝40000（元）

D 的边际贡献总额超过 A 的边际贡献总额 65000 元（105000 元－40000 元），说明转产方案能为企业提供更多的收益，所以企业应停止生产 A，转产 D。

总之，亏损产品的决策涉及的因素很多，需要从不同的角度设计方案并采用恰当的方法优选方案。具体决策要点如图 9-1 所示。

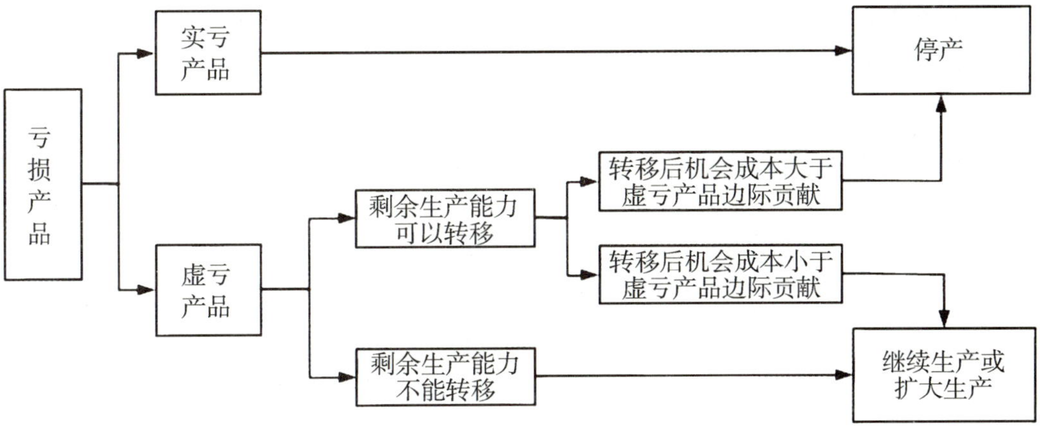

图 9-1 亏损产品决策要点

（三）零配件自制还是外购的决策

具有机械加工能力的企业常常面临所需零配件是自制还是外购的决策。由于所需零配件的数量对自制方案或外购方案都是一样的，因而这类决策通常只需要考虑自制方案和外购方案的成本高低。在相同质量并保证及时供货的情况下影响自制还是外购的因素很多，因而所采用的决策分析方法也不尽相同，但一般采用增量成本（实行某方案而增加的成本）分析法或成本无差别点分析法。

1. 外购不减少固定成本的决策

如果企业可以从市场上买到现在由企业自己生产的某种零配件，而且质量相当、供货及时、价格低廉，这时一般会考虑外购。在由自制转为外购，且剩余生产能力不能利用或转移（固定成本并不因停产外购而减少）的情况下，正确的分析方法是，将外购时的单位增量成本，即购买零配件的价格（包括买价和单位零配件应负担的订购、运输、装卸、检验等费用）与自制时的单位增量成本相比，单位增量成本低的为最优方案。由于固定成本不因停产外购而减少，自制时的单位变动成本就是自制方案的单位增量成本。因此，自制单位变动成本大于购买价格时，应该外购；自制单位变动成本小于购买价格时，应该自制。就低不就高。

例 9-5 某公司生产 A 产品每年需要甲零件 50000 个，由车间自制时每个零件的成本为 68 元，其中，单位变动成本为 50 元，单位固定成本为 18 元。现市场上销售的甲零件价格为每个 55 元，且质量更好，保证按时送货上门。该公司应该自制还是外购？

自制单位变动成本 50 元＜外购单位价格 55 元，因此应选择自制。这时每个甲零件的成本将降低 5 元，共降低 250000 元（5 元×50000 个）。

2. 自制增加固定成本的决策

在企业所需零配件由外购转为自制时需要增加一定的专属固定成本（如购置专用设备而增加的固定成本），或由自制转为外购时可以减少一定的专属固定成本的情况下，自制方案的单位增量成本不仅包括单位变动成本，而且包括单位专属固定成本。由于单位专属固定成本随产量的增加而减少，自制方案单位增量成本与外购方案单位增量成本将在某个产量点产生优劣互换的现象，即产量超过某一限度时自制有利，产量低于该限度时外购有利。这时，就必须首先确定该产量限度点（利用成本无差别点分析法），并将产量划分为不同的区域，然后确定在何种区域内哪个方案最优。

在成本按性态分类的基础上，任何方案的总成本都可以用 $y=a+bx$ 表述。所谓成本无差别点是指两个不同方案的总成本相等时的业务量水平。当高于或低于该业务量水平时，不同方案就具有不同的业务量优势区域。利用不同方案的不同业务量优势区域进行最优方案选择，称为成本无差别点分析法。

设 x：成本无差别点业务量；

a_1，a_2：方案Ⅰ、方案Ⅱ的固定成本总额；

b_1，b_2：方案Ⅰ、方案Ⅱ的单位变动成本；

y_1，y_2：方案Ⅰ、方案Ⅱ的总成本。

于是

$$y_1 = a_1 + b_1 x$$

$$y_2 = a_2 + b_2 x$$

根据在成本无差别点上两个方案总成本相等的原理，令 $y_1 = y_2$

则

$$a_1 + b_1 x = a_2 + b_2 x$$

变形得

$$x = \frac{a_2 - a_1}{b_1 - b_2}$$

这时，整个业务量被分割为两个区域：$0 \sim x$ 及 $x \sim +\infty$，其中 x 为成本无差别点（见图 9-2）。

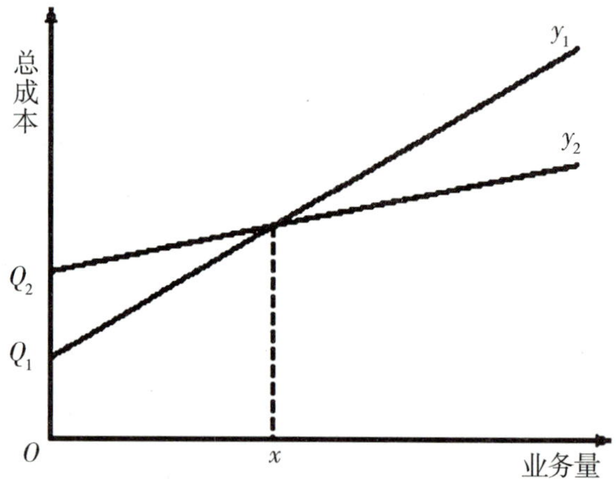

图 9-2　成本无差别点示意图

在成本无差别点上，方案Ⅰ和方案Ⅱ的总成本相等，也就是说两个方案都可取；而低于或高于该点，方案Ⅰ和方案Ⅱ就具有不同的成本。至于在哪个区域哪个方案更可取，则应通过选取数据代入 y_1、y_2 的公式来确定。

例 9-6 天英企业每年需要 A 零件 860 个，以前一直外购，购买价格为每个 8.4 元。如今天英企业有多余的生产能力，且该生产能力不能用于他处，可以用来生产 A 零件，但每年将增加专属固定成本 1200 元，自制时单位变动成本为 6 元。

为便于了解两个方案的产量取舍范围，可将上述资料绘入直角坐标系内，如图 9-3 所示。

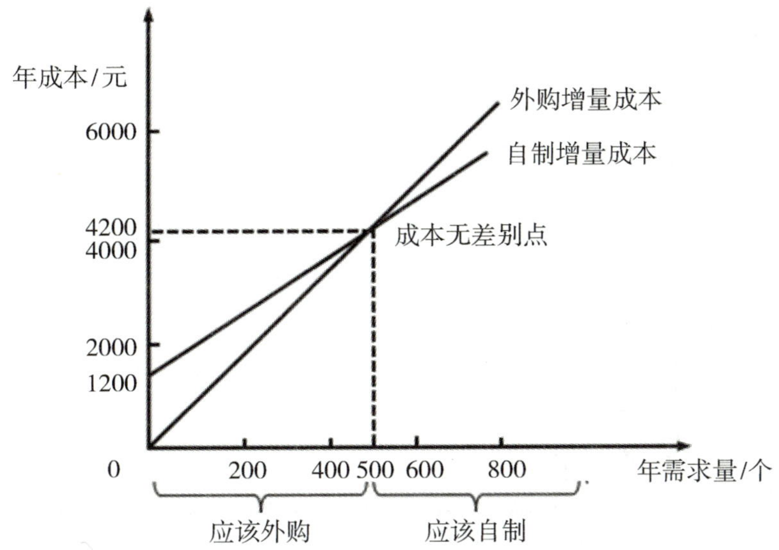

图 9-3　零件外购与自制成本分界图

从图 9-3 可以看出，A 零件需求量在 500 个以内时，应该外购；而当需求量超过 500 个时，则自制有利。由于该公司 A 零件的需求量为 860 个，因而自制有利。

图 9-3 中的成本无差别点也可以按下列方法计算。

设 x 为 A 零件年需求量，则

外购增量成本 $y_1 = 8.4x$

自制增量成本 $y_2 = 1200 + 6x$

外购增量成本与自制增量成本相等时的年需求量即为成本无差别点：

$8.4x = 1200 + 6x$

$(8.4 - 6)\ x = 1200$

$x = \dfrac{1200}{8.4 - 6}$ （个）

所以，成本无差别点的计算公式为

$$成本无差别点 = \frac{自制增加的专属固定成本}{购买价格 - 自制单位变动成本}$$

利用公式确定成本无差别点只是将整个需求量划分为 500 个以内和 500 个以上两个区域，要确定这两个区域中哪个方案有利，还需将某一设定值代入 y_1 和 y_2 进行试算。

假定产量为 100 件，则

$y_1 = 8.4 \times 100 = 840$ （元）

$y_2 = 1200 + 6 \times 100 = 1800$ （元）

可见，在 500 个以内时外购有利，在 500 个以上时则自制有利。

确定不同需求量方案在哪个区域有利，也可以根据两个方案固定成本的大小进行判断。如果需求量小于成本无差别点，则固定成本低的方案为优；如果需求量大于成本无差别点，则固定成本高的方案为优。

现实中，供应商会用折扣或者折让的方式让商品更好销售出去，在此方式下，为了做出正确的决策，就必须考虑折扣或者折让带来的价格变化。

例 9-7 天华公司需要 B 零件，有两种方式，自制或者外购。若自制，需要购买一台设备，年折旧额 2200 元，并且单位变动成本为 1 元；若外购，购买 3000 个以下，单位价格 2 元，购买 3000 个以上，可以 1.55 的单位价格购买，根据以上数据可绘制图 9-4。

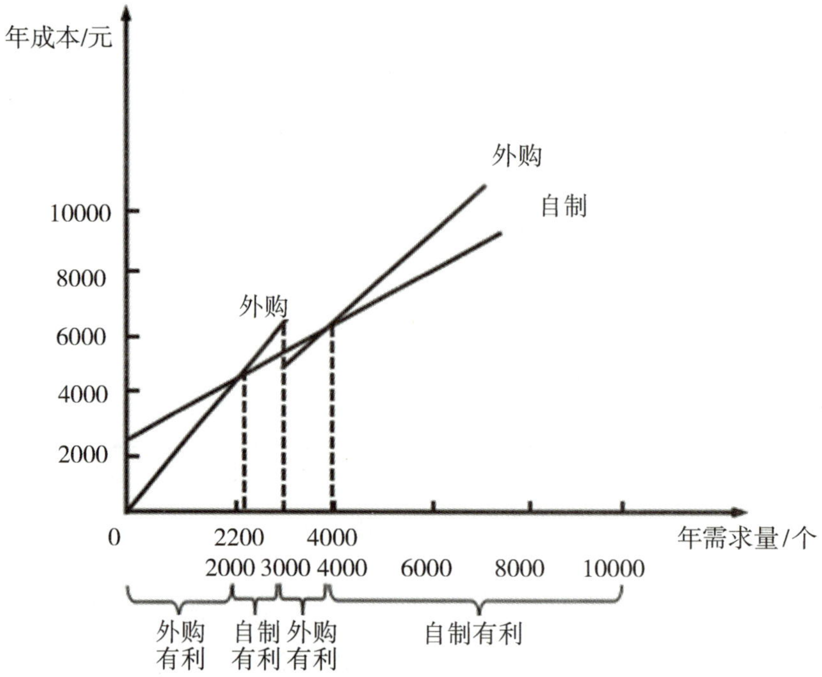

图 9-4 零件外购与自制决策图

图 9-4 形象地说明，当 B 零件需求量低于 2200 个或者为 3000～4000 个时，外购成本低，外购比较有利；B 零件需求量为 2200～3000 个或在 4000 个以上时，自制成本低，自制比较有利。

也可采用公式求解。设自制方案的成本与一次购买量在 3000 个以下的成本无差别产量为 x_1，则

$2200+1\,x_1=2\,x_1$

$x_1=2200$（个）

设自制方案的成本与一次购买量在 3000 个以上的成本无差别产量为 x_2，则

$2200+1\,x_2=1.55\,x_2$

$x_2=4000$（个）

于是，整个需求量被划分为四个区域：2200 个以下、2200～3000 个、3000～4000 个、4000 个以上。至于各个区域内是自制有利还是外购有利，可设定数值代入自制方案成本公式及外购方案成本公式通过计算确定。

3. 外购时有租金收入的决策

在零配件外购、腾出的剩余生产能力可以转移的情况下（如出租、转产其他产品），由于出租剩余生产能力能获得租金收入，转产其他产品能提供边际贡献，因此将自制方案与外购方案对比时，必须把租金收入或转产产品的边际贡献作为自制方案的一项机会成本，并作为自制方案增量成本的一部分。这时，应将自制方案的变动成本及租金收入（或转产产品的边际贡献）之和与外购成本相对比，择其低者为优。

例 9-8 某公司每年需用乙零件 5000 个，若自制，则自制单位变动成本为 12 元；若外购，则外购单位价格为 14 元。如果外购乙零件，则腾出来的生产能力可用于出租，每年租金收入为 4000 元。

在计算比较外购和自制这两个方案的相关成本时，应将租金收入 4000 元作为自制方案的机会成本（见表 9-12）。

表 9-12　相关成本分析表

单位：元

项目	自制	外购
外购成本		14×5000＝70000
自制变动成本	12×5000＝60000	
机会成本（租金收入）	4000	
相关成本合计	64000	70000

计算结果表明，选择自制方案是有利的，比外购方案减少成本 6000 元（70000 元－64000 元）。

（四）半成品是否进一步加工的决策分析

企业产品在完成一定加工阶段后，可以把在产品作为半成品销售，也可以继续加工后再销售。一般情况下，在产品（半成品）的销售价格比较低，进一步加工后再销售的价格往往会比较高，但通常要追加一定的成本。为此，企业短期经营决策就必须权衡在产品（半成品）立即销售和继续加工后销售的利弊得失，进行在产品（半成品）是否进一步加工的决策分析。

例 9-9　某企业预计年度内生产销售 A 产品的在产品 8000 件。A 产品的在产品可以作为半成品销售给其他企业，也可以追加相关成本进一步加工形成完工产品。A 产品的产品销售价格为 20 元，半成品销售价格为 12 元，产品和半成品的单位变动成本分别为 10 元和 6 元，固定成本分别为 36000 元和 20000 元。要求：对 A 产品的半成品是立即销售还是继续加工后销售进行决策。

在产品（半成品）进一步加工的决策分析可以将在产品（半成品）和继续加工后形成的产品作为两种不同产品进行分析，即产品生产对象的决策分析，可以利用进一步加工后产品营业利润与半成品营业利润的差量进行决策。其他方法可参照前例，不再赘述。

差量收入＝8000×20－8000×12＝64000（元）

差量成本＝（8000×10＋36000）－（8000×6＋20000）＝48000（元）

差量利润＝64000－48000＝16000（元）

上述计算表明，A 产品的半成品进一步加工后销售可以增加营业利润 16000 元。所以，在现有条件下，该企业应该选择对 A 产品的半成品继续加工后销售。

因此，在现有生产能力限度内，企业应根据在产品（半成品）进一步加工后能否提供差量利润进行决策。或者说进一步加工后产品只要能够提供差量利润，就应该选择继续加工。

（五）联产品（或者副产品）进一步加工的决策分析

联产品是企业用同一种原材料、在同一生产过程中生产的两种或者两种以上的经济价值较大的不同产品。例如，炼油厂从原油中提炼出价值较大的汽油、煤油、柴油、润滑油等。联产品分离的这个点称为分离点，分离前的成本属于联合成本，要按售价等标准分配给各种联产品。联产品在分离后继续加工的追加变动成本和专属固定成本，称可分成本。联合成本是沉没成本，决策时不予考虑；可分成本是与决策相关的成本，决策时应予以考虑。联产品是否进一步加工，可按下列公式计算确定。

（1）应进一步加工。进一步加工后的销售收入－分离后的销售收入＞可分成本。

（2）分离后即出售。进一步加工后的销售收入－分离后的销售收入＜可分成本。

例 9-10　某企业对甲材料进行加工后，可同时分离出 A、B 两种联产品，产量分别为 6000 千克和 5000 千克。分离前共同耗用成本 100 万元。A 产品分离后即出售，单位售价为 120 元；B 产品如果直接出售，每千克售价为 200 元，也可每千克 B 产品追加单位变动成本 46 元进一步加工成子产品销售，子产品每千克售价为 300 元，但耗损率为 10%，即 5000 千克 B 产品只能生产出子产品 4500 千克。问：B 产品是直接出售还是进一步加工成子产品出售。

由于分离前共同耗用成本 100 万元是联合成本，A 产品分离后即出售的损益，均与 B 产品是否进一步加工没有关系，因此决策时不予考虑。B 产品是直接出售还是进一步加工成子产品出售，用差量分析法分析如下：

差量收入＝300×4500－200×5000＝350000（元）

差量成本＝46×5000－0＝230000（元）

差量利润＝350000－230000＝120000（元）

差量收入大于差量成本，差量利润 120000 元，大于零，可见，将 B 产品进一步加工成子产品是有利的。

（六）是否接受特殊价格追加订货的决策分析

所谓特殊价格追加订货，就是指价格低于正常订货价格，企业又还有一定的剩余生产能力，企业是否可以考虑接受这种非正常价格的追加订货呢？常见的几种情况分述如下，企业应分情况考虑。

1. 企业剩余生产能力别无他用，也不影响正常销售

当企业剩余生产能力无法转移，追加订货对正常订货没有任何影响，又不要求追加专属成本，那么只要特殊订货单价大于该产品的单位变动成本，就可以接受该追加订货。因为，正常销售的产品本身就负担了企业生产的固定成本，所以特殊订货带来的边际贡献将全部形成额外利润。

例 9-11 蓝天公司生产 A 产品，最大生产能力 1000 台，正常销售 800 台，剩余生产能力有 200 台，正常价格为 800 元/台，固定成本总额为 200000 元，单位变动成本为 500 元/台。现有客户来订货 200 台，最高只能出价 600 元/台，请问该否接受此订货。

该订货只是利用剩余生产能力，并没有占用正常生产，本题中特殊定价 600 元大于单位变动成本 500 元，因此可以接受此追加订货，由此可多获利润（600－500）×200＝20000 元。因此只要特殊订货价格高于单位变动成本，就会为企业提供边际贡献。

2. 有剩余生产能力，且生产能力别无他用，但接受特殊定价会减少部分正常销售

若接受特殊订货会减少部分正常销售，那么应将因减少正常销售而损失的边际贡献作为特殊定价订货方案的机会成本。当追加订货的边际贡献额足以补偿这部分机会成本且有剩余时，则可以接受订货。即

（特殊订货价格－单位变动成本）×特殊订货数量＞因减少正常销售而损失的边际贡献

或 特殊订货价格＞单位变动成本＋因减少正常销售而损失的边际贡献÷特殊订货数量

例 9-12 沿例 9-11，企业接到的特别订货是 400 台，这时必须减少正常销售 200 台，才能接受这批订货，那么企业的特别订货价格为多少才能为企业增加利润呢？

$$\text{特殊订货单位成本}=\text{单位变动成本}+\frac{\text{因减少正常销售而损失的边际贡献}}{\text{特殊订货数量}}$$

$$=500+\frac{(800-500)\times 200}{400}=650\text{（元/台）}$$

企业的特殊订货价格必须在 650 元/台以上，接受特殊订货才能增加企业利润。如果客户仍只出 600 元的单价订货 400 台，也可以用相关损益分析表进行分析，如表 9-13 所示。

表 9-13　相关损益分析表

单位：元

项目	接受特殊订货	拒绝特殊订货
相关收入	600×400＝240000	0
相关成本	260000	0
变动成本	500×400＝200000	0
机会成本	（800－500）×200＝60000	0
相关损益	－20000	0

在此情况下，接受特殊订货的相关损益为－20000 元，意味着比拒绝特殊订货多损失 20000 元，所以不应接受此追加订货。

3. 有剩余生产能力且剩余能力无法转移，但要追加专属成本

若特殊订货要求追加专属成本，如需要增添部分设备、工具等，则接受此追加订货方案的可行条件是：该特殊价格追加订货的边际贡献大于专属成本。

例 9-13 续例 9-11，假设特殊订货量为 200 台，接受特殊订货需要从企业外部租入一些工具，年租金为 25000 元，企业是否应接受此特殊订货？

编制相关损益分析表，如表 9-14 所示。

表 9-14　相关损益分析表

单位：元

项目	接受特殊订货	拒绝特殊订货
相关收入	600×200＝120000	0
相关成本	125000	0
变动成本	500×200＝100000	0
专属成本	25000	0
相关损益	－5000	0

由表 9-12 可见，接受特殊订货的相关损益为－5000 元，因此，不应接受此追加订货。

4. 剩余生产能力可以转移

当企业有关的剩余生产能力可以转移时，应将与此有关的可能收益作为追加订货方案的机会成本综合考虑，当特殊价格追加订货的边际贡献大于机会成本时，则可接受订货。

例 9-14 续例 9-13，假设特殊订货量为 200 台，接受特殊订货需要从企业外部租入一台设备，年租金为 25000 元；若不接受特殊订货，剩余生产能力可以对外出租，获取年租金 15000 元，是否该接受追加订货？

剩余生产能力对外出租获取的租金收入 15000 元，是追加订货方案的机会成本，也是接受特殊订货的相关成本。编制相关损益分析表，如表 9-15 所示。

表 9-15　相关损益分析表

单位：元

项目	接受特殊订货	拒绝特殊订货
相关收入	600×200＝120000	0
相关成本	140000	0
变动成本	500×200＝100000	0

续表

项目	接受特殊订货	拒绝特殊订货
专属成本	25000	0
机会成本	15000	0
相关损益	-20000	0

接受特殊订货的相关损益比拒绝特殊订货的相关损益少 20000 元，因此应拒绝追加订货。

（七）生产工艺的决策分析

随着科技的日新月异，对于实现企业想达到的某个目的，方法越来越多，不同的方法所耗费的成本可能不同，导致的成本结构也可能产生差异。

例 9-15 加工海参干货一般有三种方式，分别是冻干、淡干、盐干吸取水分，它们的成本资料如表 9-16 所示。

表 9-16 人参干货成本

单位：元

方案	专属固定成本	单位变动成本
A（冻干）	600	5
B（淡干）	200	7
C（盐干）	150	8

根据表 9-14 中的资料，我们可以计算出 A、B、C 三种方案的成本分界点（见图 9-5）。

设三个成本分界点分别是x_{AB}、x_{BC}、x_{AC}。

$200+7x_{BC}=150+8x_{BC}$

则$x_{BC}=50$（千克）

$600+5x_{AC}=150+8x_{AC}$

则$x_{AC}=150$（千克）

$600+5x_{AB}=200+7x_{AB}$

则$x_{AB}=200$（千克）

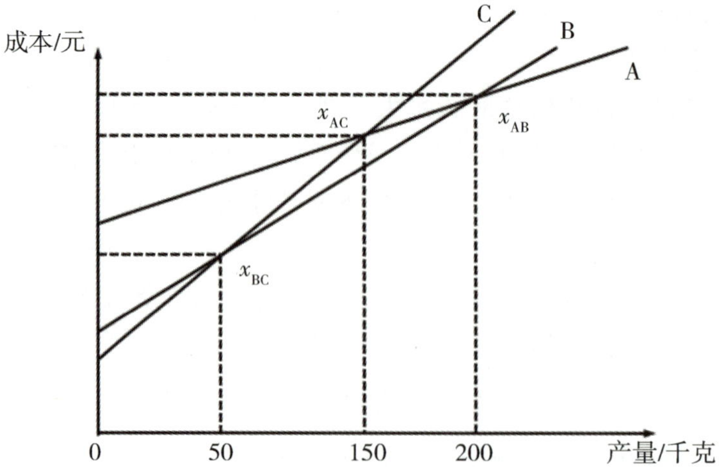

图 9-5 三种工艺方案的成本临界点

结果表明，当这种海参干货的计划内产量不足 50 千克时，以盐干的方案为最好；在 50～200 千克时，淡干方案成本最低；超过 200 千克时，冻干方案为最优方案。如果淡干设备已被其他生产使用，那么计划产量在 150 千克以下时，应采纳盐干方案，在 150 千克以上时应采纳冻干方案。

二、产品组合的生产决策

产品组合的生产决策适用于生产多种产品的企业。在多种产品生产过程中，各种产品生产都离不开一些必要的条件和因素，如直接材料、直接人工、变动性制造费用、固定性制造费用等，其中有些因素还可以用于不同产品的生产。如果各种产品共用一种或者几种有限的要素，就应该使各种产品的生产组合达到最优化的结构。因此，产品组合的生产决策主要通过计算、分析各种产品的产销结构，使各个因素得到合理、充分的利用，并能获得最大收益。产品优化决策主要采用逐次测算法。

逐次测算法是根据企业有限的各项生产条件和各种产品的情况，以及各项限制因素等数据资料，分别计算单位限制因素所提供的边际贡献并加以比较，在此基础上经过逐步测试，使产品组合达到最优的短期经营决策分析方法。

例 9-16 某企业预计年度生产甲、乙两种产品，两种产品共用人工工时总数为 26000 小时，共用设备工时总数为 14000 小时。甲产品单位产品所需人工工时为 6 小时，设备工时为 3 小时，单位边际贡献额是 45 元；乙产品单位产品所需人工工时是 8 小时，设备工时是 5 小时，单位边际贡献额是 64 元。预测市场销售量甲产品为 3000 件，乙产品为 2000 件。要求：对该企业甲、乙两种产品组合进行决策。

两种产品单位限制因素所提供的边际贡献额如表 9-17 所示。

表 9-17　两种产品的边际贡献额

项目	甲产品	乙产品	限制因素/小时
单位人工工时边际贡献	7.5	8	26000
单位设备工时边际贡献	15	12.8	14000

从表 9-17 中可知，甲产品的单位设备工时边际贡献大于乙产品的单位设备工时边际贡献，甲产品的单位人工工时边际贡献小于乙产品的单位人工工时边际贡献。按照逐次测算法，进行第一次测试。优先安排甲产品生产，剩余因素再安排乙产品生产，结果如表 9-18 所示。

表 9-18　两种产品组合第一次测试表

项目	产量	所用人工工时/小时		所用设备工时/小时		边际贡献额/元	
		总工时	单位工时	总工时	单位工时	总额	单位边际贡献额
甲产品	3000	18000	6	9000	3	135000	45
乙产品	1000	8000	8	5000	5	64000	64
合计		26000		14000		199000	
限制因素		26000		14000			
剩余因素		0		0			

从第一次测试结果可以看出，按照这种组合方式进行生产，可获得边际贡献总额为 199000 元，鉴于乙产品所用机器设备工时大于甲产品，因而为了充分利用各因素，进行第二次测试，先满足乙产品的生产，剩余因素再满足甲产品的生产，结果如表 9-19 所示。

表 9-19　两种产品组合第二次测试表

项目	产量	所用人工工时/小时		所用设备工时/小时		边际贡献额/元	
		总工时	单位工时	总工时	单位工时	总额	单位边际贡献额
乙产品	2000	16000	8	10000	5	128000	64
甲产品	1333	7998	6	3999	3	59985	45

续表

项目	产量	所用人工工时/小时		所用设备工时/小时		边际贡献额/元	
		总工时	单位工时	总工时	单位工时	总额	单位边际贡献额
合计		23998		13999		187985	
限制因素		26000		14000			
剩余因素		2002		1			

从第二次测试结果可以看出，第一次测试结果比第二次多获得 11015 元的边际贡献，同时设备工时、人工工时得到了进一步利用。经过两次测试，可以采用第一次测试的产品组合，即生产甲产品 3000 件、乙产品 1000 件，此为最优的产品组合。

此外，还可以采用图解法。图解法主要是利用线性代数的知识，建立线性规划模型，在满足约束条件下，求得最优的产品组合结构。该方法比较直观，容易理解，不再赘述。

第四节 定价决策

定价决策是指在产品流通领域的一年或者一个营业周期内，围绕产品的销售价格，对产品的业务量、成本和利润等影响因素展开的短期经营决策。随着市场经济的发展，产品的定价决策已经成为企业短期经营过程中所面临的一个重要问题，企业必须根据市场上受供求调节的市场价格和影响价格变动的有关因素，为企业的产品制定出一个较为合理的价格。

定价决策

一、定价决策概述

（一）定价决策的目标

企业在其生产经营过程中，自始至终贯穿着“赚取利润”这一总目标。但在不同阶段、不同时期或不同经营环境下，这一目标的体现方式不同，如成长发展、增强竞争、安全营运等。总目标及其体现方式的不同，会直接反映到企业定价决策目标上。

1. 以获取最大利润为定价目标

实现这一定价目标的方法就是通过适当定价，提高产品的盈利额，追求利润最大化。以利润为定价目标通常集企业经营目标和销售目标于一身，因为在以利润为目标的定价过程中，企业通常根据利润要求或投资利润率、预计销售量、单位产品成本而推算出单位产品价格。

2. 以提高市场占有率为定价目标

企业以提高市场占有率为定价目标，在产品价格上直接体现为降低产品销售价格。这一举措一可阻止竞争产品进入市场，二可占有其他原有同类产品生产企业的部分市场，达到薄利多销，提高企业总利润的目的。

3. 以适应或避免竞争为定价目标

这也是企业以安全营运为定价目标。企业在制定产品价格时，为适应或避免竞争，需要广泛收集竞争者有关价格方面的资料进行比较，通常企业将其产品价格维持在同类产品的一般水平，既不因成本上升、供给量减少等因素而率先提价，也不因市场不景气，或为提高产品竞争力和市场占有率而主动降低价格，从而使企业产品价格始终维持同类产品的一般水平。

（二）影响定价的因素

1. 供需关系

市场供求关系的变动直接影响产品价格的变动。不同的产品，其需求价格弹性不同。工业品市场，特别是重工业，弹性偏低，顾客首先考虑的是产品的品质、性能，价格只是在与同质产品比较时才予考虑；消费品市场，特别是日常生活用品，重复购买率高，需求价格弹性较大，薄利多销是首选策略；而耐用消费品，重复购买率低，应考虑高价策略。

2. 产品价值

产品价格是产品价值的货币表现，产品价值是产品价格的基础，二者关系极为密切。产品价值的大小，在很大程度上决定着产品价格的高低，它是影响产品价格发生变动的本质因素。其中产品价值中的成本在定价中又起着决定性作用。在确定产品和劳务价格时，应首先考虑保证收回成本，在此基础之上，企业才有利可图。在正常情况下，产品价格应高于其成本，以保证企业的盈利水平。

3. 竞争形式

在市场经济条件下，企业之间必然存在竞争，但是，竞争程度不同，企业的“定价自由”也就有所不同。在市场经济条件下存在完全竞争、垄断性竞争、寡头垄断竞争和纯粹垄断竞争等市场类型。

在完全竞争市场，需求数量很大，每一企业的产品占市场份额很小，无法影响价格，卖方和买方只能按照由市场供求关系决定的市场价格买卖产品。这就是说，在完全竞争条件下，卖方和买方只能是“价格的接受者”。完全竞争型企业在产品定价决策时应掌握：①不能高于均衡价格的产品销售价格；②不能无理由使其产品售价低于均衡价格。

垄断性竞争是一种介于完全竞争和纯粹垄断之间的市场类型。在垄断性竞争的市场上有许多卖方和买方，但各个卖方所提供的产品有差异，各个卖方对其产品有相当垄断性，能控制其产品价格。这就是说，在垄断性竞争的条件下，卖方已不是被动的“价格接受者”，而是强有力的“价格决定者”。

寡头垄断竞争是竞争和垄断的混合物。在寡头垄断竞争的条件下，少数大公司控制市场价格，而且它们相互依存、相互影响。在寡头市场，企业的价格决策一定要首先预计到其他公司会做出何种反应，否则，决策的结果很可能是适得其反。

纯粹垄断是指在一个行业中某种产品的生产和销售完全由一个卖方独家经营和控制。在纯粹垄断竞争的条件下，卖方完全控制市场价格，可以在国家法律允许的范围内随意定价。企业为使利润最大，其最佳生产量应是边际成本等于边际收入的那一点，此点同时决定最佳价格。

总之，除了完全竞争，在垄断性竞争、寡头垄断竞争和纯粹垄断竞争的条件下，企业都必须对产品制定适当的价格。

4. 国家的价格政策

价格政策是国家管理价格的有关措施和法规，它是国家经济政策的组成部分。企业应在国家规定的定价范围内决定产品的价格。

除上述几方面因素外，产品的质量、产品所处的寿命周期、消费者的支付能力与心理状态等，也是影响产品价格的重要因素。

（三）常用定价策略

1. 新产品定价

新产品定价充满着许多不确定性。如果新产品在市场上与众不同，那么需求量就很难确定；如果与某些产品相似，又会存在替代性、营销成本不确定的问题。为了减少这些不确定性，企业通常会选择几个地区分别采用不同的价格进行试销，以此来收集有关新产品面临的竞争情况，销量和价格的关系，在不同价格、不同销量下所能提供的边际贡献等重要信息，最后据此来确定能使利润最大化或最能适应企业长远目标的价格。

新产品定价基本存在以下两种策略：撇脂定价法和渗透定价法。企业采取哪种策略取决于希望达到的目标、新产品本身的特点，以及策略的成功概率。

（1）撇脂定价法。

撇脂定价法是指在新产品试销期先定出较高的价格，等到之后市场扩大，产品趋于成熟阶段，再逐渐降低价格。这种策略能够保证试销期获得短期的大额利润，以及补偿产销时无法预知的成本；但大额利润也会迅速招来竞争，使得高价难以维持。因此，这是一种短期性定价策略，比较适合初期没有竞争对手且容易开辟的新产品。

（2）渗透定价法。

渗透定价法首先以低价位进入市场，希望能够在价格上相对竞争对手占优，从而建立市场领导者的地位；同时也希望随着生产规模的扩大，公司能大幅降低生产成本。这种方法的代价在于，一开始时让消费者以低于他们愿意支付的价格购买产品，牺牲了一部分利润，而相应的潜在收益是较大的市场份额。当存在生产规模经济性或竞争者企图进入的考虑时，这种方法是可行的。

2. 心理定价策略

心理定价策略包括以下几种形式。

（1）整数定价法：适用于高端产品，以此来提高产品身价、刺激顾客的购买欲望，如将 3980 元改为 4000 元。

（2）去整取余法：多用于中低档产品，如将 5 元改为 4.99 元。

（3）对比定价法：对于需要降价处理的商品，可以将折价前后价格同时列出，促使顾客通过对比积极购买。

3. 基于竞争对手情况定价

企业在定价时也需要考虑市场上竞争对手的情况。如果竞争对手实力较弱，可以先采用低价策略抢占市场份额，然后再提高价格；相反，如果竞争对手实力较强，企业在生产成本、产品性能上又不占优势，宜采用跟随策略，即竞争对手提价我也提价、竞争对手降价我也降价。

二、以成本为基础的定价方法

成本既是企业生产和销售产品所发生的各项费用的总和，又是构成产品价格的基本因素，也是价格的最低经济界限。以成本为基础的定价方法，不但能保证生产中的耗费得到补偿，而且能保证企业的营业利润得以顺利实现。一般来说，新产品的价格决策都可以采用以成本为基础的定价方法。

以成本为基础的定价方法又称成本加成定价法，是指以产品的成本资料为主要依据，加成一定比例的销售利润而确定产品销售价格。由于产品成本有完全成本、变动成本、临界成本等几种不同形式，因此，在短期经营决策中通常采用完全成本加成定价法、变动成本加成定价法和临界成本定价法。

（一）完全成本加成定价法

完全成本加成定价法又称制造成本加成定价法，是指在产品完全成本的基础上，加成一定比例的非制造成本和预期营业利润作为产品销售价格的一种定价方法。采用完全成本加成定价法不仅能如数收回全部成本，取得一定数额的营业利润，而且计算简便，易于操作。

$$产品销售价格=单位完全成本\times(1+完全成本加成百分比)$$

$$完全成本加成百分比=\frac{目标利润}{变动成本+固定成本}$$

例 9-17 某企业预计年度内生产 A 产品 10000 件，固定成本 60000 元，单位变动成本 10 元。要求：假定该企业产品的目标利润为完全成本的 20%，对产品销售价格按照完全成本加成定价法进行定价决策。

产品销售价格＝（10＋60000÷10000）×（1＋20%）

＝（10＋6）×（1＋20%）

＝19.2（元/件）

（二）变动成本加成定价法

变动成本加成定价法是指在产品变动成本的基础上，加成一定比例或者数额的边际贡献作为产品销售价格的一种定价方法。变动成本加成定价法仅仅要求补偿变动成本，并在此基础上形成一定数额的边际贡献。

$$产品销售价格=单位变动成本\times(1+变动成本加成百分比)$$

$$变动成本加成百分比=\frac{固定成本+目标利润}{变动成本}$$

因为，变动成本法下

$$变动成本率\ bR=\frac{变动成本}{销售收入}=\frac{bx}{px}\times 100\%=\frac{b}{p}\times 100\%$$

所以，产品销售价格也可以根据边际贡献率确定：

$$\begin{aligned}产品销售价格&=单位变动成本\ b\div 变动成本率\ bR\\&=单位变动成本\ b\div(1-边际贡献率)\end{aligned}$$

例 9-18 相关资料如例 9-17。要求：假定 A 产品的边际贡献率为 50%，对产品销售价格按照变动成本加成定价法进行定价决策。

产品销售价格＝10÷（1－50%）＝20（元/件）

（三）临界成本定价法

临界成本定价法是指直接以产品的临界成本作为产品销售价格的一种定价方法。临界成本也叫保本成本，是一种产品的生产经营处于既不盈利也不亏损的平衡状态下的单位产品成本，即企业生产经营中投入的单位变动成本与单位固定成本之和。

单位产品售价盈亏临界值（单价下限）＝固定成本÷销售量＋单位变动成本

三、市场需求定价法（边际利润法）

根据经济学的观点，在市场经济中由于供需规律的作用，企业要想扩大销售量，就要降低价格；要想提高价格，就只能减少销售量，提高产品质量。在这种情况下，随着产品销售量的增加，最初销售总收入可能会增长较快，继而增长就会变慢，最终还可能出现下降趋势。与此同时，产品的销售总成本开始比较高，随着产品销售量的增加，资源利用效率逐渐提高，总成本逐渐下降；但当销售量增长到一定程度时，资源利用效率开始下降，导致总成本又开始上升。因此，销售总收入和销售总成本在坐标图上都表现为曲线，如图 9-6 所示。

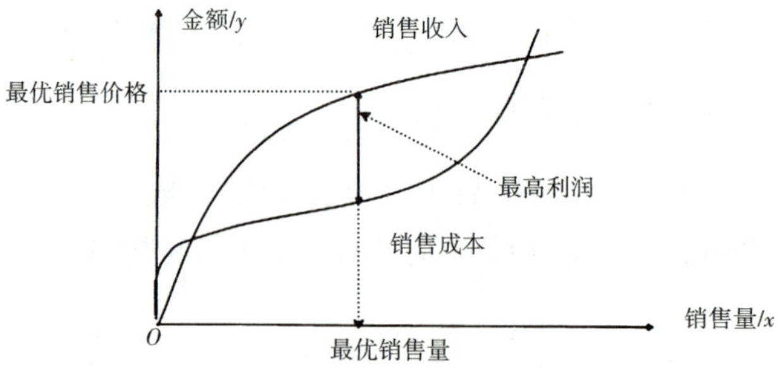

图 9-6 销售总收入与总成本变化趋势图

从图 9-6 中可以看出，理论上的最优销售价格在边际收入等于边际成本时，也就是边际利润等于零时，企业的总利润达到最大。

例 9-19 某企业生产甲产品，最大生产能力为 600 台，该产品原单位售价为 9.5 万元，其单位变动成本为 4 万元，可销售 200 台，固定成本总额 400 万元。如果销售单价逐步下降，预计其在不同价格下的单价销售量、单位变动成本和固定成本总额如表 9-20 所示。

表 9-20 单价、销售量变化及单位变动成本和固定成本总额表

单价 p/万元	销售量 x/台	单位变动成本 b/万元	固定成本总额 a/万元
9.5	200	5	400
9.25	220	5	400
9	240	5	400
8.75	260	5	400
8.5	280	5	400
8.25	300	5	400
8	320	5	400
7.75	340	5	400

要求：做出能使企业获得最高利润的最优售价的决策。

根据上述资料，可编制边际利润计算分析表，如表 9-21 所示。

表 9-21 边际利润计算分析表

销售单价 p/万元	销售量 x/台	销售收入 TR/万元	边际收入 MR/万元	总成本 TC/万元	边际成本 MC/万元	边际利润 MP/万元	总利润 P/万元
9.5	200	1900	0	1400	0	0	500
9.25	220	2035	135	1500	100	35	535
9	240	2160	125	1600	100	25	560
8.75	260	2275	115	1700	100	15	575
8.5	280	2380	105	1800	100	5	580
8.25	300	2475	95	1900	100	−5	575
8	320	2560	85	2000	100	−15	560
7.75	340	2635	75	2100	100	−25	535

其中：总成本 $TC=a+bx$

由表 9-21 可见，当销售单价下降时，销售量会增加，如果销售收入增加的幅度大于总成本的增加幅度，即边际收入大于边际成本，说明降价是有利的。如例 9-19 中，从 9.5 万元降至 9.25 万元、从 9.25 万元降至 9 万元、从 9 万元降至 8.75 万元等都属于这种情况。降至 8.5 万元是边际利

润的临界点，再降价会使销售收入增加的幅度小于总成本的增加幅度，使得边际收入小于边际成本，即边际利润为负数，表示降价对企业不利，销售利润逐渐减少，从 8.25 万元向下降价都属于这种情况。由此可见，销售单价下降的最低限度是边际收入等于边际成本的地方。也就是说，产品的最佳售价应该是最接近边际利润等于零的地方。

例 9-19 中，销售单价 8.5 万元是企业的最优售价，此时企业的最优销售量为 280 台，企业可获得最高利润 580 万元。

第五节　存货决策

一、存货决策目标

存货指企业在生产经营过程中为销售或者耗用而储备的物资，包括原材料、燃料、低值易耗品、在产品、半成品、产成品、协作件、外购商品等。企业持有存货的原因：①为了保证生产或销售的经营需要；②出于价格的考虑，零购物资的价格往往较高，而整批购买在价格上有优惠。存货管理的目标就是在保证生产或销售需要的前提下，最大限度地降低存货。按照这个目的，需要通过合理的进货批量和进货时间，使存货的总成本最低，这个批量就是经济订货量或经济批量。

二、存货的成本

存货的成本指的是与持有存货有关的成本，包括存货的取得成本、储存成本及短缺成本。

（一）取得成本

取得成本指为取得存货而支出的成本，包括订货成本和购置成本。通常用符号 TC 来表示。

1. 订货成本

订货成本指取得订单的成本，如办公费、差旅费、邮资、电报电话费等支出。订货成本中有一部分与订货次数无关的成本，如常设采购机构的基本开支等，称为订货的固定成本，用 F_1 表示；另一部分与订货次数有关，如差旅费、邮资等，称为订货的变动成本。年需要量用 D 表示，每次订货的变动成本用 K 表示，每次订货量用 Q 表示。订货成本的计算公式为

$$订货成本=F_1+\frac{D}{Q}K$$

2. 购置成本

购置成本指存货本身的价值，经常用数量与单价的乘积来确定。年需要量用 D 表示，单价用 U 表示，所以购置成本为 DU。订货成本加上购置成本就等于存货的取得成本。其公式可表达为

$$\begin{aligned}取得成本&=订货成本+购置成本\\&=订货固定成本+订货变动成本+购置成本\end{aligned}$$

$$TC=F_1+\frac{D}{Q}K+DU$$

在采购批量决策中，存货的购置成本通常属于无关成本，但当供应商为扩大销售而采用数量折扣等优惠方法时，购置成本成为与决策相关的成本。

（二）储存成本

储存成本是指为保持存货而发生的成本，包括存货占用资金应计的利息（若公司用现金购买存货，便失去了现金存放银行或投资于证券所应取得的利息；若公司借款购买存货，便要支付利息费用）、仓库费用、保险费用、存货破损和变质损失等，通常用 TG 来表示。

储存成本也分为固定成本和变动成本。固定成本与存货数量的多少无关，如仓库折旧、仓库职工的固定月工资等，用 F_2 表示；变动成本与存货的数量有关，如存货资金的应计利息、存货的破

损和变质损失、存货的保险费用等。单位存货的年储存成本用 C 表示。储存成本的计算公式为

储存成本＝储存固定成本＋储存变动成本

$$TG=F_2+C\frac{Q}{2}$$

（三）短缺成本

短缺成本指由于存货供应中断而造成的损失，包括材料供应中断造成的停工损失、产成品库存短缺造成的拖欠发货损失和丧失销售机会的损失（还应包括需要主观估计的商誉损失等）。如果生产公司以紧急采购代用材料来解决库存材料中断之急，那么短缺成本表现为紧急额外购入成本（紧急额外购入的开支会大于正常采购的开支）。短缺成本用 TS 表示。

如果以 T 来表示存货的总成本，则

$$T=TC+TG+TS=F_1+\frac{D}{Q}K+DU+F_2+C\frac{Q}{2}+TS$$

企业存货的优化过程就是使上式结果最小的过程，最优存货就是使上式中的 Q 达到最小。

三、存货决策模型

按照存货决策的目的，需要通过合理的进货批量和进货时间，使存货的相关总成本最低，这个批量被称为经济订货量或经济批量。有了经济订货量，可以很容易地找出最适宜的进货时间。从前述存货成本的构成可以发现，储存成本和订货成本与订货量之间呈反比关系。订购批量越大，企业储存的存货就越多，这会使存货储存成本上升；与此同时，由于订货次数减少，总订货成本将会降低。反之，降低订购批量能够降低储存成本，但由于订货次数增加，订货成本将会上升。图 9-7 对两种成本和订货量之间的关系进行了描述。可见，随着订购批量的变化，这两种成本此消彼长。确定经济批量的目的，就是要寻找使这两种成本之和最小的订购批量，即图 9-7 中的 Q^* 点的订购批量。

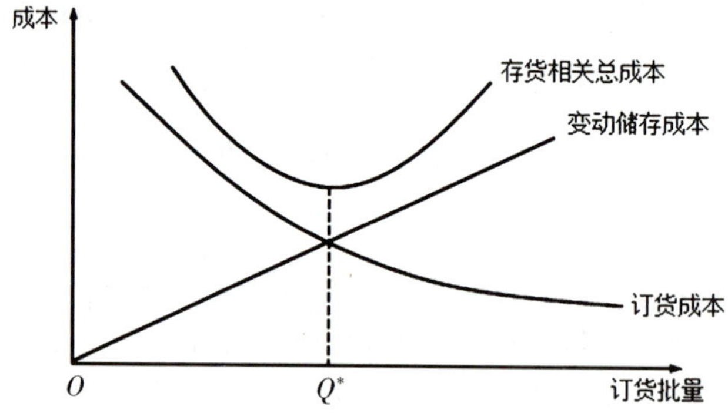

图 9-7　存货成本与订货量之间的关系

（一）经济订货量基本模型

经济订货量基本模型需要设立的假设条件如下。

（1）企业能够及时补充存货，即需要订货时便可立即取得存货。

（2）能集中到货，而不是陆续入库。

（3）不可以缺货，即无缺货成本。

（4）需要量稳定，并且能预测，即 D 为已知常量。

（5）存货单价不变，不考虑现金折扣，即 U 为已知常量。

（6）企业现金充足，不会因现金短缺而影响进货。

（7）所需存货市场供应充足，不会因买不到需要的存货而影响其他。

设立了上述假设后，存货相关总成本的公式可以简化为

$$存货相关总成本\ T=K\times\frac{D}{Q}+C\times\frac{Q}{2}$$

利用数学知识对其求导，令一阶导数等于 0，则

$$T'=\left(K\times\frac{D}{Q}+C\times\frac{Q}{2}\right)'=\frac{C}{2}-\frac{DK}{Q^2}=0$$

可得

$$经济批量Q^*=\sqrt{\frac{2DK}{C}}$$

$$最低相关总成本\ T=\sqrt{2DKC}$$

$$经济批数\ N=\frac{D}{Q}=\sqrt{\frac{DC}{2K}}$$

例 9-20 某企业每年耗用某种材料 1800 千克，该材料单位成本为 10 元，单位存储成本为 1 元，一次订货成本为 25 元，计算最优订货量、年最少订货次数、年最低订货相关总成本。

根据已知条件，得

$$Q^*=\sqrt{\frac{2\times1800\times25}{1}}=300（千克）$$

$$N=\frac{1800}{300}=6（次）$$

$$T=\sqrt{2\times1800\times25\times1}=300（元）$$

因此，年最优订货量是每次 300 千克，年最少订货次数为 6 次，年最低订货相关总成本为 300 元。

（二）有数量折扣时的订货量决策

当客户采购量较大时，销售方通常会给予一定的价格优惠，即商业折扣，并且折扣力度随着数量的增多而增大，那么购货方对采购经济批量的确定，除了考虑订货成本和储存成本外，还必须考虑存货的进货成本，因为进货成本已经和采购数量的多少有了直接联系，属于相关成本。在经济进货批量基本模式其他各种假设条件均具备的前提下，存在数量折扣时的存货相关总成本可按下式计算。

$$存货相关总成本=进货成本+订货成本+储存成本$$

实行数量折扣的经济进货批量具体确定步骤如下：

第一步，按照基本经济进货批量模式确定经济进货批量；

第二步，计算按经济进货批量进货时的存货相关总成本；

第三步，计算按给予数量折扣的进货批量进货时的存货相关总成本，如果给予数量折扣的进货批量是一个范围，如进货数量在 2000～2999 千克之间可享受 3%的价格优惠，此时按给予数量折扣的最低进货批量，即按 2000 千克，计算存货相关总成本；

第四步，比较不同进货批量的存货相关总成本，最低存货相关成本对应的进货批量，就是实行数量折扣的最佳经济进货批量。

例 9-21 某企业 A 零件的年需要量为 4000 件，每件标准价格为 20 元。销售企业规定：客户每批购买量不足 1000 件的，按照标准价格计算；每批购买量 1000 件以上，2000 件以下的，价格优惠 2%；每批购买量 2000 件以上的，价格优惠 3%。已知每批订货成本 40 元，单位材料的年储存成本 2 元。

（1）按经济进货批量基本模式确定的经济进货批量：

$$Q^{*}=\sqrt{\frac{2DK}{C}}=\sqrt{\frac{2\times4000\times40}{2}}=400\text{（千克）}$$

按经济进货批量（$Q=400$ 千克）进货时的存货相关总成本：

$$T(Q=400)=4000\times20+\frac{4000}{400}\times40+\frac{4000}{2}\times2=86400\text{（元）}$$

（2）按给予数量折扣的进货批量（$Q=1000$ 千克）进货时的存货相关总成本：

$$T(Q=1000)=4000\times20\times(1-2\%)+\frac{4000}{1000}\times40+\frac{1000}{2}\times2=79560\text{（元）}$$

按给予数量折扣的进货批量（$Q=2000$ 千克）进货时的存货相关总成本：

$$T(Q=2000)=4000\times20\times(1-3\%)+\frac{4000}{2000}\times40+\frac{2000}{2}\times2=79680\text{（元）}$$

因此，当采购批量为 1000 件时，采购总成本最低。

四、数字化时代的供应链管理

供应链管理是对供应链中的物料流、信息流、资金流、业务流，以及贸易伙伴关系等进行的计划、组织、协调与控制一体化管理过程，是对整个供应链系统进行计划、协调、操作、控制和优化的各种活动和过程的总称，目的是将正确的产品在正确的时间，按照正确的状态送到正确的地点，并使总成本最小，客户服务最优。供应链管理是一种集成的管理思想和方法。如同金融战争、货币战争一样，供应链之战早已打响。企业之间的竞争已经扩大为整个供应链之间的竞争。

传统的供应链在本质上都是线性的，依次分布着设计、计划、采购、生产和交付这些流程。随着数字时代的来临，用户个性化、多样化的需求，向企业供应链的柔性、灵活性、可靠性提出了挑战。大数据、云计算和 AI 等先进技术的应用，也恰如其分地为企业构建柔性、灵活性、可靠性的供应链提供了支撑。

数字化供应链是基于云端数字化大数据实现智能机器人的处理及应用，是全球化、智能化、柔性化生产的基础。只有把握数字化才可能通过平台实现 B2B 或 C2M 的批量生产或是单件定制，以及全球化、智能化的生产。如今，许多供应链正从传统刻板的线性结构转变成动态互联的系统，这些系统更容易整合生态系统里的合作伙伴，还能随时间推移不断优化。面向未来，企业向数字化转型是大势所趋，并逐渐成为企业的核心竞争力。供应链采购业务重心已由运营型向战略型转变，亟须通过信息化手段建立更敏捷的数字供应链，规范采购业务领域的管理流程，提升采购管理水平。改变往往是困难的，但信息的数字化和高级创新技术的应用能够为企业带来机遇，驱动整个供应链的商业价值。近年来，我国企业结合自身经营特点，不断进行各种形式、独具特色的数字化供应链创新实践，通过数字化供应链全面提升客户体验，创造企业价值。

知识链接

生长在一体化供应链上的京东

2022 年，在“中国供应链物流企业 40 强”名单上，京东物流（一体化供应链）位居榜首，菜鸟物流位居第二。京东物流的成功不是偶然的。

在目前复杂多变的供应链周期中，不同环节需求的预测难度提升，传统、碎片化的供应链协同模式已经无法满足产业升级的需求。传统供应链亟待转型，而一体化供应链物流服务成为物流巨头的统一选择。中国贸促会研究院发布的《一体化供应链物流服务发展白皮书》指出，一体化供应链物流服务是以数智化核心竞争力为基础，具有全链条服务功能、提供定制化解决方案、基于供应链管理系统的物流服务新模式。

随着资源的协同整合及技术的充分应用，按需定制更加柔性，服务对接更加高效。一体化供应链物流给予了市场充分的发挥空间，而这也是京东物流从2007年自建物流开始到2021年上市后一直在打造的能力。

当日达、次日达、京准达，如果用一个词来形容京东，相信很多人心中的印象就是——快，而快的动力来源于京东云一体化供应链的能力释放。

2022年6月1日的零点刚过，家住江苏省常熟市的王女士就收到了智能快递车送来的京东618第一单，此时距离她支付尾款仅4分钟。如此快速的送达速度，背后的奥秘在于通过销量预测，让分布在全国的仓库提前进行商品数量调配。订单下达后，离用户最近的商品仓的商品快速“弹射”出去，保证快速送达的同时，其他仓库的商品也同步完成调配，为下一次的准时送达做好准备。

数智供应链包括1个数智平台基础设施和全链路六大业务场景。供应链一体化解决方案是其中至关重要的一环。京东“一体化供应链”以数智化技术为底座，具有全链条服务功能。在数智化技术驱动下，供应链的前中后各个链条实现了一体化，参与方得以通过协调成本更低、反应速度更快的内部模块间协同向客户提供可定制的解决方案，包括供应链规划、预测与计划、供应链中台、数字化仓储、智能运输、即时配送。

将六大能力串联的就是数字供应链能力。京东通过保持高研发投入，借助海量数据和丰富应用场景优势，基于新一代数字技术推动供应链和物流服务技术研发、经营管理、市场服务等关键环节的自动化及数字化；通过充分发挥数智技术在企业经营管理和资源整合协同等方面的巨大潜力，促进行业上下游资源整合，提升供应链预测能力和应对能力，形成一体化的运营。

京东通过建立包括仓储网络、综合运输网络、配送网络、大件网络、冷链网络及跨境网络在内的高度协同的六大网络，打造了大规模、高智能物流仓配网，持续提升自身在自动化、数智化及智能决策方面的能力，真正实现全链条、一体化的供应链。

以库存管理为例，京东运用众多新型设备和自研系统，大幅提升供应链环节效率。在数字化仓储、运输等关键环节，京东运用自动导引车（AGV），智能快递车及搬运、分拣机器人等新型设备大大提升物流活动效率。专有仓库管理系统（WMS）协助管理存货、劳动力及数据传输的整个流程，从而提升存货可视性及运营效率。专有运输管理系统（TMS）可以通过实时车辆及商品追踪，以及自动化的运力筛选和费用结算，更全面地管理运输过程。基于强大的数据分析能力、高效的数智化算法计算最优库存水平，可以在库存水平最小化和营运资金有效运用及提高库存率间取得平衡。

——摘自管理会计研究网

本章小结

（1）短期经营决策是指企业对一年期以内的生产经营活动所进行的决策，常用方法有边际贡献分析法、差别分析法和成本平衡点分析法等。

（2）在应用边际贡献分析法评价各方案优劣时，只需要计算各方案的边际贡献指标，选择边际贡献总额最大的方案即可，但不能以单位产品提供边际贡献额大小作为决策依据。

（3）差别分析法通常在计算两个备选方案之间产生的差别收入和差别成本的基础上，计算差别损益，根据差别损益来选择决策方案。

（4）如果方案只涉及成本不涉及收入，如零部件自制还是外购，这时可以考虑采用成本平衡点方法来进行择优选择。

(5) 短期经营决策的基本内容包括生产决策、定价决策和存货决策。生产决策的内容有生产何种产品的决策、亏损产品是否应该停产转产的决策、零部件自制还是外购的决策、半成品及联产品是否继续加工的决策、是否接受特殊价格追加订货的决策、生产工艺的决策及生产最优组合决策等内容。选用合适的方法计算判断后才能做出正确的生产决策。销售产品时有必要根据市场情况和有关的资料对产品制定出一个合理的价格，即进行定价决策，定价决策方法主要有以成本定价法和以市场需求定价法。最后在存货决策分析中，企业对存货进行科学的决策分析，使存货保持一个最优水平很重要，在存货的功能与成本之间进行利弊权衡，在充分发挥存货功能的同时降低成本、增加收益，实现它们的组合最优，而其中计算经济订货批量是存货决策的重要方法。

思考题

1. 运用边际贡献分析法进行备选方案的择优决策时，应注意哪些问题？
2. 差量分析法的决策依据是什么？
3. 亏损产品停产和转产的基本标准是什么？亏损产品的决策应注意哪些问题？
4. 零部件自制或外购决策需要考虑哪些因素？通常采用什么方法进行决策？
5. 什么是成本无差别点分析法？它适用于哪些方面的决策？
6. 半成品销售与进一步加工是如何决策的？
7. 如何进行生产工艺决策？
8. 如何运用产品组合优化决策的逐次测算法？

自测自评

一、单项选择题

1. 零部件自制或外购的决策中，如果有剩余产能，不需要考虑的因素有（　　）。

   A. 变动成本　　B. 专属成本　　C. 机会成本　　D. 沉没成本

2. 两个可供选择的方案之间预期成本的差异即是（　　）。

   A. 边际成本　　B. 变动成本　　C. 差量成本　　D. 机会成本

3. 企业不接受特殊价格追加订货的原因是买方出价低于（　　）。

   A. 正常价格　　B. 单位产品成本
   C. 单位变动成本　　D. 单位固定成本

4. 甲公司产A产品，生产能力为500件，目前订货量为400件，剩余生产能力无法转移，正常销售单价80元，单位产品成本50元，其中变动成本40元。现有客户追加订货100件，报价70元，甲公司如果接受这笔订货，需要追加专属成本1200元。甲公司若接受这笔订货，将增加利润（　　）元

   A. 800　　B. 2000　　C. 1800　　D. 3000

5. 在进行半成品是否进一步深加工的决策时，应对半成品在加工后增加的收入和（　　）进行分析研究。

   A. 进一步加工前的变动成本　　B. 进一步加工追加的成本
   C. 进一步加工前的全部成本　　D. 加工前后的全部成本

6. 在企业的某项资源受到限制的情况下，通过比较不同备选方案的（　　）来进行择优决策。

   A. 贡献毛益总额　　B. 剩余贡献毛益总额
   C. 单位产品贡献毛益　　D. 单位资源贡献毛益

7. 假设某厂有剩余生产能力1000机器小时，有甲、乙、丙、丁四种产品单位贡献毛益分别为4元、6元、8元和10元，生产一件产品所需的机器小时分别为4小时、5小时、6小时和7小时，则

该厂应增产的产品是（　　）。

A. 甲产品　　B. 乙产品　　C. 丙产品　　D. 丁产品

8. 一家生产电子器件的企业为满足客户追加订货的需要，增加了一些成本开支，其中（　　）是专属固定成本。

A. 为及时完成该批产品的生产购入一台新设备

B. 为及时完成该批追加订货支付职工加班费

C. 为生产该批产品机器设备增加的耗电量

D. 该厂为生产该批产品及以后的生产建造了一间新的厂房

9. 在固定成本不变的情况下，下列情况中应该采取外购策略的是（　　）。

A. 自制单位变动成本＜外购价格　　B. 自制单位变动成本＝外购价格

C. 自制单位变动成本＞外购价格　　D. 自制单位产品成本＞外购价格

10. 某厂需要零件甲，其外购单价为 10 元。若自行生产，单位变动成本为 6 元，且需要为此每年追加 10000 元的固定成本，通过计算可知，当该零件的年需要量为（　　）件时，两种方案等效。

A. 2500　　B. 3000　　C. 2000　　D. 1800

二、多项选择题

1. 零部件自制与外购的决策中，应选择相关成本小的方案，下列属于自制的相关成本的有（　　）。

A. 零部件外购成本　　B. 零部件自制的变动成本

C. 转产的机会成本　　D. 零部件生产的专属成本

2. 下列有关新产品定价的表述，正确的有（　　）。

A. 撇脂性定价法在新产品试销初期通常价格较高

B. 渗透性定价法在新产品试销初期通常价格较低

C. 撇脂性定价法适用于产品的生命周期较长的产品

D. 渗透性定价法是一种短期的市场定价策略

3. 贡献毛益分析法适用于（　　）。

A. 收入成本型方案的择优决策　　B. 企业的各种经营决策

C. 收益型方案的择优决策　　D. 不需用的机器设备是出售还是出租的决策

E. 出售半成品还是出售完工产品的决策

4. 差量成本这一概念经常用于（　　）的决策。

A. 不同生产能力利用率下的成本差别　　B. 接受追加订货

C. 零部件是外购还是自制　　D. 某项不需要的设备是出租还是出售

E. 半成品直接出售还是加工为成品后再出售

5. 下列各项中属于生产经营决策的有（　　）。

A. 购置资产的决策　　B. 深加工的决策

C. 最优售价的决策　　D. 生产工艺技术方案的决策

E. 亏损产品的决策

6. 在半成品是否进一步深加工的决策中，差量成本的构成项目有（　　）。

A. 原有生产能力的维持成本　　B. 新增专属固定成本

C. 原有生产能力对外出租收入　　D. 半成品自制成本

E. 继续深加工的变动成本

7. 某企业只有两名掌握专门雕刻技艺的高级技师，目前企业的产品供不应求，甲产品的单价 200

元，单位变动成本 150 元，单位产品雕刻工时 10 小时；乙产品的单位售价 500 元，单位变动成本 300 元，单位产品雕刻工时 50 小时，下列表述正确的有（　　）。

A. 甲产品的单位边际贡献为 50 元　　B. 乙产品的单位边际贡献为 200 元

C. 应优先安排生产甲产品　　D. 应优先安排生产乙产品

8. 在对亏损产品进行变动成本分析之后，可做出（　　）的选择。

A. 停产　　B. 继续生产　　C. 出让　　D. 出租　　E. 转产

9. 品种决策旨在解决生产什么产品的问题，例如（　　）。

A. 生产何种新产品　　B. 亏损产品是否停产

C. 零部件是自制还是外购　　D. 产品由谁生产

E. 半成品（或联产品）是否需要进一步加工

10. 影响短期成本变动的因素主要有（　　）。

A. 投入要素的种类　　B. 生产规模

C. 员工的熟练程度　　D. 劳动手段

E. 劳动对象

三、判断题

1. 对于亏损产品来说，不存在是否应当增产的问题。（　　）
2. 利用成本无差别点进行生产经营决策时，如果业务量大于成本无差别点，则应选择固定成本较高的方案。（　　）
3. 决策中，只需根据单位贡献毛益的大小即可进行最优决策。（　　）
4. 差量分析法严格要求区分两个备选方案中哪个是比较方案，哪个是被比较方案。（　　）
5. 贡献毛益的大小反映了备选方案对企业目标利润所做贡献的大小。（　　）
6. 在是否接受低价追加订货的决策中，如果追加订货量大于剩余生产能力，必然会出现与冲击正常生产任务相联系的机会成本。（　　）
7. 产品组合优化决策就是确定各种产品生产多少的决策。（　　）
8. 一般而言，生产工艺越先进，其单位变动成本越高，固定成本越低。（　　）
9. 在品种决策中，经常以成本作为判断方案优劣的标准，有时也以贡献毛益作为判断标准。（　　）
10. 产品组合优化决策适用于资源无限的多品种产品生产的企业。（　　）

四、计算分析题

1. 某企业现有的最大生产能力为 20000 机器小时，用于生产甲产品，生产能力目前只利用了 75%。经过研究，该厂准备利用现有的剩余生产能力开发新产品 A 或新产品 B，而且不因增加新产品而增加固定成本。有关资料如表 9-22 所示。

表 9-22　A、B 产品相关资料

项目	A 产品	B 产品
单位工时/小时	5	4
单位售价/元	28	24
单位变动成本/元	20	18
固定成本总额/元	20000	

要求：(1) 做出开发哪种新产品的决策。

(2) 若开发 A 产品和 B 产品仍需添置专属设备，每年各需增加专属成本 3000 元和 2000 元，则应如何决策？

2. 某厂生产 A、B、C 三种产品，C 产品为亏损产品。该厂负责人审阅了去年损益表后，决定停止 C 产品生产，有关资料如表 9-23 所示。

表 9-23 A、B、C 产品相关资料

项目	A 产品	B 产品	C 产品
销售量/件	10000	12000	20000
销售单价/元	10	15	11
单位变动生产成本/元	2.5	3	8
单位变动非生产成本/元	1.5	1	1.2
固定生产成本/元	22500	30000	65000
固定非生产成本/元	5000	15000	18000

要求：(1) 停产决定是否正确？请用数据分析说明。

(2) 若 C 产品停产后，其生产能力可用来生产 D 产品，其销售收入为 125000 元，变动成本为 35000 元，则 C 产品是否应转产 D 产品？

3. 乙企业在产品生产过程中每年需用 C 零部件 18000 个，若企业自行生产，每个零部件的生产成本为 125 元，包括直接材料 45 元、直接人工 20 元、变动制造费用 13 元、固定制造费用 47 元。C 零部件也可以从市场上购买，每个零部件的买价为 90 元，外购零部件的质量与自行生产的相似而且能保证及时送货上门。外购形成的闲置生产能力可用于承揽加工业务，每年可获得 9000 元的收入。

要求：从相关成本的角度做出 C 零部件是自制还是外购的决策。

4. 华科公司生产甲产品，年生产能力为 70000 件，单位售价为 700 元，单位成本如表 9-24 所示。

表 9-24 甲产品单位成本构成

单位：元

项目	单位成本
直接材料	135
直接人工	110
制造费用	
其中：变动制造费用	85
固定制造费用	120
合计	450

目前生产能力尚未完全利用，还有 40%剩余，有能力接受再次订货，有一客户希望再订购甲产品一批，每件出价 400 元。

要求：试就以下不相关情况进行决策。

(1) 客户要求订购甲产品 28000 件且有某些特殊要求，需另行购置一台价值 120000 元的专用设备，是否接受该批订货？

(2) 如果不接受这 28000 件的订货，剩余生产能力可用于其他企业代加工某零件，可获得加工收入 260000 元，是否接受该批订货？

(3) 如果这批订货的数量是 30000 件，接受订货不需要增加专属设备，剩余的生产能力也不可转作它用，是否接受该批订货？

5. 某厂生产甲种产品 200 件，若完成 A 工序出售，单价为 100 元，单位成本为 40 元，若再继续加工完成 B 工序再出售，单价可提高到 150 元，但要追加变动成本 4000 元，倘若再继续加工完成

C 工序再出售，单价能提高到 200 元，除追加变动成本 6000 元外，还要增加专属成本 5000 元。

要求：根据上述资料，做出该产品加工到什么程度出售合适的决策。

6. 甲公司全年需用 A 零部件 3600 个，A 零部件单位成本为 100 元。每批生产准备成本为 100 元，每个零部件年储存成本为 8 元。

要求：（1）计算 A 零部件的最优生产批量。

（2）计算 A 零部件的最低年成本合计。

——扫扫看，你有多优秀——

延伸阅读

[1]　[2]　[3]　[4]

[5]

[1] 张太钢. 制造企业协作业务的产品定价思路探讨 [J]. 商业观察，2022（24）：45-48.

[2] 林义裕. 连锁餐饮企业产品定价的合理性分析 [J]. 全国流通经济，2022（05）：37-39.

[3] 闫淑荣，谢玲. 大数据时代制造企业短期决策研究：以美的集团为例 [J]. 中国市场，2022（22）：78-80.

[4] 孙霄，徐海清，李锋. 相关信息对短期生产经营决策的影响 [J]. 中国商论，2017（27）：179-180.

[5] 吴梦洁. 论成本平衡点法在短期经营决策中的应用 [J]. 营销界，2021（05）：31-32.

第十章 长期投资决策

学习目标

长期投资决策是成本管理会计的决策分析方法之一。本章重点关注企业出于自身需求而发生的资本支出，如购置设备、修建厂房、新建生产线等的项目投资的决策与分析。通过本章的学习，大家应达成以下目标。

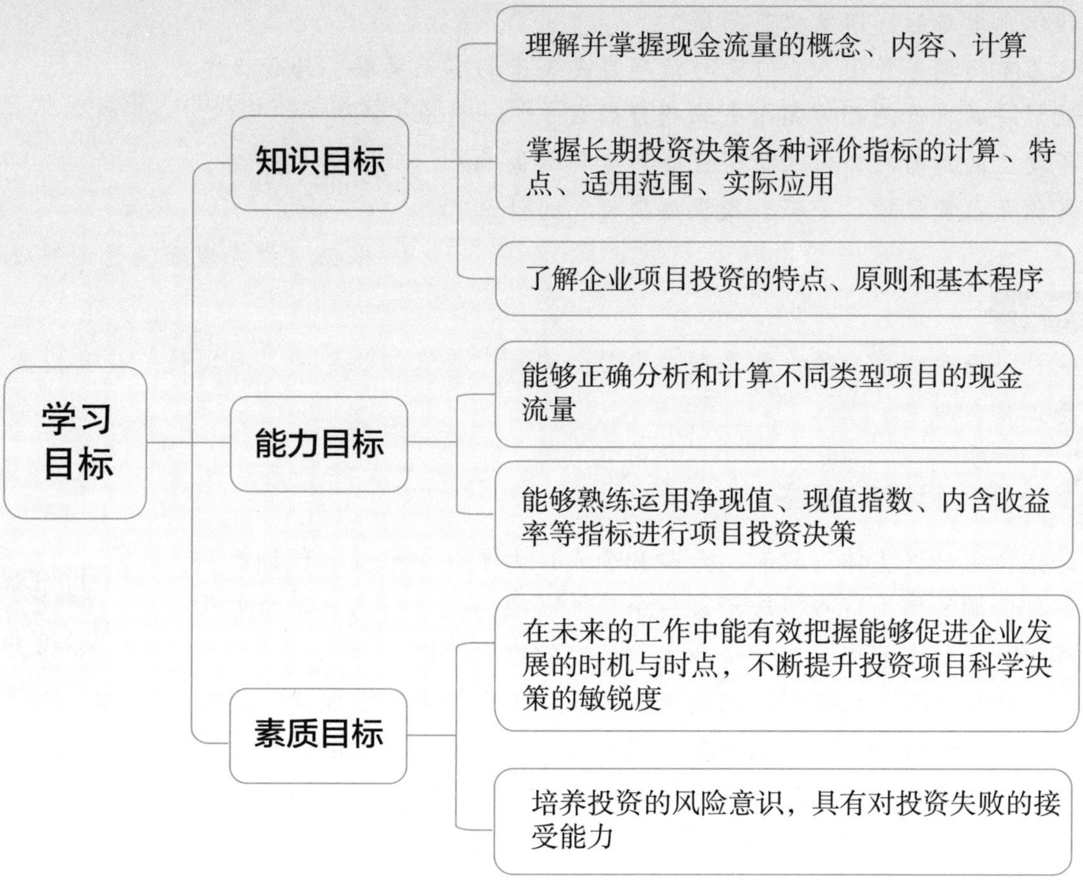

案例导入

A公司能否上马高尔夫球生产项目

A公司是一个主要生产足球、排球、篮球等球类制品的厂家。为拓展高尔夫球的潜在市场，A公司支付了90000元，聘请专门的咨询机构进行市场调查，调查结果表明高尔夫球市场大约有20%～30%的市场份额有待开发。公司决定对高尔夫球投资进行效益分析。市场调查的相关资料如下：高尔夫球生产车间可利用公司一处空置的厂房，该厂房目前市场价格为116000元。高尔夫球生产设备购置费（原始价值加运费、安装费等）为103000元，使用年限为6年，税法规定设备残值3000元。按直线法计提折旧，每年折旧费200000元。预计5年后不再生产高尔夫球，可将设备出售，其售价为30000元。预计高尔夫球各年的销售量（个）依次为5000、8500、12000、13000、7000。高尔夫球市场销售价格，第一年单价为20元，由于通货膨胀等因素，售价每年将以3%的幅度增长。高尔夫球单位付现成本第一年14元，以后随着原材料价格的大幅度上升，单位成本每年将以10%的比率增长。生产高尔夫球需增加流动资金，第一年约为45000元，以后随着生产经营需要不断进行调整。公司所得税率为25%。

在阅读以上资料后，回答以下问题。

1.你认为市场调查费用90000元与该项目是否上马有无关联？为什么？

2.空置厂房的市价是否为高尔夫球项目的成本？为什么？

3.每年发生的折旧对公司的所得税会产生什么影响？

4.如果你是投资经理，是否会投资该项目？为什么？

——根据《投资现金流量案例分析》整理

关键名词

独立项目　互斥项目　项目计算期　净现金流量　投资回收期间　净现值　获利指数　内含报酬率　敏感性分析

第一节　长期投资决策概述

投资是指特定经济主体（政府、企业和个人）为了在未来获取预期经济利益，将各种资源等作为资本投放于某一个具体对象的经济行为，是企业生存、发展和盈利的基本前提，也是企业风险控制的重要手段。

从特定企业角度看，长期投资就是企业为获取未来长期收益而向一定对象投入各种资源的经济行为。长期投资决策是关于长期投资方案的选择。长期投资具有投资金额大、影响时间长、变现能力差、投资风险大等特点。企业在决策前一般会尽可能多地了解收益及成本信息、现在及未来的情况，权衡各种未知影响因素，为提高企业长期的经济效益提供保证。

长期投资决策概述

长期投资决策按投资对象的存在形态可分为实体投资（项目投资）与金融投资。本章重点关注企业出于自身需求而发生的资本支出，如对购置设备、修建厂房、新建生产线、研发新产品等的决策与分析，因此，文中的“长期投资决策”主要是指项目投资决策。

一、项目投资的含义与特点

项目投资通常与新建项目或更新改造项目有关，是指企业为了适应生产经营的长期需要，投资于固定资产，增加扩建、更新改造及资源的开发利用等方面的资金支出，是一种以特定项目为对象的长期投资行为。项目投资的目的在于改善生产经营条件、扩大生产能力，以获取更多的经营利润。

与其他形式的投资相比，项目投资具有以下特点。

（一）投资金额大

项目投资特别是战略性地扩大生产能力的投资，如企业间并购、进入新的行业、开发新产品、扩大生产规模等方面的投资，通常需要大量的资金，投资额往往是企业多年的资金积累。因此，项目投资会对企业未来的现金流量和财务状况产生重大影响。

（二）影响时间长

项目的投资期及影响时间较长，投资项目实施后，会立即形成企业的经营条件和经营能力，并在企业多个经营周期内产生作用，也将间接影响日常经营活动中流动资金的分布与配置，有可能对企业未来的生产经营活动产生重大影响。这就要求企业进行投资时必须谨慎行事，事前要认真进行可行性研究。

（三）变现能力差

企业项目投资的变现能力不强，因为其投资对象大多是厂房机器设备等变现能力较差的长期资产，持有这些资产也不是为了在短期内变现。项目投资建成后，要再改变用途是非常困难的，不是无法改变，就是代价太大。

（四）投资风险大

投资项目的价值是由投资对象的内在获利能力决定的。投资对象的形态不断转换，未来收益的实现具有较强的不确定性，其价值也具有较大的波动性。同时，各种外部因素，如宏观经济形势的变化，也影响着投资项目的资产价值。再加上投资额大、影响时间长和变现能力差，使得项目投资风险远大于其他投资。因此，企业进行项目投资管理决策时，必须充分考虑投资项目的时间价值和风险价值。

二、项目投资的分类

（一）按投资对象不同分类

项目投资按投资对象不同，可分为固定资产投资、无形资产投资、其他投资。固定资产投资是指企业将资金投放于固定资产，特别是生产经营用固定资产，如兴建工厂、购置设备、固定资产更新改造等。无形资产投资是指企业将资金投放于长期使用但没有实物形态的资产，如研发专利权、购买土地使用权等。其他投资主要是指项目投资中除固定资产投资和无形资产投资以外的投资，如生产准备投资和开办费投资。

（二）按投资项目的性质分类

项目投资按投资项目的性质，分为新建项目投资和更新改造项目投资。新建项目主要以新增生产能力为目的，属于外延式扩大再生产，可进一步分为单纯固定资产投资项目和完整的工业投资项目。单纯固定资产投资项目简称固定资产投资，其特点是在投资中只包括为取得固定资产而发生的垫付资本投入而不涉及周转资本的投入；完整的工业投资项目不仅包括固定资产投资，还涉及营运资金投资，甚至包括其他长期资产项目（如无形资产、开办费）的投资。

更新改造项目是以恢复或改善生产能力为目的的内涵式扩大再生产，其特点在于在建设起点除了发生新设备的投资外，还会发生旧设备的残值回收，也有可能涉及追加投入的营运资金。

（三）按投资资本的投入方式分类

项目投资按投资资本的投入方式，分为一次投资和分次投资。一次投资是指投资集中一次发生在项目计算期第一个年度的年初或年末；分次投资是指投资涉及两个或两个以上年度，或投资虽然只涉及一个年度，但同时在该年度的年初和年末发生，也属于分次投入方式。

（四）按投资方案之间的关系分类

项目投资按投资方案之间的关系，分为独立性投资和互斥性投资。独立性投资是相容性投资，各个投资项目之间互不关联、互不影响，可以同时并存。例如，建造一个罐头厂和建造一个纺织厂，两个方案可以同时进行而互不冲突。就单一的独立投资项目而言，其他投资项目是否被采纳，对本项目的决策不会产生影响。因此，独立投资项目评价标准是判断投资项目本身是否满足某种决策标准，即“达标而不是择优”，只要项目达到预期的决策标准即可。

互斥性投资是非相容性投资，各个投资项目之间相互关联、相互替代，不能并存。例如，对于固定资产的更新决策，如果企业对现有设备进行更新，购买新设备就必须处置旧设备，如果打算继续使用旧设备，就无需购买新设备。购买新设备和继续使用旧设备之间是互斥的。就单一的互斥投资项目而言，其他投资项目是否被采纳或放弃，直接影响本项目的决策，其他项目被采纳，本项目就不能被采纳。因此，互斥投资项目决策时需要考虑各方案之间是否具有的排他性。互斥投资项目决策评价标准是选优分析——不仅要判断投资项目本身的可行性，还要在所有可行的项目中选取最好的方案，即“择优”。选优标准通常为绝对数指标。

三、项目投资管理的原则

投资管理程序大体包括投资计划制订、可行性分析、实施过程监控、投资后评价等。为适应投资项目的特点和要求，实现投资管理目标，做出恰当的投资决策，需要确定投资管理的基本原则，以保证投资活动能够顺利进行。

（一）可行性分析原则

投资项目一般具有金额大、资金占用时间长、投资风险大、投资后具有不可逆转性等特点，对企业未来财务状况和经营前景影响重大。因此，在投资决策前，要建立严密的投资决策程序，进行科学的可行性分析。投资项目可行性分析的主要任务是对投资项目实施的可行性进行科学论证，主要包括环境可行性、技术可行性、市场可行性、财务可行性等，通过对项目实施后未来的运行和发展前景进行预测，以及进行定性分析和定量分析来比较项目的优劣的方式，为投资决策提供参考。

（二）结构平衡原则

项目投资往往是一个综合性的项目。投资时，不仅涉及固定资产等生产能力和生产条件的购建，还涉及使生产能力和生产条件正常发挥作用所需的流动资产的配置。同时，受资金来源的限制，投资也常常会遇到资金需求超过资金供应的矛盾。如何合理配置资源，使有限的资金发挥最大的效用，是投资管理中资金投放所面临的重要问题。

企业在进行项目投资时，要遵循结构平衡原则，合理安排资金，具体包括固定资金与流动资金的配套关系、资产内部的资产分布关系、生产能力与经营规模的协调关系、投资进度和资金供应的协调关系、资金来源与资金运用的对应关系等。投资项目实施后，资金就较长期地固化在具体项目上，退出和转向都不太容易。只有遵循结构平衡原则，投资项目在实施后才能正常顺利地运行，才能有效避免资源的闲置和浪费。

（三）动态监控原则

投资的动态监控原则是指对项目投资实施过程的控制。建设性项目投资应当按项目进度，对分项、分步、单位项目的完成情况，有序进行资金拨付和资金结算，控制项目的资金耗费，防止资金浪费。对外投资项目则要广泛收集投资对象和资本市场的相关信息，全面了解被投资单位的财务状况和经营成果，动态地估算投资价值，保护自身的投资权益。

第二节　现金流量的构成及计算

现金流量是投资项目财务可行性分析的主要分析对象，各种财务评价指标均是以现金流量为对象进行可行性评价的。在评价投资方案财务可行性时，项目的现金流量状况比相应会计期间盈亏状况更为重要。一个投资项目能否顺利实施，有无经济上的效益，不一定取决于该项目有无会计期间利润，但一定取决于其能否带来正的现金流量，即项目在计算期能否获得超过项目投资的现金回收。

一、现金流量的概念

在项目投资决策中，现金流量是指由长期投资方案所引起的在未来一定期间所发生的现金收支。这里的现金不仅包括库存现金、支票、银行存款等货币性资源，还包括相关非货币资源（如原材料、设备等）的变现价值。例如，一个项目需要使用原有厂房、机器设备和原材料等，则该项目的现金流出量是指厂房、机器设备和原材料的变现价值，而不是其在会计账簿中的账面成本。

值得注意的是，项目投资中的现金流量，不是财务会计中的库存现金，其与编制财务会计中的现金流量表所使用的现金流量相比，在具体构成内容和计算口径方面都有较大差异，不可混为一谈。

按照现金流量的方向，现金流量可分为现金流入量、现金流出量和净现金流量（net cash flow，NCF）。现金流入量是指由于项目投资而引起的企业现金收入的增加额，现金流出量是指由于项目投资而引起的企业现金支出的增加额，净现金流量是指一定时期内现金流入量减去现金流出量的差额。现金流入量大于现金流出量，净现金流量为正值，否则，净现金流量为负值。在一般情况下，投资决策中的现金流量是指现金净流量。这三者的关系为

$$净现金流量=现金流入量-现金流出量$$

二、确定现金流量的假设

（一）财务可行性分析假设

财务可行性分析假设项目投资决策是从企业投资者的立场出发，投资决策者确定现金流量的目的是进行项目财务可行性研究，该项目已具备相关的环境可行性、技术可行性、市场可行性。

财务可行性是在项目的环境、技术、市场可行性已经完成的前提下，开展的专门经济性评价。一般也包括资金筹集的可行性。财务可行性分析的主要内容包括：

（1）收入、费用和利润等经营成果指标的计算和分析；

（2）资产、负债、所有者权益等财务状况指标的计算和分析；

（3）资金筹集和配置的分析；

（4）资金流转和回收等资金运行过程的分析；

（5）项目现金流量、净现值、现值指数、内含报酬率等经济性效益指标的计算和分析；

（6）项目收益与风险的分析等。

（二）全投资假设

全投资假设要求在确定项目现金流量时，站在企业投资者的立场上，考虑全部投资的运动情况，而不区分自有资金和借入资金等具体形式。即使实际存在借入资金也将其当作自有资金对待，借入资金的借入不看作现金流量的流入，归还借入资金的本金和支付借款利息，也不看作现金流量的流出。值得注意的是，在计算固定资产原值和总投资时，仍要考虑借款利息因素。

（三）经营期与折旧年限一致假设

在实务中，由于项目投资受到风险、税法、会计准则和制度等的影响，现金流量项目的折旧估算年限与项目的实际经营期不一定相同，但在项目估算时，通常假设项目主要固定资产的折旧年限或使用年限与经营期相同。该假设可以保证项目现金流的完整性、均衡性，便于项目经营期间现金流的估算。

（四）时点指标假设

为了便于利用货币时间价值，时点指标假设将长期投资决策所涉及的价值指标都作为时点指标处理。不论现金流量具体内容涉及的价值指标是时点指标还是时期指标，按照假设均看作年初或年末发生的时点指标处理。其中，建设投资发生在建设期内有关年度的年初，营运资金投资则在运营期每年年初发生；经营期内的各年的收入、成本、利润、折旧、摊销、税金等项目的确认均发在年末；项目最终报废残值收入或清理费用、收回垫付的营运资金等均发生在项目终结点。

（五）确定性假设

即假设与项目现金流量有关的产销量、价格、成本水平、所得税税率等因素均为已知常数。

（六）产销平衡假设

在项目投资决策中，假定运营期间每年的生产量等于该年的销售量。

三、现金流量的估算

项目投资从整个项目计算期来看，大致可分为投资期、营业期、终结期等阶段。

项目计算期是指投资项目从开始投资建设到最终清理所耗费的全部时间，包括建设期和运营期。其中建设期是指项目资金从正式投入项目到建成投产为止所经历的时间，建设期的第一年年初称为建设起点，建设期的最后一年年末（即运营期的第一年年初）称为投产日。项目计算期的最后一年年末称为终结点。项目从投产日到终结点之间的时间间隔称为运营期。运营期又可分为试产期和达产期。试产期是指项目投入生产后生产能力尚未完全达到设计水平的阶段；达产期是指生产能力达到设计水平的阶段。项目计算期构成如图 10-1 所示。项目计算期、建设期和运营期三者之间的关系为

$$项目计算期=建设期+运营期$$

$$运营期=试产期+达产期$$

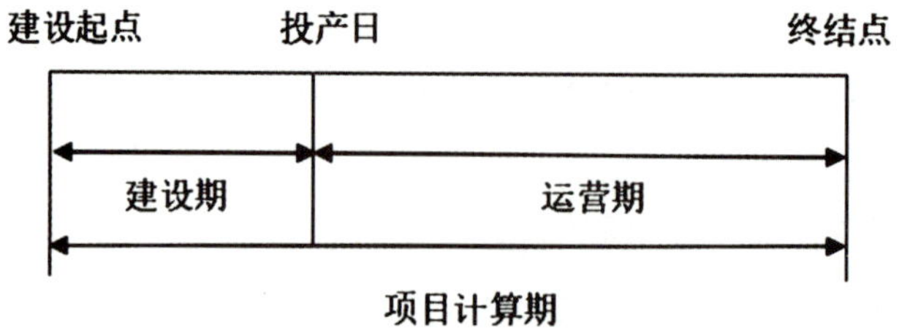

图 10-1　项目计算期构成示意图

例 10-1 A 企业准备投资新建一条生产线，在建设起点开始投资，历经 2 年后投产，该项目固定资产的预计使用寿命为 10 年。根据上述资料，估算该项目各项指标如下：

建设期为 2 年，运营期为 10 年。

项目计算期 ＝ 2＋10＝ 12（年）

相应地，项目的现金流量计算也分为三个部分。

（一）投资期现金流量

投资期现金流量是指在项目建设期间发生的现金流量，即在该投资项目上的原始投资，主要包括在长期资产上的投资和垫付的营运资金，以及其他投资费用。如果该项目的筹建费、开办费等较高，也可作为建设期间的现金流出量计入递延资产。一般情况下，建设期间固定资产的原始投资通常在年内一次性投入（如购买机器设备），如果原始投资不是一次性投入（如工程建设），则应将投资归属于不同的投入年份。投资期间的现金流量主要是现金流出量。

1. 长期资产投资

长期资产投资主要包括以下几种。

（1）固定资产投资，主要包括固定资产的购置成本或建造成本、运输成本和安装成本等，通常按项目投资规模和投资计划确定各项建造工程费用、设备购置费用、安装工程费用和其他费用。项目建成后为改进固定资产性能而发生的改良支出属于固定资产的后期投资。

（2）无形资产投资，主要包括专利权、商标权、特许权、土地使用权等方面的投资。

（3）其他资产投资，指与投资项目有关的咨询费、注册费、人员培训费等。

2. 营运资金垫支

营运资金垫支是指投资项目建成后，进入运营阶段时投放在流动资产上的资金，这部分垫支的营运资金一般要等到项目结束时才收回。随着企业生产能力的扩大，原材料、在产品、产成品等流动资产规模也相应扩大，需要不断追加投入营运资金。同时，企业营业规模扩大后，应付账款、预收账款、应付职工薪酬等结算性流动负债也相应增加，可以补充部分日常营运资金的需要。因此，为某项目投资垫支的营运资金等于流动资产增加量与结算性流动负债增加量的差额。营运资金垫支额的估算通常采用分项详细估算法。

分项详细估算法，是指根据投资项目在运营期内主要流动资产和流动负债的最低周转天数和预计周转额分别估算单项流动资产项目的占用额，进而确定各年流动资产投资的一种方法。流动资产投资属于垫付周转金，其资金投入方式包括一次投入和分次投入两种形式。

基本公式为

某年营运资金投资额（垫支额）＝本年营运资金需用额－上年营运资金需用额

＝本年营运资金需用额－截至上年的营运资金投资额

或

本年营运资金需用额 ＝ 本年流动资产需用额－本年流动负债需用额

这里的流动资产只考虑货币资金、应收账款、预付账款和存货等；流动负债只考虑应付账款和预收账款。

由于营运资金属于垫付周转金，因此，运营期第一年所需的营运资金应在项目投产前投入，即最迟发生在建设期末。

例 10-2 某公司拟建一条生产线，预计投产第一年的流动资产需用额为 60 万元，流动负债需用额为 25 万元；预计投产第二年流动资产需用额为 75 万元，流动负债需用额为 34 万元。根据上述资料，可估算该项目各项指标如下：

投产第一年的流动资金需用额＝60－25＝35（万元）

第一次流动资金投资额＝35－0＝35（万元）

投产第二年的流动资金需用额＝75－34＝41（万元）

第二次流动资金投资额＝41－35＝6（万元）

营运资金投资合计＝35＋6＝41（万元）

3. 其他投资费用

其他投资费用包括投资前期费用和不可预见费。投资前期费用包括在正式投资前的勘察设计费、技术资料费等；不可预见费如市场上资源价格的上涨、发生自然灾害等因不可预见因素而产生的费用。

（二）营业期现金流量

营业期现金流量是指项目投产后，在整个运营期内由于生产运营所发生的现金流量。营业阶段是投资项目的主要阶段，该阶段既有现金流入量，也有现金流出量。现金流入量主要是营运各年的营业收入，现金流出量主要是营运各年的付现成本和所得税。

1. 营业收入

营业收入是运营期最主要的现金流入量，应按项目在运营期内有关产品的各年预计单价和预测销售量（假定运营期间产销平衡）进行估算。营业收入也属于时期指标，为简化计算，通常假定营业收入发生于运营期各年的年末。

2. 付现成本

付现成本又称付现营运成本（或经营成本），是指在运营期内为满足正常生产经营而动用现实货币资源支付的成本费用，如直接材料费、人工费、设备修理费，此外还包括营业税金及附加等，但不包括所得税支出。付现成本是项目投资在运营期都要发生的主要现金流出量。不论什么类型的投资项目，在运营期都要发生付现成本，它的估算与具体的筹资方案无关。

经营成本属于时期指标，为简化计算，可假定其均在运营期各年的年末发生。付现成本的计算公式为

付现成本＝总经营成本－非付现成本

非付现成本主要有固定资产折旧费、长期资产摊销支出、资产减值准备等。其中，长期资产摊销支出主要有跨年度的大修理摊销费用、固定资产改良工程折旧及摊销费用、开办费摊销等。

需要说明的是，营业期内某年发生的大修理支出，如果会计处理在本年内一次性作为收益性支出，则直接作为该年付现成本；如果跨年度分期摊销，则当年作为现金流出量，摊销年份作为非付现成本处理。营业期内某年发生的改良支出也是一种投资，应作为该年的现金流出量，在以后年份通过计提折旧的方式收回。

3. 应缴纳的各项税费

在财务可行性评价中，需要估算的运营期相关税费包括营业税金及附加和调整所得税两项内容。为简化计算，假定它们都在运营期各年的年末发生。

在对营业税金及附加进行估算时，应充分考虑项目投产后在运营期内需缴纳的消费税、印花税、土地增值税、资源税、城市维护建设税和教育费附加等。增值税属于价外税，不属于投入类财务可行性要素，不需要单独估算。但在估算城市维护建设税和教育费附加时，要考虑应交增值税的金额。营业税金及附加可以看作是付现成本的一部分。

调整所得税是项目可行性研究中的一个专门术语，是为了简化计算而对企业所得税金额做的估算，一般按照息税前利润与企业适用的所得税税率相乘计算，其计算公式为

调整所得税＝息税前利润×适用的企业所得税税率

＝（营业收入－付现成本－折旧与摊销）×所得税税率

例 10-3 某公司拟购置一台设备，该设备需要投资 1800 万元，预计使用寿命为 8 年，预计净残值为 200 万元，当年购买当年投产，预计投产后每年可增加营业收入 2200 万元，每年可增加付现成本 1100 万元，该企业适用的所得税税率为 25%。计算该企业投产后每年的所得税。

第 1～8 年每年折旧额＝（1800－200）÷8＝200（万元）

第 1～8 年每年所得税＝（2200－1100－200）×25%＝225（万元）

综上所述，营业阶段各年现金流量一般用以下公式计算。

（1）直接法。

假设营业收入全部在销售当期收到现金，付现成本与所得税全部在发生当期支付现金。

营业现金净流量＝营业收入－付现成本－所得税

（2）间接法。

营业现金净流量＝营业收入－付现成本－所得税

＝营业收入－（总成本－非付现成本）－所得税

＝营业收入－总成本＋非付现成本－所得税

＝净利润＋非付现成本

＝净利润＋折旧＋摊销

＝（营业收入－付现成本－非付现成本）×（1－所得税税率）＋非付现成本

（3）所得税影响法。

营业现金净流量＝（营业收入－付现成本－非付现成本）×（1－所得税税率）＋非付现成本

＝营业收入×（1－所得税税率）－付现成本×（1－所得税税率）＋非付现成本×所得税税率

＝税后营业收入－税后付现成本＋非付现成本抵税

（三）终结期现金流量

终结期现金流量是指投资项目结束阶段所发生的现金流量。终结期的现金流量主要是现金流入量，其中包括固定资产变价净收入、固定资产变现净损益对现金净流量的影响和垫支营运资金的收回等。

1. 固定资产变价净收入

固定资产变价净收入是指固定资产出售或报废时的出售价款或残值收入扣除清理费用后的净额。

2. 固定资产变现净损益对现金净流量的影响

处置固定资产时，变价净收入会增加处置当期的应纳税所得额，而按税法规定计算的折余价值可以抵减处置当期的应纳税所得额。变价净收入与折余价值之差（变现利得或损失）为处置固定资产引起的当期应纳税所得额的变动额。在此基础上，可确定变现利得纳税（现金流出量）或变现损失抵税（现金流入量）。可用下面公式来表示固定资产变现净损益对现金净流量的影响：

固定资产变现净损益对现金净流量的影响＝（折余价值－变价净收入）×所得税税率

变现时固定资产折余价值指的是固定资产账面原值与变现时按照税法规定计提的累计折旧的差额。如果变现时，已按照税法的规定全额计提折旧，那么变现时固定资产折余价值就等于税法规定的净残值；如果变现时，按照税法的规定，尚未全额计提折旧，那么变现时固定资产折余价值就等于税法规定的净残值与未计提折旧之和。

如果综合考虑固定资产变价净收入和固定资产变现净损益对现金净流量的影响，可分为以下三种情况。

（1）变价净收入＞折余价值，会产生变现利得（即应纳税所得额增加），则需要纳税，即

税后变现净收入＝变价净收入－（变价净收入－折余价值）×所得税税率

【理解】如果某资产变价净收入为60万元，折余价值为45万元，所得税税率为25%，则

税后变现净收入＝60－（60－45）×25%＝56.25（万元）

（2）变价净收入＜折余价值，会产生变现损失（即应纳税所得额减少），可以抵减所得税，则

税后变现净收入＝变价净收入＋（折余价值－变价净收入）×所得税税率

【理解】如果某资产变价净收入为38万元，折余价值为45万元，所得税税率为25%，则

税后变现净收入＝38＋（45－38）×25%＝39.75（万元）

（3）变价净收入＝折余价值，那么无需进行所得税调整，即

税后变现净收入＝变价净收入

3. 垫支营运资金的收回

当项目处于终结期时，所有垫支的营运资金都将退出周转，因此，在假定运营期内不存在提前回收流动资金的前提下，终结期一次回收的流动资金必然等于各年垫支的流动资金的合计数。

在进行财务可行性评价时，将在终结期取得的固定资产税后变现净收入和营运资金统称为回收额。

需要说明的是，通常情况下，终结期时间较短，可把相关现金流量作为项目经营期终点流量处理。一般用下面公式计算终结期的现金净流量。

终结期的现金净流量＝最后一年的营业现金净流量＋固定资产税后变现净收入＋收回的垫支营运资金

四、估算现金流量时应考虑的问题

投资项目所需的资本支出以及该项目每期产生的净现金流量涉及诸多因素，因此需要由企业有关部门，配合完成。

估算投资项目的现金流量时，要遵循一个最基本的原则，即只有增量现金流量才是与项目相关的现金流量。所谓增量现金流量，是指接受或拒绝某个投资方案后，企业总现金流量发生的变动额。只有那些由于接受某个项目而引起的现金流入增加额，才是该项目的现金流入量；只有那些由于接受某个项目而引起的现金支出增加额，才是该项目的现金流出量。

确定现金流量时应考虑的问题

为正确计算投资项目的增量现金流量，需要正确判断哪些收支会引起企业总现金流量的变动，哪些不会引起企业总现金流量的变动。在进行这些判断时，需要注意以下几个问题。

（一）要区分相关成本与非相关成本

相关成本是指与特定决策相关的未来成本，该成本是因特定的决策而引起的。在分析评价时必须考虑方案的相关成本。重置成本、差额成本、未来成本、机会成本等都属于相关成本。

非相关成本是指与特定决策无关的，在分析评价时无需考虑的成本。账面成本、沉没成本、历史成本等都属于非相关成本。例如，某企业在2021年曾准备新建一条生产线，并聘请咨询公司对

此进行可行性分析，花费 90000 元，但后来企业有了更好的投资机会，放弃了该项目。但 90000 元的咨询费用已经发生并登记入账，2023 年旧事重提，在对投资方案分析评价时，该笔咨询费与特定决策无关，属于非相关成本，决策时不应考虑。

如果将非相关成本纳入投资方案的总成本，那么一个可行的方案可能因此变得不可行，从而导致决策错误。

（二）要考虑机会成本

机会成本是指在决策过程中，由于选择某个方案而放弃其他方案所丧失的可能收益。

机会成本是一项隐性成本，本质上是一种失去的潜在收益，这种收益不是真实发生的，而是潜在的，可能发生的。它未在会计报表中列示，但会以各种方式影响投资项目的现金流量变化。资金或资产通常都有多种用途，但是其用在某一项目上，就无法同时用在另一项目上。例如，某企业拟新建一条生产线，需要使用企业现有的一块土地。在进行投资决策分析时，必须考虑土地的变现价值。因为该企业若不利用这块土地来兴建生产线，则可将这块土地售出，并取得一定的收入。只是由于在这块土地上兴建生产线才放弃了该笔收入，这笔收入就代表兴建生产线使用土地的机会成本。假设出售这块土地可净得 36 万元，它就是兴建生产线的一项机会成本。可见，一个投资项目的收益往往是建立在放弃另一个项目的收益之上的。尽管放弃的收益并不构成公司真正的现金流出，但是必须作为选中项目的成本来加以考虑。否则就无法判断一个项目的优劣。

机会成本总是针对具体方案而言，离开被放弃的方案就无从计量其成本大小。

（三）要考虑对企业其他部门的互补效应或竞争效应

投资决策时，每采纳一个新项目，就有可能对企业其他部门造成有利或不利的影响。例如，新建生产线生产的产品上市之后，原有其他产品的销售可能会减少，甚至整个公司的销售额也会减少。因此，企业在进行投资分析时，不能直接将新生产线创造的收入作为增量收入来处理，应扣除导致其他部门减少的销售收入。当然，也有可能发生相反的情况，即产生互补效应。新产品上市后可能促进其他部门有关产品的销售增长。此时，要将促进其他部门有关产品销售的增长额作为增量收入来处理。

（四）要考虑对营运资金净额的影响

净营运资金的需要是指增加的流动资产投资与增加的流动负债之间的差额。一般情况下，新项目建成投产后，对应收账款和存货等流动资产的需求会增加，企业必须筹措额外的资金以满足这种需求；同时，新项目也会带来应付账款和应付费用等流动负债的增加，从而降低企业对流动资金的实际需要。净营运资金的需要是流动资产投资与增加的流动负债两方面作用的结果。

当投资方案终结时，企业要将与项目相关的应收账款变为现金，存货出售，偿还应付账款和应付费用，营运资金恢复到原有水平。在进行投资分析时，通常假定开始投资时筹措的营运资金在项目结束时收回。

五、投资项目现金流量估计举例

例 10-4　某公司准备购入一条生产线以扩大生产能力，有甲、乙两个方案可供选择：甲方案需投资 60000 元，使用寿命为 5 年，采用直线法计提折旧，无残值。5 年中每年销售收入为 22000 元，每年付现成本为 7000 元；乙方案需投资 50000 元，采用直线法计提折旧，使用寿命也是 5 年，5 年后有残值收入 1000 元，5 年中每年销售收入为 33000 元，付现成本第一年为 11000 元，以后随着设备损耗，逐年将增加修理费 1000 元，另外需垫支营运资金 8000 元。假设所得税税率 25%，资金成本为 10%，试计算两个方案的现金流量。

为计算现金流量，必须先计算两个方案每年的折旧额。

$$甲方案每年折旧额=\frac{60000}{5}=12000（元）$$

$$乙方案每年折旧额=\frac{50000-1000}{5}=9800（元）$$

下面先计算两个方案的营业现金流量，如表 10-1 所示，然后结合初始现金流量和终结现金流量编制两个方案的全部现金流量表，如表 10-2 所示。

表 10-1　投资项目的营业现金流量表

单位：元

时间	第 1 年	第 2 年	第 3 年	第 4 年	第 5 年
甲方案：					
销售收入（1）	22000	22000	22000	22000	22000
付现成本（2）	7000	7000	7000	7000	7000
折旧（3）	12000	12000	12000	12000	12000
税前利润（4）＝（1）－（2）－（3）	3000	3000	3000	3000	3000
所得税（5）＝（4）×25%	750	750	750	750	750
税后净利（6）＝（4）－（5）	2250	2250	2250	2250	2250
营业净现金流量（7）＝（1）－（2）－（5）	14250	14250	14250	14250	14250
乙方案：					
销售收入（1）	33000	33000	33000	33000	33000
付现成本（2）	11000	12000	13000	14000	15000
折旧（3）	9800	9800	9800	9800	9800
税前利润（4）＝（1）－（2）－（3）	12200	11200	10200	9200	8200
所得税（5）＝（4）×25%	3050	2800	2550	2300	2050
税后净利（6）＝（4）－（5）	9150	8400	7650	6900	6150
营业净现金流量（7）＝（1）－（2）－（5）	18950	18200	17450	16700	15950

表 10-2　投资项目现金流量计算表

单位：元

年份	0	1	2	3	4	5
甲方案：						
固定资产投资	－60000					
营业现金流量		14250	14250	14250	14250	14250
现金流量合计	－60000	11000	11000	11000	11000	11000
乙方案：						
固定资产投资	－50000					
营运资金垫支	－8000					
营业现金流量		18950	18200	17450	16700	15950
固定资产残值						1000
营运资金回收						8000
现金流量合计	－58000	18950	18200	17450	16700	24950

在表 10-2 中，年份 0 表示第一年年初，年份 1 表示第 1 年年末，年份 2 表示第 2 年年末，以此类推。在现金流量的计算中，一般假定各年投资在年初一次进行，各年营业现金流量在年末一次发生，终结现金流量在最后一年年末发生。

例 10-5 某企业拟购置一条生产线，价值 600 万元，建设期一年，第一年年末投入营运资金 65 万元。该项目生产经营期为 10 年，直线法计提折旧，期末残值 40 万元。预计投产后，公司前 5 年每年发生 680 万元的营业收入，并发生付现成本 520 万元；后 5 年每年发生 920 万元的营业收入，并发生付现成本 550 万元。所得税率 25%。

要求：计算该项目各年的现金净流量。

解法一：

固定资产年折旧＝（600－40）÷10＝56（万元）

项目计算期＝建设期＋生产经营期＝1＋10＝11（年）

$NCF_0=-600$（万元）

$NCF_1=-65$（万元）

$NCF_{2-6}=680\times(1-25\%)-520\times(1-25\%)+56\times25\%=134$（万元）

$NCF_{7-10}=920\times(1-25\%)-550\times(1-25\%)+56\times25\%=291.5$（万元）

$NCF_{11}=291.5+40+65=396.5$（万元）

解法二：

生产经营期前 5 年每年应交所得税＝［680－（520＋56）］×25%＝26（万元）

生产经营期后 5 年每年应交所得税＝［920－（550＋56）］×25%＝78.5（万元）

$NCF_0=-600$（万元）

$NCF_1=-65$（万元）

$NCF_{2-6}=680-520-26=134$（万元）

$NCF_{7-10}=920-550-78.5=291.5$（万元）

$NCF_{11}=291.5+40+65=396.5$（万元）

第三节 投资项目决策评价指标

投资决策评价指标是衡量和比较投资项目可行性，以及评价不同方案优劣的标准与尺度，它由一系列能够综合反映项目投资效益、投入与产出关系的量化指标构成。

投资决策评价指标较多，为客观、科学地分析评价各投资方案是否可行，应使用不同的评价指标，从侧面或不同角度来反映投资方案的内涵。

一、投资决策评价指标及类型

现金流量是评价投资项目的基础指标，要评价项目是否可行并按优先等级予以排队，还需进一步计算专门的投资决策评价指标。

（一）按是否考虑货币时间价值分类

按其计算过程是否考虑货币时间价值，投资项目评价指标可分为静态指标（又称非贴现指标）和动态指标（又称贴现指标）。静态指标是指在计算过程中不考虑货币时间价值的指标，通常用于项目的辅助评价，主要包括静态投资回收期和投资收益率。动态指标是指在计算过程中充分考虑和利用货币时间价值的指标，通常用于项目的主要评价，包括净现值、现值指数、内含报酬率、动态投资回收期等。

（二）按指标性质不同分类

按评价指标性质不同，投资项目评价指标可分为正指标和反指标两大类。正指标是在一定范围内指标数值越大越好，如投资收益率、净现值、净现值率、现值指数、内含报酬率。反指标是在一定范围内指标数值越小越好，如投资回收期。

（三）按指标在决策中的重要性分类

按评价指标在决策中所处的地位不同，投资项目评价指标可分为主要指标、次要指标和辅助指标。主要指标是指在项目投资决策中应主要考虑的指标，主要包括净现值、净现值率、现值指数、内含报酬率。次要指标是在项目投资决策中次要考虑的指标，包括静态投资回收期。辅助指标是指非决定性的指标，如投资收益率。

二、静态评价指标

（一）静态回收期

静态投资回收期（PP）简称回收期，是指在不考虑资金时间价值的情况下，投资项目的未来现金净流量与原始总投资相等时所经历的时间，即原始投资额通过未来现金流量回收所需要的时间，通常以年为单位，它表示需要多长的时间才回收原始总投资。

静态投资回收期指标的计算有两种方法：公式法和列表法。

1. 公式法

公式法是在按一定简化公式计算出不包括建设期的投资回收期的基础上，推算出包括建设期的投资回收期的方法。

如果某项长期投资决策方案净现金流量能满足项目投资都集中发生在建设期，投产后若干年内，每年净现金流量相等和若干年内经营净现金流量之和大于或等于原始总投资这些特殊条件，则可以按以下简化公式求出不包括建设期的投资回收期 PP'：

投资回收期法

$$\text{不包括建设期的投资回收期 } PP'=\frac{\text{原始总投资}}{\text{投产后前若干年每年相等的净现金流量}}$$

$$\text{包括建设期的投资回收期 } PP=\text{建设期}+\text{不包括建设期的投资回收期 } PP'$$

例 10-6 某企业准备从甲、乙两台设备中选购一种。甲设备购价为 46000 元，投入使用后，每年现金净流量为 11500 元；乙设备购价为 45000 元，投入使用后，每年现金流量为 9800 元。要求：用回收期指标决策应选购哪种设备。

$$\text{甲设备投资回收期}=\frac{46000}{11500}=4\text{（年）}$$

$$\text{乙设备投资回收期}=\frac{45000}{9800}=4.59\text{（年）}$$

计算结果表明，甲设备的投资回收期比乙设备短，该企业应选甲设备。

2. 列表法（一般法）

列表法是通过列表计算“累计净现金流量”，先确定包括建设期的投资回收期，再推算出不包括建设期的投资回收期的方法，也称一般法。

在列表法下，首先逐年计算累计现金净流量，当累计现金净流量等于零时，对应的年限即为项目的投资回收期；当累计现金净流量不等于零时，需用下列公式计算投资回收期。

$$投资回收期=累计净现金流量最后一年为负数的年份+\frac{本年末收回的投资}{下年净现金流量}$$

或

$$投资回收期=累计净现金流量首次出现正数的年份-1+\frac{上年末收回的投资}{当年净现金流量}$$

例 10-7 某公司有一投资项目，需投资 190000 元，使用年限为 6 年，每年的现金流量不相等，资本成本率为 6%，有关资料如表 10-3 所示。要求：计算该投资项目的回收期。

表 10-3　项目现金流量表

年度	每年营业现金净流量/元	累计现金净流量/元
0	－190000	－190000
1	48000	－142000
2	72000	－70000
3	60000	－10000
4	50000	＋40000
5	55000	＋95000
6	65000	＋160000

项目投资回收期 $=3+\frac{10000}{50000}=3.2$（年）

或

项目投资回收期 $=4-1+\frac{10000}{50000}=3.2$（年）

在列表法下，也可以利用插值法公式计算投资回收期。继续沿用例 10-7 的数据，采用插值法，列式如下：

$$\frac{3-n}{3-4}=\frac{-10000-0}{-10000-40000}$$

解得：$n=3.2$

（二）动态回收期

动态回收期法下，要将项目投资方案的未来净现金流量进行贴现，以未来净现金流量的现值等于原始投资额现值时所经历的时间为动态回收期。

1. 公式法

如果投资方案未来每年现金净流量相等，可假定动态回收期为 n 年，则

$$原始投资额现值=每年现金净流量\ (P/A,\ i,\ n)$$

先计算年金现值系数，再查年金现值系数表，利用插值法原理，可推算出动态回收期 n。

前述例 10-6 中，假定资本成本率为 12%，可列等式

$$46000=11500\ (P/A,\ 12\%,\ n)$$

得

$$(P/A,\ 12\%,\ n)=4$$

查表得知当 $i=12\%$时，第 5 年年金现值系数为 3.6048，第 6 年年金现值系数为 4.1114。运用插值法计算，得出甲设备动态回收期 $n=5.78$ 年。同理，乙设备动态回收期 $n=7.07$ 年。

2. 列表法

如果未来每年净现金流量不相等，可把每年的净现金流量逐一贴现并计算累计净现金流量，根据累计净现金流量现值来确定回收期。前述例 10-7 中，该公司投资项目的动态回收期计算如表 10-4所示。

表 10-4　项目现金流量表

年度	每年营业现金净流量/元	净流量现值/元	累计现金净流量/元
0	−190000	−190000	−190000
1	48000	42859	−147141
2	72000	57398	−89743
3	60000	42708	−47035
4	50000	31775	−15260
5	55000	31207	15947
6	65000	30396	46343

$$\text{项目投资回收期}=4+\frac{15260}{31207}=4.49\ (\text{年})$$

或

$$\text{项目投资回收期}=5-1+\frac{15260}{31207}=4.49\ (\text{年})$$

在列表法下，也可以利用插值法公式计算投资回收期。继续沿用例 10-7 的数据，采用插值法，列式如下：

$$\frac{4-n}{4-5}=\frac{-15260-0}{-15260-15947}$$

解得：$n=4.49$

投资回收期是一个非贴现的反向指标，投资回收期越短，方案就越有利。因为投资回收期越短，意味着投资风险越小。同时，企业还应将各方案的投资回收期与基准投资回收期对比，只有投资方案的投资回收期指标小于或等于基准投资回收期的项目才具有财务可行性。

由上可见，两种回收期法都能够直观地反映收回原始总投资所需的时间，计算简单，容易理解，是一种应用较为广泛的传统评价指标。

但静态回收期法未考虑货币时间价值，也无法正确反映不同投资方式对投资回收期的影响。同时，两种回收期法均未考虑回收期满后的现金流量状况，所以有可能导致企业急功近利，放弃具有长期收益的方案。因此目前主要将其作为辅助方法使用，用来测算投资方案的流动性而非营利性。

（三）投资收益率

1. 投资收益率的计算

投资收益率，又称投资报酬率（ROI），是指投资项目的年平均利润与项目原始总投资的百分比。其计算公式如下：

$$\text{投资收益率}=\frac{\text{年平均利润}}{\text{原始总投资}}\times 100\%$$

例 10-8 假设某项目原始投资额 200000 元，项目寿命期 2 年，该方案第一年会计收益 23000 元，第二年会计收益 34000 元，要求计算该方案的投资收益率。

$$投资收益率=\frac{(23000+34000)\div 2}{200000}=14.25\%$$

2. 决策规则

采用投资收益率作为评价指标时，应事先确定一个企业要求达到的必要报酬率，在进行投资决策时，只有大于或者等于必要报酬率的投资项目才具有财务可行性。而在多方案的互斥选择中，要选择投资收益率最高的方案。

3. 优缺点

投资收益率指标的优点是简单明了，易于理解和掌握，考虑了投资项目整个寿命期内的现金流量，而不只考虑收回原始总投资前的现金流量，比投资回收期更全面合理。投资收益率法的缺点主要有三点，一是没有考虑货币时间价值，不能正确反映建设期长短及不同投资方式对投资项目的影响；二是该指标的计算没有直接利用净现金流量信息；三是该指标计算公式分子分母计算口径不一致，分子是时期指标，分母是时点指标。

三、动态评价指标

（一）净现值

项目投资决策动态评价指标

1. 定义

净现值（net present value，NPV）是指特定投资方案未来现金流入量的现值与未来现金流出量的现值之间的差额，或者在项目计算期内，按设定折现率或必要收益率计算的各年净现金流量现值的代数和。

2. 计算

净现值的基本计算公式为

净现值＝未来现金净流量现值－原始投资额现值

＝未来现金流入量现值－未来现金流出量现值

亦可用符号表示为

$$NPV=\sum_{t=0}^{n}\frac{NCF_t}{(1+i)^t}$$

式中：

NPV——净现值；

t——时间期数；

i——折现率；

NCF_t——第 t 年净现金流量。

上述公式可进一步展开为两种情况。

（1）若项目建设期为 0，且原始投资额一次性投入。

$$NPV=\sum_{t=m-1}^{m+n}\frac{NCF_t}{(1+i)^t}-C$$

式中：

C——原始投资额；

其余符号含义同前。

如果项目经营期内每年现金净流量是相等的，且原始投资是一次性投入的，则公式可简化为

$$NPV=NCF\times(P/A,i,n)-C$$

（2）若项目建设期不为0，且分批次投入。

$$NPV=\sum_{t=m+1}^{m+n}\frac{NCF_t}{(1+i)^t}-\sum^{w}\frac{c_t}{(1+i)^t}$$

式中：

m——项目建设期；

w——项目资金投放期；

C_t——第 t 年投资额；

其余符号含义同前。

也可以描述为

$$NPV=\sum[\text{经营期各年的净现金流量}\times(P/F,i,n)]-\text{投资额现值}$$

在计算净现值时，需要选取合适的折现率。确定折现率时可从以下参考标准中选择。

（1）市场利率：资本市场的市场利率是整个社会投资报酬率的最低水平，可以视为一般最低报酬率要求。

（2）投资者的预期最低投资报酬率：其考虑了投资项目的风险补偿以及通货膨胀补偿。

（3）企业加权平均资本成本率：投资项目的资金源于多个方面，加权平均资本成本率给投资项目提出了最低收益率要求。

3. 决策标准

在单一方案决策中：

（1）净现值>0，预期收益率>必要收益率，方案可行，说明方案的实际报酬率高于投资者所要求的报酬率；

（2）净现值=0，预期收益率=必要收益率，说明方案的投资报酬刚好达到投资者所要求的投资报酬，方案也可行；

（3）净现值<0，预期收益率<必要收益率，方案不可行，说明方案的实际投资报酬率低于投资者所要求的报酬率。

在多方案互斥决策中，选择净现值最大的方案，其投资收益最高。

需要说明的是，计算净现值时，通常按预定的折现率对投资项目的未来现金流量和原始投资额进行折现。预定折现率是投资者期望的最低投资报酬率。当净现值大于零时，折现后现金流入量大于折现后现金流出量，该投资项目的报酬率大于预定的贴现率；当净现值等于零时，折现后现金流入量等于折现后现金流出量，该投资项目的报酬率刚好达到预定的折现率；当净现值小于零时，折现后现金流入量小于折现后现金流出量，该投资项目的报酬率小于预定的贴现率。所以，净现值的经济含义是投资方案报酬超过必要报酬后的剩余收益。其他条件相同时，净现值越大的方案越好。

例 10-9 假设贴现率为 10%，有三项投资方案。有关数据如表 10-5 所示。

表 10-5　投资项目数据

单位：元

期间	A 方案		B 方案		C 方案	
	净收益	现金净流量	净收益	现金净流量	净收益	现金净流量
0		−20000		−12000		−15000
1	1800	11800	−1800	2200	700	5700
2	3240	13240	3000	7000	700	5700
3			3000	7000	700	5700
合计	5040	5040	4200	4200	2100	2100

NPV_A =（11800×0.9091＋13240×0.8264）−20000

=21668.92−20000=1668.92（元）

NPV_B =（2200×0.9091＋7000×0.8264＋7000×0.7513）−12000

=13043.92−12000=1043.92（元）

NPV_C =5700×2.487−15000

=14175.9−15000=−824.1（元）

A、B 两方案的净现值均为正数，说明两个方案的报酬率都超过 10%，如果企业的资金成本率或者要求的必要报酬率是 10%，这两个方案是可以接受的。C 方案的净现值为负数，说明该方案的报酬率未达到 10%，因此应当放弃。A 和 B 相比，A 方案更好些。

4. 优缺点

净现值法的优点在于考虑了资金的时间价值，增强了投资经济性评价的实用性；考虑了项目投资风险，项目投资风险的大小可以通过调整折现率加以反映；考虑了项目计算期内全部的净现金流量，体现流动性与收益性的统一；适用性强，能基本满足项目年限相同的互斥投资方案的决策。

净现值法也存在明显的缺陷，主要表现：净现值是一个绝对数，无法从动态的角度直接反映投资项目的实际收益水平；计算时所采用的贴现率不易确定；不能直接用于寿命期不同的互斥方案的决策；不适用于独立投资方案的比较决策，在对独立投资方案决策时，如果各方案的原始投资额不相等，有时难以做出正确决策。

（二）现值指数

1. 定义

现值指数（profitability index，PI）也称获利指数，是指特定方案未来现金流入量的现值与未来现金流出量的现值之比。它表示企业每投资一元可望取得的现值净收益。

2. 计算

现值指数指标的计算公式为

$$现值指数=\frac{投产后各年净现金流量的现值合计}{原始总投资的现值合计}$$

3. 决策标准

若 $PI \geqslant 1$，说明方案实施后项目投资报酬率高于或等于必要报酬率，方案可行；若 $PI < 1$，说明方案实施后的投资报酬率低于必要报酬率，方案不可行。如果多个投资项目的现值指数均大于 1，则现值指数越大，投资项目越好。需要注意的是，在进行互斥投资决策时，不是选择现值指数最大的项目，而是在保证现值指数大于 1 的前提下，使投资收益最大化。

例 10-10 根据例 10-9 的资料，三个方案的现值指数如下：

$PI_A = 21668.84 \div 20000 = 1.08$

$PI_B = 13042.52 \div 12000 = 1.09$

$PI_C = 14175.9 \div 15000 = 0.95$

A、B 两项投资的现值指数大于 1，说明其报酬超过成本，即投资报酬率超过预定的折现率。C 方案的现值指数小于 1，说明其报酬率没有达到预定的折现率。

4. 优缺点

现值指数法可以看作是净现值法的辅助方法，如果各方案投资额现值相同，现值指数法实质上就是净现值法。现值指数可从动态的角度反映项目投资的资金投入与总产出之间的关系。现值指数是一个反映投资效率的相对数指标，主要用于投资额现值不同的独立方案之间的比较决策。其缺点是不能直接反映投资项目的实际收益率，计算起来也比较复杂。

（三）内含报酬率

1. 定义

内含报酬率（internal rate of return，IRR）又叫内部收益率，是使特定方案未来现金流入量的现值等于未来现金流出量的现值的折现率，或者说是使投资项目净现值等于 0 的折现率，亦可将其定义为能使投资项目的现值指数等于 1 的折现率。它是项目投资实际可以达到的收益率。内含报酬率本身不受资本市场利率变化的影响，完全取决于项目本身的净现金流量和运营期间，能够反映项目的内在特性。

2. 计算

内含报酬率 IRR 的计算公式如下：

$$\sum_{t=0}^{n}[NCF_t \times (P/F, IRR, t)] = 0$$

内含报酬率指标的计算方法有特殊法和一般法两种。

（1）特殊法（未来每年净现金流量相等）。当项目投产后每年的净现金流量相等时，表现为普通年金的形式，可以直接利用年金现值系数来计算内含报酬率。

应用特殊法的前提条件是，项目的全部投资均于建设起点一次投入，建设期为零，建设起点第 0 期净现金流量等于原始总投资的负值，即 $NCF_0 = -1$；投产后每年净现金流量相等，第 1 至第 n 期每期净现金流量表现为普通年金的形式，即 $NCF_1 = NCF_2 = \cdots = NCF_n$。

此时，可按下式确定方案的内含报酬率 IRR：

$$NCF \times (P/A, IRR, n) - I = 0$$

式中：

I——建设起点一次投入的原始总投资；

$(P/A, IRR, n)$——期数为 n、设定折现率为 IRR 的年金现值系数；

NCF——投产后第 1 至第 n 期每期相等的净现金流量。

计算时，如果在普通年金现值系数表上能够找到满足上式的年金现值系数，那么该系数所对应的折现率即为所求的 IRR；如果在普通年金现值系数表上找不能够到满足上式的年金现值系数，此时需要应用插值法求 IRR。

例 10-11 某企业拟购入一台新型设备，购价为 180 万元，使用年限 9 年，无残值。该方案的最低投资报酬率要求为 18%。使用新设备后，每年产生的现金净流量为 45 万元。试用内含报酬率指标评价该方案是否可行。

令 450000×年金现值系数－1800000＝0

得：年金现值系数＝4。现已知方案的使用年限为 9 年，查年金现值系数表，可得：$n=9$，系数 4 所对应的贴现率在 20%～24%之间。采用插值法求得，该方案的内含报酬率为 20.27%，高于最低投资报酬率 18%，方案可行。

（2）一般法（未来每年净现金流量不相等）。当项目投产后未来每年净现金流量不相等时，可以通过计算项目在不同折现率情况下的净现值，根据净现值与设定折现率的关系，采用逐步测试法并结合应用插值法找到使净现值等于零的折现率。

具体做法如下。

首先，估计一个折现率并据此计算 *NPV*。

其次，将该 *NPV* 与零比较，如果 *NPV* 等于零，此时的折现率就是方案的 *IRR*；如果 *NPV* 大于零，则说明估计的折现率低于方案实际可能达到的投资报酬率，此时要重估一个较高的折现率进行测试。如果 *NPV* 小于零，则说明 *IRR* 估计的折现率高于方案实际可能达到的投资报酬率，此时要重估一个较低的折现率进行测试。

最后，通过不断重复上一步骤，找到最接近零的两个正负临界值 *NPV* 及对应的折现率，应用插值法计算可求得 *IRR*。

如果以下关系成立：

$NPV_m>0$，$NPV_{m+1}<0$，$r_m<r_{m+1}$，$r_{m+1}-r_m\leqslant d$（$2\%\leqslant d<5\%$）

则可按下面公式计算内含报酬率 *IRR*：

$$IRR=r_m+\frac{NPV_m-0}{NPV_m-NPV_{m+1}}(r_{m+1}-r_m)$$

例 10-12 某企业进行一项固定资产投资，项目投资为 33000 万元，必要报酬率为 16%，项目计算期为 6 年。各年现金净流量如表 10-6 所示。

要求：计算该项目的内含报酬率，评价方案的可行性。

表 10-6　投资项目现金净流量

年份	现金净流量/万元
0	－33000
1	8800
2	8800
3	9700
4	9200
5	10400
6	10400

由于该方案的各年现金净流量不相等，因此，必须逐次进行测算，测算过程如表 10-7 所示。

表 10-7　项目投资内含报酬率测算表

年份	现金净流量/万元	贴现率＝16%		贴现率＝18%	
		现值系数	现值/万元	现值系数	现值/万元
0	－33000	1	－33000	1	－33000
1	8800	0.8621	7586.48	0.8475	7458
2	8800	0.7432	6540.16	0.7182	6320.16

续表

年份	现金净流量/万元	贴现率=16%		贴现率=18%	
		现值系数	现值/万元	现值系数	现值/万元
3	9700	0.6407	6214.79	0.6086	5903.42
4	9200	0.5523	5081.16	0.5158	4745.36
5	10400	0.4762	4952.48	0.4371	4545.84
6	10400	0.4104	4268.16	0.3704	3852.16
净现值			1643.23		−174.06

$$\frac{IRR-16\%}{18\%-16\%}=\frac{0-1643.23}{-174.06-1643.23}$$

$$IRR=17.81\%$$

由于 17.81%>16%，所以方案可行。

3. 决策标准

内含报酬率是贴现正指标，在进行单一决策时，当内含报酬率≥资金成本率（或预期收益率、基准收益率）时，项目具有财务可行性，否则项目不可行。在多方案的选择决策中，内含报酬率较高的方案应优先安排。

4. 优缺点

内含报酬率法的主要优点：

第一，该法反映了投资项目可能达到的实际投资报酬率，便于相关决策人员理解；

第二，内含报酬率法考虑了货币时间价值，从动态的角度反映了投资项目的实际收益水平，且不受行业基准收益率高低的影响，比较客观；

第三，对于各方案投资额现值不同的独立投资方案的比较决策，可以通过计算各投资方案的内含报酬率，反映各独立方案获利水平。

内含报酬率法的主要缺点：

第一，指标计算过程比较复杂，特别是每年净现金流量不等的投资项目，往往要多次测算才能算出。当运营期大量追加投资时，又有可能出现多个 IRR，或偏高偏低，缺乏实际意义；

第二，对互斥投资方案决策时，如果各方案的投资额现值不相等，有可能出现某一方案原始投资额低，净现值小，但内含报酬率却可能较高；而另一方案原始投资额高，净现值大，但内含报酬率却较低的现象。

（四）动态指标之间的关系

净现值（NPV）、现值指数（PI）和内含报酬率（IRR）指标均考虑了货币时间价值，且存在以下数量关系，即

（1）当净现值 $NPV>0$ 时，现值指数 $PI>1$，内含报酬率 $IRR>$ 预定的折现率；

（2）当净现值 $NPV=0$ 时，现值指数 $PI=1$，内含报酬率 $IRR=$ 预定的折现率；

（3）当净现值 $NPV<0$ 时，现值指数 $PI<1$，内含报酬率 $IRR<$ 预定的折现率。

可见，在采用净现值、现值指数和内含报酬率评价单一投资方案是否可行时，方向一致，结论一致。

各投资项目评价指标情况如表 10-8 所示。

表 10-8　投资项目评价指标总结

指标名称	计算方式	方法评价
净现值（NPV）	NPV=未来现金流入量现值－未来现金流出量现值	**优点：**考虑了资金的时间价值；考虑了项目投资风险；考虑了项目计算期内全部的净现金流量；适用性强，能基本满足项目年限相同的互斥投资方案的决策。 **缺点：**无法从动态的角度直接反映投资项目的实际收益水平；计算时所采用的贴现率不易确定；净现值不能直接用于对寿命期不同的互斥方案进行决策；不适用于独立投资方案的比较决策
现值指数（PI）	PI=未来现金流入量现值÷未来现金流出量现值	**优点：**从动态的角度反映项目投资的资金投入与总产出之间的关系；主要用于投资额现值不同的独立方案之间的比较决策。 **缺点：**不能直接反映投资项目的实际收益率
内含报酬率（IRR）	NPV=0 时的贴现率	**优点：**反映了投资项目可能达到的实际投资报酬率；考虑了货币时间价值，且不受行业基准收益率高低的影响，比较客观；可用于各方案投资额现值不同的独立投资方案的比较决策。 **缺点：**指标计算过程比较复杂；各方案的投资额现值不相等时，有可能出现净现值小，但内含报酬率却可能较高；或净现值大，但内含报酬率却较低的现象
回收期（PP）	静态投资回收期：投资项目未来现金流量累计至原始投资额时所经历的时间； 动态投资回收期：未来现金流量累计现值=原始投资额现值所花费的时间	**优点：**能够直观地反映收回原始总投资所需的时间；计算简单，容易理解。 **缺点：**静态回收期法未考虑货币时间价值，也无法正确反映不同投资方式对投资回收期的影响；两种回收期法均未考虑回收期满后的现金流量状况
投资收益率（ROI）	$ROI=\frac{\text{年平均利润}}{\text{原始总投资}}\times 100\%$	**优点：**简单明了，易于理解和掌握；考虑了投资项目整个寿命期内的现金流量。 **缺点：**没有考虑货币时间价值，不能正确反映建设期长短及不同投资方式对投资项目的影响；计算没有直接利用净现金流量信息；计算公式分子分母计算口径不一致

第四节　项目投资决策评价指标的应用

项目投资决策的核心就是合理地选择恰当的决策方法，利用投资决策评价指标作为决策的标准，最终做出正确的投资决策。

一、独立投资方案财务可行性评价及投资决策

对于独立投资方案的决策，评价其是否具有财务可行性的过程就是对其做出最终决策的过程。在评价独立投资方案的财务可行性时，需从以下三点把握：

（1）若各项评价指标同时可行，即 $NPV>0$ 时，$PI>1$，$IRR>i$（i 为基准收益率或资金成本率）；$PP\leqslant n/2$（n 为项目计算期），$ROI\geqslant$基准投资收益率，则该方案具有财务可行性；

（2）若各项评价指标同时不可行，则该方案不具有财务可行性，应当放弃；

（3）辅助指标（静态投资回收期、投资收益率等）与主要指标（净现值、现值指数、内含报酬率等）发生矛盾时，应当以主要指标的结论为主。

例 10-13 某生产线投资项目只有一个方案，拟投资总额 60 万元，预计当年投产，每年净现金流量为 12 万元，投资项目计算期为 12 年，基准投资回收期为 6 年。项目有关投资决策指标如下：*ROI* 为 14%，基准投资利润率为 10%，行业基准折现率为 11%，*PP* 为 5 年，*NPV* 为 9.2 万元，*PI* 为 1.2，*IRR* 为 13%。

要求：评价方案的财务可行性。

由于 $NPV=9.2$ 万元>0，$PI=1.2>1$，$IRR=13\%>11\%$

$ROI=14\%>10\%$，$PP=5$ 年$<n/2=6$ 年

各项评价指标均超过相应标准，所以该方案完全具有财务可行性。

二、多个互斥方案的比较与选优决策

多个互斥方案的比较与选优决策是指在全部入选方案都具备财务可行性的前提下，通过计算特定评价指标比较每个方案的优劣，并从中选出最优方案的过程。从经济效益最大的要求出发，互斥方案决策以方案的获利数额作为评价标准。因此，一般采用净现值法和年金净流量法进行选优决策。

需要说明的是，这里我们主要讨论资本无限量情况下的互斥方案的比较与优选决策。因为，在资本有限量的情况下，有的方案即使本身具有财务可行性，但有可能受制于资本的限制而无法实施。

（一）项目计算期相同的互斥方案比较与选优决策

最大的净现值符合企业的最大利益，即净现值越大，企业的收益越大。在互斥投资方案的选优决策中，原始投资额的大小并不影响决策的结论，所以不需要考虑原始投资额的大小。多个互斥方案比较决策的基本思想是实现整个企业的净现值最大化。在项目计算期相同的情况下，对互斥方案的比较决策可运用直接比较法或差量分析法。

直接比较法是指在比较各个互斥方案净现值的大小的基础上，从中选择最优方案的方法。在此方法下，净现值最大的方案为最优。

差量分析法是指在计算两个原始投资额不同方案的差量净现金流量（ΔNCF）的基础上，计算差量方案的净现值（ΔNPV），据此判断方案优劣的方法。该法适用于两个原始投资不相同，但项目计算期相同的多方案比较决策，主要用于固定资产更新改造项目决策。

例 10-14 某公司有一个设备投资项目，现有 A、B、C 三个计算期相同的互斥方案可供选择，其原始投资分别为 620 万元、360 万元和 230 万元，净现值分别为 200 万元、65 万元和−23 万元。

A、B 两个方案的净现值均大于 0，具有财务可行性；C 方案净现值小于 0，方案不具有财务可行性。同时，A 方案的净现值大于 B 方案，因此，应选择 A 方案。

需要说明的是，净现值比较法具有普遍的适用性。如果项目的原始投资额相同，也可通过比较投资方案的现值指数的大小来选优。

（二）项目计算期不同的互斥方案比较与选优决策

在项目计算期不相同的情况下，可采用年金净流量法或计算期统一法对互斥方案的择优进行决策。

1. 年金净流量法

年金净流量法是指在计算和比较各个投资方案年金净流量的大小的基础上选择最优方案的决策

方法。无论原始投资或项目计算期是否相同，均可采用该方法对互斥方案进行比较与选优决策。一般情况下，年金净流量最大的方案为优。

年金净流量法的计算步骤如下：

（1）计算各投资方案的净现值 NPV；

（2）计算各投资方案的年金净流量。

计算公式为

$$\begin{aligned}某方案年金净流量&=该方案的净现值÷年金现值系数\\&=该方案净现值×投资回收系数\end{aligned}$$

例 10-15 某企业准备建设一条生产线，有两个方案可供选择，A 方案的原始投资额为 168 万元，项目计算期为 11 年，净现值为 125 万元；B 方案的原始投资额为 112 万元，项目计算期为 9 年，净现值为 106 万元。行业基准收益率为 12%。请分析企业应该选择哪个方案。

A 方案的年金净流量＝125÷（P/A，12%，11）＝125÷5.9377＝21.05（万元）

B 方案的年金净流量＝106÷（P/A，12%，9）＝106÷5.3282＝19.89（万元）

A 方案的年金净流量大于 B 方案，因此应选择 A 方案。

年金净流量法是净现值法的辅助方法，各方案寿命期相同时，实质上就是净现值法。因此它适用于期限不同的投资方案决策。

2. 计算期统一法

计算期统一法是指对计算期不同的多个互斥方案选定一个共同的计算分析期，以满足数据可比性的要求，最后根据调整后的评价指标来选择最优方案的决策方法。

计算期统一法的原理是假设投资方案可以在终结时进行重置，重置后，使两个方案有相同的期间，再比较其现值。计算期统一法具体包括方案重复法和最短计算期法。

（1）方案重复法。

方案重复法也称计算期最小公倍数法，是将各方案项目计算期的最小公倍数作为比较方案的计算期，再计算有关指标，并据此对互斥方案进行比较决策的一种方法。该方法有两种路径。

第一种路径：将各投资方案计算期的各年净现金流量进行重复计算，直到与最小公倍数计算期相等；再计算相关评价指标；最后根据调整后的指标对投资方案进行比较决策。

第二种路径：直接计算各个投资方案原计算期内的评价指标（如净现值），再按照最小公倍数原理分别将其折现求和，最后根据调整后的净现值指标对投资方案进行比较决策。

例 10-16 假设 A、B 方案均在年末投资，它们的计算期分别为 8 年和 12 年，有关资料如表 10-9 所示，基准折现率为 10%。

表 10-9　净现金流量资料

单位：万元

年份	1	2	3	4—8	9—11	12	净现值
A 方案	−700	−700	480	480	0	0	512.83
B 方案	−1500	−1600	−800	900	900	1200	702.74

要求：用计算期统一法中的方案重复法进行决策。

依题意，A 方案的项目计算期为 8 年，B 方案的项目计算期为 12 年，两个方案计算期的最小

公倍数为 24 年。在此期间，A 方案重复两次，B 方案只重复一次，则调整后的净现值指标为

$NPV_A' = 512.83 + 512.83 \times (P/F, 10\%, 8) + 512.83 \times (P/F, 10\%, 16)$

$= 827.14$（万元）

$NPV_B' = 702.74 + 702.74 \times (P/F, 10\%, 12)$

$= 926.63$（万元）

$NPV_A' < NPV_B'$

所以 B 方案优于 A 方案。

（2）最短计算期法。

最短计算期法是先将所有方案的净现值都还原为年金净流量，再按照最短的计算期来计算出相应净现值，最后根据调整后的指标进行多方案比较决策。

例 10-17 沿用例 10-16 的资料。

要求：用最短计算期做出最终的投资决策。

依题意，A、B 两方案中最短的计算期为 8 年，则调整后的净现值指标为

$NPV_A' = NPV_A = 512.83$（万元）

$$NPV_B = NPV_B \times \frac{1}{(P/A, 10\%, 12)} \times (P/A, 10\%, 8) = 550.22\text{（万元）}$$

$NPV_A' < NPV_B'$

所以 B 方案优于 A 方案。

三、固定资产更新决策

固定资产更新决策是项目投资决策的重要组成内容。从性质上看，固定资产更新决策属于互斥方案的决策。因此，在固定资产更新决策时，通常采用净现值法和年金净流量法决策。

固定资产更新决策包括替换重置和扩建重置两种情形。替换重置是指用新设备替换旧设备，不会改变企业的生产能力，换言之，新旧设备所带来的营业收入是一样的。即使有少量的残值变价收入，也不是实质性收入。扩建重置是指用新设备替换旧设备，会影响企业的生产能力，即新设备产生的营业收入与旧设备产生的营业收入不相同。

需要说明的是，在固定资产更新决策中，不要被“更新”二字迷惑，要把继续使用旧设备和买入新设备看作两个互不相关的方案，分别考察两个方案的现金流量，再进行评价指标计算，从而得出结论。

（一）寿命期相同的设备重置决策

在固定资产更新决策时，大部分以旧换新的设备更新都属于替换重置。在替换重置方案中，所发生的现金流量主要是现金流出量。如果购入的新设备性能提升，扩大了企业的生产能力，那么这种设备重置属于扩建重置。

例 10-18 某公司现有一台旧设备是 3 年前购进的，目前准备购置一台新设备将其替换。该公司所得税税率 25%，资本成本率为 10%，其余资料如表 10-10 所示。要求：比较新旧两种设备的现金流出总现值，为该公司做出是否更新设备的决策。

表 10-10 新旧设备资料

项目	旧设备	新设备
原价/元	99000	85000
税法残值/元	5000	4000
税法使用年限/年	8 年	6 年
已使用年限/年	3 年	0 年
尚可使用年限/年	6 年	6 年
垫支营运资金/元	10000	12000
大修理支出/元	25000（第 2 年）	16000（第 4 年）
每年折旧费（直线法）/元	11750	13500
每年营运成本/元	13000	10000
目前变现价值/元	49000	82500
最终报废残值/元	5600	7000

本例中，两台设备的尚可使用年限相同，均为 6 年，可直接采用净现值法决策。将两个方案的有关现金流量资料整理后，列出分析表如表 10-11 和表 10-12 所示。

表 10-11 继续使用旧设备

项目	现金净流量/元	年份	现值系数	现值/元
目前变价收入	(49000)	0	1	(49000)
变现损失抵税	(49000－63750)×25%＝(3687.5)	0	1	(3687.5)
垫支营运资金	(10000)	0	1	(10000)
每年营运成本	13000×(1－25%)＝(9750)	1—6	4.3553	(42461.18)
每年折旧抵税	11750×25%＝2937.5	1—5	3.7908	11135.48
大修理费	25000×(1－25%)＝(18750)	2	0.8264	(15495)
残值变价收入	5600	6	0.5645	3161.2
残值净收益纳税	(5600－5000)×25%＝(150)	6	0.5645	(84.68)
营运资金收回	10000	6	0.5645	5645
净现值				(100786.68)

表 10-12 购买新设备

项目	现金净流量/元	年份	现值系数	现值/元
设备投资	(85000)	0	1	(85000)
垫支营运资金	(12000)	0	1	(12000)
每年营运成本	10000×(1－25%)＝(7500)	1—6	4.3553	(32664.75)
每年折旧抵税	13500×25%＝3375	1—6	4.3553	14699.14
大修理费	16000×(1－25%)＝(12000)	4	0.683	(8196)
残值变价收入	7000	6	0.5645	3951.5
残值净收益纳税	(7000－4000)×25%＝(750)	6	0.5645	(423.38)
营运资金收回	11000	6	0.5645	6209.5
净现值				(113423.99)

表 10-11 和表 10-12 结果说明：在两方案营业收入一致的情况下，新设备现金流出总现值为 113423.99 元，旧设备现金流出总现值为 100786.68 元。因此，继续使用旧设备比较经济。

本例中有以下几个特殊问题应引起注意。

（1）两台设备尚可使用年限相同，均为 6 年。如果尚可使用年限不相等，则不能用净现值法决策。

（2）企业垫支的营运资金属于现金流出，但不是本期成本费用，不存在进行纳税调整的问题。收回营运资金时，如果将存货等流动资产按账面价值出售，未产生出售净收益，也不需要进行纳税调整。如果收回营运资金时，存货等流动资产变价收入与账面价值有差异，则需要进行纳税调整。

（二）寿命期不同的设备重置决策

对于寿命期不同的设备重置方案，应使用年金净流量法进行决策。寿命期不同的设备重置决策，在决策时有以下特点。

第一，如前所述，替换重置的设备更新决策一般不会改变企业生产能力，营业现金流入量也不会发生变化，此时，只需比较各方案的现金流出量现值即可，流出量现值最小的方案最优。而扩建重置的设备更新一般会引起营业现金流入量与流出量的变化，此时，应选择年金净流量最大的方案。

第二，如果无需考虑各方案的营业现金流入量的变动，且各方案期限相同。此时，可直接比较各方案的现金流出量的现值。如果期限不同，则要先计算各方案的年金成本，选择年金成本低的方案。

所谓年金成本，是指按年金净流量公式计算的等额年金流出量。替换重置方案的决策标准要求年金成本最低。在扩建重置方案决策中，方案增加或减少的营业现金流入也可以作为现金流出量的抵减项，并据此计算各方案的年金成本。

年金成本的计算公式为

$$年金成本=\frac{各方案现金净流出现值}{年金现值系数}$$

例 10-19 某公司现有旧设备一台，由于节能减排的需要，准备予以更新。当期折现率为 12%，企业所得税税率为 25%，假设使用年限与税法折旧年限相同。其他有关资料如表 10-13 所示。

要求：采用年金成本法为该公司做出是否更新设备的决策。

表 10-13　某公司新旧设备资料

设备	旧设备	新设备
原价/元	50000	40000
预计使用年限/年	10	10
已经使用年限/年	4	0
税法残值/元	5000	4000
最终报废残值/元	3500	4800
目前变现价值/元	10000	37000
每年折旧费（直线法）/元	4500	3600
每年营运成本/元	12000	9500

1. 继续使用旧设备现金净流量

（1）初始现金净流量＝－原始投资额

＝－［变现价值＋变现损失抵税（或－变现收益纳税）］

＝－［10000＋（32000－10000）×25%］＝－15500（元）

（2）营业现金净流量

＝税后收入－税后付现成本＋折旧抵税

＝－12000×（1－25%）＋4500×25%＝－7875（元）

（3）终结回收现金流量

＝最终残值＋残值净损失抵税（或－残值净收益纳税）

＝3500＋（5000－3500）×25%＝3875（元）

（4）旧设备年金成本＝$\sum$（各项目现金净流出现值）/年金现值系数

＝［15500＋7875×（P/A，12%，6）－3875×（P/F，12%，6)］/（P/A，12%，6）

＝11167.53（元）

2. 购置新设备现金流量

（1）初始现金净流量＝－原始投资额＝－买价＝－40000（元）

（2）营业现金净流量

＝税后收入－税后付现成本＋折旧抵税

＝－9500×（1－25%）＋3600×25%＝－6225（元）

（3）终结回收现金流量

＝最终残值＋残值净损失抵税（或－残值净收益纳税）

＝4800－（4800－4000）×25%＝4600（元）

（4）旧设备年金成本＝$\sum$（各项目现金净流出现值）/年金现值系数

＝［40000＋6225×（P/A，12%，10）－4600×（P/F，12%，10)］/（P/A，12%，10）

＝13042.24（元）

结论：继续使用旧设备的年金成本 11167.53 元<购买新设备的年金成本 13042.24 元，应采纳旧设备方案。

四、资本限量决策

在实务中，企业在某个时期能用于投资的资本总额是有限的，或者说资本总额存在规模约束，由此产生了资本限量的问题。资本限量决策是指企业在资金有限的情况下，通过投资项目的组合来获取最大收益的决策。

在资金有限的情况下，要使有限的资金获得最大的投资效率，应该选择那些能使现值指数或净现值达到最大的投资组合，具体可以采用以下两种方法。

（一）现值指数法

（1）列出每个项目的初始投资额，并计算每个项目的现值指数。

（2）放弃所有 $PI<1$ 的项目，接受所有 $PI\geqslant 1$ 的项目。如果所有可接受项目的投资额之和未超过资本限额，则全部项目都应该实施，完成决策。

（3）如果所有 $PI\geqslant 1$ 的项目的投资额之和超过资本限额，那么要采取穷举法对所有项目在资本限额内进行排列组合，然后计算各个组合的加权现值指数。

（4）比较并选择加权现值指数最大的投资组合。

（二）净现值法

（1）列出每个项目的初始投资额，并计算每个项目的净现值。

（2）放弃所有 $NPV<0$ 的项目，接受所有 $NPV\geqslant 0$ 的项目。如果所有可接受项目的投资额之和未超过资本限额，则全部项目都应该实施，完成决策。

（3）如果所有 $NPV\geqslant 0$ 的项目的投资额之和超过资本限额，那么要采取穷举法对所有项目在资本限额内进行排列组合，然后计算各个组合的净现值合计数。

（4）比较并选择净现值合计数最大的投资组合。

（三）资本限量投资决策举例

例 10-20 某企业现有五个非互斥的投资项目，企业的初始投资限额为 360 万元，项目原始投资、净现值和现值指数的数据如表 10-14 所示。

表 10-14 投资项目相关数据表

项目	原始投资额/万元	净现值（NPV）/万元	现值指数（PI）
A	100	50	1.5
B	200	110	1.55
C	50	30	1.6
D	150	80	1.53
E	100	70	1.7

为了选取最优投资组合，首先用穷举法列出五个项目的所有可能投资组合。再剔除超过资本限额的组合，计算满足资本限额要求的各个组合的加权现值指数和净现值合计数，并从中选择最优方案。

据上，列出满足初始投资限额为 360 万元的所有组合，如表 10-15 所示。

表 10-15 某企业的投资组合

序号	项目组合	初始投资/万元	加权现值指数	净现值合计/万元
1	A	100	1.139	50
2	AB	300	1.444	160
3	AC	150	1.222	80
4	AD	250	1.36	130

续表

序号	项目组合	初始投资/万元	加权现值指数	净现值合计/万元
5	AE	200	1.333	120
6	B	200	1.306	110
7	BC	250	1.389	140
8	BE	300	1.5	180
9	C	50	1.083	30
10	CD	200	1.304	110
11	CE	150	1.278	100
12	CDE	300	1.499	180
13	D	150	1.221	80
14	DE	250	1.415	150
15	E	100	1.194	70

在表 10-15 中，投资组合 BE 中有 60 万资金未投入使用，在计算加权现值指数时，假定未投入使用的 60 万资金不再进行投资而作为现金持有，即把这部分剩余资金的现值指数当作 1，则组合 BE 的加权平均现值指数可按下式计算：

$$PI_{BE}=\frac{200}{360}\times 1.55+\frac{100}{360}\times 1.7+\frac{60}{360}\times 1=1.5$$

可见，无论用现值指数法或和净现值法，得到的结论是相同的。组合 BE 是最优投资组合。

第五节　投资项目敏感性分析

敏感性分析是在确定性分析的基础上，考虑不确定性因素的变化对投资项目评价指标的影响及程度。它是项目投资评价中常见的一种研究不确定性的方法。

项目投资敏感性分析

在进行敏感性分析时，敏感因素通常选择主要因素（如初始投资、建设期、生产能力、运营期、达产期、销售收入、营业成本等）进行分析。如果某因素的小幅度变化会导致项目评价指标的较大变化，则称该因素为敏感因素，反之，则称为非敏感因素。

一、敏感性分析的步骤

首先，确定影响项目评价指标的敏感因素。找出影响最大最敏感的主要影响因素，在此基础上，分析、预测或估算其对项目评价指标的影响程度。找出不确定性产生的源头，采取相应的措施。

其次，计算主要影响因素的变化导致项目经济效益评价指标变动的幅度，便于决策者全面了解投资方案可能出现的收益变动情况，尽量减少和避免不利因素的影响，提高投资方案的投资效果。

再次，比较各种方案敏感系数的大小，区分敏感度大或敏感度小的方案，选择敏感度小的方案，即选择风险小的投资方案。

最后，对可能出现的最有利与最不利的经济效果变动范围进行分析，预测可能出现的风险，据此，对原方案采取某些控制措施或寻求可替代方案，为最终确定可行的投资方案提供可靠的决策依据。

二、敏感性分析的方法

敏感性分析是一项有着广泛用途的分析技术。投资项目的敏感性分析，一般是在假定其他因素不变的情况下，测算某一个因素发生变化时对项目评价指标（如净现值、内含报酬率）的影响程度。敏感性分析的方法主要包括最大最小法和敏感程度法两种。

（一）最大最小法

最大最小法的主要步骤如下。

（1）选定敏感性分析的对象。敏感性分析的对象是某一具体的投资方案及其反映的经济效益指标。如净现值、内部收益、息税前利润等，都可以作为敏感性分析的对象。

（2）确定敏感性分析指标的每个变量的预期值。例如，在计算净现值时需要使用预期的原始投资、营业收入、付现成本等变量，这些变量都是最可能发生的数值，被称为预期值。

（3）根据各因素的目标值计算评价指标的基准值。例如，根据变量的目标值计算净现值，由此得到的净现值被称为基准净现值。

（4）选取一个变量并假定其他变量不变，令敏感性分析指标等于临界值，如令 $NPV=0$，计算选定变量的临界值。

（5）选取第二个变量，并重复（4）的过程。

经过上述步骤的计算分析，可以得到指标基准值由可行变为不可行（或由不可行变为可行）的各变量最大（或最小）值，有助于决策者识别项目的特有风险。

需要指出的是，在对投资方案进行敏感性分析时，并不需要对所有的不确定因素都进行考虑和计算，而应该视投资方案的具体情况选取变动可能性较大，以及对投资方案评价指标有较大影响的因素。

例 10-21 某企业拟投产某新产品，预期每年增加税后营业现金流入 300 万元，增加税后营业现金流出 190 万元；预计需要初始投资 96 万元，项目寿命为 4 年；公司的所得税税率 25%。有关数据如表 10-16 的“预期值”栏所示，根据各项预期值计算的净现值为 271.71 万元。本例假设投资方案不确定性主要来自营业现金流，因此只分析营业现金流入和营业现金流出变动对净现值的影响。

表 10-16　最大最小敏感分析表

项目	预期值	税后营业流入最小值	税后营业流出最大值
每年税后营业现金流入/万元	300	214.28	300
每年税后营业现金流出/万元	190	190	275.72
折旧抵税（25%）/万元	6	6	6
每年税后营业现金净流量/万元	116	30.28	30.28
年金现值系数（10%，4 年）	3.1699	3.1699	3.1699
每年税后营业现金净流量总现值/万元	367.71	96	96
初始投资/万元	96	96	96
净现值/万元	271.71	0.00	0.00

基准净现值＝（每年税后营业现金流入－每年税后营业现金流出＋折旧抵税额）×年金现值系

数－初始投资

＝（300－190＋6）×3.1699－96

＝271.71

令基准净现值＝（每年税后营业现金流入－每年税后营业现金流出＋折旧抵税）×年金现值系数－初始投资＝0

（每年税后营业现金流入－190＋6）×3.1699－96＝0

每年税后营业现金流入＝214.28

同理可得：每年税后营业现金流出＝275.72

综上所述，如果每年税后营业现金流入下降到214.28万元，或者税后营业现金流出上升至275.72万元，则净现值变为零，该项目不再具有投资价值。如果决策者对于上述最小营业流入和最大营业流出有信心，则项目是可行的。如果相反，决策者认为现金流入很可能低于上述最小值，或者现金流出很可能超出上述最大值，则项目风险很大，应慎重考虑是否应承担该风险。

（二）敏感程度法

敏感程度法的主要步骤如下。

（1）－（3）同最大最小法。

（4）选取某个变量，如投资额、折现率、原材料价格、产品价格、每年税后营业现金流入等，假设该变量发生一定幅度的变化，一般选择±5%、±10%、±20%等，其他因素不变，重新计算相关财务指标。

（5）计算选定变量的敏感系数：

敏感系数＝目标值变动百分比÷选定变量变动百分比

公式表示选定变量变化百分之一时，目标值变动的百分比，用来反映目标值对于选定变量变化的敏感程度。

（6）根据上述结果，对投资方案的敏感性进行判断。找出敏感因素，做出分析并采取措施，以提高投资方案的抗风险的能力。

依例10-21的数据，先计算税后营业现金流入增减5%和增减10%（其他因素不变）的净现值，以及税后营业现金流入变动时净现值的敏感系数，计算过程如表10-17所示。然后按照同样的思路，计算初始投资额变动对净现值的影响（见表10-18）。

表10-17　敏感程度法：每年税后营业现金流入变化

金额单位：万元

变动百分比	－10%	－5%	基准情况	5%	10%
每年税后营业现金流入	270	285	300	315	330
每年税后营业现金流出	190	190	190	190	190
每年折旧抵税（25%）	6	6	6	6	6
每年税后营业现金净流量	86	101	116	131	146
年金现值系数（10%，4年）	3.1699	3.1699	3.1699	3.1699	3.1699
每年税后营业现金净流量总现值	272.61	320.16	367.71	415.26	462.81
初始投资	96.00	96.00	96.00	96.00	96.00

续表

变动百分比	−10%	−5%	基准情况	5%	10%
净现值	176.61	224.16	271.71	319.26	366.81
每年税后营业现金流出的敏感系数	[（366.81−271.71）÷271.71] ÷10%=35%÷10%=3.5				

表 10-18　敏感程度法：初始投资额变化

金额单位：万元

变动百分比	−10%	−5%	基准情况	5%	10%
每年税后营业现金流入	300	300	300	300	300
每年税后营业现金流出	190	190	190	190	190
每年折旧抵税（25%）	5.4	5.7	6	6.3	6.6
每年税后营业现金净流量	115.4	115.7	116	116.3	116.6
年金现值系数（10%，4 年）	3.1699	3.1699	3.1699	3.1699	3.1699
每年税后营业现金净流量总现值	365.81	366.76	367.71	368.66	369.61
初始投资	86.4	91.2	96.00	100.8	105.6
净现值	279.41	275.56	271.71	267.86	264.01
初始投资额的敏感系数	[（264.01−271.71）÷271.71] ÷10%=−2.83%÷10%=−0.28				

上述列表分别计算了每年税后营业现金流入、初始投资额两个变量变化一定百分比对净现值指标的影响，向相关决策者呈现了不同情景下的后果。这些信息可以帮助相关决策者认识方案的特有风险和应关注的重点。例如，税后营业现金流入下降到一定程度就会使该方案失去投资价值，如果这种可能性大概率发生，就应该考虑放弃方案，或者重新规划方案加以避免。税后营业现金流入是导致净现值变化的主要敏感因素，营业收入每减少 1%，方案净现值就损失 3.5%，或者说营业收入每增加 1%，净现值就提高 3.5%。若实施该方案，应加以重点关注。投资额因素是相对不敏感的因素，投资额每减少 1%，项目净现值就提高 0.28%，或者说投资额每增加 1%，净现值就减少 0.28%，但也具有一定的影响。

敏感性分析是一种较常用的风险分析方法，计算过程简单、便于理解，但也存在一定局限性，表现为以下两点：

（1）在对投资方案进行敏感性分析时，某一个变量发生变动，假定其他变量保持不变，但在实务工作中，这些变量之间往往是相互关联的，会发生一定程度的联动；

（2）未考虑各种不确定因素在未来期间发生变动的可能性，从而有可能影响风险分析的准确性。

本章小结

（1）项目投资具有投资金额大、影响时间长、变现能力差、投资风险大等特点。

（2）项目投资按投资对象不同，分为固定资产投资、无形资产投资、其他投资；按投资项目的性质，分为新建项目投资和更新改造项目投资；按投资资本的投入方式，分为一次投资和分次投资；按投资方案之间的关系，分为独立性投资和互斥性投资。

（3）项目投资管理的原则包括可行性分析原则、结构平衡原则、动态监控原则等。

（4）确定现金流量的假设包括财务可行性分析假设、全投资假设、经营期与折旧年限一致假设、时点指标假设、确定性假设、产销平衡假设。

(5) 按照现金流量的方向，现金流量可分为现金流出量、现金流入量和净现金流量。按发生的时间，现金流量可分为投资期现金流量、营业期现金流量、终结期现金流量。

(6) 按照是否考虑资金的时间价值，项目投资决策评价指标可以分为静态和动态两类。静态的项目投资决策评价指标包括静态投资回收期和投资收益率。动态的项目投资决策评价指标包括净现值、现值指数和内含报酬率。

(7) 项目投资多方案比较决策的方法主要包括项目计算期相同的互斥方案比较决策和项目计算期不同的互斥方案比较决策。前者主要包括直接比较法和差量分析法，后者主要包括年金净流量法和计算期统一法。固定资产更新决策通常采用净现值法决策和年金净流量法决策。

(8) 敏感性分析主要包括最大最小法和敏感程度法。

思考题

1. 项目投资的分类有哪些?
2. 项目计算由哪几部分组成？各部分的现金流量有什么特点?
3. 确定现金流量的假设有哪些?
4. 确定现金流量时应考虑哪些问题?
5. 投资决策评价指标的分类有哪些?
6. 独立项目和互斥项目的评价方法有何不同?
7. 如何进行资本限量决策?
8. 简述最大最小法的基本步骤。
9. 简述敏感程度法的基本步骤。

自测自评

一、单项选择题

1. 企业投资 20 万元购入一台设备，预计投产后每年获利润 4 万元，固定资产年折旧额 2 万元，则投资回收期为（　　）年。

A. 6.7　　B. 3.33　　C. 10　　D. 5

2. 对投资项目内含报酬率的大小不产生影响的因素是（　　）。

A. 投资项目的原始投资　　B. 投资项目的项目计算期

C. 投资项目的现金流量　　D. 投资项目的设定折现率

3. 某投资项目原始投资额为 15000 元，建设期为 0，运营期为 4 年，每年可获得现金净流量 5000 元，则该项目内含报酬率为（　　）。

A. 12.21%　　B. 12.59%　　C. 13.52%　　D. 13.04%

4. 某投资方案贴现率为 15%时，净现值为 430，贴现率为 17%时，净现值为－790，则该方案的内含报酬率为（　　）。

A. 15.7%　　B. 15.22%　　C. 17.34%　　D. 16.56%

5. 当净现值为零时，则可说明（　　）。

A. 该方案无收益　　B. 该方案只能获得平均利润

C. 该方案亏损，应拒绝接受　　D. 该方案只能收回投资

6. 下列长期投资决策评价指标中，其数值越小越好的指标是（　　）。

A. 内含报酬率　　B. 投资回收期

C. 净现值　　D. 投资收益率

7. 当投资方案的净现值大于零时，其内含报酬率（　　）。

A. 可能小于零　　B. 可能等于设定折现率

C. 一定大于设定折现率　　D. 一定等于零

8. 如果其他因素不变，一旦折现率提高，则下列指标中其数值将变小的是（　　）。

A. 净现值　　B. 投资回收期

C. 内含报酬率　　D. 投资收益率

9. 某投资方案的项目计算期为 5 年，净现值为 10000 万元，行业基准折现率为 10%，5 年期、折现率为 10% 的年金现值系数为 3.791，则该项目的年金净流量约为（　　）万元。

A. 2000　　B. 2638　　C. 37910　　D. 50000

10. 企业拟投资一个完整工业项目，预计第一年和第二年相关的流动资产需用额分别为 2000 万元和 3000 万元，两年相关的流动负债需用额分别为 1000 万元和 1500 万元，则第二年新增的流动资金投资额应为（　　）万元。

A. 500　　B. 1000　　C. 1500　　D. 2000

11. 下列关于固定资产更新决策的说法中，不正确的是（　　）。

A. 对于寿命期不同的设备重置方案，应当采用年金净流量法决策

B. 固定资产更新决策所采用的决策方法主要是内含报酬率法

C. 对于寿命期相同的固定资产更新决策，可以通过比较现金流出的总现值进行决策

D. 固定资产更新决策所采用的决策方法是净现值法和年金净流量法

12. 在计算投资项目的未来现金流量时，设备的预计净残值为 12000 元，按税法规定计算的净残值为 14000 元，所得税税率为 25%，则设备报废引起的预计现金流入量为（　　）元。

A. 7380　　B. 8040　　C. 12500　　D. 16620

13. 某企业拟进行一项投资项目决策，要求的最低报酬率为 12%，目前有四个方案。其中甲方案的寿命期为 10 年，净现值为 1000 万元，$(A/P, 12\%, 10)=0.177$；乙方案的现值指数为 0.85；丙方案的寿命期为 11 年，其年金净流量为 150 万元；丁方案的内含报酬率为 10%。最优的投资方案是（　　）。

A. 甲方案　　B. 乙方案　　C. 丙方案　　D. 丁方案

14. 某投资项目各年的预计净现金流量分别为：$NCF_0=-200$ 万元，$NCF_1=-50$ 万元，$NCF_{2-3}=100$ 万元，$NCF_{4-11}=250$ 万元，$NCF_{12}=150$ 万元，则该项目包括投资期的静态投资回收期为（　　）年。

A. 2.0　　B. 2.5　　C. 3.2　　D. 4.0

15. A 公司对某投资项目的数据资料如下：该投资项目年税后营业收入为 575 万元，税后付现成本为 450 万元，税后营业利润为 80 万元，适用的所得税税率为 25%. 则该项目年营业现金净流量为（　　）万元。

A. 140　　B. 185　　C. 48.75　　D. 125

二、多项选择题

1. 下列各项中，属于非付现成本的有（　　）。

A. 长期资产摊销费用　　B. 固定资产年折旧费用

C. 改良工程折旧摊销费用　　D. 资产减值准备

2. 下列关于投资项目财务评价指标的表述中，不正确的有（　　）。

A. 内含报酬率法适用于对原始投资额现值不同的独立方案进行比较和评价

B. 年金净流量法不适用于期限不同的互斥投资方案的决策

C. 净现值能够对寿命期不同的互斥投资方案进行决策

D. 净现值指标不适用于原始投资额现值不同的独立投资方案的决策

3. 净现值法的优点有（　　）。

A. 能灵活地考虑投资风险

B. 适用性强

C. 适用于独立投资方案的比较决策

D. 所采用的贴现率容易确定

4. 某公司投资 100 万元购买一台无需安装的设备，投产后每年增加营业收入 48 万元，增加付现成本 13 万元，预计项目寿命为 5 年，按直线法计提折旧，期满无残值。该公司适用 25％的所得税税率，项目的资本成本为 10％。（P/A，10％，4）＝3.1699，（P/A，10％，5）＝3.7908，下列表述正确的有（　　）。

A. 静态投资回收期为 2.86 年　　B. （P/A，IRR，5）为 3.2

C. 动态投资回收期为 4.05 年　　D. 静态投资回收期为 3.2 年

5. 内含报酬率是指（　　）。

A. 投资报酬与总投资的比例

B. 项目投资实际渴望达到的报酬率

C. 投资报酬现值与总投资现值的比率

D. 使投资方案净现值为零的贴现率

6. 投资项目决策所采用的内含报酬率法的优点有（　　）。

A. 能够反映投资项目可能达到的报酬率

B. 计算简单

C. 易于理解

D. 能够反映各独立投资方案的获利水平

7. 下列项目中，属于终结现金流量的是（　　）。

A. 固定资产残值收入

B. 固定资产清理费用

C. 利息收入

D. 流动资产回收额

8. 固定资产更新决策可以使用的方法有（　　）。

A. 净现值法　　B. 现值指数法　　C. 内含报酬率法　　D. 年金净流量法

9. 某企业两个投资方案的资料如下：甲方案寿命期 8 年，净现值为 650 万元，内含报酬率为 14%；乙方案寿命期 8 年，净现值为 450 万元，内含报酬率为 18%。据此可以判断（　　）。

A. 若甲乙两方案是互斥方案，则乙方案较好

B. 若甲乙两方案是独立方案，则乙方案较好

C. 若甲乙两方案是互斥方案，则甲方案较好

D. 若甲乙两方案是独立方案，则甲方案较好

10. 下列项目投资评价指标中，属于动态指标的是（　　）。

A. 投资收益率　　B. 净现值

C. 现值指数　　D. 内含报酬率

三、判断题

1. 项目投资决策中的现金是指库存现金、银行存款等货币性资产。（　　）
2. 现值指数大于 1，说明投资方案的实际报酬率低于资金成本率。（　　）
3. 某公司打算新建厂房，之前已经支付了 10000 元的咨询费，这 10000 元是公司进行新建厂房决策时的相关成本。（　　）
4. 净现值法不仅适用于独立投资方案的比较决策，而且能够对寿命期不同的互斥投资方案进行直接决策。（　　）
5. 投资项目的净现值大于零时，其现值指数必定大于 1.（　　）
6. 根据财务可行性假设，在计算现金流量时，可以把营业收入和成本看成是在年末发生。（　　）
7. 在不考虑货币时间价值的前提下，投资回收期越短，投资获利能力越强。（　　）
8. 在各方案原始投资额现值相同时，现值指数法实质上就是净现值法。（　　）
9. 某投资方案的净现值为零，则该方案贴现率可称为该方案的内含报酬率。（　　）
10. 固定资产投资决策使用的现金流量，实际上就是指各种货币资金。（　　）
11. 如果 A、B 是两个原始投资额相等但是期限不同的互斥方案，则可以采用年金净流量法对这两个方案进行决策。（　　）
12. 在互斥投资决策方案中，如果各方案的原始投资额现值不相等，那么可以通过内含报酬率做出决策。（　　）

四、计算分析题

1. 某企业准备购入一条生产线以扩充生产能力。有 A、B 两个方案可供选择。A 方案投资 20000 元，使用寿命 5 年，直线法计提折旧，期末无残值，5 年中每年营业收入为 15000 元，每年付现成本为 5000 元。B 方案投资 30000 元，直线法计提折旧，使用寿命 5 年，估计期末残值收入 4000 元，5 年中每年营业收入为 17000 元，付现成本第 1 年为 5000 元，以后逐年增加修理费用 200 元，项目投产时需垫支营运资金 3000 元，所得税率为 40%，资金成本率为 12%。

要求：(1) 计算两个方案以下指标：①各年现金流量；②净现值；③现值指数；④内含报酬率；⑤投资回收期。

(2) 判断应选择哪个方案。

2. 某企业拟进行一条生产线投资，建设期 1 年，营业期 5 年，项目计算期为 6 年，该项目的现金流量表（部分）如表 10-19 所示。

表 10-19 现金流量表（部分）

单位：万元

项目	建设期		营业期				
	0	1	2	3	4	5	6
净现金流量	−1000	−1000	100	1000	(B)	1000	1000
累计净现金流量	−1000	−2000	(A)	−900	900	1900	2900
折现净现金流量	−1000	−943.4	89	839.6	1425.8	747.3	705
累计折现净现金流量	−1000	−1943.4	−1854.4	−1014.8	411	1158.3	1863.3

终结期的现金净流量现值为 200 万元。

要求：(1) 计算上表中用英文字母表示的数值。

(2) 计算下列指标：①包括建设期和不包括建设期的投资回收期（静态和动态）；②净现值；③现值指数。

3. 某企业拟投资建设一条食品生产线。预计建设期为 1 年，需投资 200 万元，于建设起点一次投入。预计使用寿命为 5 年，使用期满报无残值。该生产线采用直线计提折旧。该生产线投产后每年增加净利润 60 万元。投资者要求的最低报酬率为 10%。

要求：(1) 计算投资方案各年净现金流量。

(2) 计算净现值指标并评价其财务可行性。

4. 某公司拟投资 100 万元购置一台设备，年初购入时支付 20% 的款项，剩余 80% 的款项于下年年初付清；设备购入后可立即投入使用，使用年限为 5 年，预计净残值为 5 万元，与税法规定的净残值相同，按直线法计提折旧。设备投产时需垫支营运资金 10 万元，设备使用期满时全额收回。设备投入使用后，该公司每年新增净利润 11 万元。公司要求的必要报酬率为 12%。要求：计算设备每年折旧额；设备投入使用后第 1—4 年营业现金净流量（NCF_{1-4}）；设备投入使用后第 5 年现金净流量（NCF_5）；原始投资额；设备购置项目的净现值（NPV）。

5. 某公司为了节约成本开支，提升运营效率和盈利水平，拟对正在使用的一台旧设备进行更新，该公司适用的所得税率为 25%，要求的最低报酬率为 12%。其他资料如表 10-20 所示。

表 10-20 新旧设备数据相关资料

项目	继续使用旧设备	购置新设备
原始价值/万元	4500	4800
预计使用年限/年	10	6
已用年限/年	4	0
尚可使用年限/年	6	6
税法残值/万元	500	600
最终报废残值/万元	400	600
目前变现价值/万元	1900	4800
年折旧额/万元	400	700
年营业收入/万元	2800	2800
年付现成本/万元	2000	1500

要求：(1) 计算购置新设备方案的下列指标：①税后年营业收入；②税后年付现成本；③每年折

旧抵税；④残值变价收入；⑤残值净收益纳税；⑥每年营业现金净流量（NCF_{1-6}）；⑦净现值（NPV）。

（2）计算继续使用旧设备方案的下列指标：①当前账面价值；②当前资产报废损益；③资产报废损益对所得税的影响；④残值报废损失抵税。

（3）已知继续使用旧设备的净现值（NPV）为 943.29 万元，根据上述计算结算，判断固定资产是否更新，并说明理由。

——————————扫扫看，你有多优秀——————————

延伸阅读

［1］ ［2］ ［3］ ［4］

［5］ ［6］ ［7］ ［8］

［9］ ［10］ ［11］

［1］《管理会计应用指引第 501 号——贴现现金流法》。

［2］《管理会计应用指引第 502 号——项目管理》。

［3］《管理会计应用指引第 503 号——情景分析》。

［4］《管理会计应用指引第 504 号——约束资源优化》。

［5］《管理会计应用指引第 700 号——风险管理》。

［6］《管理会计应用指引第 701 号——风险矩阵》。

［7］《管理会计应用指引第 702 号——风险清单》。

［8］张欣. 企业项目投资类财务管理思路及对策［J］. 国际商务财会，2022（4）：23-25.

［9］高亚瑞，马绍华. 企业技术创新项目投资风险管理的优化路径［J］. 管理纵横，2022（8）：76-78.

［10］刘美蓉，江洪，叶茂，等. 项目投资财务建模及可行性分析［J］. 企业管理，2022（14）：164-167.

［11］刘巍. 企业创业过程中项目投资决策关键问题研究［J］. 创新创业论坛，2022（25）：163-165.

第十一章　预算管理

学习目标

本章阐述预算管理的内容和编制方法。通过本章的学习，大家应达成以下目标。

- 学习目标
  - 知识目标
    - 了解预算管理框架的主要内容，熟悉预算管理组织体系
    - 掌握预算管理的内容、预算管理的程序、预算管理的组织和制度
    - 掌握预算编制的具体方法和编制预算程序
  - 能力目标
    - 能够根据企业预算方案的质量特征和预算目标编制年度经营预算
    - 具备预算执行过程中预算指标的分解，预算执行过程中的审批、预算分析和反馈以及根据反馈进行预算调整的能力
  - 素质目标
    - 树立“凡事预则立，不预则废”的理念

案例导入

全面预算是否等同于财务预算

基于大数据的按病种分值付费（DIP）全面推开，映射着大数据对医疗行业的改变。值得一提的是，DIP突出区域总额预算管理，不再以医疗机构为单位确定医保额度。“区域总额预算，实现了区域基金统筹，整体上控制医疗费用的增长幅度，又放开了各医疗机构业务自主发展空间。”许速提道，区域总额预算把项目、病种、床日等付费单元转换为标准，基于标准预算汇总成区域总额，合理确定医保区域点数法总额预算指标。与此同时，区域总额预算一定要通过全面预算管理来实施，通过全面预算的编制，建立基于大数据的预算模型，模拟分析医保基金、医院运营与社会需求之间的拟合程度，以预算模型对医疗机构运营形成导向作用，建立医疗机构实际发生费用与医保支付费用之间的制衡机制，从而规避医保基金的运行风险，降低医疗机构运营风险。

什么是全面预算管理？“全面预算是内部治理体系，根据医保支付目标定位的实现方式与实现路径，进行精细化管理，预算主管、归口管理、预算责任主体；财务预算是全面预算的组成部分，主要对资金的预算。”许速继而解释道，全面预算管理就是全口径、全过程、全员性、全方位预算管理，贯穿于预算编制、审批、执行、监控、调整、决算、分析、考核等各环节，从数量、质量、实效、成本、效益等方面实施预算绩效管理，强化预算约束，促进资源有效分配和使用。“公立医院高质量发展需要聚焦到资源配置质量和效率，要关注成本，实行全面预算，进行全成本控制。”

——公立医院改革是个经济问题. 医师报. 2022-10-27

关键名词

全面预算　零基预算　弹性预算　滚动预算　作业预算　预算控制

第一节　预算管理概述

一、预算管理的内涵

“凡事预则立，不预则废。”预算是行为计划的量化，这种量化有助于管理者协调、贯彻计划，是一种重要的管理工具。预算管理，是指企业事前根据战略目标，围绕预算对各职能部门的财务及非财务资源进行分配、考核、控制（见图11-1），以便有效地组织和协调企业的生产经营活动，完成既定的经营目标。

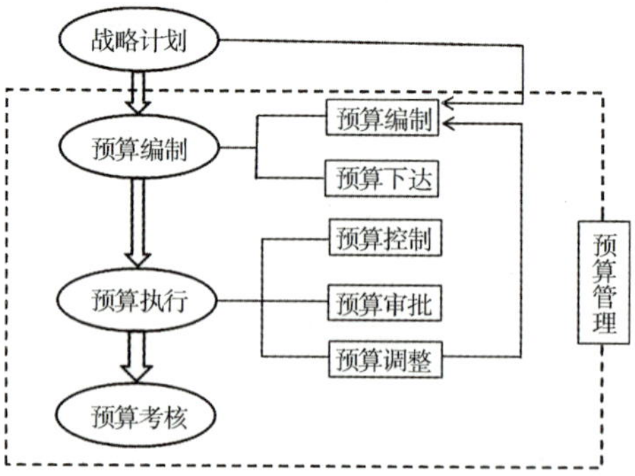

图11-1　预算管理业务流程图

全面预算管理概述

预算管理旨在落实战略规划、优化资源配置，提高营运绩效，强化风险控制，推动企业战略规划实现。企业实施预算管理时，一般应遵循以下原则。

战略导向原则。预算管理应围绕企业的战略规划和业务计划有序开展，引导各预算责任主体聚焦战略、专注执行、达成绩效。

过程控制原则。预算管理应建立在企业相关定额、标准基础之上，通过差异分析，监控预算目标的实现进度，提高预算管理的过程管控能力。

融合业务原则。预算管理应嵌入企业业务管理的各个领域、层次、环节，促进各预算责任主体围绕预算目标开展沟通与协调，提高资源的配置效率和使用效益。

平衡管理原则。预算管理应平衡长期目标与短期目标、整体利益与局部利益、收入与支出、结果与动因等关系，促进企业可持续发展。

预算管理的基本流程分预算编制、预算执行和预算考核三个阶段，这三个阶段相互关联、相互衔接、相互作用，构成预算编制循环。

二、预算的内容

全面预算是由一系列按照经济内容及相互关系有序排列而成的系统，包括经营预算、专门决策预算和财务预算。

（一）经营预算

经营预算是与企业日常经营活动有关的预算，主要包括销售预算、生产预算、直接材料预算、直接人工预算、制造费用预算、单位生产成本预算、销售及管理费用预算等。这些预算大多以实物量指标和价值量指标分别反映企业收入与费用的构成情况。

（二）专门决策预算

专门决策预算是指企业为那些在预算期内不经常发生的、一次性经济活动所编制的预算。与在日常经营业务基础上编制的经营预算和财务预算不同，专门决策预算所涉及的不是经常预测和决策的事项，而是长期或不定期编制的预算，针对性较强。

（三）财务预算

财务预算是指与企业现金收支、经营成果和财务状况相关的预算，主要包括现金预算、预计利润表、预计资产负债表。这些预算以价值量指标总括反映经营预算的结果。

三、预算执行过程

预算编制完成后，应按照相关法律法规及企业章程的规定报经企业预算管理决策机构审议批准，以文件形式下达执行。预算执行一般可以分为预算控制、预算调整等程序。

预算审批包括预算内审批、预算外审批、超预算审批等。预算内审批事项，应简化流程，提高效率；预算外审批事项，应严格控制，防范风险；超预算审批事项，应执行额外的审批流程。

预算控制包括事前控制、事中控制、事后控制的全过程控制。预算的事前控制，是指通过规范的预算编制流程，形成具有广泛共识的、可实现的预算控制目标。预算的事中控制，是指对费用、采购和资本性支出等涉及现金支出的事项，按照预算额度和企业内部相关流程进行逐级审批并执行。预算的事后控制，是指对销售、回款、存货等不涉及现金支出的预算，以预算分析报告的方式进行监控。预算的事前、事中和事后控制是相对的。较高层次或上一环节某些事项的事后控制，往往是下一层次、下一环节某些事项的事前或事中控制。企业应建立健全授权控制制度，明确预算审批权限和要求、预算执行情况分析与报告等内容，强化预算责任，严格预算控制。

预算调整，是指在预算执行时，由各预算责任主体根据经营管理要求、环境或政策变化，提出预算目标调整申请，经审批后，对预算进行修订的过程。企业经批准下达的预算应保持稳定，如因客观因素导致预算执行发生重大差异确需调整预算的，应明确预算调整的条件、主体、权限和程序等事宜。

企业应建立预算执行情况分析制度，定期召开预算执行分析会议，通报预算执行情况，研究解决预算执行中存在的问题，提出改进措施。

四、预算考核

预算考核侧重对财务指标和定量指标的考核，是企业绩效考核的重要组成部分。预算考核主体和考核对象的界定应坚持上级考核下级、逐级考核、预算执行与预算考核相互分离的原则。预算考核的内容一般包括预算执行结果、预算编制和预算执行分析报告的及时性和准确性、预算执行与预算调整的规范性等。

第二节 预算编制方法

一、弹性预算

弹性预算是指企业在分析业务量与预算项目之间数量依存关系的基础上，分别确定不同业务量及其相应预算项目所消耗资源的预算编制方法。这里的业务量是指企业销售量、产量、作业量等与预算项目相关的弹性变量。弹性预算是相对于固定预算的一种编制方法。固定预算是指以预算期内正常的、最可能实现的某一业务量水平为固定基础，不考虑可能发生的变动的预算编制方法。

预算编制方法

弹性预算适用于企业各项预算的编制，特别是市场、产能等存在较大不确定性，且其预算项目与业务量之间存在明显的数量依存关系的预算项目。企业选择的弹性预算适用项目一般应与业务量有明显数量依存关系，且企业能有效分析该数量依存关系，并积累了一定的分析数据。企业在选择成本费用类弹性预算适用项目时，还要考虑该预算项目是否具备较好的成本性态分析基础。

应用弹性预算工具方法编制预算的基本步骤如下。

第一步，确定弹性预算适用项目，识别相关的业务量并预测业务量在预算期内可能存在的不同水平和弹性幅度。企业应分析、确定与预算项目变动直接相关的业务量指标，确定其计量标准和方法，作为预算编制的起点；深入分析市场需求、价格走势、企业产能等内外因素的变化，预测预算期可能的不同业务量水平，编制销售计划、生产计划等各项业务计划。

第二步，逐项分析、认定预算项目和业务量之间的数量依存关系、依存关系的合理范围及变化趋势，确定弹性定额。企业应不断强化弹性差异分析，修正和完善预算项目和业务量之间的数量依存关系，并根据企业管理需要增补新的弹性预算定额，形成企业弹性定额库。

第三步，采用公式法或列表法构建具体的弹性预算模型，形成基于不同业务量的多套预算方案。

第四步，审定预算方案。企业预算管理责任部门应审核、评价和修正各预算方案，根据预算期最可能实现的业务量水平确定预算控制标准，并上报企业预算管理委员会等专门机构审议后报董事会等机构审批。

弹性预算方法又分为列表法和公式法两种。

（一）列表法

列表法是指企业通过列表的方式，在业务量范围内依据已划分出的若干个不同等级，分别计算并列示该预算项目与业务量相关的不同可能预算方案的方法。

例 11-1 某企业装配车间生产能力为 1000 工时，根据企业现有的生产经营状况，车间实际机器工作工时占总额的 70%～110%，该企业采用弹性预算法编制 20××年 9 月制造费用预算表，如表 11-1 所示。

表 11-1　制造费用预算表

部门：装配车间　　　　　　　　　　　　　　20××年 9 月

费用	变动费用率/元·工时	不同生产能力下制造费用/元				
		70%（700 工时）	80%（800 工时）	90%（900 工时）	100%（1000 工时）	110%（1100 工时）
变动成本项目						
电力费用	1	700	800	900	1000	1100
运输费用	0.2	140	160	180	200	220
材料费用	0.3	210	240	270	300	330
变动成本合计		1050	1200	1350	1500	1650
固定成本项目						
折旧费用		500	500	500	500	500
人工费用		1000	1000	1000	1000	1100
固定成本合计		1500	1500	1500	1500	1600
总计		2550	2700	2850	3000	3250

列表法列示的业务量不连续，是按照固定的间隔比例列示的，因此难以表达业务量范围内的全部成本预算情况。

（二）公式法

公式法是运用成本性态模型，测算相关范围内成本费用数额，据此编制成本费用预算的方法。应用公式法编制预算时，相关弹性定额可能仅适用于一定业务量范围内。当业务量变动超出该适用范围时，应及时修正、更新弹性定额，或改为列表法编制。

公式法下弹性预算的基本公式为

预算总额＝固定费用总额＋单位变动费用×预计业务量

即

$$y=a+bx$$

式中：

y——预算总额；

a——固定费用总额；

b——单位变动费用；

x——预计业务量。

例 11-2 根据例 11-1 的相关资料，运用公式法编制装配车间机器工作 700 至 1000 工时内制造费用弹性预算。

制造费用＝（500＋1000）＋（1＋0.2＋0.3）x＝1500＋1.5x

二、零基预算

零基预算是指企业不以历史期经济活动及其预算为基础，以零为起点，从实际需要出发分析预算期经济活动的合理性，经综合平衡，形成预算编制方法。零基预算是相对于增量预算的一种预算编制方法。增量预算是指以历史期实际经济活动及其预算为基础，结合预算期经济活动及相关影响因素的变动情况，通过调整历史期经济活动项目及金额形成预算编制方法。

零基预算适用于企业各项预算的编制，特别是不经常发生的预算项目或预算编制基础变化较大的预算项目。

应用零基预算工具方法编制预算的基本步骤为：

第一步，根据企业预算期的销售目标、利润目标等，计算预算期各项费用项目；

第二步，拟定预算期各项费用项目的预算方案，根据成本收益分析结果，权衡各项费用支出的轻重缓急，对预算期各项费用项目进行排序；

第三步，按照上述排序，根据企业预算期内可以使用的资源分配资金，落实预算。

例 11-3 某企业拟采用零基预算编制方法编制下一年度管理费用预算，根据企业下一年度利润目标和部门任务，经过多次讨论，认为在预算内需要发生如下费用项目，如表 11-2 所示。

表 11-2　预计管理费用项目及金额

费用项目	费用金额/元
租赁费	50000
保险费	20000
培训费	30000
办公费	120000
业务招待费	150000
合计	370000

经过多次讨论，租赁费、保险费和办公费是不可避免的费用支出项目，培训费和业务招待费可以增减费用额，根据历史资料对培训费和业务招待费进行成本效益分析，得到如下数据，如表 11-3 所示。

表 11-3　成本效益分析表

费用项目	成本/元	收益/元	成本收益率
培训费	1	1.5	150%
业务招待费	1	1	100%

假定该企业在预算期内可动用的资金只有 300000 元，运用零基预算方法做出各费用项目资金安排。

（1）租赁费、保险费和办公费是不可避免的费用支出项目，需要全额得到资金保障，应先予以满足，这三项费用排在第一层次。

不可避免的费用支出金额＝50000＋20000＋120000＝190000（元）

尚可分配的资金＝300000－190000＝110000（元）

（2）培训费和业务招待费属于酌量性固定成本，在预算期内可以根据财力情况酌情增减，培训费的成本收益率大于业务招待费，因此培训费排在第二层次，业务招待费排在第三层次。

培训费预算数＝110000×1.5÷（1.5＋1）＝66000（元）

业务招待费预算数＝110000×1÷（1.5＋1）＝44000（元）

零基预算的主要优点：以零为起点编制预算，不受历史期经济活动中的不合理因素影响，能够灵活应对内外环境的变化，预算编制更贴近预算期企业经济活动需要；有助于增加预算编制透明度，有利于进行预算控制。

零基预算的主要缺点：预算编制工作量较大、成本较高；预算编制的准确性受企业管理水平和相关数据标准准确性影响较大。

三、滚动预算

（一）滚动预算基本原理

滚动预算是指企业根据上一期预算执行情况和新的预测结果，按既定的预算编制周期和滚动频率，对原有的预算方案进行调整和补充，逐期滚动、持续推进的预算编制方法。预算编制周期是指每次预算编制所涵盖的时间跨度。滚动频率是指调整和补充预算的时间间隔，一般可以为月度、季度、年度等。

滚动预算一般由中期滚动预算和短期滚动预算组成。中期滚动预算的预算编制周期通常为 3 年或 5 年，以年度作为预算滚动频率。短期滚动预算通常以 1 年为预算编制周期，以月度、季度作为预算滚动频率（见图 11-2）。

2023 年度预算											
1 月	2 月	3 月	4 月	5 月	6 月	7 月	8 月	9 月	10 月	11 月	12 月

2023 年度预算									2024 年		
4 月	5 月	6 月	7 月	8 月	9 月	10 月	11 月	12 月	1 月	2 月	3 月

图 11-2　短期滚动预算图

滚动预算适用于各类企业。滚动预算的优点：企业通过持续滚动预算编制、逐期滚动管理，可以实现动态反映市场，建立跨期综合平衡，强化预算的决策与控制职能。

滚动预算的缺点：企业应用滚动预算方法时，预算滚动的频率越高，对预算沟通的要求越高，预算编制的工作量越大；过高的滚动频率容易增加管理层的不稳定感，导致预算执行者无所适从。

（二）数字化时代的滚动预算——“近详远略”的新模式

在智能技术的推动下，滚动预算也在发生着迭代和升级，而“T＋3”滚动预算就是传统滚动预算在数字化时代的创新和优化，它融合应用了数据实时、批量加载、机器学习、知识图谱、千万级数据亚秒聚合等新技术，在进一步提升滚动预算的应用价值的同时，可以有效降低应用的难度，使更多的企业成功应用，是滚动预算发展的理想模式。“T＋3”滚动预算根据人们对未来预测“近期把握大、远期把握小”的规律，将预测精力放在最近 3 个月的预测，主动放弃 3 个月以上预测的精细度，从而大大降低滚动预算编制的复杂度。“T＋3”滚动预算基于“近细远粗”的原则，建立基于企业业务计划（订单计划、销售计划）和业务预测（订单预测、销售预测）的预测逻辑和预测模型，形成涵盖“上月实际数＋后 3 个月精确滚动预算＋剩余期间粗略滚动预算”的预算结果，能够对企业管理层和业务部门提供充分的决策支持和业务指导。

总体来看，“T＋3”滚动预测的核心思想可以总结为三点：频率快、数据细、眼光远。“频率快”指从季度滚动升级为月度滚动，具备条件的企业可以尝试以“周”为单位的短滚动。“数据细”指预测的维度和粒度可以尽可能地细化到与日常的运营计划保持一致。“眼光远”指预测的周期要足够长。“T＋3”滚动预测建议企业做定长滚动，一般滚动到未来的 12 个月。当前，越来越短、越来越窄的经济波动周期，越来越低的企业战略能见度和越来越变化莫测的市场环境，正在给传统预算管理体系带来空前的压力和挑战。预算管理应向何处发展？或许，滚动预测正在为我们解答。

四、作业预算

作业预算是指基于“产出消耗作业、作业消耗资源”的原理，以作业管理为基础的预算管理方法。作业预算主要适用于具有作业类型较多且作业链较长、管理层对预算编制的准确性要求较高、生产过程多样化程度较高，以及间接或辅助资源费用所占比重较大等特点的企业。这类企业应具有满足作业管理、资源费用管理要求的信息系统，能通过外部市场和企业内部可靠、完整、及时地获取作业消耗标准、资源费用标准等基础数据。

应用作业预算工具方法编制预算的基本步骤如下。

第一步，企业应根据预测期销售量和销售收入预测各作业中心的产出量（或服务量）。

第二步，按照作业与产出量（或服务量）之间的关系，分别按产量级作业、批别级作业、品种级作业、客户级作业、设施级作业等计算各类作业的需求量。一般应先计算主要作业的需求量，再计算次要作业的需求量。

产量级作业是指该类作业的数量一般与产品（或服务）的数量成正比例变动，有关计算公式为

$$产量级作业需求量 = \sum 各产品（或服务）预测的产出量（或服务量）\times 该产品（或服务）作业消耗率$$

批别级作业是指该类作业的数量一般与产品（或服务）的批量数成正比例变动，有关计算公式为

$$批别级作业需求量 = \sum 各产品（或服务）预测的批次 \times 该批次作业消耗率$$

品种级作业是指该类作业的数量一般与品种类别的数量成正比例变动，有关计算公式为

$$品种级作业需求量 = \sum 各产品（或服务）预测的品种类别 \times 该品种类别作业消耗率$$

客户级作业是指该类作业的数量一般与特定类别客户的数量成正比例变动，有关计算公式为

$$客户级作业需求量 = \sum 预测的每类特定客户 \times 该类客户作业消耗率$$

设施级作业是指该类作业的数量在一定产出量（服务量）规模范围内一般与每类设施投入的数量成正比例变动，有关计算公式为

$$设施级作业需求量 = \sum 预测的每类设施投入量 \times 该类设施作业消耗率$$

作业消耗率是指单位产品（或服务）、批次、品种类别、客户、设施等消耗的作业数量。

第三步，进行资源分析，确定资源项目和资源动因。

企业应依据作业消耗资源的因果关系确定作业对资源费用的需求量。

$$资源费用需求量 = \sum 各类作业需求量 \times 资源消耗率$$

资源消耗率是指单位作业消耗的资源费用数量。

企业应检查资源费用需求量与供给量是否平衡，如果没有达到基本平衡，则需要通过增加或减少资源费用供给量或降低资源消耗率等方式，使两者的差额处于可接受的区间内。资源费用供给量是指企业目前经营期间所拥有并能投入作业的资源费用数量。

企业一般以作业中心、作业类别为对象编制资源费用预算。有关计算公式为

$$资源费用预算 = \sum 各类资源需求量 \times 该资源费用预算价格$$

资源费用的预算价格一般源于企业建立的资源费用价格库。企业应收集、积累多个历史期间的资源费用成本价、行业标杆价、预期市场价等，建立企业的资源价格库。

企业作业预算分析主要包括资源动因分析和作业动因分析。资源动因分析主要揭示作业消耗资源的必要性和合理性，发现减少资源浪费、降低资源消耗成本的机会，提高资源利用效率；作业动因分析主要揭示作业的有效性和增值性，减少无效作业和不增值作业，不断地进行作业改进和流程优化，提高作业产出效果。

例 11-4 某高校二级学院在职教师人数为 100 人，其中行政岗（含辅导员）为 10 人，教师 90 人；学生人数为 2000 人，其中毕业生人数为 450；该二级学院中教学计划的制定与部署、教学

质量监控和辅助教学属于日常性工作，由 10 名行政岗员工完成。其他教学活动按照作业动因计算，总授课课时数量为 27000 课时，毕业论文指导按照 8 课时/人计算指导费用。该二级学院基本情况、教学实施作业预算如表 11-4、表 11-5 所示。

表 11-4 某二级学院基本情况表

一级子作业	二级子作业	人员类别	薪资水平	人数
教学管理	教学计划的制定与部署、教学质量监控、培训	行政管理人员	5 万元/年·人	10 人
教学实施	教学、论文指导	教授	200 元/课时	15 人
		副教授	150 元/课时	30 人
		讲师	100 元/课时	45 人
合计				100 人

表 11-5 某二级学院薪资作业预算表 （作业预算）

工作性质	二级子作业	作业动因量	资源项目	作业动因率	资源动因率	预测的资源需求量	作业预算
教学实施	教授授课	27000 课时	课酬	300 课时/级	讲师：100 元/课时 副教授：150 元/课时 教授：200 元/课时	13500 课时 9000 课时 4500 课时	135 万元 135 万元 90 万元
	毕业论文指导与归类	3600 课时	指导费	450 人	讲师：100 元/课时 副教授：150 元/课时 教授：200 元/课时	1800 课时 1200 课时 600 课时	18 万元 18 万元 12 万元
作业预算合计							408 万元

因为教学管理属于日常性工作，无法进行细分，所以不使用作业预算编制，而采用整体汇总薪资水平，即 10 位行政人员合计 50 万元薪资成本支出。因此，该二级学院总薪资成本为 458 万元。

作业预算不仅可以细分作业，还可以使得预算更加准确。基于作业预算法的核算，更能体现二级学院的教学性质。

作业预算的主要优点：基于作业需求量配置资源，避免了资源配置的盲目性；将资源充分应用于增值作业，通过总体作业优化实现最低的资源费用耗费，创造最大的产出成果；作业预算可以促进员工对业务和预算的支持和拥护，有利于预算的执行。

作业预算的主要缺点：预算的建立过程复杂，需要详细地估算生产和销售对作业量的需求，以及资源量需求，并测定作业消耗率和资源消耗率，数据收集成本较高。

第三节 全面预算编制实例

一、经营预算的编制

（一）销售预算

企业经营遵循“以销定产”的原则，因此销售预算是整个预算编制的起点，是为了规划因预算期内企业销售活动产生的预计销售数量、预计销售收入而编制的一种经营预算。这里的预计销售数量是根据市场预测或者销售合同结合企业生产能力而确定的，预计销售单价是根据定价决策确定的，预计销售收入是预计销售数量与预计销售单价的乘积。销售预算中还应该考虑企业信用政策产生的预计现金收入。

经营预算的编制

例 11-5 荣兴公司是一家制造企业，预算年度将生产 A、B 两种产品，A 产品单位售价 12 元，B 产品单位售价 16 元。要求 A、B 两种产品的预算在同一份表格中分别反映。每季度预计销售数量如表 11-6 所示。

表 11-6 荣兴公司预算期每季度预计销售数量

单位：件

产品	第一季度	第二季度	第三季度	第四季度	全年合计
A	600	700	800	900	3000
B	1500	1600	1700	1800	6600

荣兴公司预算年度所有的销售中有 50%是现销，赊销在下一季度收账，20×0 年末的应收账款 20000 元均能在 20×1 年第一季度收现。设计并编制荣兴公司的销售预算表（见表 11-7）。

表 11-7 荣兴公司 20×1 年度销售预算表

项目	一季度		二季度		三季度		四季度		全年合计	
	A	B	A	B	A	B	A	B	A	B
销售量/件	600	1500	700	1600	800	1700	900	1800	3000	6600
销售单价/元	12	16	12	16	12	16	12	16		
销售收入/元	7200	24000	8400	25600	9600	27200	10800	28800	36000	105600
销售现金收入/元	35600		32600		35400		38200		141800	
期末应收账款/元	15600		17000		18400		19800		19800	

（二）生产预算

生产预算是根据销售预算、企业生产能力、仓库容量等条件编制的生产进度表。此外，有些产品的生产和销售存在季节性和周期性，需要合理安排生产进度。预计生产量的计算公式为

预计生产量＝预计销售量＋预计期末产成品存货量－预计期初产成品存货量

例 11-6 沿用例 11-5 的资料，假设荣兴公司希望能在每季度末保持相当于下季度销售量 70%的期末存货。上年末 A 产品盘存 480 件，单位成本 8 元；B 产品盘存 1200 件，单位成本 10 元。预计 20×2 年第一季度 A 产品的销量 1000 件，B 产品的销量 1900 件。设计并编制荣兴公司的生产预算表（见表 11-8）。

表 11-8 荣兴公司 20×1 年度生产预算表

单位：件

产品	项目	一季度	二季度	三季度	四季度	全年合计
A	预计销售量	600	700	800	900	3000
	加：预计期末存货	490	560	630	700	700
	合计	1090	1260	1430	1600	
	减：预计期初存货	480	490	560	630	480
	预计生产量	610	770	870	970	3220
B	预计销售量	1500	1600	1700	1800	6600
	加：预计期末存货	1120	1190	1260	1330	1330
	合计	2620	2790	2960	3130	
	减：预计期初存货	1200	1120	1190	1260	1200
	预计生产量	1420	1670	1770	1870	6730

（三）直接材料预算

直接材料预算是预算期产品生产直接耗用原材料及原材采购的预算。如果企业需要使用多种原材料，则应按照原料的主要品种分别编制直接材料预算，并汇总成本直接材料预算。编制直接材料预算时，应同时编制现金支出预算。具体计算公式为

直接材料耗用数量＝预计生产量×单位产品材料耗用数量

直接材料采购数量＝直接材料耗用数量＋预计期初直接材料存货量

－预计期末直接材料存货量

直接材料采购成本＝直接材料采购数量×预计材料单价

例 11-7 沿用例 11-6 的资料，荣兴公司所生产的 A、B 产品是用同一种原材料生产的，A 产品每件需要耗用原材料 4 千克，B 产品每件需要耗用原材料 8 千克，该材料的成本为每千克 0.5 元，上年末库存材料 21000 千克。公司期望预算年度每季末保持相当于当月生产量 150％的原材料库存量。荣兴公司采购该种材料时有 50％是现购，赊购部分在下一季度付款。设计并编制荣兴公司的材料采购预算表（见表 11-9）。

表 11-9　荣兴公司 20×1 年度直接材料采购预算表

产品	项目	一季度	二季度	三季度	四季度	全年合计
A	预计生产量/件	610	770	870	970	3220
	单位产品耗用量/千克	4	4	4	4	
	生产需用量/千克	2440	3080	3480	3880	12880
B	预计生产量/件	1420	1670	1770	1870	6730
	单位产品耗用量/千克	8	8	8	8	
	生产需用量/千克	11360	13360	14160	14960	53840
生产需用原料总量/千克		13800	16440	17640	18840	66720
加：预计期末存货量/千克		20700	24660	26460	28260	
需要量合计/千克		34500	41100	44100	47100	166800
减：预计期初存货量/千克		21000	20700	24660	26460	
预计采购量/千克		13500	20400	19440	20640	73980
平均单位采购成本/元·千克		0.5	0.5	0.5	0.5	
预计采购成本/元		6750	10200	9720	10320	36990
采购现金支出/元		8375	8475	9960	10020	36830
期末应付账款/元		3375	5100	4860	5160	

（四）直接人工预算

直接人工预算是预算期内产品生产直接耗用人工费用的预算。如果存在多产品和多流程的情况，应按照产品品种和车间分别编制人工预算，并汇总成总的直接人工预算。具体计算公式为

人工工时总量＝预计生产量×单位产品工时

直接人工成本＝人工工时总量×工资率

人工预算还需要考虑劳动力季节性调整和人口红利的减弱，单位人工工资率也会相应地变动。此外，技术的引进和经验曲线效应会降低单位产品实际工时。

例 11-8 接例 11-7 的资料，荣兴公司所生产的 A、B 产品直接人工工时定额为 1 小时，每小时工资率 6 元。设计并编制荣兴公司的直接人工预算表（见表 11-10）。

表 11-10　荣兴公司 20×1 年度直接人工预算表

产品	项目	一季度	二季度	三季度	四季度	全年合计
A	预计生产量/件	610	770	870	970	3220
	单位产品人工工时/小时	1	1	1	1	
	生产需要工时/小时	610	770	870	970	3220
B	预计生产量/件	1420	1670	1770	1870	6730
	单位产品人工工时/小时	1	1	1	1	
	生产需要工时/小时	1420	1670	1770	1870	6730
合计	总工时/小时	2030	2440	2640	2840	9950
	每小时工资率	6	6	6	6	
	直接人工/小时	12180	14640	15840	17040	59700

（五）制造费用预算

制造费用预算包括变动制造费用预算和固定制造费用预算，其中变动制造费用预算以生产预算为基础编制；固定制造费用预算按照实际历史情况预计。如果存在多产品和多流程的情况，应按照产品品种和车间分别编制制造费用预算，并汇总成总的制造费用预算。编制制造费用预算时，应同时编制现金支出预算。

例 11-9 接例 11-8 的资料，荣兴公司的间接材料按照直接人工工时每小时 0.20 元、间接人工按照直接人工工时每小时 0.30 元、公用事业按照直接人工每小时 0.10 元分别编入预算，而每季的折旧费 1200 元、管理人员薪金 900 元、其他杂项 300 元在预算期内保持固定不变。请设计并编制荣兴公司的制造费用预算表（见表 11-11）。

表 11-11　荣兴公司 20×1 年度制造费用预算表

项目		一季度 2030 工时	二季度 2440 工时	三季度 2640 工时	四季度 2840 工时	全年合计 9950 工时
变动制造费用	间接材料/元	406	488	528	568	1990
	间接人工/元	609	732	792	852	2985
	公用事业费/元	203	244	264	284	995
	合计/元	1218	1464	1584	1704	5970
固定制造费用	折旧/元	1200	1200	1200	1200	4800
	管理人员薪金/元	900	900	900	900	3600
	其他杂项/元	300	300	300	300	1200
	合计/元	2400	2400	2400	2400	9600
制造费用合计/元		3618	3864	3984	4104	15570
减：折旧/元		1200	1200	1200	1200	4800
付现制造费用/元		2418	2664	2784	2904	10770

（六）产品成本预算

在前述经营预算的基础上，可以编制产品成本预算。具体计算公式为

单位变动生产成本＝单位直接材料＋单位直接人工＋单位变动制造费用

例 11-10 接例 11-9 的资料，设计并编制荣兴公司的产品生产成本和期末产成品预算表（见表 11-12）。

表 11-12　荣兴公司 20×1 年度产成品成本和期末产成品库存预算表

项目	A	B
直接材料/元	2	4
直接人工/元	6	6
变动制造费用/元	0.6	0.6
变动生产成本/元·件	8.6	10.6
期末存货数量/件	700	1330
期末存货成本/元	6020	14098

（七）期间费用预算

期间费用预算包括销售预算和管理费用预算。其中销售预算应考虑销售人员的工资、佣金、广告费、宣传费等，在编制销售费用预算时，应根据品种、区域、市场按照历史销售费用进行分析，结合预算期销售情况进行估计。管理费用预算应考虑经营战略的调整带来的费用变动。与制造费用一样，销售费用预算和管理费用预算也分为变动和固定两个部分。

例 11-11　接例 11-10 的资料，荣兴公司的销售佣金按照销售收入的 0.5%计付，销售运输费按照销售收入的 1%计付，其他销售费用每季度支付情况如下：广告费 240 元，差旅费 100 元，销售和管理人员的薪金 800 元，办公用品 100 元，杂项支出 200 元。设计并编制荣兴公司的销售及管理费用预算表（见表 11-13）。

表 11-13　荣兴公司 20×1 年度销售和管理费用预算表

项目		一季度	二季度	三季度	四季度	全年合计
变动销售和管理费用	销售佣金/元	156	170	184	198	708
	运输费/元	312	340	368	396	1416
	小计/元	468	510	552	594	2124
固定销售和管理费用	广告费/元	240	240	240	240	960
	差旅费/元	100	100	100	100	400
	薪金/元	800	800	800	800	3200
	办公用品/元	100	100	100	100	400
	杂项支出/元	200	200	200	200	800
	小计/元	1440	1440	1440	1440	5760
销售和管理费用合计		1908	1950	1992	2034	7884

二、专门决策预算

专门决策预算包括专门经营决策预算和一次性专门决策预算。其中，专门经营决策预算是指与短期经营决策相关的专门决策预算，通常是企业通过制定最优生产经营决策方案、存货控制方案来调整企业资源配置。一次性专门决策预算是指对资金筹措、投放及其他财务决策等一次性专门业务进行预算。

专门预算和财务预算的编制

例 11-12　接例 11-11 的资料，荣兴公司在预算期第一季度应支付到期的应付股息 13000 元，同时已经预订了一台机器，价款 8000 元，将于第二季度送到，并在第二和第三季度分别支付价款 4000 元（不考虑折旧）。20×1 年的投资预算如表

11-14 所示。

表 11-14 荣兴公司 20×1 年度投资预算

项目	购置时间	价值/元	估计使用年限/年	期末残值/元	资金来源	资金成本
购入机器一台	一季度	8000	5	400	自有	10%

三、财务预算

（一）现金预算

现金预算是根据预算期现金流入、流出项目估计预算期内各期间期初、期末现金余额。营业活动产生的现金预算是根据上述销售预算、直接材料预算、直接人工预算、制造费预算、销售费用和管理费用预算等进行估算；投资和筹资活动现金预算是根据企业资本预算和融资活动等进行估算。

例 11-13 接例 11-12 的资料，荣兴公司每季度末应保持现金余额 4000 元，多资金不足或者多余，可以以千元为单位进行借入或者偿还，借款年利率为 6%，于季度初借入，季度末偿还，借款利息于支付本金时一起支付。设计并编制荣兴公司的现金预算表（见表 11-15）。

表 11-15 荣兴公司 20×1 年度现金预算表

单位：元

项目	第一季度	第二季度	第三季度	第四季度	全年合计
期初现金余额	4000	4719	4560	4339	
加：本期销售收入	35600	32600	35400	38200	141800
可用现金合计	39600	37319	39960	42539	
减：直接材料采购支出	8375	8475	9960	10020	36830
直接人工支出	12180	14640	15840	17040	59700
制造费用支出	2418	2664	2784	2904	10770
销售和管理费用支出	1908	1950	1992	2034	7884
股息	13000				13000
资本支出（机器）		4000	4000		8000
现金支出合计	37881	31729	34576	31998	136184
现金溢余/短缺	1719	5590	5384	10541	
借款	3000				3000
偿还借款		1000	1000	1000	3000
利息支出		30	45	60	135
期末现金余额	4719	4560	4339	9481	

例 11-14 接例 11-13 的资料，分季度编制荣兴公司 20×1 年的预计损益表（所得税税率 25%，预算年度无须兑付）和预计资产负债表（见表 11-16）。

表 11-16 荣兴公司 20×1 年度预计利润表（变动成本法）

单位：元

项目	第一季度	第二季度	第三季度	第四季度	全年合计
销售收入	31200	34000	36800	39600	141600
减：营业成本					
期初存货成本	15840	16086	17430	18774	15840

续表

项目	第一季度	第二季度	第三季度	第四季度	全年合计
加：本期生产成本	* 20298	24324	26244	28164	99030
减：期末存货成本	* 16086	17430	18774	20118	20118
营业成本	20052	22980	24900	26820	94752
制造贡献毛益	11148	11020	11900	12780	46848
减：变动期间费用	468	510	552	594	2124
产品贡献毛益	10680	10510	11348	12186	44724
减：固定成本					
固定制造费用	2400	2400	2400	2400	9600
固定期间费用	1440	1440	1440	1440	5760
营业利润	6840	6670	7508	8346	29364
减：利息支出		30	45	60	135
税前利润	6840	6640	7463	8286	29229
减：所得税	1710	1660	1865.75	2071.5	7307.25
净利润	5130	4980	5597.25	6214.5	21921.75

表 11-16 中，荣兴公司 20×0 年和 20×1 年 A、B 产品成本不同，故不能直接计算营业成本，应用“营业成本＝期初存货成本＋本期生产成本－期末存货成本”这一公式倒挤。

* 20298＝610×8.6＋1420×10.6

* 16086＝490×8.6＋1120×10.6

（二）资产负债表预算

预计资产负债表可以估计预算期内企业资产、负债和所有者权益的规模，是在期末资产负债表的基础上，结合预算期间经营预算、资本预算和财务预算调整编制而成的。

例 11-15 接例 11-14 的资料，请根据荣兴公司 20×0 年的资产负债表（见表 11-17）编制 20×1 年的预计资产负债表（见表 11-18）。

表 11-17 荣兴公司资产负债表

20×0 年 12 月 31 日

单位：元

资产		负债和股东权益	
流动资产：	金额	流动负债：	金额
现金	4000	应付账款	5000
应收账款	20000	应付股息	13000
原材料	10500	负债小计	18000
产成品	15840	权益：	
流动资产小计	50340	股本	108670
固定资产：		留存收益	3670
厂房和设备	100000	权益小计	112340
减：累计折旧	20000		
房屋及设备净值	80000		
固定资产小计	80000		
资产总计	130340	负债和股东权益总计	130340

表 11-18　荣兴公司预计资产负债表

20×1 年 12 月 31 日　　单位：元

资产		负债和股东权益	
流动资产：		流动负债：	
现金	9481	应付账款	5160
应收账款	19800	应付股息	7307.25
原材料	14130	负债小计	12467.25
产成品	20118	权益：	
流动资产小计	63529	股本	108670
固定资产：		留存收益	25591.75
厂房和设备	108000	权益小计	134261.75
减：累计折旧	24800		
房屋及设备净值	83200		
固定资产小计	83200		
资产总计	146729	负债和股东权益总计	146729

本章小结

（1）预算管理是指企业围绕预算对各职能部门的财务及非财务资源进行分配、考核、控制，以便有效地组织和协调企业的生产经营活动，完成既定的经营目标。预算管理的基本流程分预算编制、预算执行和预算考核三个阶段，这三个阶段相互关联、相互衔接、相互作用，构成预算编制循环。

（2）预算编制的具体方法主要包括弹性预算法、零基预算法、定期预算法、滚动预算法、作业预算法。企业结合自身的经济业务特点、基础数据管理水平、生产经营周期和管理的需要，根据不同的预算项目，选择或者综合运用相应方法进行预算编制。

（3）全面预算将企业经营、投资、筹资、财务等各项经济活动的各方面、各环节纳入其编制范围，形成经营预算、投资预算、筹资预算、财务预算等一系列预算综合体系。经营预算分为销售预算、生产预算、直接材料预算、直接人工预算、制造费用预算、产品成本预算和销售及管理费用预算等；专门决策预算分为专门经营决策预算和一次性专门决策预算；财务预算分为现金预算、利润表预算、资产负债表预算等。

思考题

1. 什么是全面预算？它有哪些作用？
2. 什么是零基预算？零基预算适用于何种情况？
3. 什么是作业预算？它有什么优缺点？
4. 弹性预算能克服固定预算的什么缺点？
5. 全面预算包括哪些内容？全面预算是怎样协调各职能部门之间的关系的？

自测自评

一、单项选择题

1. 企业在预测、决策的基础上，用数量和金额以表格的形式反映企业未来一定时期内经营、投资、筹资等活动的具体计划，为实现企业目标而对各种资源和企业活动所做的详细安排指的是（　　）。

　A. 投资　　B. 筹资　　C. 预算　　D. 分析与评价

2. 下列预算中，属于财务预算的是（　　）。

A. 销售预算　　B. 现金预算　　C. 直接材料预算　　D. 直接人工预算

3. 与企业现金收支、财务状况或经营成果等有关的预算是（　　）。

A. 经营预算　　B. 专门决策预算　　C. 财务预算　　D. 生产预算

4. 下列预算中，不属于经营预算内容的是（　　）。

A. 销售预算　　B. 生产预算　　C. 制造费用预算　　D. 资本支出预算

5. 对企业预算的管理工作负总责的是（　　）。

A. 董事会　　B. 预算管理委员会　　C. 财务管理部门　　D. 各职能部门

6. 根据预算期内正常的、最可实现的某一业务量水平为固定基础来编制预算的方法是（　　）。

A. 零基预算法　　B. 定期预算法　　C. 静态预算法　　D. 滚动预算法

7. 不受历史期经济活动中的不合理因素影响，并能够克服增量预算法缺点的预算编制方法是（　　）。

A. 弹性预算法　　B. 固定预算法　　C. 零基预算法　　D. 滚动预算法

8. 某企业编制弹性利润总额预算，预算销售收入为100万元，变动成本为50万元，固定成本为30万元，利润总额为20万元；如果预算销售收入达到120万元，则预算利润总额为（　　）万元。

A. 25　　B. 30　　C. 35　　D. 40

9. 在讨论、调整的基础上，应编制企业年度预算草案，提交董事会或经理办公会审议批准的是（　　）。

A. 董事会　　B. 财务管理部门　　C. 预算管理委员会　　D. 职工工会

10. 下列预算不是在生产预算的基础上编制的是（　　）。

A. 直接人工预算　　B. 直接材料预算　　C. 管理费用预算　　D. 产品成本预算

11. 某公司要预估本年第二季度车间生产数量，现已知第一季度末的产成品还有库存150件，预计第二季度能够销售300件，第二季度末产成品剩余100件，则预计第二季度的生产量为（　　）件。

A. 250　　B. 350　　C. 50　　D. 550

12. 某期资金预算中假设出现了正的现金收支差额，且超过规定额度的期末现金余额，单纯从财务预算调剂现金余缺的角度看，该企业不宜采用的措施是（　　）。

A. 偿还部分借款利息　　B. 偿还部分借款本金

C. 抛售短期有价证券　　D. 购入短期有价证券

13. 企业调整预算，应当由预算执行单位逐级向（　　）提出报告。

A. 企业预算管理委员会　　B. 董事会

C. 股东会　　D. 监事会

14. 定期召开预算执行分析会议，全面掌握预算的执行情况的部门是（　　）。

A. 预算管理委员会　　B. 预算执行单位　　C. 财务管理部门　　D. 董事会或经理办公会

二、多项选择题

1. 下列关于预算的特征与作用的说法中，正确的有（　　）。

A. 预算通过规划、控制和引导经济活动，使企业经营达到预期目标

B. 预算可以实现企业内部各个部门之间的协调

C. 预算是业绩考核的重要依据

D. 预算是数量化的并具有可执行性

2. 下列各项中，不属于全面预算体系最后环节的有（　　）。

A. 经营预算　　B. 财务预算　　C. 专门决策预算　　D. 生产预算

3. 下列预算中，属于辅助预算的有（　　）。

A. 产品成本预算　　B. 资金预算　　C. 资本支出预算　　D. 管理费用预算

4. 下列选项中，对预算工作的组织的表述说法正确的有（　　）。

A. 董事会或类似机构属于决策层，对预算工作负总责

B. 企业所属基层单位是企业预算的基本单位

C. 预算管理委员会负责监督预算的执行情况

D. 企业内部生产部门具体负责本部门业务涉及的预算编制

5. 下列各项中，属于增量预算法基本假定的有（　　）。

A. 以现有业务活动和各项活动的开支水平，确定预算期各项活动的预算数

B. 预算费用标准必须进行调整

C. 现有的各项业务开支水平都是合理的

D. 现有的业务活动是合理的

6. 下列各项中，属于滚动预算法优点的有（　　）。

A. 实现动态反映市场、建立跨期综合平衡

B. 强化预算的决策与控制职能

C. 能使预算期间与会计期间相对应

D. 便于将实际数与预算数进行对比

7. 与零基预算法相比，增量预算法的缺点有（　　）。

A. 编制工作量大　　B. 可能会造成预算上的浪费

C. 不必要开支合理化　　D. 无效费用得不到有效控制

8. 企业编制预算时，一般遵循的程序包括（　　）。

A. 上下结合　　B. 逐级汇总　　C. 总部汇总　　D. 分级编制

9. 假设某企业编制第四季度的材料采购预算，预计季初材料存量为 400 千克，季度生产需用量为 2000 千克，预计期末存量为 240 千克，材料采购单价为 8 元。若材料采购货款有 40% 当季付清，另外 60% 在下季度付清，不考虑流转税的影响。则下列各项中，说法正确的有（　　）。

A. 材料采购量为 1840 千克　　B. 材料采购金额为 14720 元

C. 期末应付账款金额为 8832 元　　D. 期末应付账款金额为 5888 元

10. 产品成本预算一般涉及的预算有（　　）。

A. 直接材料预算　　B. 销售预算　　C. 直接人工预算　　D. 制造费用预算

11. 以专门决策预算为编制预算的依据的有（　　）。

A. 产品成本预算　　B. 预计资产负债表预算

C. 资金预算　　D. 销售预算

12. 下列关于资金预算表中各项目的关系式，不正确的有（　　）。

A. 现金收入－现金支出＝现金余缺

B. 期初现金余额＋现金收入－现金支出＝现金余缺

C. 现金余缺－现金筹措（现金不足时）＝期末现金余额

D. 现金余缺＋现金运用（现金多余时）＝期末现金余额

13. 编制预计利润表的依据包括（　　）。

A. 资金预算　　B. 专门决策预算

C. 经营预算　　D. 预计资产负债表

14. 下列各项中，对预计资产负债表中存货金额产生影响的有（　　）。

A. 生产预算　　B. 直接材料预算　　C. 销售费用预算　　D. 产品成本预算

15. 下列选项中，企业财务管理部门应当利用财务报表监控预算的执行情况，为了促进企业完成预算的目标，需要及时提供财务信息给（　　）。

A. 预算执行单位　　B. 企业预算管理委员会

C. 董事会　　D. 经理办公会

16. 对于预算执行单位提出的预算调整事项，企业进行决策时，一般应当遵循的要求有（　　）。

A. 预算调整事项不能偏离企业发展战略

B. 预算调整方案应当在经济上能够实现最优化

C. 预算调整重点应当放在预算执行中出现的重要的、非正常的、不符合常规的关键性差异方面

D. 预算调整重点应当放在预算执行中出现的非重要的、正常的、符合常规的关键性差异方面

三、判断题

1. 一般将由经营预算、专门决策预算和财务预算组成的预算体系称为总预算。（　　）
2. 根据预算内容的不同，总预算可以分为经营预算、专门决策预算和财务预算。（　　）
3. 运用零基预算法编制预算的准确性受企业管理水平和相关数据标准准确性影响较大。（　　）
4. 如果采用弹性预算法，就可以根据各项成本同业务量的不同关系，采用不同方法确定“实际业务量的预算成本”，去评价和考核实际成本。（　　）
5. 对董事会或经理办公会审议批准的年度总预算，由财务管理部门逐级下达各预算执行单位执行。（　　）
6. 生产预算是整个预算编制的起点，其他预算的编制都以生产预算作为基础。（　　）
7. 产品成本预算，是销售预算、生产预算、直接材料预算、直接人工预算、制造费用预算、销售及管理费用预算的汇总。（　　）
8. 无论是变动制造费用还是固定制造费用，都与产量成线性关系。（　　）
9. 专门决策预算又称资本支出预算，一般预算的数据要纳入日常经营预算和资金预算。（　　）
10. 当现金余缺大于期末现金余额时，应将超过期末余额的多余现金进行投资；当现金余缺小于期末现金余额时，应筹措现金，筹措的现金越多越好。（　　）
11. 在资金预算表中，全年的期末现金余额指的是四个季度的合计数。（　　）
12. 对于预算内的资金拨付，应按照授权审批程序执行；对于预算外的项目支出，应当按预算管理制度规范支付程序；对于无合同、无凭证、无手续的项目支出，还是有一定的支付可能性的。（　　）
13. 年度预算经批准后不予调整。（　　）
14. 预算年度终了，企业财务管理部门应当向董事会或经理办公会报告预算执行情况。（　　）

四、计算分析题

1. C公司为增值税一般纳税人，购销业务适用的增值税税率为13%，假设只生产一种产品。相关预算资料如下：

资料一：预计每个季度实现的销售收入（含增值税）均以赊销方式售出，其中60%在本季度内收到现金，其余40%要到下一季度收讫，假定不考虑坏账因素。

部分与销售预算有关的数据如表11-19所示。

表11-19　销售预算

单位：元

项目	一季度	二季度	三季度	四季度
预计销售收入	*	80000	88000	*

续表

项目	一季度	二季度	三季度	四季度
增值税销项税额	*	10400	(D)	*
预计含税销售收入	90400	(B)	*	99440
年初应收账款	16640			
第一季度销售收现额	(A)	*		
第二季度销售收现额		(C)	*	
第三季度销售收现额			*	*
第四季度销售收现额				(E)
经营现金收入合计	*	*	*	99440

说明：上表中“*”表示省略的数据。

资料二：预计每个季度所需要的直接材料（含增值税）均以赊购方式采购，其中40%于本季度内支付现金，其余60%需要到下个季度付讫，假定不存在应付账款到期现金支付能力不足的问题。

部分与直接材料采购预算有关的数据如表11-20所示。

表 11-20　直接材料预算

单位：元

项目	一季度	二季度	三季度	四季度
预计材料采购成本	48000	*	52000	*
增值税进项税额	*	(G)	6760	*
年初应付账款	8000			
第一季度采购支出额	*	*		
第二季度采购支出额		*	(H)	
第三季度采购支出额			23504	*
第四季度采购支出额				*
材料采购现金支出合计	29696	*	*	*

说明：上表中“*”表示省略的数据。

要求：(1) 根据资料一确定表11-19中字母表示的数值（不需要列示计算过程）。

(2) 根据资料二确定表11-20中字母表示的数值（不需要列示计算过程）。

(3) 根据资料一和资料二，计算预算年度应收账款和应付账款的年末余额。

2. 已知：某企业第一年10—12月实际销售额分别为35000万元、40000万元和50000万元，预计第二年1月份销售额为46000万元。

每月销售收入中有60%于当月收现，30%于次月收现，10%于第三个月收讫，不存在坏账。

假定该企业销售的产品在流通环节只需缴纳消费税，税率为10%，并于销售当月以现金缴纳。

该企业第一年12月末现金余额为80万元，应付账款余额为4500万元（需在第二年1月份付清），不存在其他应收、应付款项。

第二年1月份有关项目预计资料如下：采购材料8000万元（当月付款80%）；工资及其他支出7500万元（用现金支付）；制造费用7800万元（其中折旧等非付现费用为4200万元）；销售费用和管理费用900万元（用现金支付）；预交所得税1710万元；购买设备17800万元（用现金支付）。现金不足时，通过向银行借款解决。第二年1月末现金余额要求不低于90万元。

根据上述资料，计算该企业第二年 1 月份的下列预算指标：

(1) 经营性现金流入；

(2) 经营性现金流出；

(3) 资本性现金支出；

(4) 现金余缺；

(5) 应向银行借款的最低金额；

(6) 1 月末应收账款余额。

——————————————扫扫看，你有多优秀——————————————

延伸阅读

[1] [2] [3] [4]

[5] [6] [7]

[8] [9]

[1]《管理会计应用指引第 200 号——预算管理》。

[2]《管理会计应用指引第 201 号——滚动预算》。

[3]《管理会计应用指引第 202 号——零基预算》。

[4]《管理会计应用指引第 203 号——弹性预算》。

[5]《管理会计应用指引第 204 号——作业预算》。

[6] 张思楠. 预算报告体现对企业创新的鼓励和呵护 [N]. 中国财经报，2022-03-07 (008).

[7] 闫宝琴，张庆龙. 全面预算管理的正确释义 [J]. 商业会计，2022 (19)：18-21.

[8] 张庆龙. 财务机制变革：从流程驱动走向流程与数据驱动并重 [J]. 商业会计，2020 (17)：10-13.

[9] 吴山青，唐金星. 数字赋能“全员、全程、全级”式预算管理体系促进企业业财融合与价值创造的探索与实践 [J]. 财会通讯，2022 (22)：169-176.

第十二章 业绩评价

学习目标

业绩评价是按照企业目标设计相应的评价指标体系，根据特定的评价标准，采用特定的评价方法，对企业一定经营期间的经营业绩做出客观、公正和准确的综合判断的管理过程。通过本章的学习，大家应达成以下目标。

- 学习目标
  - 知识目标
    - 了解业绩评价的基本概念和企业业绩评价体系
    - 掌握责任会计的基本原理和责任中心业绩评价方法
    - 理解经济增加值的原理和企业业绩评价的价值模式
    - 理解平衡计分卡的原理和企业业绩评价的平衡模式
  - 能力目标
    - 能够根据企业具体情况划分企业的责任中心，能够通过计算相关指标开展责任中心的业绩评价
    - 能够运用经济增加值的计算原理对企业进行价值模式的业绩评价，能够运用平衡计分卡的维度和指标对企业进行平衡模式的业绩评价
  - 素质目标
    - 理解业绩评价工具在管理会计体系中的重要作用，培养战略思维和创新意识

案例导入

如家酒店的平衡计分卡实践

如家酒店集团创立于2002年，于2006年10月在美国纳斯达克上市，是中国酒店业在海外上市的第一股。2016年4月4日，首旅酒店集团以110.5亿元完成了对如家酒店的私有化购买交易，首旅酒店集团与如家酒店集团正式合并，成立“首旅如家”品牌。截至2021年12月31日，首旅如家旗下酒店数量达到5916家（含境外1家），客房间数475124间，形成了国内最大的连锁酒店网络。

如家酒店早在2006年就已选用平衡计分卡作为战略管理和业绩考评工具，建立了企业层面财务、客户、内部流程、学习与成长四个维度的考核指标体系。其应用实施可以分为两个方面：一是将酒店战略目标与具体考核指标体系相结合，从而确保酒店战略目标的实现；二是将平衡计分卡考核系统与酒店激励机制相挂钩，促进企业与员工的共同发展。在平衡计分卡的应用实践中，如家酒店坚持以成为“大众住宿业的卓越领导者”为愿景，从其愿景出发确定酒店总的发展战略，并将其进一步转化为具体考核目标，从而通过层层分解落实到绩效考核指标上，形成上至顶层管理团队、下至基层员工的全员绩效考核指标体系。在此过程中，一方面，有针对性的目标分解为酒店各组织层级绩效指标的设定提供了目标依据；另一方面，将酒店绩效指标目标值的设定与其整体战略需求相贴合，能够使员工参与到酒店发展战略实现过程中，使员工与企业共命运，成为酒店战略执行和实施的主体。十多年来，如家酒店集团使用平衡计分卡清晰地描述了愿景目标，并通过不断地学习与成长，建立起其独特的自身优势，使平衡计分卡成为实现中长期战略的助推器，在为客户创造价值的同时也在不断提高股东价值。

传统的组织业绩单一财务评价模式只能衡量过去发生的事项（结果因素），而无法评估组织前瞻性的投资（领先的驱动因素）。在工业时代，注重财务指标的业绩管理模式还是有效的。但在信息社会里，传统的业绩管理模式面临巨大挑战。因此，组织如何通过客户、供应商、员工、组织流程、技术和革新等方面的协调，设计科学的业绩考评体系，保证个人目标与组织的战略目标保持协同，全面提高组织资源配置的效率，从而获得突破性业绩，推动企业持续发展正是本章的主题。

——[1] 卞艳艳，张蕾，张洁瑛. 平衡计分卡与战略地图应用研究——基于如家快捷酒店案例分析[J]. 中国商贸，2012（07）：123-124.

[2] 张云. 平衡计分卡在经济型酒店不同生命周期中的应用——以如家经济型酒店为例[D]. 大庆：黑龙江八一农垦大学，2017.

第一节 企业业绩评价系统

一、业绩评价的基本概念

（一）业绩

业绩，即performance，也可译作绩效或效绩。根据《韦伯斯特新世界词典》里的释义，业绩的意思是：“①正在执行的活动或已完成的活动；②重大的成就。”因而，业绩既可以看作是一个过程，也可以看作是该过程产生的结果。

企业效绩是指一定经营期间的企业经营效益和经营者业绩。企业经营效益主要表现在盈利能力、资产营运水平、偿债能力和后续发展能力等方面。经营者业绩主要通过经营者在经营管理企业的过程中对企业经营、成长、发展所取得的成果和所做出的贡献来体现。

（二） 业绩评价

业绩评价就是按照企业目标设计相应的评价指标体系，根据特定的评价标准，采用特定的评价方法，对企业一定经营期间的经营业绩做出客观、公正和准确的综合判断。

（三） 业绩评价系统

业绩评价系统是指由一系列与企业业绩相关的评价机构、评价制度、评价指标体系、评价标准及评价方法等形成的有机整体。它是企业管理控制系统中一个相对独立的子系统，是企业战略目标实现的重要保证。业绩评价系统的内容依企业的行业类型而定，不同行业的企业，其业绩评价的内容也有差异。

通常，企业业绩评价系统由以下五个基本要素构成。

1. 业绩评价目标

业绩评价系统的目标是整个系统运行的指向和目的所在。作为企业战略管理的一部分，业绩评价系统的目标是为管理者制定最优战略和实施最优战略提供有用的信息。在战略制定过程中，通过业绩评价反映各部门的优势及不足，有利于企业制定最佳战略；在战略实施过程中，通过业绩评价反馈的信息，管理者能够及时发现问题，采取措施以确保既定战略的顺利实现。

2. 业绩评价对象

业绩评价系统的对象是指对什么进行评价。按照责任会计制度，企业通常将其下属部门分为三个层次：成本中心、利润中心和投资中心。对于不同层次的评价对象，评价的要求、内容、指标、标准等都不相同。

3. 业绩评价指标

业绩评价系统的指标是指对评价对象的哪些方面进行评价。所说的“哪些方面”必须和企业战略密切相关，可以是财务方面，也可以是非财务方面。所以业绩评价指标也分为财务评价指标和非财务评价指标。

4. 业绩评价标准

业绩评价标准是判断评价对象业绩优劣的基准。评价标准的选择取决于评价目标。企业业绩评价系统中常用的标准有预算标准、历史最高水平标准、同行业竞争对手标准等。标准的选用与评价对象密切联系，也直接影响评价的功能。

5. 业绩评价报告

业绩评价报告是企业业绩评价系统的输出成果，也是业绩评价系统的结论性文件。业绩评价报告的文字与格式应当简洁、清楚，便于理解，应抓住关键的问题与原因以提高效率。业绩评价报告的格式与内容因评价对象不同而不同。

以上五个要素共同组成完整的业绩评价系统，它们之间相互联系、相互影响。其中，评价目标决定了其他四个要素，这四个要素的选择又影响评价目标的实现。而在这五个要素中，评价指标和评价标准居于核心地位，在业绩评价系统中发挥最直接的功效。

二、业绩评价指标

企业业绩评价指标是用于考核、评估、比较经济活动质量及其效果的统计指标，如成本利润率、设备闲置率、研发投入率等。业绩评价指标是业绩评价内容的载体，也是业绩评价内容的外在表现，它对评价目标起支撑作用，有助于形成逻辑严密、相互联系、互为补充的体系结构。

（一）业绩评价指标的特点

1. 可计量性

企业的业绩评价指标一定要具有可计量性，必须能够以货币、数值、百分比等单位进行反映。比如，资产周转率、资金利用率、每股收益率等是可以用数值来表示的财务指标，产品合格率、顾客满意程度、交货及时率等是通过一定方式可以量化的非财务指标。可计量性是企业业绩评价指标分析与比较的基础。

2. 可操作性

企业的业绩评价指标要具备现实可操作性，必须能够运用于企业的业绩评价实践，否则该指标就没有意义。例如，有关人力资本方面的指标，如人的智力，是反映企业业绩的关键性指标，但是在现有理论基础下对其计量存在相当大的难度，可能在付出了相当的成本后，仍然不能对其进行有效反映。显然，这是不符合成本效益原则的。

3. 价值相关性

企业的业绩评价指标与企业价值必须有一定程度上的相关性，或能够反映企业价值，或与企业价值有特定的因果关系。比如，总资产利润率就是一个反映企业获利能力的指标，它能够体现企业价值。不具备价值相关性或者相关性程度较小、不足以体现企业价值的指标必须在企业业绩评价系统中予以剔除。

（二）业绩评价指标的分类

1. 按照数量化程度分为计量指标和非计量指标

（1）计量指标。

计量指标就是数值分析指标。它还可以继续细分：按计量方式不同，分为价值量指标和实物量指标；按用途不同，分为总量指标和比率指标。计量指标较为具体、直观，评价时有明确的实际数值和可供参考的标准值，评价结果表现为具体的分数，对企业所做的评价结论直接、明确，给外界的印象清晰。

（2）非计量指标。

非计量指标即所谓的定性指标，一般采用基本概念、属性特征、通行惯例等对被评价对象的某一方面进行语言描述和分析判断，以达到剖析问题和解决问题的目的。非计量指标的特点是外延宽、内涵广，难以具体化。但非计量指标能将无法计量却反映了企业某方面状况的潜在因素纳入评价范围，通过辨析判断，验证计量指标的评价结果，最终得出综合评价结论。对非计量指标进行评价计分，关键是要严格定义指标的内涵，并给出适合的评价参考标准，如此才能实现经验判断的分数转换，从而融入整个评价指标体系。

2. 按照指标反映内容分为结果指标和过程指标

（1）结果指标。

结果指标用于评估企业最终的经营结果。结果指标又分为定量指标和定性指标。

定量指标是可以以准确数量定义、精确衡量并设定业绩目标的考核指标。定量指标分为绝对量指标和相对量指标。绝对量指标如销售收入，相对量指标如销售收入增长率。定量指标是比较客观、有效的考核指标，其中绝对量指标可以是长度、质量、时间、频率以及其他数量，相对量指标可以是任何同单位数量的比值。

定性指标的使用则是由于有些指标虽然可以明确定义，也是某些行为的结果，但这些指标却难以精确衡量也无法设定数量化的业绩目标，如工作疏忽错误、工作完成及时性等，因此产生了使用定性指标的需要。定性指标与定量指标的差别在于，其业绩目标是属性的描述而不是定量的精确数字。

（2）过程指标。

过程指标用于评估企业经营的过程行为。业绩评价的重要意义在于过程控制。结果指标是工作的结果，也是滞后指标，如果全部采用结果指标进行考核，那么业绩评价就失去了控制的意义，对评价目标起不到支撑作用。过程指标根据主要工作流程控制点的行为特征来描述，以评估表的形式得出评价结论。

需要说明的是，过程指标的引入不仅在于重视评价标准的有效性和实现公平、公正，其更大的意义在于，过程指标的评价标准提出了此项工作的较高要求，对工作的改进和业绩的提升都有很大帮助。评价对象通过过程指标的评价结果可以清楚地知道目前工作中的差距，有针对性地采取措施，以便达成业绩目标。

（三）业绩评价指标的选取原则

1. 目标一致性原则

目标一致性是指绩效评价指标要与被评价对象所在的系统运行目标保持一致。这是选择业绩评价指标时最重要的原则之一。此处的一致性不仅包括内容上的一致性，同时也包括了完整性含义。也就是说，评价指标应该可以综合完整地反映评价对象所在的系统运行总目标。

2. 可行性与实用性原则

可行性是指任何一次评价方案所需时间、物力、财力要为使用者的客观环境条件所允许。实用性包括两个方面的含义：一是考核工具或方法应适合不同测评目的的要求；二是设计的评价方案应适应不同行业的特点和要求。因此，绩效评价应根据考核目标，合理设计方案，使其具有可行性和实用性。

3. 可靠性与正确性原则

可靠性又称信度，是指某项测量的一致性和稳定性。正确性又称效度，是指某项测量有效地反映其所测量内容的程度。可靠性和正确性是保证业绩评价有效性的充分必要条件，一种绩效评价体系要想获得成功，就必须具备良好的信度和效度。

（四）关键业绩指标

关键业绩指标（key performance indicator，KPI）是通过对组织内部流程的输入端、输出端的关键参数进行设置、取样、计算、分析，衡量流程绩效的一种目标式量化管理指标，是把企业的战略目标分解为可操作的日常工作目标的工具，是企业业绩管理的基础。KPI 可以使企业高管和部门主管明确主要责任，并以此为基础，明确业绩衡量指标。

KPI 的特点体现在以下三个方面。

第一，KPI 是对公司战略目标的分解。这意味着作为评价各岗位工作绩效的指标，关键绩效指标所体现的衡量内容最终取决于公司的战略目标。当关键绩效指标构成公司战略目标的支持体系或有效组成部分时，它所衡量的职位便以实现公司战略目标的相应部分作为自身的主要职责。如果 KPI 与公司战略目标脱离，则它所衡量的岗位的努力方向也将与公司战略方向不一。

第二，KPI 是对绩效构成中可控部分的衡量。企业经营活动的效果是内因外因综合作用的结果，其中内因是各岗位员工可控制和影响的部分，也是关键绩效指标所考核的部分。关键绩效指标应尽量反映员工工作的直接可控效果，剔除他人或环境造成的其他方面影响。例如，销售量与市场份额都是衡量销售部门市场开发能力的标准，其中，销售量是市场总规模与市场份额相乘的结果，而市场总规模却是不可控变量。在这种情况下，相对于销售量，市场份额更能体现销售部门业绩的核心内容，更适于作为部门的关键绩效指标。

第三，KPI 是对重点经营活动的衡量。KPI 没有必要反映所有的操作过程。每个岗位的工作内容都涉及不同的方面，高层管理人员的工作任务更复杂，但 KPI 只对其中对公司整体战略目标影响较大、对战略目标实现起到不可或缺作用的工作进行衡量。

相比一般的业绩指标，关键业绩指标具有以下三大优势。

（1）有利于实现企业的战略目标。

KPI 是企业战略目标的层层分解，通过 KPI 指标的整合和控制，使员工绩效行为与企业战略目标要求的行为相吻合，不至于出现偏差，有力地保证了公司战略目标的实现。

（2）有利于强化客户价值理念。

KPI 提倡的是为企业外部客户价值实现的思想，对于企业形成以市场为导向的经营思想是有一定的提升的。

（3）有利于组织利益与个人利益达成一致。

KPI 强调策略性地分解战略指标，使企业战略目标成为个人绩效目标，员工在实现个人绩效目标的同时，也在实现企业总体的战略目标，达到两者和谐共赢的结局。

三、业绩评价标准

企业的业绩评价标准是指在业绩评价活动中应用于评估对象的价值尺度和界限，评价的客观性因素是评价标准具有科学性的重要依据。业绩评价标准也是构建企业业绩评价系统的基础之一。

（一）业绩评价标准的主要类型

企业业绩评价系统中常用的标准有以下四种。

1. 企业的战略目标与预算标准

该标准也称计划（目标）标准，是指本企业根据自身经营条件或经营状况制订的预算标准。企业内部分析利用预算指标可以考核评价企业各级、各部门的经营业绩。但是，由于人们对客观事物认识过程的限制或者人为因素的影响，有时对可能利用的一些有利的因素未能估计和预测，以致于在制订预算指标时失去客观依据。因此，在制定标准时，必须检查预算标准的质量，对那些脱离实际的预算标准加以调整。

2. 历史标准

该标准是指以企业过去某一时间的实际业绩为参照准绳。根据历史标准可以查明被评价对象的经营业绩与过去相比是有所改善还是正在恶化。如果现在情况有所改变，则应根据已发生的变化来调整过去的历史标准，以便正确进行比较。历史标准具有较强的可比性，不足之处在于它只能说明被评估企业或部门自身的发展变化，在外部环境变化巨大时，仅用历史标准是不能做出全面评价的。

3. 行业标准或竞争对手标准

该标准是指某些评价指标按行业的基本水平或竞争对手的指标水平，是在业绩评估中广泛采用的标准，有些行业为了能够正确进行比较，按企业规模和经营条件订出不同类型企业的标准作为评价的依据。尽管企业的情况不完全相同，但借助这些标准作为比较的基础，对评价企业在同行业中的地位和水平还是有一定参考价值的。

4. 经验标准

该标准的形成依据是人们长期、大量的实践经验的检验。例如，流动比率的经验标准为2∶1，速动比率的经验标准是 1∶1 等。西方一些学者认为经验标准是人们公认的，不论哪一个企业或任何时期都是适用的。其实，经验标准只是对一般情况而言适用，并不是适用于一切领域或任何情况的绝对标准。以流动比率为例，其会因行业或时期不同而各异。因此，财务评价在应用经验标准时，必须结合具体情况进行判断。

以上四类标准各有利弊。在进行业绩评价时可以综合利用各种标准从不同角度对企业经营成果进行考核，以保证对企业经营业绩做出公正合理、准确可信的评价。另外，标准的选用与评价对象密切联系，也直接影响评价的功能。一般来说，当评价对象为管理者时可采用年度预算标准；而评价对象为企业时，最好采用资本预算标准和竞争对手标准。为全面发挥业绩评价系统的功能，企业也可在同一系统中同时使用这几类不同的标准。

（二）业绩评价标准的选取方法

常用的业绩评价标准选取方法：同业标准法、历史数据分析法和预算标准法。

1. 同业标准法

同业标准法选取同行业平均先进水平作为评价标准，其优点表现如下。

（1）提供有效的奖励，有利于促进业绩的提高。

（2）当业绩评价指标受共同的客观因素影响时，采用这种方法有利于剔除这些因素影响，更加客观地评价管理者业绩。比如，如果市场普遍良好，管理者不费工夫就能使评价指标也表现良好；或者如果市场普遍吃紧，即使管理者非常努力，评价指标也不甚理想。两种情况下，同业比较可剔除市场因素，因此能更加客观地评价经营者业绩。

从企业生命周期看，在成长阶段尤其适宜采用同业标准。由于此阶段整个市场都在扩张，因此管理者也许不用努力，评价指标也自然会攀升，这时采用同业比较显然更加合理。

而同业标准法的缺点则是：

（1）具有可比性的同行企业实际上很难寻找；

（2）即使存在这样的企业，数据的采集也存在问题。

2. 历史数据分析法

历史数据分析法以企业的历史数据作为评价标准，其优点如下。

（1）企业自身进行比较，可比性好，同时可以反映企业的成长情况。

（2）对于初入业的企业，不宜采用同业标准法，其更适合用时间序列标准，方便反映自身的成长情况，待市场份额稳定之后，再与同业比较。

本方法往往与同业标准法结合使用。如果仅仅使用前者，那么，当基期标准过低时，易导致“无功受禄”；而基期标准过高时，又易导致“鞭打快牛”。此时，采用与同业平均水平比较是理想的辅助手段。

3. 预算标准法

预算标准法以预算为评价标准，具有良好的可比性。同时，由于预算具体、准确，又是量化标准，操作性很强。但预算也有其缺点：一方面编制预算成本高昂；另一方面，从契约论观点看，由于未来的不确定性和预算编制者的局限性，预算往往表现为一种不完全契约，以其作为标准评价业绩，合理性必然受到影响。

不同方法选取的评价标准各有利弊。因此在设置业绩评价标准时应该将几种方法结合在一起，而不是仅仅考虑一种。当然在实际操作的过程中，可以采用以其中一种为主，其他为辅的策略。

（三）选取业绩评价标准时的注意事项

因为可选择的评价标准存在多种类型，不同类型的评价标准各有利弊，所以出现了如何确定评价标准类型的问题。在设置业绩评价标准时，需要注意解决以下两方面的矛盾。

1. 相对基础与绝对基础之间的矛盾

相对基础与绝对基础的差别在于，是以别的参照物为基础来评价，还是以实际的业绩水平为准来评价。选择绝对基础作为评价标准的优点就在于简单方便，其适用对象一般为小型企业、相关比较资料较为缺乏的企业、市场环境具有高度不确定性的企业，尤其广泛应用于企业销售人员的报酬确定方面。但这种选择既不符合代理理论的内涵，也不反映管理控制系统的实质。首先，由于在企业内部，所有者与管理者之间存在委托代理关系，而且两者之间存在信息不对称，因此所有者在排除绝对基础指标的噪声时存在许多障碍，在“不怕不识货，就怕货比货”的观念指引下，所有者选择特定参照物为比较基础就很自然了。其次，从管理控制角度看，管理控制不仅需要发现实际与计划之间出现的偏差，更重要的是要采取措施纠正偏差，从而实现战略愿景，进而达成组织目标。业绩评价的目的不仅是确定代理人的报酬，更重要的是通过业绩评价引导代理人的行为，从而实现战略愿景和组织目标。因此只确定评价指标，但不给定目标值的业绩评价方式是不可取的。为确保企业的生产经营活动符合其战略目标和战略规划，所有者必须对在不确定环境下的经营进行经常性的和过程性的监督和控制，这样就有必要选择相对基础标准，以此作为监督和控制经营过程的参照物。

2. 个人基础与集体基础的矛盾

企业内部的业绩评价可能针对某一个管理者，或是针对某一部门的管理团队。单个管理者和一个管理团队之间是存在区别的，因此引发出业绩评价标准选择的另一对矛盾——选择个人基础还是集体基础。如果选择个人基础作为业绩评价标准，当然能够更好地体现激励原则，明确不同个人的责权利，有利于奖惩机制的作用发挥，避免“平均主义”或是“大锅饭”。但是对于某些部门或者某些岗位，很难将个人的业绩与他人的业绩剥离清楚，或者剥离清楚将导致评价成本过高，不符合成本效益原则。如果以集体基础进行评价，就能够更好地体现团队合作精神，尤其是在现代企业竞争环境中团队合作精神对业绩的影响越来越显著。对于一个需要依靠团队合作而不是单打独斗实现业绩目标的部门而言，如果将集体业绩剥离为个人业绩可能会产生负面效果，从而导致整体业绩下滑。

第二节　责任中心业绩评价

公司推行分权管理离不开有效的业绩评价机制。公司的战略目标需要落实到内部各部门和经营单位，成为内部单位业绩评价的依据。根据内部单位职责范围和权限大小，可以将其分为不同的责任中心，即成本中心、利润中心和投资中心。在分权化的公司中，对于不同责任中心的业绩评价有所不同。

一、分权管理与责任会计

（一）分权管理

所谓分权，就是为发挥基层的主动性和创造性，现代企业组织的最高管理层只集中少数关系全局利益和重大问题的决策权，而把生产管理决策权分给下属组织。

分权管理的主要表现形式是决策权部门化，即在企业中建立一种具有半自主权的内部组织机构。企业通过向下层层授权，使每一部门都拥有一定的权力和责任。应该说分权管理的主要目的是提高管理效率，而分权与效率的结合点就是企业整体经营管理目标。在企业整体经营管理目标的制约下，高层管理机构把一些日常的经营决策权直接授予负责该经营活动的责任中心，使其能针对具体情况及时做出处理，避免逐级汇报延误决策时机而造成损失，并充分调动各单位经营管理的积极性和创造性。分权管理通常适用于规模较大、产品品种多、市场变化快、地区分布较分散的产业。

（二）责任会计

责任会计是在分权管理的条件下，为适应经济责任制的要求，在企业内部建立若干责任单位，并对其分工负责的经济活动进行规划与控制的一整套专门的会计制度。在分权制企业中，要求利用会计信息对各分权单位进行业绩的计量、评价和考核，建立以责任中心为主体，权、责、利统一的企业内部的严密控制系统，该系统通称为责任会计体系。在这个权、责、利统一的体系中，“权”是落实完成责任的前提条件，“责”是核心，“利”是激励因素。

责任会计是以往的各种会计管理制度的发展，其共性是秉持经济责任的基本原则，不同的是传统的经济责任制没有和会计相结合，而责任会计则是把企业经济责任制与会计结合起来，从实践和理论上都得出明确的概念，成为了会计工作的一个专门领域。具体而言，就是在企业内部除了要核算产品账务，还要按照企业内部经济责任制的原则，按照责任归属，确定责任单位（生产、研发、销售、管理部门），明确责任指标（资金、成本费用、利润等），以各责任单位为主体（对象）按责任指标进行核算、控制、监督，并实行统分结合、双层核算的会计管理制度。

责任会计的基本内容主要有以下六个方面。

（1）明确权责范围。根据企业具体情况和内部管理的实际需要，合理划分责任主体，明确规定责任主体所享有的决策权、承担的责任和可获得的利益。

（2）编制责任预算。层层分解企业预算确定的目标和任务，并对每个责任主体编制预算，作为今后控制和评价其经济活动的主要依据。

（3）制定业绩考核指标。责任会计的目标就是最大限度地调动企业全体员工的积极性和创造性，因此考核指标和标准应相对合理。目标的制定以员工经过努力后能实现为宜。

（4）制定内部转移价格。为了分清各责任主体的经济责任，正确地评价其业绩，对各责任主体之间相互提供的产品和劳务都应该根据适当的内部转移价格进行结算。

（5）建立健全信息系统。按责任主体建立相应的责任预算执行情况的信息跟踪系统，对实际执行情况进行跟踪反映，并定期编制责任业绩报告。

（6）制定合理而有效的奖惩制度。根据各责任主体实际工作业绩的好坏进行奖惩，鼓励先进，鞭策落后，激励全体员工为实现企业目标而努力。

二、责任中心及其业绩评价

责任会计旨在规划、计量、控制、评价和协调各责任中心的权、责、利，通过对信息的积累、加工和反馈形成严密的控制和考评系统，使各责任中心之间及责任中心与企业之间在整体目标上达成一致。因此，责任会计发挥职能的对象是责任中心。

责任中心是指根据管理权限承担一定的经济责任，并在能够进行控制的活动区域内反映其经济责任履行情况的企业内部管理单位。责任中心按其责任对象和权责范围的大小，一般划分为成本中心、利润中心和投资中心三大类。

（一）成本中心

成本中心是指只发生成本（费用）而不取得收入的责任单位。成本中心是其责任者只对其成本负责的单位。成本中心的范围极广，只要有成本费用发生的地方，都可以建立成本中心，从而在企业形成逐级控制、层层负责的成本中心体系。成本中心的工作成果不会形成可以用货币计量的收入，或者说其工作成果不便于或不必进行货币计量，而应计量和考核发生的成本。成本中心对其发生的责任成本负责。

责任成本是以某一特定的责任中心为对象，所归集的属于该责任中心的所有可控成本。可控成本指在责任中心内，能为该责任中心所控制，并为其工作好坏所影响的成本。确定责任成本的关键是可控性，它不受发生区域的影响。从成本发生地点来看，责任成本有以下两种形式：第一，本责任中心所发生，并且能够为该责任中心所控制和影响的成本；第二，发生在其他部门而应由本责任中心承担的成本，但不为该责任中心所控制和影响，一般是指本责任中心的其他部门所提供的材料、半成品、机械费用、劳务费用及其他相关费用。

成本中心
业绩评价

一般而言，符合以下标准的成本可以界定为可控成本。

（1）责任中心能够通过一定的方式了解将要发生的成本。

（2）责任中心能够对成本进行计量。

（3）责任中心能够通过自己的行为对成本加以调节和控制。

责任成本与产品成本既有关联又存在显著差异。两者的联系表现为它们在性质上是相同的，同为企业在生产经营过程中的资源耗费。两者的区别在于责任成本是以责任中心为对象归集的成本，其特征是“谁负责，谁承担”；而产品成本则是以产品为对象归集的成本，其特征是“谁受益，谁承担”。

成本中心的两种类型分别是基本成本中心和复合成本中心。基本成本中心是指没有下属成本中心的成本中心，复合成本中心是指有若干个下属成本中心的成本中心。

责任中心要对责任成本的完成情况进行考核，并作为责任中心业绩评价的重要依据。责任成本考核是指对责任成本预算指标完成的情况所进行的考查和审核，以及对责任成本中心的工作绩效所做出的评价。

成本中心只对报告的成本承担责任，按照这一特性，成本中心业绩评价的主要指标是责任成本差异。责任成本差异是指责任成本实际数额与责任成本预算之间的差额，这反映了责任成本预算的执行情况。成本中心业绩评价的主要指标有责任成本增减额和责任成本升降率。两者的计算公式为

$$责任成本增减额=实际成本额-预算成本额$$

$$责任成本升降率=\frac{责任成本成本增减额}{预算成本额}\times100\%$$

例 12-1 某成本中心生产甲产品，计划单位成本 1000 元，计划产量 4000 台；实际单位成本 900 元，实际产量 5000 台。要求：计算该成本中心的责任成本增减额与责任成本升降率。

责任成本增减额＝5000×（1000－900）＝500000（元）

$$责任成本升降率=\frac{500000}{5000\times1000}\times100\%=10\%$$

（二）利润中心

利润中心是指既能控制成本又能控制销售收入的责任单位。利润中心属于企业中的较高层次的责任中心，同时具有生产和销售职能，有独立的、经常性的收入来源，可以决定生产什么产品、生产多少、生产资源在不同产品之间如何分配，也可决定产品的销售价格、制定销售政策，因此其与成本中心相比具有更大的自主经营权。

利润中心可以分为自然利润中心和人为利润中心两种类型。

自然利润中心指在外界市场上销售产品或提供劳务取得实际收入，给企业带来利润的利润中心。这类利润中心一般是企业内部独立单位，它直接与外部市场发生业务上的联系，销售其最终产品和半成品或提供劳务，既有收入，又发生成本。例如，某些公司采用事业部制，每个事业部均有销售、生产、采购的职能，有很大的独立性，这些事业部就是自然的利润中心。

人为利润中心指在企业内部按照内部结算价格将产品或劳务提供给本企业其他责任中心取得收入，实现内部利润的责任中心。这类利润中心的产品主要在本企业内转移，一般不与外部市场发生业务联系。例如，大型钢铁公司分为采矿、炼铁、炼钢、轧钢等几个部门，这些生产部门的产品主要在公司内部转移，它们可被视为人为利润中心。再如，公司内部的辅助部门，包括修理、供电、供水、供气等部门，可以按固定的价格向生产部门收费，它们也可以被确定为人为利润中心。

通常用利润指标来评价利润中心的业绩。但是利润中心的业绩时常会受到超出利润中心管理者控制的市场环境的影响。例如，利润中心业绩好可能是因为有绝佳的市场机会，但是管理者的管理

水平可能是低劣的；利润中心业绩差可能是糟糕的市场环境的作用，但是管理者的管理水平是出色的。因此，利润中心的业绩指标应该具备多个层次，充分考虑到不同层级管理者的可控利润范围。

一般而言，利润中心的业绩指标有以下四个层次。

1. 贡献毛益

贡献毛益是销售收入与变动成本的差额。将该指标用于评价利润中心管理者业绩评价是由于固定成本超出了管理者的控制范围，所以管理者应当将注意力放在贡献毛益这个指标上。贡献毛益的计算公式为

贡献毛益＝销售收入－变动成本

2. 可控贡献毛益

可控贡献毛益是贡献毛益与可控专属固定成本的差额。可控专属固定成本是指受利润中心管理者决策影响的专属固定成本，如本部门的广告费和职工培训费。可控贡献毛益的计算公式为

可控贡献毛益＝贡献毛益－可控专属固定成本

3. 利润中心贡献毛益

利润中心贡献毛益是可控贡献毛益扣除利润中心发生的不可控专属固定成本后的余额。该指标综合了利润中心发生的，或可以追溯给利润中心的所有固定成本，无论这些固定成本是否在利润中心管理者的控制范围之内。利润中心贡献毛益是比较理想的评价利润中心业绩的指标。利润中心贡献毛益的计算公式为

利润中心贡献毛益＝可控贡献毛益－不可控专属固定成本

4. 利润中心税前利润

利润中心税前利润已扣除了公司分配到利润中心的管理费用，但是这一指标在考核利润中心管理者的业绩时存在"过犹不及"的问题，因为公司管理部门发生的费用是利润中心管理者所无法控制的，分配给利润中心承担就违背了可控性原则。利润中心税前利润的计算公式为

利润中心税前利润＝利润中心贡献毛益－分配的管理费用

例 12-2 某集团下有一个全资子公司 S，该公司有一个利润中心 R。S 公司的管理人员要对下设 R 利润中心的管理人员进行业绩评价。他们选定了以上四个指标层次，结合预算数据，计算出每层级指标的有利差异或不利差异。评价结果如表 12-1 所示。

表 12-1　R 利润中心管理人员业绩评价指标

单位：万元

项目	预算数	实际数	差异
销售收入	38000	40000	2000（有利）
减：变动成本			
变动生产成本	19000	20000	1000（不利）
变动销售及管理费用	5500	5000	500（有利）
贡献毛益	13500	15000	1500（有利）
减：可控专属固定成本	4500	5000	500（不利）
可控贡献毛益	9000	10000	1000（有利）
减：不可控专属固定成本	2000	2000	0
利润中心贡献毛益	7000	8000	1000（有利）
减：分配的管理费用	1000	1000	0
利润中心税前利润	6000	7000	1000（有利）

（三）投资中心

投资中心是指既能控制成本和收入，又能对投入资金进行控制的责任单位。它不但在产品的生产销售上享有较大的自主权，而且又能够相对独立地运用其掌握的资金，有权构建并购买固定资产，扩大或缩小生产能力。投资中心既要对成本和利润负责，又要对资金的合理运用负责。投资中心的业绩考核指标常用的有投资报酬率和剩余收益。

1. 投资报酬率

投资报酬率的计算公式为

$$投资报酬率=\frac{投资中心营业利润}{投资额}\times100\%$$

例 12-3 某企业有 A、B 两个投资中心，今年全年该企业实际投资的效果如表 12-2 所示。

表 12-2　某企业投资中心的实际投资效果

单位：万元

投资中心	营业利润	投资额	投资报酬率
A	300	2000	15%
B	180	2000	9%
整体企业	480	4000	12%

若该企业目前有一个投资额为 2000 万元的大项目，拟选择一个投资中心接手，投资后可获利 260 万元，试分析哪个投资中心更可能会承接这个投资项目。

$$A 投资中心接受新项目后的投资报酬率=\frac{300+260}{2000+2000}\times100\%=14\%$$

$$B 投资中心接受新项目后的投资报酬率=\frac{180+260}{2000+2000}\times100\%=11\%$$

投资中心业绩评价

由于 A 投资中心接受新项目后的投资报酬率 14% 小于原投资报酬率 15%，而 B 投资中心接受新项目后的投资报酬率 11% 大于原投资报酬率 9%，因此，B 投资中心更可能会承接这个项目。

由此可见，用投资报酬率来评价每个投资中心的业绩可以方便开展不同投资中心之间的横向比较，促使各投资中心提高本部门的投资效率，有助于提高整个企业的投资报酬率。但是，该指标也存在一些缺陷，投资中心经理会放弃高于资本成本而低于目前投资报酬率的机会，使本投资中心的业绩获得较好评价，但却伤害了企业整体的利益。

2. 剩余收益

剩余收益可以克服由于使用比率来衡量不同投资中心业绩导致的次优化问题。剩余收益的计算公式为

$$剩余收益=部门营业利润-部门投资额\times预期投资报酬率$$

例 12-4 假定某公司有一个事业部属于投资中心，在基期占用的营业资产为 250000 元，目标营业利润为 43750 元，加权平均投资报酬率为 10%，目前有 2 个投资项目可供选择：P 项目投资额为 375000 元，营业利润为 58750 元；Q 项目投资额为 312500 元，营业利润为 48750 元。

要求：计算投资中心目标剩余收益，并用剩余收益评价 P、Q 投资项目是否可接受（见表 12-8）。

表 12-3　P、Q 两个投资项目的剩余收益指标

单位：元

摘要	目标	P 项目	Q 项目
营业利润	43750	58750	48750
营业资产	250000	375000	312500
加权平均投资报酬率	10%	10%	10%
机会成本	25000	37500	31250
剩余收益	18750	21250	17500

根据表 12-3 的计算结果，接受 P 项目后的剩余收益为 21250 元，大于该投资中心的目标剩余收益 18750 元，而接受 Q 项目后的剩余收益会下降至 17500 元，故 P 项目优于 Q 项目。其实，如果比较 P、Q 两个项目的投资报酬率，会发现 P 项目的投资报酬率为 12%，也明显优于 Q 项目的投资报酬率 8%。这一计算结果和计算剩余收益得出的结论一致。

由此可见，剩余收益可以使业绩评价与企业的目标协调一致，可引导管理者采纳高于企业资本成本的决策，并且如允许使用不同的风险报酬率调整资本成本，可使得剩余收益指标运用更加灵活。

第三节　企业业绩评价的价值模式

传统的财务指标以公认会计准则为基础，利用财务指标揭示的企业业绩具有客观性和可比性上的优势。但是财务指标一方面无法反映产生结果的动因，也不能反映当前进行的价值创造活动；另一方面，在公认会计准则下，会计收益仅仅扣除了债务资本的成本，忽略了对权益资本的补偿。针对这两个问题，经济增加值所引领的价值模式逐渐兴起并被更多企业接受。

一、经济增加值的概念

经济增加值（economic value added，EVA）也称经济利润，是美国斯特恩·斯图尔特咨询公司创造的一项经济指标，可用于评价企业的综合业绩，并可作为企业财务管理体系和经理层与员工激励制度的基础。经济增加值（以下简称 EVA）指从企业净经营利润中扣除包括股权和债务的全部投入资本成本后的所得。其核心是承认资本投入的机会成本，企业的盈利只有高于其资本成本时才会为股东创造价值。公司每年创造的经济增加值等于税后净营业利润与全部资本成本之间的差额。

经济增加值

由此可见，EVA 是一种考核企业经营者是否具有高效有效使用资本为股东创造价值的能力的业绩评价工具。

二、经济增加值的计算

（一）经济增加值的基本公式

从计算角度说，EVA 等于税后经营利润减去债务和股本成本，是所有成本被扣除后的剩余收入。EVA 是对真正经济利润的评价。如果 EVA 的值为正数，则表明公司获得的收益高于为其投入的资本加权平均成本及其风险，即公司为股东创造了新的价值；若 EVA 的值为负数，则表明公司的收益低于为其投入的资本加权平均成本及其风险，公司业绩是不理想的。因此 EVA 与传统的指标相比更能体现投资者利益的实现状况。

EVA 的计算公式为

$$EVA = NOPAT - Kw \times NA$$

式中：

Kw——企业的加权平均资本成本，它考虑了公司股东和债权人对公司的资本投入情况；

$NOPAT$——企业税后经营利润，以报告期的营业利润为基础，经过调整得到；

NA——公司初始的资产投资价值，一般以市场价值或公允价值为基础。

（二）经济增加值的调整项目

在EVA的计算公式中，由于其基本思路与当前公认的会计准则并不完全相符，因此，需要对某些会计指标进行相关调整，才能得到所需的公式参数。

根据斯特恩·斯图尔特咨询公司的研究，因为传统的会计净利润指标严重偏离股东价值，所以要精确计算EVA，需要对净利润进行的调整多达160多项。但是该公司同时也承认，没有任何一家上市公司有必要进行15种以上的调整。

一项调整项目是否重要可以按照下列原则来进行判断：

（1）重要性原则，即拟调整的项目涉及金额应该较大，如果不调整会严重扭曲公司的真实情况；

（2）可影响性原则，即经理层能够影响被调整项目；

（3）可获得性原则，即进行调整所需的有关数据可以获得；

（4）易理解性原则，即非财务人员能够理解；

（5）现金收支原则，即尽量反映公司现金收支的实际情况，避免管理人员通过会计方法的选取操纵利润。

目前常见的调整项目有以下几种。

1. 研发费用

企业要构筑核心竞争力，就必须把研发放在第一位。现行准则下多数企业一般根据谨慎性原则，将研发支出看作是当期费用，冲减当年的利润。但研发费用实质上是对未来的一种投资，它可以在未来给企业带来收益。当然，这种投资也极具风险性，一般不会在当期产生收益，甚至可能永远没有收益。正是由于研发投入的收益大多在未来会计期间取得，如果不将其资本化，就会降低当期的利润总额，这样可能导致管理当局对研发的不重视或积极性不高，从而影响企业的长远发展。因此，在计算EVA时，应当将一次性进入当期损益中的研发费用扣除本期应摊销的金额，加回税后净利润中去，同时将这部分费用作为投资，列在资产负债表中。

2. 各项减值准备

各项减值准备并非企业实际发生的损失，不应当予以扣除。在公认会计准则中，为了保持谨慎性原则，应至少每年对资产进行一次减值测试，如果资产的账面价值大于可收回金额，则发生了减值，需计提减值准备并计入当期损益。比如，坏账准备、存货跌价准备、商誉减值准备、持有至到期投资减值准备等。但对于企业管理者而言，这些减值准备并不是企业当期资产的实际减少，也不是当期费用的现金支出。提取减值准备的做法一方面低估了企业实际投入经营的资本总额，另一方面低估了企业的现金利润，因此不利于反映企业的真实现金盈利能力；同时，企业管理人员还有可能利用这些减值损失账户操纵账面利润。所以，计算EVA时应将减值准备账户的余额加入资本总额之中，同时将减值准备金余额的当期变化加入税后净营业利润。

3. 市场开拓费用

在股东和管理层看来，市场开拓费用是企业的一项长期投资，如广告费用会对企业未来的市场份额产生积极影响，从性质上讲也应该属于长期性资产。而长期性资产项目应该根据该项资产的受益年限分期摊销。但是，根据稳健性原则，企业必须在市场开拓费用发生的当年列作期间费用一次性予以核销。这种处理方法实际上否认了市场开拓费用对企业未来成长所起的关键作用，而把它与一般的期间费用等同起来。计算 EVA 时所做的调整就是将市场开拓费用资本化，然后根据具体情况在几年之中进行摊销，摊销值列入当期费用抵减利润，不会对经理层的短期业绩产生显著负面影响，鼓励经理层进行市场开拓，为企业长期发展增强后劲。

4. 长期性质费用支出

按照公认会计准则的规定，企业发生的一次性支出但受益期限较长的费用计入当期损益，如开办费、固定资产大修理费用等。而在 EVA 体系下，这些费用是对企业未来和长期发展有贡献的，其发挥效应的期限不只是这些支出发生的会计当期，按照会计准则规定全部计入当期损益并不合理，而且容易影响管理者对此类费用投入的积极性，不利于企业的长期发展。因此，会计调整就要将这类费用资本化，并按一定受益期限进行摊销。

5. 递延税款

递延税款应根据其当期金额的变化在税后净营业利润中予以抵消。从经济观点看，企业应该从当前利润中扣除的唯一税款就是当前实际缴纳的税款，而不是将来可能（或不可能）缴纳的递延所得税费用。因此在计算 EVA 时，应将递延所得税负债余额加入资本总额中，递延所得税资产余额从资本总额中扣除。经过调整的 EVA 更接近现金流量，更能准确反映企业的经营状况。

6. 营业外收支

营业外收支反映企业在生产经营活动以外的其他活动中取得的各项收支，这与企业的生产经营活动及投资活动没有直接关系，它们具有偶发性和边缘性，并不反映经营者的正常经营业绩或经营决策。EVA 体系强调企业应主要关注其主营业务的经营情况，对于不影响企业长期价值变化的所有营业外的收支、与营业无关的收支及非经常性发生的收支，需要在核算 EVA 过程中予以剔除。但是考虑到任何一项营业外收支又都是股东所必须承担的损失或收益，因而还需要对其进行资本化处理，使其与企业的未来受益或损失相匹配。

7. 重组损失

企业对不能产生效益的投资项目进行出售、转让时，投资清算所得小于投资的账面价值的部分，被视为重组损失。企业会计准则规定将重组发生的损失一次性注销，减少当期损益，从而影响了当期收益。企业会计准则所规定的处理方式，会使重组当期的利润大幅度下降，影响当期的经营业绩，这是许多经营者所要避免的。这种处理方式看起来有一定道理，但从管理角度看，并没有反映真实的重组过程。因为重组应当是资本的重新配置，其目的在于纠正过去的错误，减少持续发生的损失，从而提高今后的获利能力，是损失最小化的一项决策，经营者应当将重组当成一种机遇。因此，在计算 EVA 时应将重组损失列入重组投资，该重组投资应计入 EVA 公式的总资本中，同时重组损失按照一定的年限摊销。

（三）EVA 调整业务举例

例 12-5 某互联网技术公司 2016 年至 2020 年间，每年内部研究开发活动研究阶段的费用如表 12-4 所示。

表 12-4 某互联网技术公司 2016 年至 2020 年研究阶段的费用

年份	2016	2017	2018	2019	2020
研究开发费用/万元	75	70	50	55	100

假设该公司 2020 年的税后净利润为 600 万元，资产总额为 5000 万元，公司适用的所得税税率为 15%。若要计算 2020 年的 EVA，应如何对研发费用进行调整？

将 2020 年内部研究开发活动研究阶段发生的费用 100 万元的未摊销部分（假定管理层决定将研究阶段发生的费用在计算 EVA 时按 5 年进行摊销）加回至税后净利润，同时将 5 年来研究阶段发生的费用相加作为资本费用，则

2020 年的摊销费用＝（75＋70＋50＋55＋100）÷5＝70（万元）

然后从税后净利润中扣除 70 万元，假设无其他调整项目，则

2020 年税后经营利润＝税后净利润＋（当年费用化的研发费用－按 EVA 要求应摊销的研发费用）×（1－税率）

即

$NOPAT=600+(100-70)\times(1-15\%)=625.5$（万元）

注意，企业必须将剩余的研发费用加到资本项目上，以计算资本成本。2020 年及以前未摊销的研发费用计作资本投入的数额为

$$100\times\frac{4}{5}+55\times\frac{3}{5}+50\times\frac{2}{5}+70\times\frac{1}{5}=147\text{（万元）}$$

故

资本占用＝5000＋147＝5147（万元）

三、经济增加值的管理体系

EVA 的倡导者认为，EVA 不是单纯的业绩评价指标，而是一种管理理念与管理体系，即“4M”体系：评价指标（measurement）、管理体系（management）、激励制度（motivation）和理念体系（mindset）。

（一）评价指标

EVA 是衡量业绩最准确的尺度，对无论处于何种时间段的公司业绩，都可以做出最准确恰当的评价。在计算 EVA 的过程中，首先对传统收入概念进行一系列调整，从而消除会计运作产生的异常状况，并使其尽量与经济真实状况相吻合。事实上，评价系统最终的服务对象是股东，所以无论从何种角度出发评价公司的业绩都要能够体现股东财富的增减。业绩评价系统应当建立在这样一个能够反映股东财富的指标的基础上，并结合其他指标如资本收益情况或市场占有率等作为补充信息。斯特恩·斯图尔特咨询公司至今已经确认了一百六十多种对公认会计准则所得收入及收支平衡表可能做的调整措施。这样的调整既可以使评估系统直接服务于股东财富这个目标，又可通过比较其他信息了解潜在的商机和威胁。

（二）管理体系

既然股东财富最大化是所有公司管理的目标，那么公司在管理的各个方面都应该为这个目标服务。而股东财富毕竟是一个抽象的概念，企业需要一个更具体的概念来正确引导管理者的决策，这个概念就是 EVA。建立以 EVA 为核心的管理体系意味着管理决策的所有方面包括战略企划、资本分配、并购或撤资的估价，制定年度计划，甚至包括每天的运作计划，都立足于 EVA。在实践中，增加 EVA 通常有四种基本途径：(1) 有效地经营现有的业务和资本，提高经营收入；(2) 投资那些预期回报率超出公司资本成本的项目；(3) 出售对别人更有价值的资产或通过提高资本运用效率，比如加快流动资金的运转，加速资本回流，释放沉淀资本；(4) 调整公司的资本结构，实现资金成本最小化。公司的管理层应该积极从事这四方面的经济行为去增加 EVA，从而为股东创造更多的财富。

（三）激励制度

大部分公司都将金钱奖励作为组织奖励的主要方式，而对激励不够重视。EVA 使管理人员为

股东着想，让他们从股东角度长远地看待问题。斯特恩·斯图尔特咨询公司提出现金奖励计划和内部杠杆收购计划。现金奖励计划能够让管理人员像股东一样得到报酬，而内部杠杆收购计划则可以使管理人员的身份转化为企业股东。以EVA增加作为激励报偿的基础是EVA体系蓬勃生命力的源泉。因为使EVA的增加最大化，就是使股东价值最大化。在EVA奖励制度之下，管理人员为自身谋取更多利益的唯一途径就是为股东创造更大的财富。这种奖励没有上限，管理人员创造的EVA越多，就可得到越多的奖励。

（四）理念体系

一直以来，企业的事业部门和职能部门之间都会或多或少地存在相互不信任的情况。虽然公司会很积极地向各个部门宣传股东财富最大化的理念，但股东财富毕竟是抽象的概念。如果EVA制度全面贯彻实施，EVA财务管理制度和激励报偿制度将使公司的企业文化发生深远变化。在EVA制度下，所有财务营运功能都从同一基础出发，这为公司各部门员工提供了一条相互交流的渠道。EVA为各分支部门的交流合作提供了有利条件，为决策部门和营运部门建立了联系信道，并且根除了部门之间互不信任的情况。所有经营和投资活动都立足于同一个目标——EVA。EVA制度自动引导所有的管理人员和普通员工，鼓励他们为股东的最大利益工作。

以上四个方面并非独立的四个部分，它们是相互联系和相互包含的，实际上评价指标是管理体系和激励制度的基础，而理念体系的建立则是以管理体系和激励制度为基础的。正是因为企业的业绩以EVA来衡量，所以企业各部门才会以提高EVA为唯一目标；同时管理者的绩效决定企业的业绩，所以管理者的报酬也应与EVA挂钩。只有管理者和员工的行为都围绕同一目标，才能建立真正和谐一致的企业氛围。

四、经济增加值的评价

EVA能够使管理者做出更明智的决策，因为EVA要求考虑所有资本成本。这一考虑令管理者更为勤勉、高效地利用资本创造竞争力。因此，EVA指标的优势体现在以下两个方面。

（一）更为客观地衡量利润

资本成本是EVA最突出最重要的一个方面。在传统的会计利润条件下，有一些公司报表上在盈利，但实际上是在损害股东财富，因为所得利润是小于全部资本成本的。EVA纠正了这个错误，并明确指出管理人员在运用资本时，必须为资本付费，就像付工资一样。从某种意义上说，EVA是真正由股东定义的利润。

（二）决策与股东财富一致

EVA作为衡量指标，能帮助管理人员在决策过程中运用两条基本财务原则。第一条原则，任何公司的财务指标都必须最大程度地呈现股东财富。第二条原则，一个公司的价值取决于投资者对利润是超出还是低于资本成本的预期程度。EVA的当前值并不真正起决定性作用，重要的是EVA的增长，正是EVA的连续增长为股东财富带来了连续增长。

当然，EVA从本质上来讲，还是属于财务指标的范畴，因而不可避免地存在对非财务信息重视不够，不能提供像产品、员工、客户及创新等方面的非财务信息。同时，EVA对下层管理者的激励作用不是很理想。

第四节 企业业绩评价的平衡模式

在业绩评价实践中，对财务指标不足进行改进的另一种模式是补充，也就是在财务指标的基础上补充非财务指标。当前企业管理由生产管理向经营管理转变。经营管理突出了以市场为中心，以消费者需求为重心，营销、生产、财务、研发、人力资源等职能的作用得到了平衡发展。产品品种数量、客户满意度、市场占有率、员工满意度、员工出勤率等非财务指标成为企业经营业绩优劣的衡量指标。

一、非财务评价指标的必要性

对知识经济时期的公司进行绩效评价必须引进全面的业绩评价指标体系，必须在传统的财务指标的基础上增加各类非财务指标。非财务指标在全面业绩评价系统中已成为体现管理层绩效和公司发展前景的更好的指示器。其必要性体现在：

（1）一般情况下，财务指标无法涵盖影响企业业绩的所有因素，尤其是不能涵盖那些对企业业绩具有重要影响的却又难以量化的因素；

（2）非财务指标一方面可以和财务指标相结合，对企业业绩进行综合全面、科学严谨的评价；另一方面，对于某些特殊企业，如缺乏必要的基础会计资料、会计信息失真或无需进行定量评价的企业，可单独利用非财务评价指标直接对企业进行定性评价；

（3）非财务评价指标体系的建立，有助于客观全面地对企业业绩做出评价，有利于克服企业的短期行为。

二、平衡计分卡的基本思想

平衡计分卡（balanced score card，BSC），是20世纪90年代初由哈佛商学院的罗伯特·卡普兰（Robert Kaplan）和诺朗诺顿研究所所长、美国复兴全球战略集团创始人兼总裁戴维·诺顿（David Norton）创立的一种组织绩效管理方法。平衡计分卡创立后，在国际上，特别是在美国和欧洲，很快引起了理论界和客户界的浓厚兴趣与反响。

平衡计分卡（以下简称BSC）的出现打破了传统的只注重财务指标的业绩管理方法。BSC认为，传统的财务会计模式只能衡量过去发生的事情（落后的结果因素），但无法评估组织前瞻性的投资（领先的驱动因素）。在工业时代，注重财务指标的管理方法还是有效的，但在信息社会里，传统的业绩管理方法并不全面。组织必须通过在客户、供应商、员工、组织流程、技术和革新等方面的投资，获得持续发展的动力。正是基于这样的认识，BSC认为，组织应从四个维度审视自身业绩，即财务、顾客、内部过程、学习与创新。

（一）财务维度

其目标是解决“股东如何看待我们”这一类问题，告诉企业管理者他们的努力是否会对企业的经济收益产生积极的作用。财务方面的指标包括传统的财务指标，如销售额、利润额、资产利用率等。

（二）顾客维度

其目标是解决“顾客如何看待我们”这一类问题，通过顾客的眼睛来看一个企业，从时间（交货周期）、质量、服务和成本几个方面关注市场份额以及顾客的需求和满意程度。其指标可以是送货准时率、顾客满意度、产品退货率，合同取消数、客户保持程度、新客户的获得、客户盈利能力、市场占有率、重要客户的购买份额等。

平衡计分卡

（三）内部过程维度

其目标是解决“我们擅长什么”这一类问题，报告企业内部效率，关注导致企业整体绩效更好的过程、决策和行动，特别是对顾客满意度有重要影响的企业过程。典型指标有生产率、生产周期、成本、合格品率、新品开发速度、出勤率等。

（四） 学习和创新维度

其目标是解决“我们是在进步吗”这一类问题，将注意力引向企业未来成功的基础，涉及雇员培训、知识资产、市场创新和技能发展。在当前市场环境下，光有竞争优势是不够的，必须能够保持这种优势，这就需要不断地创新、改进和变化。只有通过发布新产品、为顾客增加新的价值、不断改进运行效率，企业才能够进入新的市场，增加收入和利润。典型指标有员工满意度、员工流失率、参与培训人数、研发投入百分比、战略信息利用率、员工培训投入等。

需要指出，BSC 中各项评价指标并不孤立存在，它们与各自维度的目标相联系，而这些目标自身又相互关联且最终都以直接或间接的形式与财务结果相关联，并最终达成企业的战略愿景。BSC 四个维度和愿景与战略的关系如图 12-1 所示。

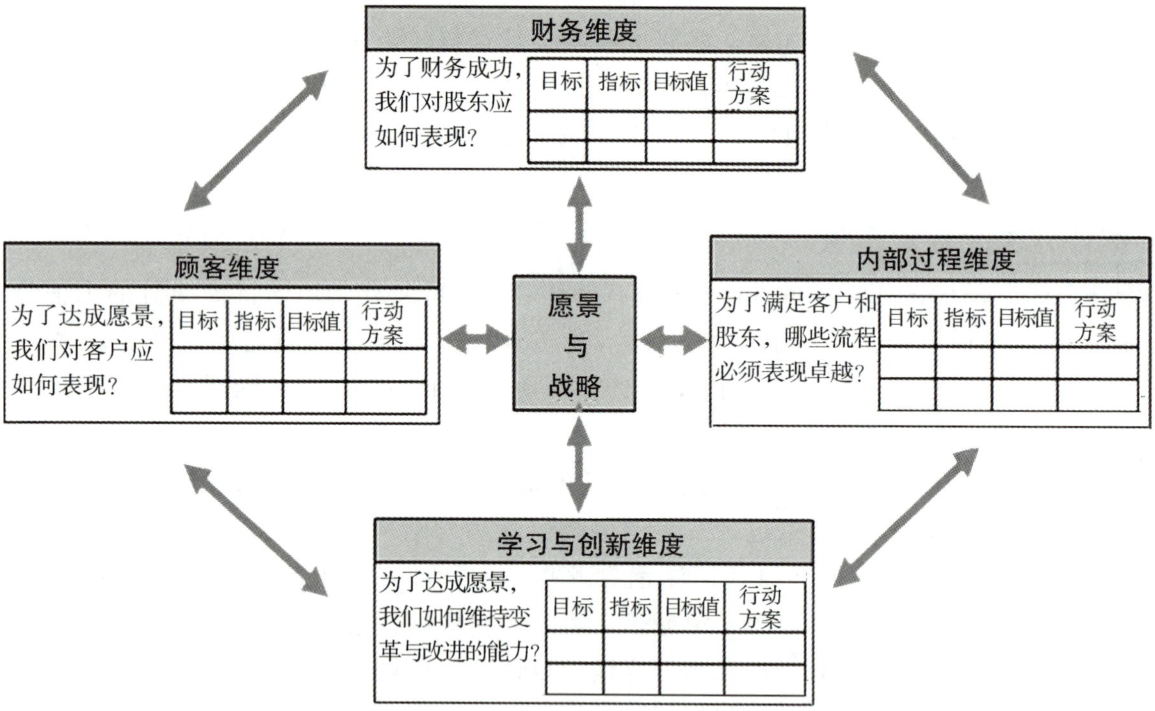

图 12-1 BSC 四个维度和愿景与战略的关系

三、平衡计分卡的实施步骤

每个企业都可以根据自身的情况来设计各自的 BSC，大体上可以遵循以下五个步骤。

（一） 定义企业战略

BSC 应能够反映企业的战略，因此有一个清楚明确的能真正反映企业愿景的战略是至关重要的。由于 BSC 的四个维度与企业战略密切相关，因此这一步骤是设计一个好的 BSC 的基础。

（二） 就战略目标取得一致意见

出于各种原因，管理层可能会对目标有不同的意见，但无论如何必须在企业的长远目标上达成一致。另外，应将 BSC 的每一个方面的目标数量控制在合理的范围内，仅对那些影响企业成功的关键因素进行测评。

（三） 选择和设计测评指标

目标确定后的下一步就是设计出评价这些目标是否达到的指标。指标必须能准确反映每一个特定的目标。换句话说，BSC 中的每一个指标都是表达企业战略的因果关系链中的一部分。在设计指标时，不应采用过多的指标，也不应选择员工无法控制的指标。指标的设计要简单并注重关键业绩指标（KPI）。

（四）制定实施计划

要求各层次的管理人员参与测评。这一步骤也包括将 BSC 的指标与企业的数据库和管理信息系统相联系，在全企业范围内运用。

（五）监测和反馈

要定期向最高主管人员报告 BSC 的测评情况。在对设定的指标进行过一段时间的测评，并且认为已经达到目标时，就要设定新的目标或对原有目标设定新的指标。BSC 应该被当作战略规划、目标制定及资源配置过程的依据之一。

以上步骤并不是 BSC 成功实施的全部内容。在实施中必须注意，BSC 是一个以战略驱动业绩评价的系统工具，因此还必须注意以下两个问题。

（1）重视 BSC 学习和成长维度的持续推动作用。BSC 的主体思想是在财务、顾客、内部过程及学习和创新四个维度取得均衡。但学习和创新支持了根本性的创新动力，意图在于推动财务、顾客和内部过程业绩的改进，这些学习和创新目标通过提出“我们如何才能够不断地改进和增加价值”这样的问题来评价未来成功的可能性。学习和创新促进了企业内部运行效率的提高，从而又可更好更快地满足顾客的需求，使得顾客满意度上升，最终导致企业市场份额增大，并反映在财务指标的增长上。也正是基于这个维度，BSC 更注重对未来利润的推动而不是对过去利润的统计。

（2）在整个流程中，最重要的是始终坚持以战略为纲。BSC 之所以特别，是因为它可以通过评估绩效来监督战略的执行、指导战略的修正，而不是单纯的绩效评价工具。同时，在提取关键绩效指标时，要注意保持各维度指标间的因果关系。每个指标的存在都不是，也不能是孤立的，它都有着更深层次的动因，并为实现下一层次指标的绩效服务。最后，BSC 的指标设计还需维持各维度间的平衡，这是“平衡”二字的要义所在。在为实现企业价值最大化而努力时，企业还要注重组织内部资本的积累和内部流程的改善，重视与顾客的互动，这样才有可能持续发展。

四、平衡计分卡的意义

BSC 作为业绩评价工具，固然存在实施门槛较高、操作难度较大、投入资源较多等不足，但不可否认它在全面性、战略性和平衡性方面有诸多优点，它的创新意义在于其集评价、管理与交流沟通功能于一体。

（一）综合测评

BSC 通过使用大量的超前和滞后指标来评价企业是否向着其战略目标的方向前进。BSC 的架构是以综合、平衡为原则，以使四维度指标相互影响、相互渗透为前提，建立起的网络式业绩评价系统。BSC 将整个企业的业绩指标体系最终转换为每个组织成员的业绩指标或日常工作，并实行绩效结果评价与运营过程考核相结合、企业内部评价与外部评价相结合、企业各部门之间寻求平衡的系统方式，构成对企业业绩全面综合的评价系统。

（二）管理控制

BSC 把企业测评与企业战略联系起来，清楚地将企业目标展示给管理者，使管理者注意对未来产生影响的活动，增强有利于企业成功的因素对财务结果的推动作用，提高企业整体管理效率。通过 BSC 所提供的管理报告，将看似不相关的要素有机地结合在一起，可以大大节约企业管理者的时间，提高企业管理的整体效率，为企业未来成功发展奠定坚实的基础。

（三）交流沟通

BSC 使员工明白他们的表现会如何影响到企业的成功，也可使管理者了解影响企业进步的日常因素，从而帮助企业从管理层到基层员工对外界变化做出更快的响应。同时，在沟通反馈方面，BSC 可以作为企业各种行动的聚焦点，向管理层、员工、客户和股东做出明确通报。对于利益相关者而言，战略和指标都是清晰、易沟通的，这确保了整个体系的可见性和透明性，也更容易在个人目标、部门目标和企业战略之间实现一致。

本章小结

(1) 业绩评价是按照企业目标设计相应的评价指标体系，根据特定的评价标准，采用特定的评价方法，对企业一定经营期间的经营业绩做出综合判断。一套完整的业绩评价系统应该由评价目标、评价对象、评价指标、评价标准、评价报告构成。评价指标和评价标准是业绩评价系统的核心。

(2) 责任会计是在分权管理的条件下，为适应经济责任制的要求，在企业内部建立若干责任单位，并对其分工负责的经济活动进行规划与控制的一整套专门的会计制度。责任中心常见的层级有成本中心、利润中心和投资中心。责任中心的业绩评价集中体现了权责利对等原则。成本中心的业绩考核基于责任成本指标，利润中心的业绩考核以贡献毛益为基础计算相关指标，投资中心的业绩则侧重考核投资报酬率与剩余收益。

(3) 企业业绩评价的价值模式的代表是经济增加值（EVA）。经济增加值指从企业净经营利润中扣除包括股权和债务的全部投入资本成本后的所得。其核心是承认资本投入的机会成本，企业的盈利只有高于其资本成本时才会为股东创造价值。经济增加值不完全遵从会计口径，需要经过大量调整项目，这使得经济增加值的计算复杂化。经济增加值的管理体系即“4M”体系。

(4) 企业业绩评价的平衡模式的代表是平衡计分卡（BSC）。平衡计分卡围绕企业的战略目标，从财务、顾客、内部过程、学习与创新这四个维度对企业业绩进行全面的测评。平衡计分卡内部的平衡性架构体现在三个方面。平衡计分卡实施需要经过多个谨慎的步骤。平衡计分卡系统化地将企业的目标和业绩评价相联系，将外部期望与内部能力相均衡，从而成为全球最有效的业绩评价和战略管理工具之一。

思考题

1. 什么是业绩评价？业绩评价系统由哪几个部分构成？
2. 什么是责任中心？它可以分为哪几个层级？
3. 什么是成本中心？成本中心的业绩考核指标有哪些？
4. 什么是利润中心？利润中心的业绩考核指标有哪些？
5. 什么是经济增加值？经济增加值的主要理念是什么？
6. 经济增加值的计算原理是什么？经济增加值为什么要对会计利润进行调整？
7. 什么是经济增加值的“4M”体系？
8. 平衡计分卡的基本思想是什么？平衡计分卡的四个维度分别是什么？
9. 平衡计分卡的平衡性架构表现在哪三方面？

自测自评

一、单项选择题

1. 下列关于成本中心的说法中，错误的是（　　）。

A. 成本中心是不存在收入的

B. 对于费用中心，唯一可以准确计量的是实际费用

C. 任何发生成本的领域都可以确定为成本中心

D. 成本中心的职责是用一定的成本去完成规定的具体任务

2. 设定 KPI 指标和指标值时，一般不会选取（　　）作为参考标杆。

A. 国内收益最高的企业

B. 居于国内领先地位的优秀企业

C. 本行业领先的企业

D. 居于世界领先地位的顶尖企业

3. 甲公司采用事业部制，每个事业部均有销售、生产、采购的职能，有很大的独立性，则这些事业部可视为（　　）。

A. 投资中心　　B. 人为利润中心　　C. 成本中心　　D. 自然利润中心

4. 下列关于经济增加值的说法中，错误的是（　　）。

A. 计算基本的经济增加值时，不需要对经营利润和总资产进行调整

B. 计算披露的经济增加值时，应从公开的财务报表及其附注中获取调整事项的信息

C. 计算特殊的经济增加值时，通常对公司内部所有经营单位使用统一的资金成本

D. 计算真实的经济增加值时，通常对公司内部所有经营单位使用统一的资金成本

5. 下列关于平衡计分卡的价值创造思想中，表述不正确的是（　　）。

A. 组织的最终目标是为股东和利益相关者创造长期价值

B. 组织流程改造的意义在于其长期价值

C. 组织的价值源于满足客户的价值定位

D. 无形资产驱动关键流程绩效的提高，并为客户和股东带来价值

6. 结果类指标是反映企业绩效的价值指标，下列属于结果类指标的是（　　）。

A. 客户满意度　　B. 产量　　C. 经济增加值　　D. 资本性支出

7. 企业某部门本月销售收入 10000 元，已销商品的变动成本 6000 元，部门可控固定间接费用 500 元，部门不可控固定间接费用 800 元，分配给该部门的公司管理费用 500 元，则最能反映经理人经营业绩指标的数额为（　　）元。

A. 2200　　B. 2700　　C. 3500　　D. 4000

8. 下列关于业绩的非财务计量的表述中，不正确的是（　　）。

A. 非财务指标可以直接计量公司在创造财富的活动中所取得的业绩

B. 非财务计量的可比性比财务计量的可比性强

C. 非财务计量的综合性不如财务计量

D. 非财务指标关系到公司的长期盈利能力，可以引导经理人员关注公司的长远发展

9. 平衡计分卡的实施需要战略管理办公室的整合者职能，下列（　　）不是战略整合者的职能描述。

A. 规划与描述战略　　B. 链接战略与财务资源规划和预算

C. 协同重要职能支持部门的计划与资源　　D. 管理战略行动方案

10. 某女性养颜会所实行会员制，客户通过电话预约方式来门店接受美容养颜服务。该会所采用平衡计分卡进行绩效管理，从客户的角度考虑，其平衡计分卡的指标包括（　　）。

A. 客户订单的增加　　B. 客户续卡率

C. 美容器材的维护　　D. 主要员工保留率

二、多项选择题

1. 为了使平衡计分卡同企业战略更好地结合，必须做到（　　）。

A. 平衡计分卡的四个方面相互独立，各自支持战略的实现

B. 平衡计分卡中不能只有具体的业绩衡量指标，还应包括这些具体衡量指标的驱动因素

C. 平衡计分卡最终应该和财务指标联系起来

D. 一套出色的平衡计分卡应该把企业的战略结果同驱动因素结合起来

2. 战略导向的KPI体系与一般绩效评价体系的区别主要是（　　）。

A. 前者以战略为中心，后者以控制为中心

B. 前者结合财务指标和非财务指标，后者以财务指标为主

C. 前者有助于形成团队合作精神，后者有助于控制管理成本

D. 前者源于组织的战略目标与竞争的需要，后者与组织战略的相关度不高

3. 绩效目标应该是（　　）。

A. 可量化的　　B. 可测量的　　C. 过程描述性的　　D. 长期与短期并存的

4. 在衡量投资中心的业绩时，相对剩余收益指标而言，部门投资报酬率指标的优点有（　　）。

A. 根据现有的会计资料计算，比较客观

B. 可用于部门之间以及不同行业之间的比较

C. 可以使业绩评价与公司的目标协调一致

D. 允许使用不同的风险调整资本成本

5. 甲公司将某生产车间设为成本责任中心，该车间领用的材料型号为XF78；另外还发生机器维修费、试验检验费及车间折旧费。下列关于成本费用责任归属的表述中，正确的有（　　）。

A. 型号为XF78的材料费用直接计入该成本责任中心

B. 车间折旧费按照受益基础分配计入该成本责任中心

C. 机器维修费按照责任基础分配计入该成本责任中心

D. 试验检验费归入另一个特定的成本中心

6. 下列关于计算经济增加值的有关调整项目的说法中，正确的有（　　）。

A. 经济增加值方法将商誉的原始价值保留在资产负债表上，不进行摊销处理

B. 对于折旧费用，经济增加值要求对某些大量使用长期设备的公司，按照更接近经济现实的“沉淀资金折旧法”处理，前期折旧多，后期折旧少

C. 经济增加值要求将研发支出都作为投资（资产）并在一个合理期限内摊销

D. 经济增加值将重组视为增加股东财富的机遇，重组费用应作为投资处理

7. 利润中心考核的指标主要是利润，但有时也需用一些非货币的衡量方法作为补充，这些方法包括（　　）。

A. 职工态度　　B. 产品质量　　C. 市场地位　　D. 生产率

8. 平衡计分卡规划了战略性行动方案的执行，下列（　　）是建立战略性行动方案的要素。

A. 对行动方案的描述　　B. 制定战略　　C. 期望的效果　　D. 所需资源、成本和时间

9. 下列关于平衡计分卡特点叙述正确的是（　　）。

A. 平衡计分卡是一个核心的战略管理与执行工具

B. 平衡计分卡是一种先进的绩效衡量工具

C. 平衡计分卡不能保证企业各级管理者与管理对象进行有效沟通

D. 平衡计分卡指标繁多，不属于一种规范的管理制度

10. 在平衡计分卡业绩衡量方法中，下列（　　）不属于潜在的领先指标。

A. 质量　　B. 毛利率　　C. 净资产收益率　　D. 新客户开发率

三、判断题

1. 分权不会增加下属工作满足感。（　　）

2. 常规指标的正常不是企业竞争能力增强和战略成功的关键。（　　）

3. 预算差异本身并不能说明预算目标利润达到与否。（　）
4. 经济增加值与剩余收益都考虑了机会成本，所以这两个指标本质上是相同的。（　）
5. 可以计量利润的组织单位都是真正意义上的利润中心。（　）
6. 对于基层成本中心而言，变动成本大多是可控成本。（　）
7. 成本中心是否使用了引起该项成本发生的资产或劳务是判断可控成本的重要依据。（　）
8. 财务业绩评价相比非财务业绩评价数据更不好获得。（　）
9. 平衡计分卡认为业务指标并不是未来财务业绩的推进器。（　）
10. 可以以个人、班组部门的平衡计分卡为基础，制定企业的平衡计分卡。（　）

四、计算分析题

1. 京顺公司下属某投资中心投资额为 100000 元，年净利润为 20000 元，京顺公司为该投资中心规定的最低投资报酬率为 15%。请为京顺公司计算该投资中心的投资报酬率和剩余收益。
2. 笃行公司 A 部门现拥有一项价值 20000 元的固定资产，该项资产每年可获利 3000 元。笃行公司的平均利润率为 14%，A 部门目前的投资报酬率为 16%。A 部门共占用资产 425000 元，当年实现利润 68000 元，假定不考虑税收因素。

要求：（1）计算 A 部门放弃该项资产前后的剩余收益。

（2）为 A 部门做出决策，是否放弃该项固定资产。

扫扫看，你有多优秀

延伸阅读

[1]　[2]　[3]　[4]

[5]　[6]　[7]

[1]《管理会计应用指引第 404 号——内部转移定价》。

[2]《管理会计应用指引第 601 号——关键绩效指标法》。

[3]《管理会计应用指引第 602 号——经济增加值法》。

[4]《管理会计应用指引第 603 号——平衡计分卡》。

[5]《管理会计应用指引第 604 号——绩效棱柱模型》。

[6] 汪志仙. 责任成本会计在事业单位中的运用与发展探究 [J]. 财会学习，2021（32）：102-104.

[7] 狄为，陈佳，李莹. EVA 考核对企业代理成本的影响程度研究：基于我国上市央企的实证分析 [J]. 会计之友，2017（21）：69-74.

参考文献

[1] 中国注册会计师协会.财务成本管理 [M].北京：中国财政经济出版社，2022.
[2] 李玉周.成本管理会计 [M].北京：高等教育出版社，2021.
[3] 刘俊勇.成本与管理会计 [M].北京：中国人民大学出版社，2021.
[4] 左志刚，等.管理会计学 [M].北京：经济科学出版社，2021.
[5] 余绪缨，汪一凡.管理会计 [M].3 版.沈阳：辽宁人民出版社，2009.
[6] 布鲁克斯.财务管理 [M].路蒙佳，译.2 版.北京：中国人民大学出版社，2014.
[7] 孙茂竹，于富生.成本与管理会计 [M].3 版.北京：中国人民大学出版社，2020.
[8] 吴革.成本与管理会计 [M].北京：中信出版社，2008.
[9] 加里森，诺琳，布鲁尔.管理会计 [M].王满，译.北京：机械工业出版社，2019.
[10] 刘淑莲.财务管理 [M].北京：机械工业出版社，2015.
[11] 田高良，张原.管理会计 [M].北京：高等教育出版社，2017.
[12] 邱海辉.财务管理 [M].北京：北京师范大学出版社，2019.